Vieillissement et psychomotricité

Collection

PSYCHOMOTRICITÉ

dirigée par Jean-Pierre Badefort

VIEILLISSEMENT ET PSYCHOMOTRICITÉ

Sous la direction de

ERIC AUBERT & JEAN-MICHEL ALBARET

SOLAL éditeur
111, rue Sainte-Cécile
13005 Marseille

ISBN : 2-914513-04-6

Les auteurs

Jean-Michel ALBARET, Directeur de l'Institut de Formation en Psychomotricité de Toulouse, Faculté de médecine Rangueil, 133 route de Narbonne, 31062 Toulouse cedex 4.
Laboratoire Acquisition et Transmission des Habiletés Motrices, UPRES.EA 2044, Université Paul Sabatier, UFR STAPS, 118, route de Narbonne, 31062 Toulouse cedex 4. E-mail : albaret@cict.fr

Eric AUBERT, Psychomotricien, Enseignant vacataire à l'Institut de Formation en Psychomotricité de Toulouse, Faculté de médecine Rangueil, 133 route de Narbonne, 31062 Toulouse cedex 4. E-mail : Eric-Aubert@wanadoo.fr

Elodie BÉDOURET, Psychomotricienne,

Virginie CHAUMONT, Psychomotricienne, Fondation Favier, Val de Marne

Fabienne COLLETTE, Unité de Neuropsychologie, Université de Liège.

Olivier GORGY, Psychomotricien, DEA de Neurosciences, CMPP Serena, 25 rue des 3 Mages 13006 Marseille.

Michel ISINGRINI, Laboratoire Vieillissement, Rythmicité et Développement des activités cognitives, UPRES 2114, Université François Rabelais de Tours, 3 rue des Tanneurs, 37041 Tours cedex. Tel : 02 47 36 81 21, Télécopie : 02 47 36 64 84, Courriel : isingrini@univ-tours.fr

Anne-Claude JUILLERAT, Consultation de la Mémoire, Département de Gériatrie, Hopitaux Universitaires de Genève.

Frédéric LEROUX, Psychomotricien, Service du Dr A. Baulon, Groupe hospitalier Ste Périne, Chardon-Lagache, Rossini, Paris 16e.

Jean Claude MARQUIÉ, Laboratoire Travail & Cognition, UMR 5551 du CNRS, MDR, Université Toulouse II, 5 allée A. Machado, 31058 Toulouse cedex.
Tel. : 05 61 50 35 38, Télécopie : 05 61 50 35 33, Courriel : marquie@univ-tlse2.fr

Laure MODANGE, Psychomotricienne, Fondation Favier, Val de Marne

Anne ROUS DE FENEYROLS, Psychologue, Service de Neurologie, CHU Rangueil, Avenue Jean-Poulhès, 31054 Toulouse cedex.

Isabelle SALLAGOÏTY, Psychomotricienne, Laboratoire Acquisition et Transmission des Habiletés Motrices, UPRES.EA 2044, Université Paul Sabatier, UFR STAPS, 118, route de Narbonne, 31062 Toulouse cedex 4.

Nicolas TESSIER, Psychomotricien, Formateur, 5 rue Favre
73000 Chambéry. E-mail : nicolas.tcc@free.fr

Martial VAN DER LINDEN, Unité de Neuropsychologie, Université de Liège. Unité de Psychopathologie Cognitive, Université de Genève.

Sommaire :

Préface de Michel Rumeau 9

Introduction (Eric Aubert et Jean-Michel Albaret) 11

Chapitre 1 : Aspects psychomoteurs du vieillissement normal
(Eric Aubert et Jean-Michel Albaret) 15

Chapitre 2 : Aspects psychomoteurs du vieillissement pathologique
(Eric Aubert et Jean-Michel Albaret)) 45

Chapitre 3 : Aspects cognitifs du vieillissement normal
(Jean-Claude Marquié et Michel Isingrini) 77

Chapitre 4 : Une approche cognitive de la démence :
implications pour l'évaluation et la prise en charge des patients déments
(Martial Van der Linden, Fabienne Colette et Anne-Claude Juillerat) 115

Chapitre 5 : Contribution du bilan neuropsychologique dans le diagnostic
de la Maladie d'Alzheimer (Anne Rous de Feneyrols) 135

Chapitre 6 : Evaluation psychomotrice du sujet âgé
(Jean-Michel Albaret, Eric Aubert et Isabelle Sallagoïty) 155

Chapitre 7 : Etalonnage du test d'extension fonctionnelle
(Isabelle Sallagoïty et Jean-Michel Albaret) 181

Chapitre 8: Intérêts de l'exercice du mouvement lent chez la personne âgée
(Olivier Gorgy) 191

Chapitre 9 : La maladie de Parkinson : troubles de l'équilibre
et rééducation psychomotrice (Élodie Bédouret) 209

Chapitre 10 : La chute du sujet âgé : approche psychologique
et pratique psychomotrice ((Laure Modange et Virginie Chaumont) 219

Chapitre 11 : Des personnes âgées et des pratiques (Nicolas Tessier) 231

Chapitre 12 : Psychomotricité et fin de vie (Frédéric Le Roux) 245

Conclusion (Eric Aubert et Jean-Michel Albaret) 253

Préface

La Gériatrie a un immense besoin, non satisfait, de psychomotricité. C'est donc le premier mérite de cet ouvrage que de s'intéresser à ce domaine.

Destiné à la fois au praticien pour qui il sera une référence exhaustive et au profane, il permet à ce dernier de comprendre pourquoi la psychomotricité est essentielle à la prise en charge holistique de la personne âgée : qu'elle soit bien portante et souhaite le rester, ou bien qu'elle soit malade et que l'on veuille la soigner.

Le lecteur trouvera une mine inépuisable de conseils, expériences et bibliographie démontrant combien nous pourrions faire mieux à la fois pour les personnes âgées et pour les personnels qui les ont en charge.

Les auteurs exposent successivement les conséquences, et les conclusions pratiques à en tirer, du vieillissement normal puis du vieillissement pathologique, notamment dans le cadre des maladies d'Alzheimer et de Parkinson.

Ces deux pathologies particulièrement invalidantes rendent difficile la vie de relation et désespèrent les soignants. L'abord par la psychomotricité permet d'appréhender le mode relationnel de ces personnes malades. Il permet à tous, et spécialement au médecin gériatre, d'affiner l'approche sémiologique et la compréhension de la maladie et surtout du malade.

La psychomotricité aide à vaincre l'impuissance des soignants et l'angoisse qui en découle, en leur rendant la possibilité d'aider plus efficacement le patient. Elle permet ainsi d'augmenter la tolérance du milieu vis-à-vis de la dépendance et du handicap. Or nous savons bien que c'est là le facteur principal de l'institutionnalisation et, en institution, du développement des "mauvaises" pratiques.

Les auteurs montrent bien l'importance des deux éléments essentiels qui aggravent les déficits de l'âge et conduisent à la perte d'autonomie :

- Le non-respect du ralentissement des rythmes et la perte de conscience du corps. Par l'exemple extrêmement bien choisi des arts martiaux chinois (Qi-Qong et Taï-Chi-Chuan) fondés sur le mouvement lent, ils montrent comment une réhabilitation est possible. Par la stimulation de la vigilance et la concentration sur la proprioception et la kinesthésie, on obtient une consolidation de l'équilibre staticodynamique. Ayant repris conscience de mon corps, je peux réapprendre à adapter mon geste pour éviter la chute.

• La chute. Quatre pour cent par an d'accroissement des fractures du col du fémur. Ce simple rapprochement montre combien il serait économique pour la nation d'accorder le secours des psychomotriciens à la Gériatrie. Il est vrai que la prévention ne produit pas de points ISA.

On parle beaucoup de prise en charge globale, mais elle ne sera possible que si nous respectons l'unité indissoluble de Psyche et Soma et non pas si nous nous limitons à les envisager séparément. Les ignorants que nous sommes se satisfont de la prise en compte de la seule humeur. C'est important mais fragmentaire.

Nous pouvons donc remercier et féliciter les auteurs de nous avoir donné un ouvrage efficace. Il apporte une quantité d'informations rendues accessibles par une langue claire (ce qui se conçoit bien...) qui en fait un outil de travail utile dont la lecture devrait être rendue obligatoire pour les gériatres et surtout pour les décideurs économiques de la santé.

Dr Michel Rumeau

Chef de service Gérontologie, Hôpital La Grave

INTRODUCTION

Eric AUBERT
et Jean-Michel ALBARET

Longtemps perçu comme une usure du temps sur un individu ou comme l'accumulation de séquelles organiques voire même une maladie en soi, le vieillissement est de plus en plus considéré comme un passage obligé teinté de normalité.

Nous constatons depuis le début de ce siècle une augmentation très caractéristique de l'espérance de vie, principalement grâce à la diminution de la mortalité infantile. Entre 1950 et 2000, cette espérance de vie a gagné 20 ans pour les femmes et 18 pour les hommes. En moyenne, en France, elle augmente approximativement de 3 mois par an. La dernière mise à jour de 1998 fait état de 81,9 ans pour les femmes et 73,9 pour les hommes à la naissance (INED, in Monnier et Guibert-Lantoine, 1997). Ce phénomène observable dans des proportions peu différente dans d'autres pays crée donc un vieillissement progressif et continu de la population planétaire.

En ce qui concerne la France, les projections statistiques sont parlantes : en conservant un taux de fécondité (nombre de naissances vivantes pour 1000 femmes en âge de procréer) à 1,8, nous serons 17,2% de plus de 74 ans dont 6,9% de 85 ans et plus en 2050 (données INSEE).

L'accroissement du nombre des personnes âgées dans la population générale et l'augmentation de l'espérance de vie dans les sociétés occidentales s'accompagnent, fort heureusement, d'un regard plus attentif porté aux modifications qui surviennent tout au long de l'avancée en âge. Le sujet âgé reste, en effet, potentiellement polypathologique et multi défaillant. (Meyrignac, 1998).

Les approches, tout comme les études qui en découlent, sont variées et, pour nombre d'entre elles, pluridisciplinaires afin d'embrasser les diverses facettes de ce phénomène.

Le langage, la mémoire ont fait l'objet de multiples publications. Pour autant il n'existait pas, à notre connaissance, d'ouvrage dont le contenu soit explicitement dédié aux aspects psychomoteurs. Malgré la grande hétérogénéité des performances psychomotrices des anciens, il est possible de déterminer les grands axes des modifications naturelles que le temps fait subir à notre corps. Les déficits sensoriels et neuro-sensoriels de la personne âgée sont souvent multiples et s'intriquent, réalisant une déafférentation multimodale. Outre les atteintes purement perceptives conditionnant la capture d'informations environnementales que nous détaillerons au commencement du livre, il sera principalement question des changements psycho-perceptivo-moteurs progressifs liés à l'âge, tant d'un point de vue quantitatif que qualitatif.

Par ailleurs, certaines pathologies actualisent des dysfonctionnement psychomoteurs spécifiques. La démence de type Alzheimer ou la maladie de Parkinson ne peuvent être définies comme une accélération prématurée ou une exagération de processus normaux observés par ailleurs chez les personnes les plus âgées. Il est donc nécessaire d'en étudier les manifestations spécifiques, sachant que nombre d'entre elles, notamment parmi les signes précoces, sont de nature psychomotrice.

Le centrage de l'ouvrage sur la dimension psychomotrice n'exclut pas, bien au contraire, l'intrication des processus cognitifs et leurs variations au cours du vieillissement normal ainsi que d'un point de vue pathologique.

L'évaluation du sujet âgé, préalable incontournable à toute intervention préventive ou thérapeutique, se doit également de combiner harmonieusement ces différentes dimensions. Cela ne se fait pas sans difficulté, les épreuves psychomotrices réellement utilisables sont rares et les examens se résument souvent à une description clinique dont on connaît les limites. Une présentation du bilan neuropsychologique et de différents outils d'appréciation des compétences psychomotrices permet d'apprécier leur utilité respective et leur complémentarité. Ces outils, dont plusieurs sont assortis d'étalonnages originaux, sont indispensables pour décider de l'opportunité d'une poursuite de la prise en charge ainsi que de son efficacité.

La sénescence est parfois considérée comme une période tranquille et apaisante. Il n'en demeure pas moins vrai que les sujets âgés qui maintiennent une activité sur le plan physique et intellectuel conservent parallèlement au plus haut niveau ce que Spirduso (1995) appelle la "Qualité de vie". Une telle pratique limite les désagréments cognitifs et psychomoteurs liés à l'âge (Emery, 2000 ; Shephard, 1997). Pour certains, la pratique d'une activité physique régulière apparaît comme un élément positif pour limiter, par exemple, l'altération des facteurs de l'aptitude physique (Chatard, 1998) ou encore l'instabilité posturale dans le cadre de la prévention des chutes (Hu & Woollacott, 1994 ; Mazeo *et al.*, 1998 ; Snow, 1999), mais ces questions sont encore débattues (Owing *et al.*, 1999) et notamment la place de l'assiduité aux séances qui semble également jouer un rôle notable (Lord *et al.*, 1995). De même, la mise en place d'un programme d'exercices en aérobie chez des personnes sédentaires de 55-70 ans entraîne une diminution des temps de réaction, une amélioration très significative des performances au test de Stroop qui mesure l'attention sélective (Dustman *et al.*, 1984). La pratique d'activités ciblées participe au maintien, voire développe certaines aptitudes cognitives et psychomotrices. L'utilisation du mouvement lent constitue à cet effet un domaine de recherche particulièrement prometteur.

A côté de cet aspect préventif, le psychomotricien est amené de plus en plus souvent à intervenir dans divers contextes de soins exigeants qui nécessitent de sa part compétence et humilité. Les interventions thérapeutiques sont aussi variées que les patients eux-mêmes. Elles trouvent progressivement leur place dans l'ensemble des soins offerts et constituent un complément indispensable et spécifique. Les derniers chapitres de l'ouvrage s'attachent à définir et à illustrer quelques-unes de ces approches à partir d'exemples concrets. Connaître les limites de telles prises en charge est un préalable permettant d'éviter tout acharnement dans des domaines qui ne sont plus d'actualité. Le travail en Unité de Soins Palliatifs est à cet égard révélateur.

Les contributions des psychomotriciens à la prise en charge du sujet âgé se multiplient en terme d'objectifs, de lieux d'intervention et de pathologies abordées. Cette diversité ne doit pas nous faire oublier la nécessité de poursuivre les recherches appliquées pour améliorer les outils de dépistage et de diagnostic ainsi que les méthodes thérapeutiques elles-mêmes dont il convient, encore et toujours, d'évaluer les effets réels et l'utilité, sans mettre de côté les particularités psychiques liées au vieillissement aussi bien normal que pathologique.

RÉFÉRENCES BIBLIOGRAPHIQUES

CHATARD, J.-C. (1998). Aptitude physique et adaptation à l'entraînement des sujets âgés de 40 à 90 ans. In H. Périé & C. Jeandel (Eds.), *Réussir son avancée en âge : évaluation des activités physiques en gérontologie* (pp. 41-51). Paris : Frison-Roche.

DUSTMAN, R.E., RUHLING, R.O., RUSSELL, E.M., SHEARER, D., BONEKAT, W., SHIGEOKA, J., WOOD, J., & BRADFORD, D. (1984). Aerobic exercise training and improved neuropsychological functions of older individuals. *Neurobiology of Aging,* 5, 35-42.

EMERY, C.F. (2000). The role of physical exercise as a rehabilitative aid for cognitive loss in healthy and chronically ill older adults. In R.D. Hill, L. Bäckman & A.S. Neely (Eds.), *Cognitive rehabilitation in old age* (pp. 123-139). Oxford : Oxford University Press.

HU, M.H., & WOOLLACOTT, M.H. (1994). Multi-sensory training of standing balance in older adults. *Journal of Gerontology*, 49, M52-M71.

LORD, S.R., WARD, J.A., WILLIAMS, P., & STRUDWICK, M. (1995). The effect of a 12-month exercise trial on balance, strength and falls in older women : a randomized controlled trial. *Journal of the American Geriatrics Society*, 43, 1198-1206.

MAZEO, R.S., CAVANAGH, P.R., EVANS, W.J., FIATERONE, M., HAGBERG, J., MCAULEY, E., & STARTZELL, J. (1998). Exercise and physical activity for older adults. *Medicine and Science in Sports and Exercise*, 30, 992-1008.

MEYRIGNAC, C. (1998). Tribulations orthostatiques du sujet âgé : du vertige à la chute. *La Revue de Gériatrie*, 23, 6, 553-568.

MONNIER, A., & GUIBERT-LANTOINE, C. (1997). La conjoncture démographique : l'Europe et les pays développés d'outre-mer, *Population*, 4-5, 1005-1030.

OWINGS, T.M., PAVOL, M.J., FOLEY, K.T., GRABINER, P .C., & GRABINER, M.D. (1999). Exercise : is it a solution to falls by older adults ? *Journal of Applied Biomechanics*, 15, 56-62.

SNOW, C.M. (1999). Exercise effects on falls in frail elderly : focus on strength. *Journal of Applied Biomechanics*, 15, 84-91.

SPIRDUSO W.W. (1995). *Physical dimension of aging.* Champaign, IL : Human Kinetics.

SHEPHARD, R.J. (1997). *Aging, physical activity and health.* Champaign, IL : Human Kinetics

Eric Aubert & Jean-Michel Albaret (Ed.)
Vieillissement et psychomotricité
collection Psychomotricité

1

Aspects psychomoteurs du vieillissement normal

Eric AUBERT
et Jean-Michel ALBARET

Le déclin progressif des structures et fonctions perceptives peut jouer un rôle dans la détérioration des fonctions motrices et psychomotrices. Ainsi les difficultés d'équilibre et de contrôle postural peuvent être liées à une mauvaise réorganisation des informations visuelles, proprioceptives et vestibulaires (Woollacott, 1989) ; la mauvaise régulation de la force au cours de la préhension de petits objets peut être expliquée par une tentative d'augmenter les signaux tactiles réduits (Cole, 1991) ; les changements du système visuel liés à l'âge influencent les comportements d'atteinte (Haaland *et al.*, 1993).

VIEILLISSEMENT AU NIVEAU PERCEPTIF

Ne seront traités dans cette partie que les aspects du vieillissement perceptif touchant directement ou indirectement quelques domaines perceptivo-moteurs spécifiques se modifiant avec l'âge et pouvant intéresser la pratique psychomotrice.

Généralement, les diminutions de la perception sont en rapport, d'une part, avec la détérioration de l'organe sensoriel et de ses constituants et, d'autre part, en lien avec la dégradation de la propagation de l'information et de la connexion aux voies centrales.

Des études mettent en évidence des différences sexuelles en ce qui concerne l'atteinte des fonctions perceptives avec l'âge, donnant tantôt une prédominance masculine tantôt féminine (N.C.H.S., 1974 in Mishara & Riedel, 1994). Il apparaît que l'accent est mis sur les différences interindividuelles et sur le type d'environnement dans lequel le sujet a évolué au cours de sa vie. Cependant, quelques dominantes peuvent être isolées concernant les effets du temps sur les perceptions.

Vieillissement de la perception visuelle

Les changements touchent tous les tissus et composantes de l'œil. Ces modifications bouleversent de façon objective la vue du sujet.

En ce qui concerne la perception des couleurs, il est remarqué dès l'âge de 40 ans une diminution de la sensibilité (Mishara & Riedel, 1994). Sur les bords de la rétine, un amincissement est noté lié à une diminution du nombre de cellules visuelles (cônes et bâtonnets) touchant la totalité de la surface de la macula. Un amoindrissement de la pigmentation réduit la vision colorée et touche d'abord le jaune et le bleu puis, par la suite, le vert (Timiras & Jobin, 1997).

La transparence du cristallin décroît et ce dernier a tendance à jaunir ce qui entraîne des difficultés pour le sujet à discerner nettement les couleurs et en particulier la différence entre le bleu et le vert (Tavernier-Vidal *et al.*, 1991). Si l'opacité du cristallin progresse, le sujet est atteint de cataracte dans laquelle on retrouve la diminution du spectre lumineux donnant au sujet de "fausses couleurs" en plus de la diminution de la précision visuelle.

Comme pour la couleur, le contraste est moins bien perçu faute de transparence du cristallin ce qui entraîne une dispersion de la lumière à l'intérieur de l'œil.

La personne âgée modifie également son rapport à la lumière. Rapidement, vers 40 ans, le sujet devient plus sensible à l'éblouissement et le changement de luminosité nécessite un temps plus long d'adaptation (Mishara & Riedel, 1994 ; Welford, 1985). On sait également que le seuil lumineux de sensibilité au blanc et aux couleurs s'élève. La quantité de lumière minimum pour la percevoir dans l'obscurité est quatre fois plus importante que chez le sujet plus jeune : ceci est en corrélation avec, tout d'abord, un réflexe pupillaire extrêmement ralenti (Tavernier-Vidal *et al.*, 1991) ainsi qu'avec une atrophie des muscles dilatateurs de l'iris ce qui laisse apparaître une constriction permanente, appelée myosis sénile, chez près de 1/5 des sujets âgés. La pupille restant donc de petit diamètre s'ajoutant à l'opacité du cristallin, la quantité de lumière entrant dans l'œil est d'environ 30 à 50% moindre chez la personne âgée que chez le jeune (Timiras & Jobin, 1997 ; Weale, 1965).

La profondeur du champ visuel est également sujette à des modifications. Le cristallin devenant petit à petit moins souple, moins élastique et déformable par augmentation de la dureté de sa capsule, du corps et du noyau ainsi que de son diamètre antéro-postérieur (1mm de plus pour le sujet vieux soit 25 micromètres par an), on note de réelles difficultés à focaliser sur des objets placés à différentes distances (Tavernier-Vidal *et al.*, 1991 ; Welford, 1985). Cette perte de puissance d'accommodation conduit à la presbytie. Pour corriger ce trouble visuel un individu sur deux à 40 ans utilise des lunettes à double voire triple foyer ; ils sont 9/10 à 60 ans (N.C.H.S., 1974 in Mishara & Riedel, 1994). La distance minimum nécessaire afin de percevoir l'objet nettement (point de vision rapprochée) augmente régulièrement avec l'âge : de 10 cm à 20 ans elle passe à 20 cm pour les sujets de 45 ans et à 84 cm pour les personnes de 60 ans (Timiras & Jobin, 1997).

Il est bien évident, compte tenu de ce qui est dit précédemment, que l'acuité visuelle est moins performante avec l'âge. L'augmentation du seuil de la sensation visuelle (stimulation minimum pour être perçue ou perception de la différence minimum entre deux stimuli simultanés) en est une des preuves (Mishara & Riedel, 1994). La diminution de la fréquence critique de fusion (fréquence maximum avec laquelle un stimulus clignotant est perçu) en est une autre (Timiras & Jobin, 1997 ; Welford, 1985), cette fréquence passant de 40 à 30 Hz pour respectivement un âge de 50 et 80 ans. La perception du plus petit mouvement est également moins efficace avec l'âge. Mais il semble que ceci soit rattaché au probable déclin des mécanismes responsables de la perception de la différence entre les deux images binoculaires ainsi que de mécanismes centraux d'intégration de ces données (Welford, 1985).

Weston (1948, 1949) soulignait déjà que malgré le port de lunettes, les sujets âgés ont du mal à isoler des détails et mettent du temps à les identifier. La part de l'aspect cognitif dans l'acuité visuelle reste essentiel.

Les modifications de l'ampleur du champ visuel commencent à se sentir chez les sujets entre 40 et 50 ans (Mishara & Riedel, 1994). Tavernier-Vidal *et al.* (1991) estiment que l'amplitude absolue est conservée, néanmoins la sensibilité étant moindre les stimuli doivent être plus intenses pour permettre la perception. Les mêmes auteurs évoquent des études objectivant la limitation des mouvements des yeux vers le haut des sujets âgés. De 37° à 25 ans cette amplitude passerait à 16° en moyenne à 75 ans. L'activité oculomotrice est également plus lente et la poursuite oculaire est souvent remplacée par des saccades.

Vieillissement de la perception auditive

Les modifications de l'audition avec l'âge (principalement à partir du milieu de la vie) vont dans le sens d'une moins bonne discrimination. Un problème se pose cependant : il n'est pas établi clairement que cette perte, généralement admise par les spécialistes, découle des seuls effets du vieillissement naturel des tissus et cellules perceptives auditives. Ce qui est sûr, c'est que cette perte peut avoir son origine, ou être aggravée, par les bruits de l'environnement suite à une exposition courte à un bruit fort ou bien encore par la perception prolongée d'un bruit modérément fort (Timiras & Jobin, 1997 ; Welford, 1985).

Mishara et Riedel (1994) signalent une différence sexuelle qui va dans le sens d'une perte plus importante chez les hommes : à 75 ans on retrouverait 45 % d'hommes pour 35% de femmes touchées par des problèmes d'audition. Au niveau descriptif, on observe une dégénérescence par plaque et de façon diffuse des cellules ciliées dans le premier quadrant cochléaire. On note une presbyacousie augmentant avec l'âge et portée sur les hautes fréquences (sons aigus) plus que sur les basses (Spoor, 1967 in Mishara & Riedel, 1994). Les fréquences maximales perçues diminuent, passant de 20 KHz à 10 ans à 4 KHz à 80 ans. Les sons aigus contenus dans les consonnes sont peu ou pas perçus ce qui entraîne une mauvaise compréhension du discours (Mishara & Riedel, 1994 ; Timiras & Jobin, 1997).

On note également, pour la perception auditive, des différences individuelles qui font qu'un sujet, dont les capacités intellectuelles sont conservées et de qualité, saisira le sens de la conversation plus facilement et donc y participera. Le sujet déprimé, peu motivé ou plongé dans un entourage peu patient et donc peu enclin à la répétition, aura d'autant plus de mal à suivre une conversation (Perrin, 1988).

On peut également signaler, compte tenu de la faible capacité à discriminer, que le sujet âgé a également des difficultés à localiser un bruit dans l'espace (stéréoacousie), a fortiori s'il est aigu (Timiras & Jobin, 1997).

Vieillissement de la perception tactile

Les caractéristiques physiques de la peau (diminution de l'épaisseur, diminution de l'élasticité...) et de ses différents composants (collagène, tissus adipeux...) se modifient, au cours du temps, ainsi que la qualité et la quantité d'informations reçues dans l'espace de manipulation du sujet âgé.

Les variations individuelles sont, pour les perceptions tactiles également, très grandes. Cependant un certain nombre de caractéristiques sont communes aux sujets âgés. On remarque, par exemple, que le seuil de sensibilité tactile et digitale s'élève de 2,2 fois en moyenne lors de l'âge avancé (Spirduso, 1995 ; Timiras & Jobin, 1997). Ceci est principalement dû à la diminution du nombre de récepteurs : sont touchés autant les récepteurs encapsulés (corpuscules de Vater-Pacini, de Meissner) que les récepteurs non encapsulés (cellules de Merckel-Ranvier et les terminaisons libres). De la même façon le seuil de limen à 2 points (distance minimum à partir de laquelle le sujet perçoit 2 points distincts lors d'une stimulation simultanée) qui est différent en fonction de la localisation corporelle accuse des augmentations spécifiques. Pour le gros orteil, par exemple, le seuil de perception de deux points passe de 2 mm à 30 mm, soit 15 fois plus entre un sujet jeune et un âgé. Cette différence est moins spectaculaire mais significative pour la paume de la main où l'augmentation n'est que de 1,2 fois (de 6 à 8 mm) (Tavernier-Vidal *et al.*, 1991).

Entre 5 et 90 ans, la sensibilité vibrotactile subit le même type de dégradation avec une augmentation de facteur trois (pour 100Hz) surtout pour les parties distales des membres inférieurs.

Vieillissement de la proprioception

Ce domaine est mal connu car difficile à isoler expérimentalement dans le cadre de dysfonctionnements de la marche ou de l'équilibre liés à l'âge.

On note également des différences constitutionnelles avec l'âge,au niveau des muscles avec une diminution du nombre de récepteurs ligamentaires et capsulaires associée à une raréfaction des récepteurs neurotendineux de Golgi et ceux des fuseaux musculaires participant à une insuffisance générale actualisant un manque de pertinence dans la discrimination proprioceptive (Tavernier-Vidal *et al.*, 1991).

Vieillissement des récepteurs vestibulaires

On en connaît peu de choses, si ce n'est que la dégradation des pertinences de ces récepteurs touche 40% de femmes et 30% d'hommes lors de l'avancée en âge. Au niveau descriptif, après 70 ans, on observe une diminution du nombre de cellules ciliées de 40% dans les crêtes ampulaires. Ces modifications entraînent principalement des changements dans la posture du sujet et participent secondairement au trouble de l'équilibre lors de déplacements rapides et complexes du corps et de la tête.

Vieillissement de l'olfaction

Une réduction de la sensibilité aux odeurs est rencontrée chez plus de la moitié des sujets qui ont entre 65 et 80 ans et chez plus de 75% des sujets ayant plus de 80 ans. La sensibilité aux odeurs diminue progressivement puis plus rapidement après un maximum de sensibilité qui s'étend de 20 à 40 ans (Doty, 1990).

VIEILLISSEMENT PSYCHOMOTEUR

Les altérations liées au vieillissement des fonctions motrices et psychomotrices portent, d'une part, sur des limitations de la force, de l'endurance, de la souplesse, de la vitesse et de l'amplitude des mouvements, mais aussi sur une réduction des capacités de traitement de l'information, concernant principalement l'attention ainsi que les processus de sélection et de programmation de la réponse motrice. Les changements qui interviennent sont spécifiques à un individu donné et, bien souvent, dépendant de la nature de la tâche proposée. D'une manière générale, les sujets âgés se caractérisent principalement par des mouvements plus lents et une plus grande variabilité des performances. Les temps de réaction (TR) et de mouvement (TM) sont allongés et plus variables. Les théories explicatives sont diverses et se différencient notamment par le rôle direct ou indirect attribué à la détérioration du système nerveux central.

D'un côté, le ralentissement moteur peut être expliqué en terme de changement neuro-anatomique et neurophysiologique lié à l'âge, entraînant des modifications sur le plan cognitif. Une diminution de la vitesse de contraction musculaire (Brown *et al.*, 1988) ou un ralentissement de la transmission synaptique (Howard *et al.*, 1988) ont ainsi été mis en avant. Si l'on considère que la vitesse de traitement des opérations au niveau cognitif est fonction de l'intégrité du système nerveux central, on comprend aisément que toute altération entraînera un ralentissement. Pour certains auteurs, le ralentissement est secondaire à une augmentation du bruit, conséquence par exemple d'une atrophie ou d'une perte de tissus neural ou encore d'une diminution du flux sanguin cérébral, qui se traduit par un rapport signal-bruit affaibli (Welford, 1982). La faiblesse du signal entraîne une imprécision de la performance avec des erreurs par omission, le sujet oubliant de réaliser une opération, ou par substitution, le sujet réalise alors une opération sans rapport avec la tâche ou à un mauvais moment. Un des moyens utilisés pour compenser cette détérioration serait de passer plus de temps à examiner le signal afin de minimiser le bruit qui l'accompagne. Des mécanismes comme le ralentissement de la transmission synaptique ou la perte d'information au cours de chaque transmission seraient ainsi impliqués (Salthouse, 1985). Certains auteurs estiment que le ralentissement est un phénomène généralisé, une limitation des ressources disponibles, et touche en fait tous les stades du traitement de l'information, le sujet âgé est capable d'utiliser la même gamme de comportement mais le fait plus lentement (Amrheim *et al.*, 1991 ; Simon & Pouraghabagher, 1978).

D'un autre côté, les explications de ce ralentissement portent sur les processus cognitifs eux-mêmes (Rabbitt, 1982), qu'il s'agisse de programmation et de contrôle du mouvement, de modifications des stratégies employées permettant de maintenir la précision du mouvement en privilégiant un contrôle par rétroaction ou d'une allocation de ressources attentionnelles redistribuée entre les différentes composantes de la tâche. Le contrôle du mouvement peut être effectué par deux mécanismes : le contrôle par proaction ou en boucle ouverte (feedforward) et le contrôle par rétroaction ou en boucle fermée (feedback). Le contrôle par proaction nécessite une programmation et une planification préalable du mouvement à effectuer sans possibilité d'en modifier le déroulement ; le contrôle par rétroaction offre la possibilité de corriger le mouvement au cours de son exécution par la prise en compte des erreurs entre le but fixé et la réalisation en cours mais en rallonge d'autant la durée (Schmidt, 1993).

L'utilisation préférentielle de certaines stratégies peut enfin résulter de la présence ou de l'absence d'altérations des capacités neuromusculaires ou des systèmes sensoriels. Les liens entre les différents niveaux de fonctionnement sont éminemment complexes, leur séparation permettant uniquement d'en faciliter l'étude.

Sélection et programmation de la réponse motrice

Le temps de réaction (TR) est le temps qui sépare l'apparition d'un stimulus, auditif ou visuel, auquel le sujet doit répondre et le début de cette réponse, constituée habituellement par un mouvement simple comme un appui sur une touche. L'utilisation de la mesure du temps de réaction est un paradigme expérimental répandu pour étudier la sélection et la programmation de la réponse motrice (cf. Thon, 1999 pour une présentation des principes méthodologiques utilisés dans l'étude de la motricité humaine) et leurs modifications éventuelles en fonction, dans le cas qui nous occupe, de l'âge des sujets et de leur statut médicopsychologique. On considère que la diminution est de l'ordre de 15 à 30% sur des TR simples chez le sujet âgé (Seidler & Stelmach, 1996).

En observant des sujets en très bonne santé, on note cet accroissement comme une constante avec l'avancée en âge. Une étude menée sur 1265 individus de 20 à 90 ans (Salthouse, 1996) montre que l'augmentation moyenne d'un temps de réaction simple (un stimulus entraînant une réponse) est de 0,5 ms par an et l'augmentation moyenne d'un temps de réaction à choix multiple (différents stimuli pour différentes réponses) est de 1,7 ms par an. Ce temps augmente avec l'accroissement du nombre possible de réponses. Les déclins neurophysiologiques objectivés par la diminution du nombre de neurones due à des complications vasculaires, par la réduction de la myélinisation, par l'importance des ramifications dendritiques, par la modification de la qualité de certains neurotransmetteurs peuvent expliquer en grande partie l'augmentation du temps de réaction. Mais la comparaison des temps de réaction simples et des temps de réaction à choix multiples permet d'identifier les capacités de discrimination perceptive du sujet entre deux stimuli. C'est ainsi que l'auteur conclut que cette forte augmentation du temps de réaction pour les choix multiples n'est pas le seul fait d'une baisse des processus sensori-moteurs, comme l'indique la théorie du bruit neural de Welford (1984) mais est également corrélée aux capacités cognitives du sujet.

Une interprétation de ce ralentissement repose sur la tendance des sujets plus âgés à se servir de plusieurs informations avant de répondre ou, en d'autres termes, à privilégier une réponse plus lente et plus réfléchie en minimisant ainsi les risques d'erreurs à une réponse rapide qui peut comporter des éléments d'inexactitude.

Si, avant un signal d'action qui va solliciter une réponse particulière, on donne au sujet un signal préparatoire qui indique certaines caractéristiques de cette réponse, le sujet pourra préparer à l'avance certains aspects du programme moteur, ce qui réduira d'autant le TR nécessaire à la production de la réponse lors du signal d'action. Lorsque de telles préinformations sont fournies aux sujets âgés, ils en bénéficient moins que les sujets plus jeunes même s'ils sont capables d'en tenir compte et le temps de préparation des différentes dimensions du mouvement que sont l'amplitude, la direction et l'effecteur sont augmentées par rapport au sujet jeune (Stelmach *et al.*, 1987). Il apparaît aussi que le sujet âgé programme les différents paramètres successivement contrairement au sujet plus jeune qui effectue une programmation en parallèle des paramètres amplitude et effecteur d'un côté et de la direction de l'autre. Dans le cas où la préinformation n'est correcte que dans 75% des cas par exemple, le sujet peut se retrouver dans l'obligation de ne plus tenir compte du mouvement préparé et de reprogrammer un nouveau mouvement. Ces modifications s'avèrent nettement plus coûteuses sur le plan temporel que chez le sujet jeune.

Plus la tâche est complexe, plus la différence de temps de réaction entre sujet jeune et âgé augmente, que la complexité soit due au type de réponse motrice demandée en réponse au signal, ou qu'elle résulte d'une plus grande incompatibilité (par exemple réponse avec la main gauche à un stimulus présenté du côté droit, par rapport à une réponse avec la main droite).

Certains facteurs permettent de minimiser les effets de l'âge sur le temps de réaction, il en est ainsi de l'entraînement.

Exécution de la réponse motrice

Deux mesures sont utilisées pour rendre compte de l'exécution du mouvement : le temps de mouvement et les données cinématiques du mouvement.

Temps de mouvement

L'étude du temps de mouvement (TM) nous informe sur l'exécution de la réponse motrice et les opérations de contrôle de celle-ci. La modification des temps de mouvements est mise en évidence par des paradigmes expérimentaux d'échange vitesse-précision de type mouvement de pointage sur des cibles dans lesquels on manipule la dimension des cibles et la distance qui les sépare. Les travaux de Fitts et la loi qui en découle sont illustratifs de ce type d'expérimentation (Thon, 1999). Ces mouvements de pointage (aiming) comportent deux phases distinctes : une phase d'accélération pré-programmée et une phase de décélération constituée de mouvements de correction et contrôlée par les mécanismes de rétroaction (Woodworth, 1899). La comparaison faite par Goggin et Meeuwsen (1992) sur ce type de tâche montre que les sujets âgés mettent en moyenne 744 ms pour réaliser le mouvement dont 460 ms passées en décélération alors que les sujets jeunes n'ont besoin que de 456 ms au total dont seulement 290 ms en décélération. Les sujets âgés seraient plus dépendants des rétroactions visuelles. Deux éléments plaident en faveur de cette hypothèse : un plus grand nombre de mouvements correctifs observés, nombre qui augmente avec la distance de la cible et une plus grande activation musculaire qui augmente les informations kinesthésiques lorsque l'on supprime les rétroactions visuelles (Goggin & Meeuwsen, 1992 ; Haaland *et al.*, 1993).

Pratt *et al.* (1994) aboutissent à des conclusions similaires sur une tâche de déplacement d'un curseur, visible sur l'écran d'un ordinateur, en direction d'une cible. Dans les deux cas, la deuxième phase du mouvement est plus longue chez le sujet âgé pour une précision identique, ce qui indique qu'ils ont besoin de plus de temps pour la correction du mouvement et l'utilisation des rétroactions, principalement visuelles. Il est possible également qu'une diminution de force limite la portée de la première partie du mouvement ce qui occasionnerait une augmentation du temps du fait de la plus grande distance à parcourir dans la deuxième phase du mouvement.

Données cinématiques

Les personnes âgées privilégient la précision au détriment de la vitesse pour limiter les erreurs. Mais au-delà de ce constat, les analyses cinématiques indiquent certaines différences avec des sujets plus jeunes : accélérations moindres, pics de vitesse et d'accélération diminués, phases de décélération allongées, moindre régulation de la vitesse en fonction de l'amplitude du mouvement (Goggin & Stelmach, 1990). Si la précision du mouvement augmente, ces caractéristiques s'intensifient ce qui conforte l'idée d'une stratégie centrée sur la précision dans l'échange vitesse-précision.

Le maintien de l'équilibre et la posture chez le sujet vieillissant

Le phénomène de perte d'équilibre chez le sujet âgé est une réalité. Plus nous vieillissons et plus les sentiments de manque de stabilité, de vertige, d'insécurité ainsi que de dépendance lors des déplacements augmentent. On note aussi, avec l'avancée en âge, un nombre croissant de chutes avec 45% des 80-89 ans et 56% au-dessus de 90 ans dont 11% nécessitent une hospitalisation (Campbell *et al.*, 1981). De nombreuses causes peuvent donner lieu à une chute. Cependant, on estime entre 2,7 et 19% les chutes chez la personne âgée liées à l'instabilité posturale (Rubenstein *et al.*, 1988).

L'Organisation Mondiale de la Santé (OMS, 1983) fait de la chute la première cause de décès accidentels après 65 ans et ce pour les deux sexes, avec 2/3 des accidents chez les femmes et 1/3 chez les hommes (figure 1).

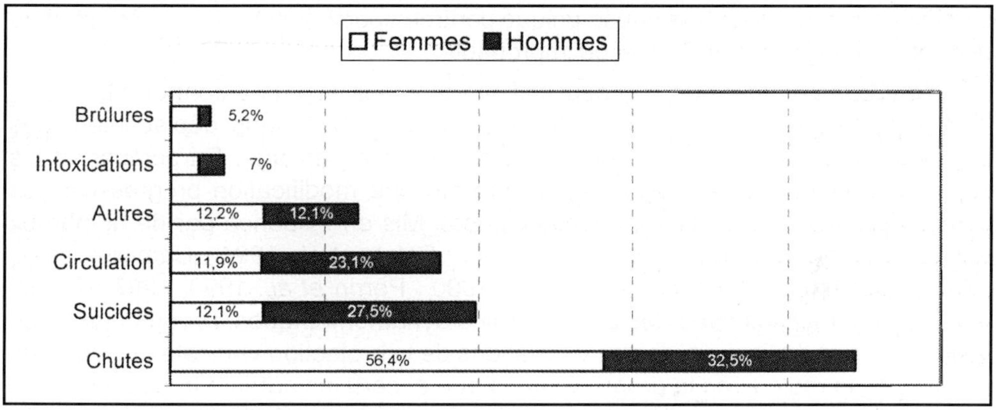

Figure 1 : Causes de décès accidentels chez les sujets âgés de plus de 65 ans (OMS, 1983)

Pour Quail (1994) et Nevitt (1997), 34% des sujets de 65 à 80 ans sont victimes d'une chute par an ou plus. Score identique pour Nikens (1985) et Perry (1982) qui estiment qu'entre un tiers et la moitié des sujets de plus de 65 ans tomberont au moins une fois dans l'année. Dans 6% des cas recensés par Nevitt *et al.* (1991), les chutes causent des blessures graves comme, par exemple, la fracture du col du fémur qui est la plus connue à cet âge (avant la fracture du poignet) et qui représente 0,3 à 1% des chutes. L'impact d'un tel accident entraîne immanquablement des retentissements psychologiques, psychosociaux et physiques de la plus haute importance surtout si l'hospitalisation se prolonge un an après l'accident, comme c'est le cas pour 30% des victimes de fracture du col du fémur (Ray *et al.*, 1990). Parmi ces derniers, 50% ne retrouveront plus une marche correcte (Spirduso, 1995).

L'étiologie du manque de stabilité posturale apparaît cependant – ce qui paraît normal compte tenu de la complexité de la fonction d'équilibration – multifactorielle. Les processus dégénératifs de cette fonction, actualisés par le grand âge, touchent les récepteurs sensoriels, les voies nerveuses et les centres intégrateurs. De plus, l'importance respective des informations sensorielles et surtout la hiérarchisation de leur utilisation dans le maintien de l'équilibre et de la posture semblent se modifier au cours du vieillissement. Associée au traitement perceptif, la mobilité diminue discrètement. S'y surajoute une diminution du temps de réaction et de l'efficience musculaire antigravitaire. Tous ces facteurs rendent défaillants les systèmes d'anticipation et de pare chutes.

Lors d'une consultation d'un patient chuteur ou en proie à des déséquilibres et présentant par-là une gêne fonctionnelle importante, l'examen neurologique classique est le plus souvent inadapté ; il est utilisé afin d'écarter des diagnostics différentiels comme les affections neurologiques, les syndromes vestibulaires, l'ataxie cérébelleuse, les neuropathies périphériques, etc.

Dans le vieillissement normal, la modification multifactorielle est donc plus vraisemblable et envisager une cause unique centrée spécifiquement sur un organe ou une fonction précise paraît plus qu'improbable.

L'équilibre statique, que l'on peut définir comme la faculté à contrôler les oscillations posturales du corps pendant la station verticale sans déplacement des points d'appuis, est moins performant avec l'avancée en âge. En comparant les sujets plus jeunes et les sujets âgés, on note une modification progressive des caractéristiques du maintien immobile bipodal. Mis en évidence par de nombreux travaux de posturographie (Alexander, 1996 ; Baloh *et al.*, 1994 ; Camicioli *et al.*, 1997 ; Colledge *et al.*, 1994 ; Maki *et al.*, 1990 ; Perrin *et al.*, 1993, 1997 ; Toupet *et al.*, 1991), réalisés avec des plates formes dynamométriques, l'augmentation de la fréquence et de l'amplitude des oscillations de la projection verticale du centre de gravité est de règle avec la progression en âge et certains auteurs trouvent une différence plus marquée pour les femmes (Overstall *et al.*, 1977). Plus précisément, le rapport des oscillations antéro-postérieures sur les oscillations latérales s'accentue en vieillissant. Les sujets âgés présentent donc des oscillations antéro-postérieures plus marquées que leurs cadets alors que les oscillations latérales sont comparables (Ring *et al.*, 1989). La posture de départ présente davantage de retroversion du bassin ou de flexion des genoux et de la hanche chez le sujet plus âgé, induisant une projection plus en arrière du centre de pression (l'appui se ressent davantage sur les talons). Maki *et al.* (1994), toujours en posturographie statique, comparent deux populations âgées : une constituée de sujets ayant chuté à plusieurs reprises et l'autre n'ayant pratiquement jamais fait d'expérience de chute. Les auteurs montrent que les chuteurs ont des oscillations latérales plus amples et considèrent qu'il s'agit là d'un facteur prédictif de chutes. Par contre, on ne note pas de corrélation entre une augmentation des oscillations antéro-postérieures et les risques potentiels de tomber. On remarque uniquement un lien entre l'augmentation de ces oscillations et la sensation qu'ont certains sujets âgés de manquer de stabilité (Baloh *et al.*, 1994).

Pour amplifier le phénomène d'instabilité posturale, la posture unipodale (Era & Heikkinen, 1985) avec ou sans occlusion des yeux est souvent utilisée. De nombreux auteurs font de la posture unipodale en aveugle la plus sensible des mesures du vieillissement de la fonction d'équilibration (Potvin *et al.*, 1980) alors que d'autres préconisent la position sur un pied les yeux ouverts car plus fiable. Cela dit, la performance liée à l'équilibre sur un pied semble diminuer dès l'âge de 50 ans. Cette diminution opposant alors les personnes plus âgées aux adultes jeunes est d'autant plus importante que l'on demande aux sujets de supprimer les afférences visuelles. Bohannon *et al.* (1984) étudient une population de 184 personnes dont l'âge s'étend de 20 à 79 ans. Face à des exercices unipodaux avec ou sans fermeture des yeux, les sujets se répartissent de la façon suivante : 100% des sujets de moins de 45 ans maintiennent l'équilibre unipodal 30 secondes les yeux ouverts. Le score passe à 25% pour les plus de 40 ans les yeux fermés. Enfin, aucune personne de plus de 70 ans ne tient plus de 13 secondes un équilibre unipodal avec occlusion des yeux. Cette épreuve peut donc servir de dépistage de troubles de l'équilibre. Il est encore intéressant de pouvoir prédire et anticiper les troubles susceptibles, à moyen terme, de conduire à la chute. C'est le cas de l'épreuve de Vellas *et al.* (1997), qui objective, sur une étude longitudinale, que le fait de ne pas pouvoir maintenir un équilibre sur un pied pendant 5 secondes les yeux ouverts multiplie par deux le risque de chute grave et ce sur une période de 3 ans.

Pour assurer son équilibre, il semblerait que la personne âgée ait besoin d'au moins deux références sensorielles (Diard *et al.*, 1993). Les sujets vieillissants sont surtout gênés dans les situations les plus difficiles de privations et de conflits sensoriels comme le désaccord fréquent entre les informations proprioceptives et les informations visuelles (Wipple *et al.*, 1993 ; Wolfon *et al.*, 1992). Les auteurs sont partagés entre ceux qui évoquent une gêne plus importante en vieillissant lors de l'occlusion visuelle (Pykkö *et al.*, 1988 ainsi que Baloh *et al.*, 1994) et d'autres plus nombreux qui trouvent des résultats comparables entre jeunes et aînés (Camicioli *et al.* 1997 ; Lafont *et al.*, 1997 ; Perrin *et al.*, 1993, 1997 ; Ring *et al.*, 1989 ; Toupet *et al.*, 1991). Il semble que, grâce aux travaux réalisés avec l'EquiTest, (Computerized Dynamic Posturography System, cf. figures 2 et 3), la démonstration soit faite d'une dépendance plus importante des sujets âgés aux informations proprioceptives face aux informations visuelles (Camicioli *et al.*, 1997; Colledge *et al.*, 1994 ; Diard *et al.*, 1993 ; Vitte *et al.*, 1993 ; Wolfon *et al.*, 1992). Certaines expériences concluent que les sujets âgés ne se servent pas ou peu des informations vestibulaires (Diard *et al.*, 1993 ; Vitte *et al.*, 1993) ; on parlerait alors d'une négligence vestibulaire. Pour d'autres auteurs, il s'agirait d'un dysfonctionnement vestibulaire avec une sensibilité identique aux stimulations mais une conduction nerveuse plus lente (Lafont *et al.*, 1995).

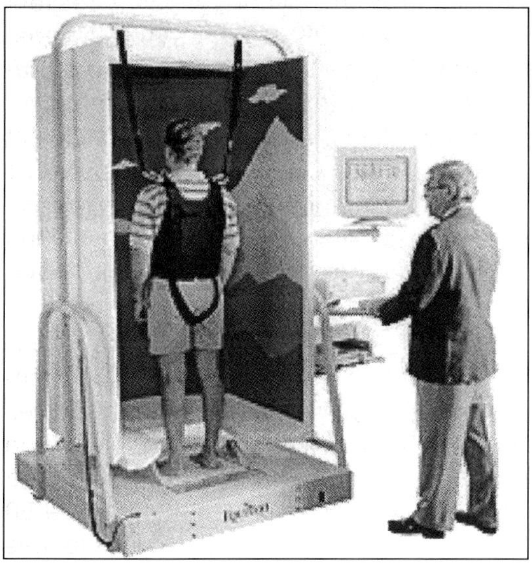

Figure 2 : L'EquiTest ,
Site officiel :
http://www.onbalance.com/equitest.html, 1999).

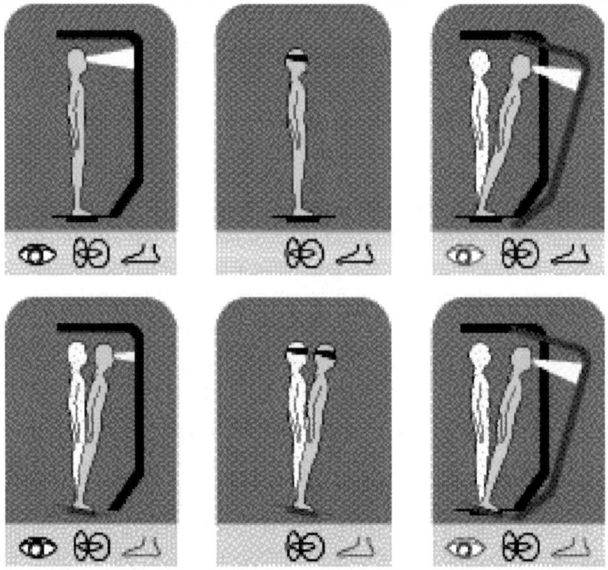

Figure 3 : Différentes conditions envisageables
(Site officiel : http://www.onbalance.com/equitest.html, 1999).

Mis à part la corrélation entre les performances cognitives et le risque de chute chez le sujet vieillissant (Robbins *et al.*, 1989 ; Tinetti *et al.*, 1988), d'autres expériences comparant les sujets âgés avec leurs cadets ont permis de mettre en avant une différence dans le traitement des informations en vue du rattrapage d'un léger déséquilibre. Stelmach, Zelaznik et Lowe (1990) ont noté qu'une bonne stabilité posturale, normalement considérée comme étant sous le contrôle d'un processus automatique, requiert plus d'attention chez le sujet plus âgé.

L'équilibre dynamique nécessite l'utilisation d'informations intéroceptives et extéroceptives afin de réagir aux perturbations de la stabilité, conduisant à une activité musculaire coordonnée et réagissant à un changement postural ou l'anticipant. Ces observations en posturographie dynamique à l'aide d'un stabilomètre, indiquent que la longueur du parcours d'équilibration enregistrée chez 168 volontaires sains augmente avec l'âge quelle que soit la déviation par rapport à l'axe horizontal, les yeux ouverts ou fermés, à partir de 60 ans. Ceci s'accentue par la suite et s'accompagne d'une différence sexuelle en faveur d'une meilleure performance d'équilibration dynamique pour les femmes (étude à l'aide d'un stabilomètre mesurant le parcours d'équilibration sur 168 sujets sains) (Lafont *et al.*, 1997 ; Pykkö *et al.*, 1988). Il semblerait cependant que selon Nikens (1985) et Perry (1982) les femmes chutent plus fréquemment mais les chutes chez l'homme entraîneraient un taux de mortalité plus important.

La différence concernant le maintien de l'équilibre dynamique entre les sujets plus jeunes et les plus âgés serait plus visible dans deux cas de figure. Tout d'abord, lorsqu'ils sont soumis à des changements brusques de l'environnement (Woollacott *et al.*, 1986, 1988) les sujets âgés sont moins performants ; cette différence peut être liée à une moindre sensibilité vis-à-vis des informations périphériques mais surtout à une altération des mécanismes d'intégration centrale (Teasdale *et al.*, 1991). Enfin, lorsque l'on provoque un déséquilibre postérieur par traction, les sujets âgés s'équilibrent en faisant plusieurs pas en arrière, au lieu d'un pour les plus jeunes, en produisant des pas plus courts, de moindre hauteur et d'apparition plus précoce que leurs cadets. La limitation d'ampleur articulaire, observable à cet âge, n'explique pas à elle seule cette caractéristique du rattrapage de l'équilibre.

En tenant compte de l'aspect multifactoriel du vieillissement, la différence entre les performances des sujets jeunes par rapport aux sujets vieillissants, en ce qui concerne le maintien de l'équilibre, ne doit pas être considérée uniquement comme un amoindrissement des capacités physiques. Craik (1989) propose un découpage en deux catégories pour expliquer les causes de chutes. Dans la première, le stimulus interne ou externe cause la perte d'équilibre, il peut s'agir de vertiges, de faiblesses musculaires ou des aléas de la surface de déplacement. La deuxième est liée à l'incapacité du sujet à corriger ou à répondre à cette perte d'équilibre inattendue, à cause d'un accroissement du temps de réaction, une diminution des intégrations du système nerveux central, la diminution de la force musculaire et la perte de la mobilité articulaire. Ces mécanismes sont qualitativement et quantitativement modifiés obligeant le sujet vieillissant à une réorganisation stratégique de sa capacité à maintenir son équilibre.

Les oscillations posturales restent un aspect essentiel de l'observation clinique car elles permettent d'identifier les sujets susceptibles de chuter et, par-là même, de développer des stratégies pour aider à prévenir ces accidents.

La locomotion du sujet vieillissant

La marche

Nous précisons que cette partie n'illustrera pas les pathologies avérées (visuelles, proprioceptives, labyrinthiques, musculaires, articulaires, psychologiques, cutanées, orthopédiques) pouvant expliquer une marche défectueuse auxquelles il faudrait ajouter les conséquences des prises médicamenteuses et leurs effets secondaires. Les études portant sur le développement normal de la marche chez le sujet vieillissant sont difficiles à mener compte tenu de la difficulté de sélection des sujets n'étant porteurs d'aucune affection susceptible, directement ou indirectement, de bouleverser leur démarche. Et cela est d'autant plus vrai que l'âge chronologique avance.

Le plus souvent, les descriptions de la marche du sujet âgé sont parties de l'observation de dysfonctionnements importants, observés, par exemple, dans l'apraxie ou dans la maladie de Parkinson. Fort de ces observations, les conclusions portant sur les caractéristiques du vieillissement normal de la marche (marches à pas réduits, asynergie...) tournaient autour de l'affaiblissement des fonctions neurologiques du sujet vieillissant.

Il semblerait aujourd'hui que les défaillances musculaires et articulaires ou la diminution de l'intégrité neurologique ne peuvent expliquer, à elles seules, les divers changements de la locomotion observés au cours du vieillissement.

On peut observer avec l'avancée en âge des modifications d'aspect de la marche. Elle semble plus lente et moins sûre, les réponses aux stimuli de l'environnement sont plus lentes, elle sollicite plus l'attention du sujet âgé qui tente de plus d'en diminuer la dépense énergétique. Le terme de "marche sénile" a même été utilisé par certains auteurs (Murray *et al.*,1969 ; Nigg & Skleryk, 1983 ; Nutt *et al.*, 1993 ; Rubino, 1993 ; Strubel, 1988 ; Waters *et al.*, 1983 ; Winter *et al.*, 1990) pour qualifier les divers signes notés lors du déplacement comme :

- une réduction de la vitesse de la marche dite "confortable" d'environ 20% liée à une diminution de la longueur du pas, sans modification de la cadence
- une diminution de la hauteur du pas se traduisant par des pas traînants voire glissants sur le sol, favorisant les chutes par accrochage du pied
- un élargissement du pas et des irrégularités de la trajectoire
- une réduction de la durée de phase d'appui unipodal et allongement de la phase d'appui bipodal
- une réduction d'amplitude des mouvements des chevilles, des genoux et de la hanche
- une posture en légère flexion du tronc avec cyphose dorsale haute, bras collés au corps, rappelant la posture du malade parkinsonien
- un besoin d'attention à la marche avec regard fixé au sol près des pieds
- une diminution de la capacité de modulation de la vitesse de marche notamment à l'accélération par limitation de l'adaptation à l'effort
- une augmentation du coût énergétique par unité de déplacement.

Les anomalies de la marche sont observées à peu près chez un quart des sujets autonomes de plus de 60 ans (Andrieu *et al.*, 1992). Conjointement au vieillissement de l'équilibration, ces signes favorisent la survenue de chutes (Sabin, 1982).

L'essentiel est de connaître les effets du vieillissement sur les différentes caractéristiques et phases de la marche.

Il n'en reste pas moins que certains auteurs insistent sur le maintien des patrons de coordination au cours de la marche. En observant la relation de phase temporelle entre les membres chez des femmes de 20-29, 50-59, 60-69 et 70-80 ans, Williams et Bird (1992) ne trouvent pas de différence en terme de moyenne lorsqu'ils font varier la vitesse (préférée vs rapide) ou le terrain (sol vs escalier). Seule la variabilité, exprimée par l'écart type, distingue de façon significative le groupe de sujets jeunes des groupes de sujets âgés.

La vitesse de déplacement

Sûrement la plus pertinente des caractéristiques du déplacement des personnes âgées est qu'ils avancent plus lentement que leurs cadets (Spirduso, 1995). Précisons aussi que la vitesse diminue progressivement avec l'âge comme le montre le tableau 1 (Vandervoot & Hill, 1990), avec une diminution plus marquée entre 65 et 85 ans.

	Hommes	Femmes
20 ans	1,45 m/s	1,475 m/s
60-79 ans	1,225 m/s	1,125 m/s
80 ans	1,175 m/s	-

Tableau 1 : Vitesse moyenne de déplacement (d'après Vandervoot & Hill, 1990).

Les mêmes auteurs précisent qu'il existe une différence sexuelle attribuant aux femmes une diminution plus importante. Ceci avait déjà été remarqué par Molen (1973, in Spirduso, 1995) qui observait une cadence plus élevée et une longueur de pas réduite chez les femmes par rapport aux hommes du même âge.

Les enjambées ou phase d'oscillation

La limitation articulaire ainsi qu'une souplesse musculaire réduite favorisant une posture en flexion sont quelques éléments de réponses expliquant la diminution de la longueur du pas (Spirduso, 1995). La qualité des informations liées au maintien de l'équilibre statique et dynamique fait également défaut. Cette amplitude limitée provoque immanquablement une régression de la vitesse car, par ailleurs, la cadence ne se modifie pas. En d'autres termes, le sujet âgé parcourt la même distance qu'un sujet plus jeune avec un temps et un nombre de pas plus importants (Larish *et al.*, 1988). Dans certains cas, le terme de brachybasie (raccourcissement net de la longueur du pas) peut être utilisé.

Il paraît donc évident que, comme on peut parfois l'observer, si la longueur du pas d'un sujet donné ne varie pas avec l'avancée en âge, on note peu de changement dans sa vitesse de progression (Elbe *et al.*, 1991).

Ajoutons que les sujets âgés susceptibles de chuter lors de la marche normale sont ceux dont la diminution de la hauteur du pied en phase d'oscillation augmente la possibilité de trébucher et donc de tomber (Overstall *et al.*, 1977).

Dans le cadre de l'étude de l'enjambée, nous pouvons aussi remarquer des différences lors du franchissement d'un obstacle entre les individus âgés et les individus plus jeunes. Les chutes lors de franchissement d'obstacle sont habituelles. Une étude de Chen *et al.* (1991) ne signale pas de différence notable entre les générations pour ce qui est de la hauteur minimum nécessaire pour passer le pied au-dessus de l'obstacle. Cependant, les sujets âgés semblent plus précautionneux en ce sens où le franchissement se réalise plus lentement et avec un pas plus court.

Grâce à la même étude, on apprend que même chez les sujets n'ayant pas de propensions à chuter lors d'un franchissement d'obstacle, 17% d'entre eux prennent appui sur ce dernier quand ils essaient de le passer. Le fait de rentrer en contact avec un objet augmente la probabilité de trébucher voire de tomber par rapport aux sujets ne touchant pas l'obstacle pour le franchir.

Les appuis au cours du déplacement

Il est admis par de nombreux auteurs qu'en diminuant la longueur de l'enjambée, le sujet de plus de 65 ans augmente efficacement le temps passé avec les deux pieds au sol durant la marche, position qui apparaît nettement plus stable (Ferrandez *et al.*, 1988 ; Gillis *et al.*, 1986 ; Hageman & Blake, 1986 ; Murray *et al.*, 1969) (Figure 4).

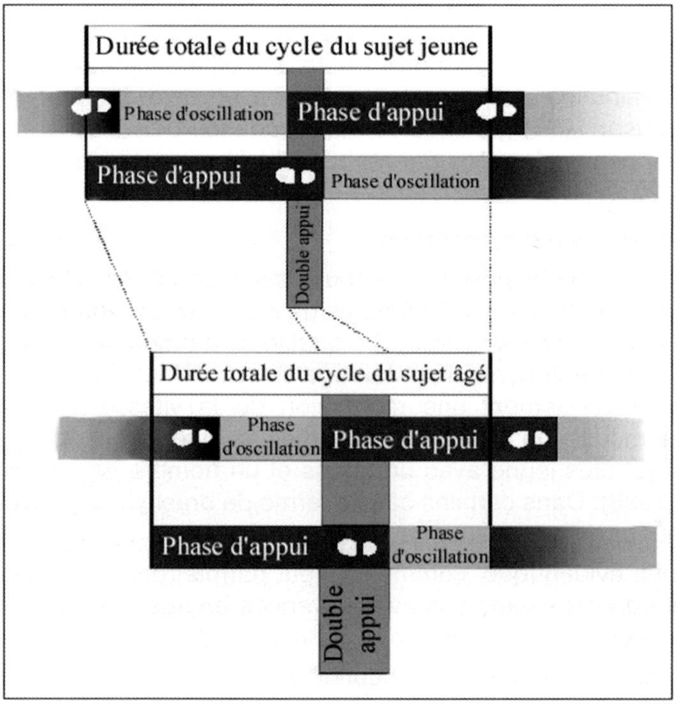

Figure 4 : Représentation des différentes phases au cours de la marche normale chez le sujet jeune et âgé (d'après Chao, 1986, in Spirduso, 1995).

La cadence des pas

Malgré les observations qui objectivent que les femmes ont une cadence plus rapide que les hommes à tout âge, la comparaison de quelques données métriques étudiant les performances entre les jeunes sujets et les âgés, met en évidence une constance nette dans le tempo locomoteur quel que soit l'âge : si on calcule, à vitesse équivalente, le rapport "(Durée du double appui) / (Durée d'appui)", il varie de 20 à 30% chez les sujets âgés alors qu'il est de 28% chez les sujets jeunes. Maintenant, si on étudie le rapport "(Durée de l'enjambée + Durée du double appui) / Durée totale d'un cycle", il est de 50% et reste également constant avec l'âge (Daumen-Legré *et al.*, 1993). Le tempo de la marche et la cadence du pas ne semblent pas être affectés par le vieillissement.

La consommation énergétique à des vitesses variables

La plupart du temps, la dépense énergétique est calculée en comparant des vitesses de marche variables. Ici, une étude de Larish *et al.* (1988) conclut que la vitesse de marche comprise entre 0,81 et 1,88 m/s est moins économique en terme énergétique pour les sujets vieux que pour les plus jeunes. Cette observation permet donc aux auteurs de valider une hypothèse pouvant expliquer que les sujets plus âgés préfèrent augmenter la cadence du pas plutôt que sa longueur pour une vitesse plus importante afin de majorer l'économie du mouvement. Donc la locomotion du sujet âgé diffère par une diminution de la longueur du pas et par une augmentation de la cadence lors d'une marche plus rapide. La marche reste donc adaptée aux potentialités énergétiques du sujet âgé.

L'aspect cognitif

Les affections des différents paramètres bio-mécaniques conduisant aux diminutions de l'amplitude articulaire, de la souplesse musculaire, de l'échange gazeux et de la propagation efficace de l'information nerveuse sont autant de facteurs qui, conjugués ou isolés, expliquent aisément une diminution de la longueur des pas et donc de la vitesse de déplacement.

Il existe une autre hypothèse pouvant se surajouter à ces dernières. On sait que le sujet doit davantage prêter attention à son déplacement. Des expérimentations montrent une diminution des performances liée à la stabilité corporelle lorsque l'attention est sollicitée par plusieurs tâches cognitives (Chen *et al*, 1996 ; Maylor & Wing, 1996). Une étude, menées par Chen *et al.* (1996) par exemple, montrent l'importance significative de l'attention en situation d'enjamber d'obstacle, où on observe une diminution des performances beaucoup plus nette chez le vieil adulte (moyenne 72 ans) par rapport à l'adulte jeune (moyenne 24 ans) lors d'exercices nécessitant une "répartition attentionnelle" (double traitement de l'information : réponses verbales à des stimulations visuelles aléatoires et une réponse motrice d'enjamber). On observera donc une diminution de l'habileté à répondre aux hasards de l'environnement physique lorsque l'attention est dirigée sur d'autres données ; ceci pouvant expliquer en partie le seuil important de chutes lors de la marche chez le sujet vieillissant.

L'aspect psychologique

On sait que l'équilibre unipodal du sujet âgé est précaire. Il cherche donc à se retrouver plus fréquemment dans la position plus stable qu'est le double appui. Ceci lui permet de prendre un peu de temps pour anticiper son parcours et donc de mieux appréhender son environnement.

Cependant, le sujet vieillissant a une fâcheuse tendance à adopter une position de déséquilibre postérieur que l'on peut également observer en position assise et que le seul déclin bio-mécanique ne peut expliquer. Cette position témoignerait d'une crainte importante du vide antérieur et donc de la chute. Certains auteurs n'hésitent pas alors à parler de stasobasophobie (Murphy & Isaacs, 1982). Cependant, avant de traiter un trouble psychologique lié à la peur de tomber et ses conséquences, il faut noter que l'appréciation que les sujets âgés ont de leurs potentialités à maintenir une position stable à l'arrêt ou en marchant est souvent proche de la réalité. Cette peur peut être verbalisée même si le sujet n'a fait aucune expérience de chute auparavant. Les conséquences sur la vie quotidienne et relationnelle sont alors inévitables et disproportionnées par rapport au déclin des capacités physiques. La peur de tomber devient un réel problème lorsqu'elle oblige le sujet à l'immobilité ou crée une anxiété telle qu'elle empêche une activité (Lachman *et al.*, 1998). Downton et Andrews (1990) évaluent à un tiers les sujets qui avouent, par peur de la chute, réduire leurs actions quotidiennes. Ajoutée à cela, la peur est 2,5 fois plus importante lors de chute sans grande gravité, passant à 10 fois plus chez les sujets ayant subit une fracture. Ce “syndrome de post chute” se présente cliniquement comme une tendance à tituber, à agripper et empoigner les objets, et hésiter ou alarmer l'entourage lors de déplacement sans assistance (Maki *et al.*, 1996). Une mesure possible de l'ampleur de cette peur est la Falls Efficacy Scale (FES) de Tinetti *et al.* (1990).

Conclusion

Il apparaît nettement que des stratégies nouvelles se développent en vieillissant. Les adaptations multiples que réalise le sujet favorisent une meilleure appréhension de l'environnement en fonction de ses nouvelles aptitudes.

Cependant, les personnes âgées ne sont pas toutes en mesure d'ajuster leur mouvement ce qui induit, au niveau de la locomotion, des comportements conduisant à la chute. Les individus considérés comme “chuteurs” (ayant chuté et présentant une forte probabilité de chuter à nouveau) présentent cliniquement des caractéristiques particulières.

Pour Lipsitz *et al.* (1991), les caractéristiques sont les suivantes :

- ce sont le plus souvent des sujets qui réalisent une rotation de 360° avec un grand nombre de pas ;
- ils ne peuvent pas se lever d'une chaise sans s'appuyer dessus ;
- ils ont une propension plus importante à l'utilisation d'antidépresseurs ;
- ils ont une sensation d'altération posturale ;
- ces sujets sont plus souvent des femmes.

Pour McRae *et al.* (1992), ces sujets présentent des faiblesses inhabituelles au niveau :

- des adducteurs de la hanche ;
- des extenseurs et fléchisseurs du genou ;
- des fléchisseurs dorsaux de la cheville.

Pour Morse *et al.* (1987), ces sujets peuvent présenter :

- une démence modérée ;
- de fréquents épisodes de vertige ;
- un score modérément faible à l'Echelle ADL (Activities of Daily Living Scale) ;
- une démarche altérée.

La course

L'étude de Nelson (1981, in Haywood, 1993) sur la marche et la course des femmes âgées de 58 à 80 ans met en évidence des différences selon l'âge. Les femmes les plus âgées ont une flexion réduite de la jambe, une longueur de foulée réduite. Leur vitesse absolue est fortement réduite comparée à celle de femmes de 20 ans (2,6 m/s contre 6,7 m/s).

Les réductions de flexion et d'extension des articulations des membres impliqués sont également retrouvées dans le saut, le lancer et la frappe de balle (Adrian, 1980 ; Williams *et al.*, 1990).

LES COORDINATIONS DYNAMIQUES GÉNÉRALES

Les activités sollicitant la rapidité et les combinaisons de mouvement dans l'exécution d'une tâche sont atteintes par le vieillissement. La diminution du temps de réaction ainsi que le manque de coordination sont évidemment en partie responsables de ces modifications, associés à la perte progressive de la masse musculaire et de la diminution de l'amplitude articulaire. Ceci rend évidemment l'activité plus fatigante et pénible surtout si elle se prolonge.

Lors d'actions impliquant l'ensemble du corps, comme tirer ou pousser une poignée tout en se maintenant sur une plate-forme, les sujets âgés présentent un temps de latence allongé pour l'activation des muscles impliqués dans les mouvements sur la poignée comparativement à l'activation des muscles posturaux (Inglin & Woollacott, 1988). Les ajustements posturaux anticipés ont une fonction de compensation de la déstabilisation liée aux mouvements des membres supérieurs. Il semblerait que les sujets âgés présentent d'une part un ralentissement des réflexes posturaux, et que, d'autre part, ils attendent d'assurer une stabilisation correcte avant d'initier des mouvements pouvant modifier cet état. Il y a donc une perte de l'habileté à coordonner différents groupes musculaires impliqués dans une même tâche finalisée. Mais ceci peut également être interprété comme la recherche d'une plus grande précision dans le cadre de l'échange classique vitesse-précision, recherche passant par cette phase préalable de stabilisation. Konczak *et al.* (1992) ont en effet montré que les sujets âgés sont particulièrement attentifs aux informations environnementales et sont plus précis quant à la mise en relation de leur perception du milieu et de leur capacité actuelle à effectuer un mouvement dans ce contexte particulier. Il semble également que les sujets âgés prennent plus de temps lorsqu'ils doivent opérer un changement de direction de leur mouvement (Clark *et al.*, 1987).

Cependant, toutes les coordinations ne sont pas affectées de la même manière et notamment dans des tâches de pointage. Certaines études retrouvent peu de différences de performance entre sujets jeunes et âgés. Ainsi Rothstein *et al.* (1989) constatent que les sujets âgés ont des mouvements parfaitement synchronisés lors de mouvements bimanuels rapides en direction de cibles placées à des distances identiques ou non. Warabi *et al.* (1986) indiquent que les coordinations oculomanuelles sont de très bonne qualité dans une tâche de pointage unimanuel avec temps de latence similaires entre les groupes sur le plan musculaire. Seule une plus grande lenteur est signalée chez les sujets de 60-69 ans comparés à ceux de 20-29 ans.

Dans la perspective de la théorie des systèmes dynamiques (Kelso, 1995 ; Zanone, 1999) l'étude des mouvements coordonnés périodiques des membres supérieurs (flexion-extension du poignet) indique des différences entre sujets jeunes et âgés. (Greene & Williams, 1996). On constate tout d'abord une fréquence de mouvement plus basse chez les sujets âgés (60-68 et 70-78 ans) que chez les sujets jeunes (23-32 ans) aussi bien en fréquence spontanée qu'à vitesse maximale avec un accroissement de l'écart dans cette deuxième condition. Chez les sujets les plus âgés (70-78 ans), on constate également un découplage des deux mains à vitesse maximale, la main droite se déplaçant plus vite et avec une plus grande amplitude que la main gauche. Lorsque l'on étudie la stabilité de la coordination, les sujets ne présentent pas de différences en fonction de l'âge lorsqu'ils réalisent les patrons de coordination en phase ou en anti-phase en fréquence spontanée. Par contre, l'augmentation de la fréquence se manifeste par une plus grande variabilité de la phase relative et entraîne un passage précoce du patron moins stable (en anti-phase, ou relation de phase de 180°) au patron plus stable (en phase, ou relation de phase à 0°) chez les sujets âgés. Ces différents résultats indiquent que certaines coordinations bimanuelles restent stables, principalement lorsque les muscles homologues sont impliqués mais que la coordination de mouvements asymétriques se détériore avec l'âge.

L'acquisition de nouveaux patrons de coordination bimanuelle (relation de phase de 90° entre les deux membres supérieurs) est également plus difficile chez les sujets âgés (Swinnen *et al.*, 1998). Au cours de la pratique, le taux d'erreurs diminue plus lentement que chez les sujets jeunes et la variabilité de phase relative augmente alors qu'elle décroît chez les jeunes. La durée du cycle et l'amplitude sont aussi plus variables. Ces données renvoient d'une part à un défaut d'inhibition des patrons de coordination pré-existants et d'autre part à une moindre plasticité du système nerveux central. La difficulté de la tâche joue donc un rôle dans les situations d'apprentissage du sujet âgé, ce dernier s'avérant plus sensible à une augmentation de la complexité.

LA MOTRICITÉ MANUELLE ET L'ÉCRITURE

Concernant la force musculaire, la performance maximum est généralement atteinte entre 25 et 30 ans, suivie d'une diminution continue avec une perte de 1% par an entre 45 et 55 ans, de 1,5 à 2% par an entre 55 et 65 et enfin de 2% par an après 65 ans. Au total, à 80 ans la force n'est plus que 50 à 60% de celle qu'elle était à 20 ans. Le vieillissement des muscles squelettiques n'est pas uniforme avec une perte importante au niveau des fléchisseurs et des extenseurs du genou ainsi que du biceps brachial et une perte bien moindre pour les petits muscles de la main (Tavernier-Vidal & Lourey, 1991).

Différentes études réalisées par Roy et ses collaborateurs (Roy *et al.*, 1996) nous précisent l'impact de certaines contraintes sur les mouvements d'atteinte et de préhension du sujet vieillissant. Dans les mouvements de pointage ou de prise d'un objet, l'augmentation de l'amplitude du mouvement entraîne, chez le sujet âgé, un allongement plus prononcé des temps de mouvement et de la phase de décélération qui semble dû à la plus grande variabilité spatiale impliquée par les mouvements de plus grande amplitude. Le ralentissement du mouvement est une façon de réduire la variabilité de la trajectoire et du point d'arrivée de la main. Lors de l'interception d'un objet mobile, la première partie du mouvement (accélération) est allongée, comme si le sujet âgé avait besoin d'un temps plus long pour apprécier les caractéristiques du déplacement de l'objet. Lorsque le mouvement de préhension d'un objet fixe est suivi d'une autre action (placer l'objet dans une boite ou le lancer) et que celle-ci comporte une exigence de précision, la phase de décélération se concluant par la prise de l'objet est significativement allongée alors que le temps total du mouvement de préhension est similaire à celui des sujets jeunes. Les modifications vont donc dans le sens d'un allongement général des temps de mouvements mais également d'une organisation relative différente des composantes du mouvement. Morgan *et al.* (1994) confirment cela sur une tâche de pointage de cibles en forme de zigzag en demandant, après exécution à vitesse spontanée, aux sujets âgés d'augmenter leur vitesse et aux sujets jeunes de la ralentir afin d'observer la cinématique du mouvement. Ils constatent que les sujets âgés présentent des hésitations et un plus grand nombre de sous-mouvements ce qui signe un trouble de la coordination motrice. Diggles-Buckles (1993) suggère d'ailleurs que le ralentissement et la plus grande variabilité observés au cours du vieillissement seraient dus à un déclin des structures de coordination qui permettent le contrôle simultané de plusieurs articulations.

Les sujets âgés ont tendance à déployer jusqu'à deux fois plus de force que des sujets plus jeunes lorsqu'ils saisissent des objets avec les doigts, du fait d'une diminution des signaux tactiles qu'ils chercheraient ainsi à augmenter (Cole, 1991). De plus, ils rencontrent des difficultés lorsque la tâche comporte à la fois un mouvement coordonné et la production d'une force au niveau digital. Dans l'expérience de Spirduso et Choi (1993), les sujets doivent tracer les côtés d'un triangle sur un écran avec des leviers qu'il faut actionner au moyen de différentes combinaisons digitales. Lorsque la pince pouce-index est utilisée, les différents côtés imposent des mouvements différents : le premier requiert une flexion du pouce et de l'index, le deuxième une l'extension des deux doigts tandis que le troisième nécessite une extension pour le pouce et une flexion pour l'index. Dans toutes les conditions, les sujets âgés (61-81 ans) sont plus lents et moins précis que les sujets jeunes (18-23 ans). Mais les difficultés sont plus prononcées lors du traçage des côtés 2 et 3.

Les problèmes de régulation de la force ont également été observés au niveau de l'écriture. Les sujets n'ont pas de mal à conserver la précision du trait mais les pics d'accélération qui correspondent à la force déployée sont réduits, phénomène qui se répercute sur la durée des traits qui est également diminuée indiquant que le sujet ne parvient pas à adapter correctement son geste aux exigences de la tâche (Teulings & Stelmach, 1993). Dans une autre étude portant sur la réalisation de traits horizontaux, verticaux ou obliques, Contreras-Vidal *et al.* (1998) indiquent que les sujets âgés ont plus de difficultés à coordonner les mouvements des poignets et des doigts ce qui entraîne une plus grande variabilité sur le plan spatial. Les mouvements des sujets jeunes sont plus rectilignes, plus rapides et plus réguliers.

Weller et Latimer-Sayer (1985) montrent que la différence de temps de mouvement entre la main droite et la main gauche augmente avec l'âge sur une tâche de placement de chevilles (pegboard) ce qui va dans le sens d'une détérioration progressive des habiletés de la main gauche. Cette asymétrie est retrouvée par Ferron (1992, cité in Peters, 1994) qui indique que les sujets âgés ont des difficultés à effectuer un rythme 2:1 à l'aide des doigts avec une incapacité à soulever l'index gauche lorsque la main droite frappe le rythme le plus rapide.

FONCTIONS VISUOSPATIALES

L'orientation spatiale est sensible au vieillissement aussi bien dans l'orientation droite-gauche que dans l'utilisation de la rotation mentale (Spreen & Strauss, 1991). Les résultats obtenus par Vandenberg et Kuse (1978) indiquent clairement une chute des performances qui débute autour de 30 ans et se poursuit au fil des ans sur une épreuve d'appariement de structures en trois dimensions, formées d'une ligne de 9 à 10 cubes coudées à trois endroits. Une partie des items présentés est constituée de stimulus identiques qu'une rotation dans le plan frontal ou sagittal permet de faire coïncider (Albaret & Aubert, 1996).

Dans une étude faite par Salthouse et Mitchell (1990), les résultats obtenus à des tests spatiaux par des sujets âgés en moyenne de 60 ans se situent environ 0,5 à 1,5 écart-type en dessous de la moyenne des sujets de 20 ans. Les tests consistent, pour l'un, à indiquer quel est le résultat prévisible lorsque l'on déplie une feuille qui a été préalablement percée de trous en position pliée (Paper folding) et, pour l'autre, à associer les différentes faces de constructions en trois dimensions présentées sous forme de plan (2-D) ou de volume (3-D) (Surface development).

Les causes de la détérioration des habiletés spatiales paraissent difficiles à déterminer compte tenu d'une multiplicité de variables qui peuvent être confondues. Lorsque l'on compare des sujets âgés et des sujets jeunes, on ne prend pas en compte les différences dans les modes de vie qui peuvent avoir une influence sur le maniement des données spatiales, ni les changements de la nature des activités réalisées au cours de la vie. De plus la détérioration peut être liée à une détérioration spécifique d'un ou de plusieurs processus impliqués dans la réalisation des tâches (Salthouse, 1992).

Concernant les activités constructives, les productions ont tendance à être simplifiées, moins précises, mais les stratégies utilisées restent élaborées (Ska *et al.*, 1986). Dans la copie de la figure de Rey, Ska *et al.* (1987) comparent deux groupes de sujets normaux (30 âgés de 40 à 50 ans et 35 âgés de plus de 60 ans) et montrent que les sujets ne diffèrent pas dans le nombre d'étapes utilisées. L'élément le plus caractéristique chez les personnes âgées est l'augmentation du temps de réalisation (Chiulli *et al.*, 1989).

RÉFÉRENCES BIBLIOGRAPHIQUES

ADRIAN, M.J. (1980). Biomechanics and aging. In J.M. Cooper & B. Haven (Eds.), *Proceedings of the Biomechanics Symposium.* Indianapolis, IN : Indiana State Board of Health.

ALBARET, J.M., & AUBERT, E. (1996). Test de rotation mentale de Vandenberg : étalonnage 15-19 ans. *Evolutions Psychomotrices*, 8, 34, 206-215.

ALEXANDER, N. (1996). Technology-based measures to assess postural control in older adults. In C. Lafont, A. Baroni, M. Allard, R. Tideiksaar, B. Vellas, P.J. Garry & J.L. Albarede (Eds.), *Falls gait and balance disorders in the eldery : from success full aging to frailty* (pp. 141-157). Berlin : Springer.

AMRHEIN, P.C., STELMACH, G.E., & GOGGIN, N.L. (1991). Age differences in the maintenance and restructuring of movement preparation. *Psychology and Aging*, 6, 3, 451-466.

ANDRIEU, J.M., ALLARD, M., & VELLAS, B. (1992). Etude des troubles de l'équilibre et de la marche dans une population de 390 sujets âgés vivant à domicile. *Revue de Gériatrie*, 17, 8, 423-428.

BALOH, R.W., FIFE, T.D., ZWERLING, L., SOCOTCH, T., JACOBSON, K., BELL, T., & BEYKIRCH, K. (1994). Comparison of static and dynamic posturography in young and older normal people, *Journal of the American Geriatrics Society*, 42, 4, 405-412.

BOHANNON, R., LARKIN, P.A., COOK, A.C., GEAR, J., & SINGER, J. (1984). Decrease in timed balance test scores with aging. *Physical Therapy*, 64, 1067-1070.

BROWN, W.F., STRONG, M.J., & SNOW, R. (1988). Methods for estimating numbers of motor units in biceps-brachialis muscles and losses of motor units with aging. *Muscle and Nerve*, 11, 423-432.

CAMICIOLI, R., PANZER, V.P., & KAYE, J. (1997). Balance in healthy elderly : posturography and clinical assessment, *Archives of Neurology*, 54, 8, 976-981.

CAMPBELL, A.J., REINKEN, J., ALLAN, B.C., MARTINEZ, G.S. (1981). Falls in old age : a study of frequency and related clinical factors. *Age and Ageing*, 10, 264-270.

CHEN, H., ASHTON-MILLER, J.A, ALEXANDER, N.B., & SCHULTZ, A.B. (1991). Stepping over obstacles : gait patterns of healthy young and old adults, *Journal of Gerontology : Medical Sciences*, 46, M196-M203.

CHEN, H.C., SCHULTZ, A.B., ASHTON-MILLER, J.A., GIORDANI, B., ALEXANDER, N.B., & GUIRE, K.E. (1996). Stepping over obstacles : dividing attention impairs performance of old more than young adults, *Journal of Gerontology, Medical Sciences*, 51A, 3, M116-M122.

CHIULLI, S., YEO, R.A., HAALAND, K.Y., & GARRY, P. (1989). Complex figure copy and recall in the elderly. *Journal of Clinical and Experimental Neuropsychology*, 11, 95.

CLARK, J.E., LANPHEAR, A.K., RIDDICK, C.C. (1987). The effects of video game playing on the response selection processing of elderly adults. *Journal of Gerontology*, 42, 82-85.

COLE, K.J. (1991). Grasp force control in older adults. *Journal of Motor Behavior*, 23, 251-258.

COLLEDGE, N., CANTHY, P., PEASTON, I., BRASCH, H., LEWIS, S., & WILSON, J.A. (1994). Aging and balance : the measure of spontaneous sway by posturography. *Gerontology*, 40, 273-278.

CONTRERAS-VIDAL, J.L., TEULINGS, H.L., & STELMACH, G.E. (1998). Elderly subjects are impaired in spatial coordination in fine motor control. *Acta Psychologica*, 100, 25-35.

CRAIK, R. (1989). Changes in locomotion in the aging adult. In M.H. Woollacott & A.T. Shumway-Cook (Eds.), *Development of posture and gait across the life span* (pp. 176-201). Columbia : University of South Carolina Press.

DAUMEN-LEGRE, V., LAFFORGUE, P., SCHIANO, A., ACQUAVIVA, P.C., & SERRATRICE, G. (1993). La sénescence de la marche : étude locométrique. In J. Pelissier, J. Brun, M. Enjalbert & L. Simon (Eds.), *Posture, équilibration et médecine de rééducation* (pp. 199-205). Paris : Masson.

DIARD, J.P., VITTE, E., FREYSS, G., & SEMONT, A. (1993). Equilibre, instabilité et chutes du sujet vieillissant. *La Revue d'ONO*, 19/20, 83-85.

DIGGLES-BUCKLES, V. (1993). Age-related slowing. In G.E. Stelmach & V. Hömberg (Eds.), *Sensorimotor impairments in the elderly* (pp. 73-88). Dordrecht : Kluwer Academic Publishers.

DOTY, R.L. (1990). Olfaction. In F. Boller & J. Grafman (Eds.), *Handbook of neuropsychology* (Vol. 4). Amsterdam : Elsevier.

DOWNTON, J.H., & ANDREWS, K. (1990). Postural disturbance and psychological symptoms amongst elderly people living at home. *International Journal of Geriatric Psychiatry*, 5, 93-98.

ELBE, R.J., THOMAS, S.S., HIGGINS, C., & COLLIVER, J. (1991). Stride-dependent changes in gait of older people. *Journal of Neurology*, 238, 1-5,.

ERA, P., & HEIKKINEN, E. (1985). Postural sway during standing and unexpected disturbance of balance in random samples of men of different ages. *Journal of Gerontology*, 40, 287-295.

FERRANDEZ, A.M., PAILHOUS, J., & SERRATRICE, G. (1988). Locomotion in the elderly. In B. Amblard, A. Berthoz & F. Clarac (Eds.), *Development adaptation and modulation of posture and locomotion* (pp. 115-124). Amsterdam : Elsevier.

GILLIS, B., GILROY, K., LAWLEY, H., MOTT, L., & WALL, J.C. (1986). Slow walking speeds in healthy young and elderly females. *Physiotherapy (Canada)*, 38, 350-352,.

GOGGIN, N.L., & MEEUWSEN, H.J. (1992). Age-related differences in the control of spatial aiming movements. *Research Quarterly for Exercise and Sport*, 63, 4, 366-372.

GOGGIN, N.L., & STELMACH, G.E. (1990). A kinematic analysis of precued movements in young and elderly subjects. *Canadian Journal on Aging*, 9, 371-385.

GREENE, L.S., & WILLIAMS, H.G. (1996). Aging and coordination from the dynamic pattern perspective. In A.-M. Ferrandez & N. Teasdale (Eds.), *Changes in sensory motor behavior in aging* (pp. 89-131). Amsterdam : Elsevier.

HAALAND, K.Y., HARRINGTON, D.L., & GRICE, J.W. (1993). Effects of aging on planning and implementing arm movements. *Psychology and Aging*, 8, 617-632.

HAGEMAN, P.A., & BLAKE, D.J. (1986). Comparison of gait of young women and older women, *Physical Therapy*, 66, 1382-1387,.

HAYWOOD, K.M. (1993). *Life span motor development.* Champaign, IL : Human Kinetics.

HOWARD, J.E., MCGILL, K.C., & DORFMAN, L.J. (1988). Age effects on properties of motor unit action potential : ADEMG analysis. *Annals of Neurology*, 24, 207-213.

INGLIN, B., & WOOLLACOTT, M. (1988). Age-related changes in anticipatory porstural adjustments. *Journal of Gerontology*, 43, M105-M113.

KELSO, J.A.S. (1995). *Dynamic patterns. The self-organization of brain and behavior.* Cambridge, MA : MIT Press.

KONCZAK, J., MEEUWSEN, H.J., & CRESS, M.E. (1992). Changing affordances in stair climbability in young and older adults. *Journal of Experimental Psychology : Human Perception and Performance*, 18, 691-697.

LACHMAN, M.E., HOWLAND, J., TENNSTEDT, S., JETTE, A., ASSMANN, S., & PETERSON, E.W. (1998). Fear of falling and activity restriction : the survey of activities and fear of falling in elderly (SAFE). *Journal of Gerontology : Psychological Sciences*, 53B, 1, P43-P50.

LAFONT, C., COSTES-SALON, M.-C., DUPUI, P., STEPHAN, E., ALBARÈDE, J.-L., & BESSOU, P. (1995). Los estudios posturograficos. In *Actes de la XVIIe Réunion de la Sociedad Espagnalo de Geriatrica Y Gerontologia "Las Caidas en las Personas Ancianas"* (pp. 39-43). Saragosse.

LAFONT, C., DUPUI, P., COSTES-SALON, M.-C., ALBARÈDE, J.-L., & BESSOU, P. (1997). Antero-posterior and lateral sways during dynamic balance : influence of aging. *13th international symposium "Multisensory control of posture and gait".* Paris.

LARISH, D.D., MARTIN, P.E. & MUNGIOLE, M. (1988). Characteristic patterns of gait in the healthy old. In J.A. Joseph (Ed.), *Central determinants of age-related declines in motor function.* New York : Annals of the New York Academy of Science.

LIPSITZ, L.A., JONSSON, P.V., KELLEY, M.M., & KOESTNER, J.S. (1991). Causes and correlates of recurrent falls in ambulatory frail elderly. *Journal of Gerontology*, 46, M114-M122.

MAKI, B.E., & FERNIE, G.R. (1996). Accidents : falls. In J.E. Birren (Eds.), *Encyclopedia of gerontology, age, aging and the aged* (vol.1, pp. 11-18). Los Angeles : Academic Press.

MAKI, B.E., HOLLIDAY P.J. & TOPPER A.K. (1994). A prospective study of postural balance and risk of falling in an ambulatory and independent elderly population. *Journal of Gerontology , Medical Sciences*, 49, 2, M72-M84.

MAKI, B.E., HOLLIDAY, P.J., & FERNIE, G.R. (1990). Aging and postural control : a comparison of spontaneous and induced sway balance test. *Journal of the American Geriatrics Society*, 38, 1-9,.

MAYLOR, E.A, & WING, A.M. (1996). Age differences in postural stability are increased by additional cognitive demands. *Journal of Gerontology : Psychological Sciences*, 51B, 3, P143-P154.

MCRAE, P.G., LACOURSE, M., & MOLDAVON, R. (1992). Physical performance measures that pedict faller status in community-dwelling older adults. *Journal of Occupational and Sports Physical Therapy*, 16, 123-128.

MISHARA, B.L., & RIEDEL R.G. (1994). *Le vieillissement* (3e ed.) Paris : PUF.

MORGAN, M., PHILLIPS, J.G., BRADSHAW, J.L., MATTINGLEY, J.B., IANSEK, R., & BRADSHAW, J.A. (1994). Age-related motor slowness : simply strategic ? *Journal of Gerontology : Medical Sciences*, 49, 3, 133-139.

MORSE, J.M., TYLKO, S.J., & DIXON, H.A. (1987). Characteristics of the fall-prone patient. *The Gerontologist*, 27, 516-522.

MURPHY, J., & ISAACS, B. (1982). The post fall syndrome, A study of 36 elderly patients. *Gérontology*, 28, 265-270,.

MURRAY, M.P., KORY, K.C., & CLARKSON, B.H. (1969). Walking patterns in healthy old men. *Journal of Gerontology*, 24, 169-178.

NEVITT, M.C. (1997). Falls in the elderly : risk factors and prevention. In J.C. Masdeu, L. Sudarsky & L. Wolfson (Eds.), *Gait disorders of aging : falls and therapeutic strategies* (pp. 13-36). Philadelphia : Lippincott Raven.

NEVITT, M.C., CUMMINGS, S.R., & HUDES, E.S. (1991). Risk factor for injurious falls. A prospective study. *Journal of Gerontology : Medical Sciences*, 46, 5, M164-M170.

NIGG, B.M., & SKLERYK, B.N. (1983). *Gait characteristics of the elderly. Clinical Biomechanics*, 3, 79-87.

NIKENS, H. (1985). Intrinsic factors in falling among the elderly. *Archives of Internal Medicine,* 145, 1089-1093.

NUTT, J.G., MARSDEN C.D., & THOMPSON P.D. (1993). Human walking and higher level gait disorders, particularly in the elderly. *Neurology*, 43, 268-279.

OMS (1983). *Aspects médico-sociaux des accidents chez les personnes âgées.* Rapport d'un groupe de travail OMS avec la collaboration du Centre International de Gérontologie Sociale, Genève : CIGS.

OVERSTALL, P.W., EXTON-SMITH, A.N., IMMS, F.J., & JOHNSON, A.L. (1977). Falls in the elderly related to postural imbalance. *British Medical Journal*, 1, 261-264.

PERRIN, A. (1988). Trouble de l'audition. In R. Grumbach (Ed.), *Gériatrie Pratique.* Paris : Doin.

PERRIN, P., JEANDEL, C., PERRIN, C.A., & COURANT, P. (1993). Contribution de la posturographie statique et dynamique à l'étude du vieillissement physiologique de l'équilibration. *La Revue d'ONO*, 1/2, 95-99.

PERRIN, P., JEANDEL, C., PERRIN, C.A. & BENE, M.C. (1997). *I*nfluence of visual control, conduction and central integration on static and dynamic balance in healthy older adults. *Gerontology*, 43, 4, 223-231.

PERRY, B.C. (1982). Falls among the elderly : A review of the methods and conclusions of epidemiologic studies, *Journal of the American Geriatrics Society*, 30, 367-371.

PETERS, M. (1994). Does handedness play a role in the coordination of bimanual movements ? In S. Swinnen, H. Heuer, J. Massion, & P. Casaer (Eds.), Interlimb coordination : *neural, dynamical and cognitive constraints* (pp. 595-615). San Diego : Academic Press.

POTVIN, A.R., SYNDULKO, K., TOURTELLOTE, W.W., LEMON, J.A., & POTVIN, J.H. (1980). Human neurologic function and the aging process. *Journal of the American Geriatrics Society*, 28, 1-9.

PRATT, J., CHASTEEN, A.L., & ABRAMS, R.A. (1994). Rapid aimed limb movements : age differences and practice effects in component sub-movements. *Psychology and Aging*, 9, 325-334.

PYKKÖ, I., AALTO, H, HYTÖNEN, M, STARCK, J., JÄNTTI, P., & RAMSAY, H. (1988). Effect of age on postural control. In B. Amblard, A. Berthoz & F. Clarac (Eds.), *Posture and gait : development, adaptation and modulation* (pp. 95-105). Amsterdam : Elsevier.

QUAIL, C.G. (1994). An approach to the assessment of falls in the elderly. *Australian Family Physician*, 23, 873-882.

RABBITT, P. (1982). Breakdown of control processes in old age. In T.M. Field, A. Huston, H.C. Quay, L. Troll & G. Finley (Eds.), *Review of human development* (pp. 540-550). New York : John Wiley & Sons.

RAY, W.A., GRIFFIN, M.R., & BAUGH, D.K. (1990). Mortality following hip replacement before and after implementation of the prospective payment system. *Archives of Internal Medicine*, 150, 2109-2114.

RING, C., NAYAK, S.L., & ISAACS, B. (1989). The effect of visual deprivation and proprioceptive change on postural sway in healthy adults. *Journal of the American Geriatrics Society*, 37, 745-749.

ROBBINS, A.S., RUBENSTEIN, L.Z., JOSEPHSON, K.R., SCHULMAN, B.L., OSERTWELL, D., & FINE, G. (1989). Predictors of falls among elderly people : results of two population based studies. *Archives of Internal Medicine*, 149, 1628-1633.

ROTHSTEIN, D., LARISH, D., PETRUZELLO, S., CREWS, D., & NAHOM, A. (1989). Bimanual coordination in the healthy old. *The Gerontologist*, 29, 258A-259A.

ROY, E.A., WEIR, P.L., & LEAVITT, J.L. (1996). Constraints on prehension : a framework for studying the effects of aging. In A.-M. Ferrandez & N. Teasdale (Eds.), *Changes in sensory-motor behavior in aging* (pp. 279-314). Amsterdam : Elsevier.

RUBENSTEIN, L.Z., ROBBINS, A.S., SCHULMAN, B.L., ROSADO, J., OSTERWEIL, D., & JOSEPHSON, K.R. (1988). Falls and instability in the elderly. *Journal of the American Geriatrics Society*, 36, 266-278,

RUBINO, F.A. (1993). Gait disorders in the elderly. Distinguishing between normal and dysfunctional gait. *Postgraduate Medicine*, 6, 185-190.

SABIN, T.D. (1982). Biologic aspects of falls and mobility limitations in the elderly. *Journal of the American Geriatrics Society*, 30, 1, 51-58.

SALTHOUSE, T.A. (1985). *A theory of cognitive aging.* Amsterdam : North-Holland.

SALTHOUSE, T.A. (1992). Reasoning and spatial abilities. In F.I.M. Craik & T.A. Salthouse (Eds.), *The handbook of aging and cognition* (pp. 167-211.). Hillsdale, NJ : LEA.

SALTHOUSE, T.A. (1996). Reaction time. In J.E. Birren (Eds.), *Encyclopedia of gerontology, age, aging and the aged* (vol.2, pp. 377-380). Los Angeles : Academic Press.

SALTHOUSE, T.A., & MITCHELL, D.R. (1990). Effects of age and naturally occurring experience on spatial visualization performance. *Developmental Psychology*, 26, 845-854.

SCHMIDT, R.A. (1993). *Apprentissage moteur et performance.* Paris : Vigot.

SEIDLER, R., & STELMACH, G. (1996). Motor control. In J.E. Birren (Ed.), *Encyclopedia of gerontology. Age, aging and the aged* (pp. 177-185). San Diego, CA : Academic Press.

SIMON, J.R., & POURAGHABAGHER, A.R. (1978). The effect of aging on the stages of processing in a choice reaction time task. *Journal of Gerontology*, 33, 4, 553-561.

SKA, B., DEHAUT, F., & NESPOULOUS, J.-L. (1986). Performances visuo-constructives et vieillissement. *Psychologica Belgica*, 26, 125-145.

SKA, B., DÉSILETS, H., & NESPOULOUS, J.-L. (1987). Dessin d'une figure complexe par des sujets âgés. *Psychologica Belgica*, 27, 25-42.

SPIRDUSO, W.W. (1995). *Physical dimension of aging.* Champaign, IL : Human Kinetics.

SPIRDUSO, W.W., & CHOI, Y. (1993). Age and practice effects on force control of the thumb and index fingers in precision pinching and bilateral coordination. In G.E. Stelmach & V. Homberg (Eds.), *Sensory-motor impairments in the elderly* (pp. 393-412). Boston : Kluwer Academic Publishers.

SPREEN, O., & STRAUSS, E. (1991). *A compendium of neuropsychological tests.* New York : Oxford University Press.

STELMACH, G.E., GOGGIN, N.L., & GARCIA-COLERA, A. (1987). Movement specification time with age. *Experimental Aging Research,* 13, 39-46.

STELMACH, G.E., ZELAZNIK, H.N., & LOWE, D. (1990). The influence of aging and attention demands on recovery from postural instability. *Aging,* 2, 155-161.

STRUBEL, D. (1988). Le vieillissement de la marche. *Revue de Gériatrie,* 13, 413-416.

SWINNEN, S.P., VERSCHUEREN, S.M.P., BOGAERTS, H., DOUNSKAIA, N., LEE, T.D., STELMACH, G.E., & SERRIEN, D.J. (1998). Age-related deficits in motor learning and differences in feedback processing during the production of a bimanual coordination pattern. *Cognitive Neuropsychology,* 15, 5, 439-466.

TAVERNIER-VIDAL, B., & MOUREY, F. (1991). *Réadaptation et perte d'autonomie physique chez le sujet âgé.* Paris : Frison-Roche.

TEASDALE, N., STELMACH, G.E., BREUNING, A., & MEEUWSEN, H.J. (1991). Age differences in visual sensory integration. *Experimental Brain Research,* 85, 691-696.

TEULINGS, H.L., & STELMACH, G.E. (1993). Signal-to-noise ratio of handwriting size, force and time : cues to early markers of Parkinson's disease. In G.E. Stelmach & V. Homberg (Eds.), *Sensorimotor impairments in the elderly* (pp. 311-328). Boston : Kluwer Academic Publishers.

THON, B. (1999). Approche comportementale et cognitive de la motricité humaine: concepts, méthodes et modèles. In J.M. Albaret & R. Soppelsa (Eds.). *Précis de rééducation de la motricité manuelle* (pp. 15-28). Marseille : Solal.

TIMIRAS, P.S., & JOBIN, M. (1997). *Vieillissement et gériatrie, Les bases physiologiques* (2e ed.). Paris : Maloine.

TINETTI, M.E., RICHMAN, D., & POWELL, L. (1990). Falls efficacy as a measure of fear of falling. *Journal of Gerontology : Psychological Sciences,* 45, P239-P243.

TINETTI, M.E., SPEECHLEY, M., & GINTER, S.F. (1988). Risk factors of falls among elderly persons living in the community. *New England Journal of Medicine,* 319, 26, 1701-1707.

TOUPET, M., GAGEY, P.M., & HEUSCHEN, S. (1991). Vestibular patients and subjects lose use of visual input and expend more energy in static postural control. In B.J. Vellas, M. Toupet, L.Z. Rubenstein & J.-L. Albarède (Eds.), *Falls, balance and gait disorder in the elderly* (pp. 183-198). Amsterdam : Elsevier.

VANDENBERG, SG., & KUSE, AR. (1978). Mental rotations, a group test of three dimensionnal spatial visualization. *Perceptual and Motor Skills,* 47, 599-604.

VANDERVOOT, A., & HILL, K. (1990). Neuromuscular performance of the aged. In M.L. Howe, M.J. Stones et C.J. Brainerd (Eds.), *Cognitive and behavioral performance factors in atypical aging* (pp. 69-101). New-York : Springer-Verlag.

VELLAS, B.J., WAYNE, S., ROMERO, L., BAUMGARTNER, R.N., RUBENSTEIN, L.Z., & GARRY, P.J. (1997). One leg balance is an important predictor of injurious fall in older persons. *Journal of the American Geriatrics Society,* 45, 735-738.

VITTE, E., FREYSS, G., & SEMONT, A. (1993). L'exploration simultanée des fonctions vestibulaires, proprioceptives et visuelles par Equitest chez le sujet âgé. *La Revue de Gériatrie,* 1, 2, 67-71.

WARABI, T., NODA, H., & KATO, T. (1986). Effects of aging on sensorimotor functions of eye and hand movements. *Experimental Neurology,* 92, 686-697.

WATERS, R.L., HISLOP, H.J., PERRY, J (1983). Comparative cost of walking in young and old adults. *Journal of Orthopaedic Research,* 1, 73-76.

WEALE, R.A. (1965). On the eye. In A.T. Welford & J.E. Birren (Eds.), *Behavior, aging, and nervous system* (pp. 307-325). Springfiedl, IL : Thomas.

Welford, A.T. (1982). Motor skills and aging. In J. Mortimer, F. Pirozzolo & G. Maletta (Eds.), *Aging motor system* (pp. 152-187). New York : Praeger Publishers.

Welford, A.T. (1984). Between bodily changes and performance : some possible reasons for slowing with age. *Experimental Aging Research,* 10, 73-88.

Welford, A.T. (1985). Changes of performance with age : an overview. In N. Charness (Ed.), *Aging and Human Performance* (pp. 333-369). New York : Wiley J. & Sons.

Weller, M.P.I., & Latimer-Sayre, D.T. (1985). Increasing right hand dominance with age on a motor skill task. *Psychological Medicine*, 15, 867-872.

Weston, H.C. (1948). The effect of age and illumination upon visual performance with close sights. *British Journal of Ophtalmology*, 32, 645-653.

Weston, H.C. (1949). On age and illumination in relation to visual performance. *Transactions of the Illuminating Engineering Society*, 14, 281-297.

Williams, K., & Bird, M. (1992). The aging mover : a preliminary report on constraints to action. *International Journal of Aging and Human Development*, 34, 241-255.

Williams, K., Haywood, K., & VanSant, A. (1990). Movement characteristics of older adult throwers. In J.E. Clark & J.H. Humphrey (Eds.), *Advances in motor development research* (vol. 3, pp. 29-44). New York : AMS Press.

Winter, D.A., Patla, A.E., Frank, J.S., & Walt, S.E. (1990). Bio-mechanical walking pattern changes in the fit and healthy elderly. *Physical Therapy*, 70, 6, 340-347.

Wipple, R., Wolfon, L., Derby, C., Singh, D., & Tobin, J. (1993). Altered sensory function and balance in older persons. *Journal of Gerontology*, 48, 71-76.

Wolfon, L., Whipple, R., Derby, C.A., Amerman, P., Murphy, T., Tobin, J.N., & Nasher, L. (1992). A dynamic posturographic study of balance in the healthy elderly. *Neurology*, 42, 2069-2075.

Woodworth, R.S. (1899). The accuracy of voluntary movement. *Psychological Review Monograph Supplement*, 3, 1-114.

Woollacott, M.H. (1988). Posture and gait from newborn to elderly. In B. Amblard, A. Berthoz & F. Clarac (Eds.), *Development adaptation and modulation of posture and locomotion* (pp. 3-12). Amsterdam : Elsevier.

Woollacott, M.H., Shumway-Cook, A.T., & Nashner, L.M. (1986). Aging and postural control : changes in sensory organization and muscular coordination. *International Journal of Aging and Human Development*, 34, 97-114.

Woollacott, M.H. (1989). Aging, posture control and movement preparation. In M.H. Woollacott & Shumway-Cook (Eds.), *Development of posture and gait across the lifespan* (pp. 155-175). Columbia, SC : University of South Carolina Press.

Zanone, P.G. (1999). Une approche écologique-dynamique de la coordination. In J.M. Albaret & R. Soppelsa (Eds.). *Précis de rééducation de la motricité manuelle* (pp. 29-54). Marseille : Solal. .

Eric Aubert & Jean-Michel Albaret (Ed.)
Vieillissement et psychomotricité
collection Psychomotricité

2

Aspects psychomoteurs du vieillissement pathologique

Eric AUBERT
et Jean-Michel ALBARET

TROUBLES PSYCHOMOTEURS ET MALADIE D'ALZHEIMER

Définitions

Le DSM IV (APA, 1994) donne les critères diagnostiques suivants pour la démence de type Alzheimer (DTA) :

- apparition de déficits cognitifs multiples avec à la fois une altération de la mémoire et une ou plusieurs des perturbations suivantes, à savoir aphasie, apraxie, agnosie et perturbation des fonctions exécutives ;
- ces déficits cognitifs altèrent le fonctionnement social ou professionnel et représentent un déclin significatif par rapport au niveau de fonctionnement antérieur ;
- l'évolution est caractérisée par un début progressif et un déclin cognitif continu ;
- les déficits cognitifs ne sont pas dus à d'autres affections du système nerveux central, à des affections générales pouvant entraîner une démence, à des affections induites par une substance ;
- les déficits ne surviennent pas exclusivement au cours de l'évolution d'un delirium ;
- la perturbation n'est pas mieux expliquée par un trouble de l'Axe 1 (par ex. trouble dépressif majeur, ou schizophrénie).

Plusieurs types sont ensuite proposés en fonction du mode de début (précoce - avant 65 ans -, ou tardif) et des caractéristiques prédominantes (présence ou non de delirium, idées délirantes, humeur dépressive) en spécifiant éventuellement la présence de perturbation du comportement.

La CIM 10 (OMS, 1994), sous l'appellation Démence de la maladie d'Alzheimer donne les critères suivants :

- répond aux critères généraux d'une démence, soit altération de la mémoire (légère, moyenne ou sévère) et altération d'autres fonctions cognitives depuis au moins six mois, persistance de la conscience de l'environnement, altération du comportement émotionnel, du comportement social ou de la motivation ;
- absence d'arguments en faveur de toute autre cause de démence (par exemple, maladie cérébro-vasculaire, par VIH, de Parkinson, de Huntington, hydrocéphalie), d'une maladie somatique (par exemple, hypothyroïdie, carence en vitamine B12 ou en acide folique, hypercalcémie) ou d'un trouble mental organique induit par l'alcool ou une autre substance psycho-active.

Plusieurs types sont proposés en fonction du mode de début, de l'évolution et de la nature des troubles.

Les critères proposés par le National Institute of Neurological Disorder and Stroke-Alzheimer Disease and Related Disorders Association (NINCDS-ADRDA) (Mc Khann *et al.*, 1984) distinguent trois degrés de maladie d'Alzheimer : possible, probable, certaine. Les éléments en faveur d'une maladie d'Alzheimer probable sont au nombre de quatre :

- des critères diagnostiques incluant un syndrome démentiel établi sur examen clinique, objectivé par différents examens et confirmé par des tests neuropsychologiques, des déficits portant sur au moins deux fonctions cognitives, l'aggravation progressive des troubles cognitifs, un début apparent entre 40 et 90 ans, l'absence de maladies systémiques ou cérébrales qui pourraient être responsables de ces troubles cognitifs ;
- un diagnostic étayé par une détérioration progressive du langage (aphasie), des gestes (apraxie) ou de la perception (agnosie), une diminution des activités quotidiennes et des perturbations du comportement, des antécédents familiaux de troubles similaires, les résultats d'examens de laboratoire indiquent une absence d'anomalie du liquide céphalo-rachidien, un EEG normal ou présentant des anomalies spécifiques comme une augmentation des rythmes lents, des signes d'atrophie cérébrale vus au scanner et progressant lors d'examens répétés ;
- d'autres manifestations cliniques compatibles avec le diagnostic après élimination des autres causes de démence, soit l'existence de plateaux dans l'évolution de la progression de la maladie, des symptômes associés de type dépression, insomnie, incontinence, délire, illusions, hallucinations, réactions de catastrophes émotionnelles ou physiques, troubles sexuels, perte de poids, et présence chez quelques patients de signes neurologiques surtout à un stade avancé (rigidité, myoclonies, troubles de la marche, crises d'épilepsies) ;
- des symptômes qui rendent le diagnostic improbable à savoir un début soudain, des déficits neurologiques à type d'hémiparésie, de déficit de la sensibilité, du champ visuel, une incoordination à une phase précoce de la maladie, ainsi que des crises d'épilepsie ou des troubles de la marche au début de la maladie.

Depuis le début des années 80 (Reisberg *et al.*, 1982), la possibilité d'organiser de façon chronologique les différentes grandes étapes du déclin des sujets atteints de démence de type Alzheimer est admise. Cette catégorisation en sept stades permet de situer le sujet par rapport à l'avancée de la maladie. Ces stades, basés sur l'observation clinique, correspondent à une somme de signes caractérisant la profondeur du trouble. Bien évidemment, les divers signes permettant le passage à un stade supérieur ne sont pas toujours présents dans leur totalité, ou bien encore deux personnes au même stade de la maladie ne présentent pas forcement le même niveau de dépendance ; tout ceci rend parfois difficile la classification. Cependant, cette échelle de détérioration globale est encore le meilleur outil à ce jour et reste utilisée et reconnue par tous (Guvreau & Gendron, 1994).

Les sept stades sont les suivants :

1. Aucun affaiblissement intellectuel. Le sujet ne présente aucun signe mnésique anormal.
2. Affaiblissement intellectuel très léger. La personne se plaint d'oublis.
3. Affaiblissement intellectuel léger caractérisé principalement par un état confusionnel léger.

4. Affaiblissement intellectuel modéré. Un état confusionnel marqué est observé.
5. Affaiblissement modérément grave. On note un affaiblissement démentiel (ou démence incipiens).
6. Affaiblissement intellectuel grave, caractérisé par une démence moyenne.
7. Affaiblissement intellectuel très grave où le sujet présente un état de démence profonde.

A côté de la mesure des processus cognitifs, l'utilisation de tests psychomoteurs comme indicateur pour déterminer les sujets à risque de démence ultérieure prend de l'ampleur. Kluger *et al.* (1997) comparent les performances de 91 sujets âgés de 54 à 86 ans et répartis en trois groupes correspondant aux stades 1 et 2 (n = 41), 3 (n = 25) et 4 (n = 25) de l'échelle de détérioration globale (Reisberg *et al.*, 1982). Les épreuves motrices utilisées sont réparties en trois ensembles :

- des tests de motricité complexe comprenant une tâche d'interception en deux dimensions pilotée par les mouvements de la tête, l'épreuve d'assemblage du Purdue Pegboard, le subtest Code de la WAIS-R, le test de mouvements alternatifs des mains (mains à plat sur la table, une paume vers la table et l'autre en l'air, puis changement simultané des deux mains).
- des tests de motricité fine regroupant les trois premières épreuves uni et bimanuelle du Purdue Pegboard et le Grooved Pegboard
- des tests de motricité portant sur la stabilité de la main, la stabilité de la tête, la mesure de la force à l'aide d'un dynamomètre, le test d'oscillation des doigts[1] , le test d'oscillation des pieds avec deux essais de 15 secondes par pied.

Les résultats indiquent que les sujets présentant un état confusionnel léger ou modéré (stades 3 et 4) ont des performances significativement moindres dans les deux premiers ensembles de tests et dans une des mesures de la stabilité de la tête. Pour les autres mesures du dernier ensemble, seul le test d'oscillation des doigts différencie les groupes extrêmes. Certains aspects de la motricité, comme la vitesse d'oscillation des pieds ou la force, sont donc conservés dans les premiers stades de la maladie, ce qui n'est plus le cas par la suite (Reisberg *et al.*, 1988). Par contre, les tests de motricité complexe sont hautement différentiateurs. Le score à l'épreuve d'assemblage du Purdue Pegboard passe ainsi de 28,6 (± 6,2) pour les sujets normaux à 22,8 (± 7,1) et à 15,8 (± 7,6) pour les groupes pathologiques ; et le test des mouvements alternatifs de 29,1 (± 5,9) à 22,9 (± 8,4) et à 21,6 (± 6,2).

Atteinte des praxies

Les troubles de l'organisation gestuelle sont, en fait, peu développés dans la littérature et le plus souvent sous forme simplement descriptive (Blondel *et al.*, 1998). Il semblerait que les atteintes perceptivo-motrices liées à la dégradation cognitive soient d'apparition variable.

---

(1) Le Finger tapping test ou Finger Oscillation Test fait partie notamment de la batterie Halstead-Reitan et consiste à mesurer la vitesse de mouvement des index par le nombre d'appuis réalisés sur une clef de télégraphe munie d'un compteur au cours de cinq essais de 10 secondes pour chaque main. L'épreuve est réalisée avec la paume de la main posée sur la table, doigts étendus. Seul l'index doit bouger.

L'altération des praxies n'a, semble-t-il, une traduction sur l'autonomie que dans les périodes les plus avancées de la maladie. Ces troubles apraxiques sont mentionnés comme fréquents en début de maladie par certains auteurs (Kempler, 1988 ; Rapcsak *et al.*, 1989), mais pas par d'autres (Della Sala *et al.*, 1987 ; Tsartzis *et al.*, 1986). De plus, l'examen neurologique classique reste normal pendant longtemps dans la majorité des cas : des troubles toniques (à type d'hypertonie principalement), quelques mouvements anormaux (de la face) et des crises convulsives peuvent être observés mais ne sont pas de règle (Jalenques, 1999). Les troubles de la locomotion sont également signalés (Jalenques, 1999) mais ne sont pas, eux non plus, systématiques. Ils sont souvent corrélés à l'altération des fonctions cognitives.

L'installation des dysfonctionnements se réalise progressivement et toucherait au départ les praxies constructives, c'est-à-dire la capacité à reproduire un dessin ou une forme géométrique. Cette dégradation des habiletés constructives est fréquemment rencontrée et souvent de façon précoce avec des phénomènes d'accolement au modèle (closing-in) dans les épreuves de copie de figure géométrique : la présence d'accolement peut d'ailleurs aider au diagnostic différentiel avec les démences d'origine vasculaire qui ne le présentent pas (Gainotti *et al.*, 1992) ; la copie séparée des différentes parties du modèle est également signalée (Desgranges *et al.*, 2000 ; Spinnler, 1999). Dans le dessin d'une bicyclette ou celui du bonhomme, le nombre de détails est réduit et l'organisation du dessin est de moindre qualité (Ska & Nespoulous, 1987). La construction à l'aide de cubes est également altérée (Storandt & Hill, 1989). Sur le plan visuospatial, l'orientation droite-gauche reste relativement intacte, hormis si la discrimination nécessite le recours à la rotation mentale (Flicker *et al.*, 1988). Le jugement d'orientation de lignes a tendance à être déficitaire avec toutefois une grande variabilité, puisque les résultats vont d'un échec total à des performances correspondant à la limite inférieure de la population contrôle (Ska *et al.*, 1990).

Les principaux signes de la sévérité de la maladie sont objectivés par des épreuves de praxies idéomotrices et idéatoires permettant d'actualiser des troubles d'ordre supérieurs. On note par exemple une difficulté progressive à imiter des gestes symboliques et une corrélation positive entre la difficulté à reproduire des gestes sans signification et le niveau de sévérité de la maladie. Plus précocement, on note une difficulté réelle dans les praxies idéatoires où, bien entendu, une combinaison complexe de tâche est exigée. Ces troubles de l'utilisation d'objet peuvent souvent passer inaperçus car le sujet, en début de maladie, met en place des mécanismes d'évitement de situation permettant de ne pas attirer l'attention de l'entourage quant à sa désorganisation gestuelle. Le mime d'utilisation d'objet simple et connu du sujet (tire-bouchon, marteau...) sera impossible en période avancée de la maladie.

En ce qui concerne les praxies d'habillage, on peut noter tardivement une dégradation progressive de l'accomplissement gestuel : le sujet commencera à superposer des vêtements similaires puis se trompera dans la succession des enfilages, et enfin on observe des combinaisons et associations d'erreurs d'orientation de l'habit, d'ordre d'enfilage et de position du vêtement.

Ecriture

Des études plus fines sur la modification de l'écriture chez le sujet atteint de la maladie d'Alzheimer ont été menées afin d'isoler certaines caractéristiques spécifiques de cette atteinte neurologique. Ces études sont difficiles à mener car, pour cette activité également, on note de franches conduites d'évitement de la part du sujet atteint. Elles ont porté autant sur les composantes spatiales (disposition d'un texte) que graphique (formation des lettres). L'entourage du sujet rapporte un refus du graphisme le plus souvent pour remplir des chèques (84%) et le sujet peut évoquer une dysorthographie (40% des cas). Cependant, dans 71% des cas, les malades notent une modification significative de leur calligraphie. Lors d'une étude longitudinale, Platel *et al.* (1993) notent que les sujets présentant un trouble graphomoteur étaient plus déments que les sujets ayant seulement des difficultés orthographiques.

Alors qu'aucune épreuve standardisée ne peut l'objectiver, le sujet peut facilement et précocement différencier son écriture actuelle et celle qu'il pratiquait auparavant. Pour certains auteurs, ceci constituerait un indice de l'installation de la maladie d'Alzheimer (Horner *et al.*, 1988). On peut observer effectivement, des mélanges entre minuscules et majuscules actualisant une agraphie allographique (Croisile *et al.*, 1995), ainsi que des manifestations spatiales de type mauvais alignement des lettres ou mauvaise réorientation des lignes. Les sujets évoquent également une réticence à écrire spontanément. L'altération visible du graphisme serait sous-tendue par un trouble de l'image mentale de la lettre (Lambert *et al.*, 1994). A un stade plus évolué de la maladie, on repère plus facilement la dysorthographie ainsi que des reprises de traits et des ratures (Croisile *et al.*, 1995). Plus le sujet entre dans la démence et plus on observe une agraphie apraxique avec altération spatiale où erreurs de traits, perte du maintien de la ligne, lettres ou mots éclatés ou séparés, boucles inversées, oublis, itération de lettres ou de jambages, se succèdent rendant la phrase illisible (Horner *et al.*, 1988). Serratrice et Habib (1993) remarquent que la signature du sujet atteint de DTA est la dernière production graphique à disparaître, probablement grâce à une forte automatisation de la tâche.

Dans le cas de sujets atteints modérément, on note une différence point par point et significative avec des sujets normaux du même âge (Croisile *et al.*, 1998). A l'opposé d'un vieillissement normal, on retrouve un texte situé plus bas dans la page et plus fractionné, avec une augmentation des levers de crayon, de la pression, de l'épaisseur du trait et de la marge avec l'avancée de la maladie alors que les sujets du même âge ont tendance à lever moins fréquemment leur crayon, diminuent la marge, l'appui et l'épaisseur du trait en vieillissant.

Cette dernière observation sur l'écriture confirme, encore une fois, que la maladie d'Alzheimer ne peut être considérée uniquement comme une exagération ou une accélération du vieillissement normal, mais qu'elle se présente comme une pathologie neurologique spécifique nécessitant une évaluation et une prise en charge appropriées.

Attention

Dans une tâche de barrage, consistant à barrer deux types de cibles (cercles et losanges) parmi des distracteurs (triangle, carré, ovale), dont on fait varier la densité (nombre d'items dans la page - 20, 35 et 50) et la complexité (un à trois types de distracteurs), les sujets avec DTA ont des résultats moindres que des sujets sains ou présentant une dépression. On constate également la présence d'erreurs d'omissions qui augmentent avec l'augmentation de la densité (Foldi *et al.*, 1992), phénomène aggravé par l'intensité de la démence. Plus que le nombre de distracteurs différents, c'est la quantité d'items qui pénalise le sujet atteint de DTA. Par comparaison, les sujets âgés sains présentent plutôt des erreurs par substitution dans ce type d'épreuve (Gilmore *et al.*, 1985 ; Sunderland *et al.*, 1989).

Divers

Des comportements moteurs aberrants sont également mentionnés à type de déambulation, d'errance ou encore de rangement compulsif des vêtements (Bakchine, 1998). Leur fréquence augmente avec l'aggravation de l'état de démence. Le lien avec les troubles visuo-spatiaux et mnésiques est net.

Pour ce qui est du contrôle sphinctérien, à un stade bien évolué de la maladie, on retrouve fréquemment en premier lieu une incontinence urinaire nocturne (il est toujours bon de vérifier un diagnostic d'infection ou une pathologie organique quelconque). L'incontinence peut également être liée à un problème de désorientation qui amène le sujet à passer un temps trop important à la recherche des toilettes. Enfin, l'incontinence deviendra totale.

Quelques études montrent que les sujets présentant une démence de type Alzheimer conservent des possibilités d'apprentissage moteur aussi bien dans des tâches de poursuite rotative (Bondi & Kaszniak, 1991) que de temps de réaction (Knopman, 1991), suggérant une dissociation, au niveau de la mémoire, entre une atteinte des aspects déclaratifs et une préservation relative des aspects procéduraux. Dans une étude comparant 23 sujets atteints d'une DTA modérée à sévère et 22 sujets sains, Dick *et al.* (1996) aboutissent aux mêmes conclusions sur une tâche de lancer de sachets en direction d'une cible avec un maintien du gain en performance sur une durée d'un mois, avec une restriction importante qui concerne le type de pratique utilisée : les sujets ne présentent cette amélioration que lorsque la pratique est constante contrairement à ceux qui sont en pratique variable. Ces résultats sont de la plus grande importance pour les différentes interventions dans le domaine psychomoteur avec la nécessité de bien cibler les mouvements et les comportements sur lesquels agir en privilégiant une répétition identique plutôt que variable.

TROUBLES PSYCHOMOTEURS ET MALADIE DE PARKINSON

Présentation

Les premières descriptions du syndrome parkinsonien sont retrouvées dans des anciens écrits ayurvédiques de l'Inde datant de 4500 à 1000 av. J.-C. (Manyam, 1990). Ce n'est qu'en 1817 que James Parkinson détaillera le premier cette pathologie, qu'il nommait «paralysie agitante" (The Shaking Palsy), et porte maintenant son nom.

La maladie de Parkinson représente la 2ème source d'invalidité après les maladies cardio-vasculaires (Gonon, 1984) et le 3ème rang des maladies neurologiques en gériatrie après les encéphalopathies ischémiques et la maladie d'Alzheimer (Beck, 1992).

Elle touche environ 1 individu sur 400 (Rondot & Guillard, 1972), soit 3 765 000 patients dans le monde avec 305 000 diagnostics nouveaux par an (OMS, 1997). La fréquence augmente avec l'âge : 1,5% des sujets de plus de 60 ans (Tison, 1998) avec une répartition progressive puisqu'on retrouve 3 sujets pour 100 000 habitants entre 40 et 50 ans et ce chiffre passe à 800 pour 100 000 après 80 ans (Beck, 1992). On notera une prédominance des hommes par rapport aux femmes (Rondot & Guillard, 1972).

La maladie de Parkinson représente 67 à 75% des syndromes parkinsoniens (Tison, 1998).

Fort des doutes qui planaient déjà sur l'étiologie et du manque d'outils d'investigation de l'époque (1940), une hypothèse avait été évoquée par Smith Ely Jelliffe (1940, in Rogers, 1992) qui, appliquant la psychosomatique à cette maladie, voyait dans la posture du sujet l'expression d'un sadisme refoulé résultant d'un ego faible car la somme des maux est une défense contre l'hostilité inconsciente. L'auteur le démontrait par la position prise par le sujet puisque ce dernier adoptait la posture du boxeur ou du lutteur. A la fin des années 50, grâce aux progrès technologiques et à la recherche, comme cela a été souvent le cas, l'hypothèse psychogénétique fut abandonnée...

Des recherches ont été menées pour essayer de déterminer la répartition des sujets atteints de la maladie de Parkinson dans le monde (Zhang *et al.*, 1996) : diverses étiologies génétiques ou environnementales sont envisagées. Cependant, les causes réelles ne sont toujours pas identifiées et les hypothèses ne font pas l'unanimité. Il existe une probabilité, de 5 à 15% selon les auteurs, de retrouver un sujet atteint si un membre de la famille l'est déjà (Rondot & Guillard, 1972).

D'un point de vue neuroanatomique, on remarque dans la maladie de Parkinson une dépigmentation du Locus Niger (substance noire) situé dans le tronc cérébral objectivant une raréfaction des neurones et plus précisément dans la moitié externe de la Zona Compacta et dans sa partie interne avec inclusions neuronales éosinophiliques cytoplasmiques caractéristiques (Corps de Lewy). La fonction dopaminergique du Locus Niger s'en trouve perturbée ; on observe alors une diminution des signaux transmis en direction du cortex par l'intermédiaire du corps strié. On remarque alors un dysfonctionnement de l'appareil moteur (Duvoisin & Sage, 1996 ; Gibbs & Lee, 1988 ; Escourolle *et al.*, 1970)

La triade repérée comme caractéristique est constituée de :

- l'akinésie
- la rigidité
- le tremblement.

On a l'habitude de poser un diagnostic lorsque au moins deux de ces signes sont présents (Pahwa & Koller, 1995 ; Rajput *et al.*, 1991). Mais d'autres peuvent se surajouter et seront décrits ultérieurement.

L'identification précoce de la maladie de Parkinson demeure problématique : on ne peut émettre le diagnostic que lors de l'actualisation des symptômes. Mais, on a pu remarquer que lors de l'apparition des premiers signes cliniques environ 70% des neurones du Locus Niger avaient déjà disparu (Youdim & Riederer, 1997). Ceci tend à démontrer que la maladie de Parkinson démarre plus tôt qu'on ne le croit, qu'elle évolue lentement et que la recherche doit s'orienter vers un dépistage précoce afin de l'identifier dans sa phase asymptomatique.

Les signes, une fois objectivés, vont évoluer en fonction de l'avancée en âge et de la dégradation lente et progressive liée à la maladie. Une échelle arbitraire est admise et souvent utilisée afin d'exprimer le degré de handicap et donc de dépendance du sujet porteur de cette affection. Il s'agit de la classification de Hoehn et Yahr (1967) qui découpe chronologiquement les grandes étapes en 5 stades :

- Stade I : L'atteinte est unilatérale. Les tremblements ou la rigidité sont légers et affectent un seul côté du corps. L'incapacité fonctionnelle est négligeable avec handicap habituellement minime ou nul.
- Stade II : L'atteinte est bilatérale. Les tremblements ou la rigidité sont modérés et affectent les deux côtés du corps. Il n'y a pas d'évidente instabilité posturale mais les mouvements sont lents et difficiles à coordonner.
- Stade III : L'atteinte est bilatérale avec une instabilité posturale. La personne marche à petits pas et présente des problèmes d'équilibre. L'incapacité fonctionnelle est légère à modérée et autorise une autonomie dans les activités quotidiennes. Les tremblements et la rigidité peuvent être importants. Il y a une difficulté importante à coordonner les mouvements.
- Stade IV : L'incapacité fonctionnelle est sévère. Il y a une perte d'autonomie partielle, le patient a besoin d'aide pour réaliser ses activités de la vie quotidienne (se laver, s'habiller, manger, etc.). Les déplacements sont possibles mais l'équilibre et la marche sont très perturbés ce qui fait que la personne chute fréquemment.
- Stade V : Perte complète d'autonomie. Le patient est grabataire, alité, ou ne peut se déplacer en fauteuil sans aide. La personne a besoin d'assistance également pour réaliser ses activités de la vie quotidienne.

Expressions de l'akinésie

Longtemps passée inaperçue, camouflée par la rigidité, l'akinésie apparaît actuellement comme le symptôme essentiel dans le diagnostic de la maladie de Parkinson, car il est possible d'observer des troubles moteurs importants chez des sujets dont l'hypertonie est faible (Rondot & Guillard, 1972 ; Rondot, 1990).

Les définitions de l'akinésie

Habituellement, l'akinésie correspond à une difficulté ou une incapacité à initier un mouvement (Delwaide, 1985). Elle se caractérise également par une rareté et une lenteur de l'action, autant dans le démarrage que dans l'exécution. Elle touche les coordinations volontaires, habituellement automatiques ; le sujet semble «avare de ses gestes " (Rondot & Guillard, 1972).

L'akinésie semble donc avoir plusieurs formes. Deux auteurs tentent de définir ces troubles et de les hiérarchiser en fonction de leurs caractéristiques et de leur impact sur la motricité. Meyer (1982) se propose de différencier l'akinésie comme étant une incapacité du sujet à démarrer un mouvement, de la bradykinésie caractérisée par la lenteur d'exécution de l'action, et enfin de l'hypokinésie soulignant une réduction de l'amplitude du geste. On retrouve à peu près les mêmes observations chez Narabayashi (1983) où les termes de Blocage en cours de mouvement (TIII), Rareté des mouvements (TII) et Lenteur des mouvements (TI) sont utilisés. L'auteur préfère cependant classer les types d'akinésie en fonction de la dégradation liée à l'avancée dans la maladie et donc de l'augmentation progressive des zones nerveuses touchées et de leurs défaillances neurochimiques. Ceci donne pour chaque type d'akinésie une étiologie différente. Le classement de Narabayashi (1993) met en parallèle ses définitions avec l'échelle de Hoehn et Yard (1967) détaillée plus haut (cf. tableau 1). Les 3 types d'akinésie s'ajoutent avec l'avancée dans la maladie. La forme III regroupe donc la totalité des affections neurologiques.

Types d'akinésie	**Bases Neuropathologiques et Pharmacologiques***	**Stades de Hoehn et Yahr**
I. Akinésie secondaire due à la rigidité	Nigroputaminal (dopamine)	I
		II
+II. Akinésie primaire	+Nigrocaudal (dopamine)	III
		IV
+III. Akinésie touchant la sphère psychomotrice	+Locus ceruleus (norepinephrine)	V

Tableau 1 : Types d'akinésie selon Narabayashi (1993). *atteintes additionnelles (composants concernés)

Influence de l'akinésie sur les coordinations motrices

En dehors de toute atteinte des mécanismes posturaux axiaux, le sujet parkinsonien est en grande difficulté pour réaliser des actions simultanées asymétriques. Ceci est particulièrement visible lors de la conduite automobile où le sujet peut laisser son pied gauche enfoncé sur la pédale de l'embrayage (Rondot, 1990) ou encore dans des actions combinées nécessaires aux transferts (s'asseoir sur un tabouret, se relever d'un lit ou d'un profond fauteuil, etc.) (Aita, 1982).

Dans des épreuves visuo-motrices, on note une perturbation du déroulement du programme moteur : les groupes musculaires concernés par l'action ainsi que leur agencement sont identiques aux sujets de même âge ne présentant pas de pathologie. Mais on remarque avec l'évolution de la maladie que des modifications séquentielles du mouvement sont notées (Benecke *et al.*, 1986). Il apparaît que les gestes asymétriques des mains sont plus difficiles à exécuter : le sujet va exécuter avec une main une des deux consignes données au départ.

Un bon nombre d'expérimentations ont été menées afin d'objectiver les défauts de coordination en particulier dans l'organisation de tâches bimanuelles. Par exemple, lorsqu'on soumet le sujet parkinsonien à une épreuve de dissociation de mouvements avec un appui sur une touche de la main dominante et l'utilisation d'un compte gouttes de l'autre en temps chronométré, on remarque une nette différence entre les patients et les sujets appariés en âge. Le problème vient du fait que le patient atteint de la maladie de Parkinson ne parvient pas à soutenir deux programmes moteurs simultanés ou même alternés (Schwab & Talland, 1964). L'effort fournit par le sujet pour mener à bien un programme moteur fait qu'il est en difficulté pour en accomplir deux. Certains auteurs parlent de détérioration du processus de préparation motrice (Chan, 1986). Les difficultés observées dans les situations de double tâche sont la plupart du temps liées à un problème de temps d'exécution et sont indépendantes d'un trouble attentif puisque qu'on peut introduire une consigne cognitive pendant l'action sans diminuer la performance motrice (Custon, 1994).

Les sujets atteints de maladie de Parkinson (stade II de Hoehn et Yahr) présentent une stabilité moins grande que les contrôles lorsqu'ils doivent maintenir des patrons rythmiques de coordination bimanuelle (phase – 0°, antiphase – 180°, phase relative de 90°), une perte de stabilité qui s'effectue à des fréquences plus basses et un temps de latence plus élevé lorsqu'ils doivent changer intentionnellement de patron de coordination (Geuze & Haaxma, 1998).

Dans l'expérience menée par Van den Berg *et al.* (2000) sur 11 sujets Parkinson et 11 sujets contrôles, la tâche consiste à mobiliser les avant-bras au rythme de 0,5 à 3 Hz, soit en phase soit en antiphase. Cette épreuve permettrait d'isoler les sujets porteurs de la maladie avant même l'apparition du premier signe. En effet, les deux modalités de mouvement sont affectées significativement chez les patients. Il a été remarqué des mouvements syncinétiques en miroir significativement plus importants (4,4% de l'amplitude du bras chez les parkinsoniens contre 2,3% pour les individus témoins). Ces syncinésies sont d'autant plus visibles que le mouvement volontaire vient du bras le moins affecté pour les sujets en début de maladie et ne présentant qu'une atteinte unilatérale. Ceci explique en partie l'incapacité du sujet à réaliser des mouvements diadococinétiques (Rondot, 1990). Après quelques mouvements rapides de prono-supination le sujet bloque sa main. Ce n'est qu'après l'avoir incité à regarder une fois sa paume et une fois le dos de sa main que le mouvement alternatif peut reprendre.

En essayant de mettre en évidence les défauts dans la préparation et dans la programmation d'un mouvement, on s'aperçoit que le contexte et les paramètres de l'épreuve jouent un rôle dans l'organisation du geste. On sait que les fonctions cognitives influencent en grande partie la préparation ou l'apprentissage procédural. Des études montrent que le sujet porteur de la maladie de Parkinson a des difficultés à développer et modifier des programmes moteurs complexes (Flowers, 1976 ; Harrington & Haaland, 1991) et ceci est d'autant plus net si les divers programmes sont sollicités simultanément ou successivement (Benecke *et al.*, 1986, 1987 ; Harrington & Haaland, 1991). Les patients semblent ne pas pouvoir maintenir et organiser les différents programmes moteurs ce qui n'est pas le cas des sujets du même âge non atteints par la maladie (Harrington & Haaland, 1991 ; Robertson & Flowers, 1990).

Pour identifier le fonctionnement cognitif lors de préparation d'un mouvement, quelques auteurs ont évalué l'impact de l'imagerie mentale sur la réalisation du mouvement (Dominey *et al.*, 1995). 7 sujets droitiers porteurs de la maladie unilatéralement sont comparés à 7 sujets témoins du même âge. Les sujets sont assis, la main ouverte sur une table paume vers le haut. Dans une séquence motrice, le sujet doit toucher avec les 4 doigts la pulpe du pouce de la même main successivement en l'ouvrant à nouveau après chaque contact. La séquence entière est répétée 3 à 5 fois, pour chaque main selon trois conditions : 1°- exécution motrice normale, 2°- exécution motrice les yeux fermés, 3°- "imagerie motrice" (pas de mouvement) les yeux fermés, où le sujet se contente d'imaginer l'action en train de se dérouler. On mesure le temps mis par le sujet pour effectuer les séquences lorsqu'il y a mouvement ou, dans le cas de l'imagerie mentale, le moment où le sujet indique verbalement la fin de la séquence réalisée mentalement. Les auteurs notent que les patients montrent une asymétrie en faveur de la main gauche non atteinte dans tous les cas et que "l'imagerie mentale motrice" (imagination de la main en action) est plus lente avec la main droite affectée qu'avec la gauche. Ceci souligne la possibilité d'une atteinte du système neuronal commun à de la mise en place de l'action et à son exécution.

Lorsque le mouvement est programmé et sur le point de s'exécuter, on remarque chez le sujet atteint de la maladie de Parkinson une augmentation considérable du temps de réaction. Une des raisons évoquées est que l'individu n'anticipe pas la réponse ou présente des difficultés à maintenir cette anticipation jusqu'à l'exécution. Il réagit à un stimulus mais ne prépare pas de mouvement avant l'apparition du signal, même dans un paradigme de "préinformation" (precuing) comme s'il faisait plus confiance aux indices externes (Custon, 1994).

D'autres études ont porté sur les "potentiels musculaires préparatoires" (Bereitschaftpotential d'après Kornhuber & Deecke, 1965) afin d'objectiver des différences entre les sujets sains et les individus parkinsoniens. Aucune étude ne paraît concluante : certains chercheurs relèvent une diminution de ces potentiels chez les sujets atteints (Deecke *et al.*, 1973, 1977 ; Shibasaki *et al.*, 1978) alors que d'autres mettent l'accent sur la corrélation entre l'avancée en âge et la diminution de ce fameux potentiel (Barrett *et al.*, 1985).

Influence de l'akinésie sur la marche

L'akinésie touche principalement les mouvements nécessitant une préparation et donc une adaptation posturale (Rondot, 1990). Ainsi, la marche du sujet atteint de la maladie de Parkinson se caractérise par des pas traînants, un enjambé tellement court que le sujet peut poser son pied à plat au sol, le poids du corps souvent sur la pointe des pieds et tout ceci malgré un maintien des bases kinétiques de la marche (Knutsson, 1972 ; Stern *et al.*, 1983). Le balancement automatique des bras est très limité voire absent (Rondot & Guillard, 1972). On peut observer trois types de progression :

- Un départ en ébauche de chute afin d'initier le premier pas, puis un déplacement rapide comme si le sujet courait progressivement après son centre de gravité. Cette accélération incontrôlée ou festination conduit le sujet à s'arrêter sur un obstacle ou le conduit à la chute grave puisqu'il tombe d'un bloc sans adopter de postures protectrices (Rondot & Guillard, 1972 ; Aita, 1982).
- Le mouvement une fois lancé correctement se trouve bloqué par un franchissement de porte ou bien un changement de surface au sol (Aita, 1982).

- Le premier pas ne peut être lancé. On parle de "freezing", de "pieds collés au sol" ou de "blocage moteur" (Morris *et al.*, 1995). On observe alors un piétinement nommé également "abasie trépidante", "atasie-basie trépidante" ou "enrayage cinétique".

Le freezing s'accentue lorsque le sujet a besoin d'assimiler rapidement des informations complexes pendant la marche (Morris *et al.*, 1995).

La difficulté que présente le sujet à initier la marche a été étudiée par Gantchev *et al.* (1996). Ils ont demandé à 7 sujets parkinsoniens et 5 individus contrôles de lancer un pas. Trois modalités sont présentées : 1°- le sujet initie la marche et se déplace normalement. 2°- le sujet initie le déplacement mais ne fait qu'un pas. 3°- le sujet initie un pas et le place juste derrière une marque faite au sol. Des mesures sont effectuées pour prendre en compte toutes les caractéristiques du mouvement. Pour les trois consignes, la différence entre les deux groupes consiste en un temps significativement plus long entre le changement initial du centre de pression des pieds et l'amorce du premier pas chez les sujets porteurs de l'affection neurologique. On remarque également que dans les trois modalités la longueur du pas du sujet parkinsonien est significativement plus courte. Ceci laisse à penser qu'il s'agit d'une altération de l'ajustement préparatoire de tout le corps en lien avec le mouvement. La propulsion semble moins efficace et occasionne un pas plus court. Si on met en place des repères externes, il semble alors que le pas puisse se produire normalement. Les sujets parkinsoniens se déplacent spontanément en moyenne à une vitesse de 47,6 mètres par minute avec une longueur de pas de 0,89 mètre. Si maintenant on les pousse à se déplacer à l'allure moyenne du groupe témoin, soit 65,6 mètres par minute, les patients y parviennent. Ceci se réalise au prix d'une cadence anormalement élevée et d'un enjambé très faible. Le pas est donc plus court que celui des sujets âgés du groupe contrôle et le rythme est excessivement accéléré (Morris *et al.*, 1994). On peut obtenir également une vitesse de déplacement normalisée avec une performance proche de la normale si on guide le mouvement en utilisant des repères auditifs ou visuels externes (métronome ou marques au sol).

Des aides perceptives externes peuvent donc faciliter l'initiation de la marche ou encore son redémarrage après blocage. D'abord sur un plan purement physique, le sujet peut se relancer si on lui demande d'enjamber un obstacle ou faire un demi-tour (Rondot & Guillard, 1972). On a remarqué également que la simple évocation mentale d'un enjambé avait le même effet sur des sujets hésitants, mettant en avant l'impact de la cognition et des mécanismes visuels dans le contrôle de la locomotion du sujet atteint par la maladie de Parkinson (McGoon, 1990).

Il existe une épreuve facile à mettre en place, basée sur l'observation des faux pas lors de la marche (Singer *et al.*, 1992). L'étude a été menée sur 26 sujets normaux et 23 patients atteints de la maladie de Parkinson dont 6 présentaient un tremblement essentiel. Le sujet est invité à effectuer 10 pas successifs. Les auteurs rapportent que 8% des sujets contrôles présentent un faux pas ou plus contre 48% des sujets atteints par la maladie de Parkinson. Cette épreuve a permis de discriminer tous les sujets normaux et la moitié des sujets porteurs de la maladie de Parkinson de l'étude.

D'après l'étude de Koller *et al.* (1989), sur 100 patients atteints de la maladie de Parkinson, 62 ne tombent pas, 38 tombent épisodiquement et 13 tombent plus d'une fois par semaine à plusieurs fois par jour. Ces derniers représentent la frange la plus ancienne du groupe des patients. Les chutes engendrent 13% de fractures, 18% d'hospitalisation et 3% d'utilisation d'un fauteuil roulant. Tomber ne semble pas être corrélé aux tremblements ou à la souplesse des pieds et des mains. Des liens sont trouvés avec l'instabilité posturale, la bradykinésie et la rigidité ainsi qu'avec l'âge du sujet et la sévérité de la maladie (Koller *et al.*, 1989).

Les défaillances des voies dopaminergiques et antidopaminergiques créent des dysfonctionnements dans les réflexes posturaux (temps de latence plus important par exemple) et conduisent à un manque de stabilité du patient (Bloem, 1992). Cette instabilité peut être également accentuée par un manque de coordination et de contrôle des mouvements pendant la marche, s'ajoutant aux effets de l'âge (faiblesse musculaire, perte de sensations corporelles, hypotension orthostatique, etc.).

Traub *et al.* (1980) cherchent à mettre en évidence la diminution voire la perte des réflexes posturaux en plaçant le sujet en situation de contrôle postural permanent. Les individus porteurs de la maladie de Parkinson, en station debout, doivent immobiliser une poulie en tirant sur un fil, alors que de l'autre côté un opérateur tire l'autre bout du fil de façon aléatoire et par à-coup. Les résultats indiquent une très faible modification de l'enregistrement électromyographique des muscles soléaires (mollets), alors que chez les sujets du groupe témoin cette activité est significativement plus importante objectivant une meilleure qualité des réflexes posturaux.

La position adoptée par le sujet parkinsonien laisse apparaître une attitude en rétropulsion. Elle s'accentue avec l'avancée de la maladie et aboutit au transfert du poids du corps sur les talons. Ainsi les chutes deviennent plus fréquentes et plus souvent vers l'arrière.

Les réponses posturales observées chez les sujets porteurs de la maladie de Parkinson sont anormales. Ceci ne semble pas être en lien avec les conditions de l'environnement (assis, debout sur un support mobile ou réduit, etc.). Tenant compte des conditions initiales, les sujets du même âge vont changer de mode d'adaptation posturale alors que les patients modifient peu leurs réponses (Horak *et al.*, 1992). Des expérimentations mettent en évidence l'inadaptation complète de l'activité de maintien de la posture : on note des anomalies dans les réponses aux différentes perturbations du sol et de l'environnement en particulier dans la force, la symétrie et l'organisation des déplacements chez 22 patients placés sur une plateforme Equitest® (Gabellini *et al.*, 1992). Toujours sur support instable, Bloem (1992) place des sujets sur un plan pouvant s'incliner dans le sens antéro-postérieur ce qui entraîne une élévation des orteils et donc un déséquilibre arrière. Comme pour le groupe témoin, les sujets atteints détectent de façon relativement efficace l'inclinaison. Cependant, la combinaison posturale choisie par les patients, et sensée permettre le rétablissement de la stabilité, entraîne au contraire un déséquilibre plus important. Les sujets parkinsoniens, les plus instables, sélectionnent même une réponse inverse (proximo-distale) même avec une faible inclinaison. De plus, l'auteur notera une activation simultanée de stratégies différentes conduisant à des contractions incompatibles avec une exécution souple et rapide des mouvements posturaux anti-gravitaires.

Dietz *et al.* (1988) donnent les mêmes conclusions en utilisant un tapis roulant. Les modifications du support se réalisent en avant ou en arrière et après un arrêt brusque le sujet doit maintenir son équilibre. Les auteurs démontrent de cette façon une lenteur de déplacement de la cheville et une diminution des réflexes posturaux, ici du triceps sural ou du jambier antérieur, en fonction du déplacement du tapis.

Des auteurs ont étudié les ajustements posturaux préparatoires à l'action isolée d'un membre. Lee (1980) avait déjà mesuré une anticipation posturale de l'action qui s'actualise par une activation musculaire du biceps fémoral ipsilatéral avant l'apparition du mouvement d'élévation du bras par contraction du muscle deltoïde antérieur. Bazalgette *et al.* (1986) ont mis en évidence un délai plus important de l'activation préparatoire de l'ischio-jambier ayant pour but de compenser le déséquilibre lié à la projection antérieure du centre de gravité lors de l'élévation du bras chez les sujets atteints par la maladie de Parkinson. Ce décalage est si important que l'activation électromyographique des muscles postérieurs de la jambe se réalise en même temps que celle des muscles antérieurs de l'épaule. Une autre exploration a été menée : celle des ajustements posturaux préparatoires à un mouvement d'abduction de la jambe du sujet debout (Lee *et al.*, 1995). Dans des conditions normales, les sujets du groupe témoin débutent le mouvement par un transfert du poids du corps sur le pied de la jambe qui va bouger puis vers la jambe d'appui stable avec un déplacement du tronc sur le pied d'appui. S'en suit une élévation latérale de la jambe. Chez les sujets parkinsoniens sévèrement atteints, on remarque une diminution de l'amplitude et de la vitesse de déplacement des points d'appui mais également un délai allongé entre le premier mouvement de déplacement du poids du corps qui tarde à se réaliser et l'élévation de la jambe à proprement parler.

En ce qui concerne les effets du trouble postural sur l'équilibre, on peut rajouter que les troubles de la stabilité influencent également la marche dans laquelle on observe une phase plus longue d'appui bipodal par rapport au groupe témoin, afin de limiter les exigences d'équilibration suscitées par l'appui unilatéral (Murray *et al.*, 1978). Des études menées sur des individus (60 au total) dont certains porteurs de la maladie de Parkinson fréquemment enclins à la chute (ayant chuté 1 fois et plus durant les 6 derniers mois) montrent une diminution de l'écart entre le pied droit et gauche pendant la marche (149 mm pour les patients contre 163 mm en moyenne pour les sujets du groupe contrôle) (Weller *et al.*, 1992).

influence de l'akinésie sur les praxies idéomotrices

Lorsqu'on demande à des sujets atteints de la maladie de Parkinson d'imiter un mouvement de main, symbolique ou non, sur commande verbale ou en copie de modèle, on ne remarque aucune différence pour les signes symboliques entre les sujets sains et les patients. Par contre un nombre plus important d'erreurs est retrouvé chez les malades dans l'orientation spatiale des gestes sans signification (Sharpe *et al.*, 1983).

influence de l'akinésie sur les communications non-verbales

Diverses modifications touchant les muscles de la face s'opèrent avec l'avancée de la maladie de Parkinson. Les expressions se font rares ainsi que les clignements des yeux. Lorsque l'akinésie faciale est moins marquée, le sujet met du temps à faire apparaître ou effacer une mimique émotionnelle avec un délai qui peut être multiplié par trois (Rondot, 1990). On parlera d'akinésie faciale caractérisée par une amimie, quand le sujet est inexpressif, alors que les yeux préservent tous leurs degrés de liberté malgré l'immobilité de la tête. Du fait de l'akinésie généralisée et de la rigidité, le patient ne présente pas de communications non-verbales redondantes lors de la conversation (Rondot & Guillard, 1972 ; Rondot, 1990).

Les paradoxes de l'akinésie

Alors que le sujet porteur de maladie de Parkinson présente d'énormes difficultés à se mouvoir et ceci d'autant plus que la maladie progresse, les patients présentent une akathisie. Ils ressentent un besoin impérieux de bouger, de se lever et de marcher ou, lorsque la locomotion devient déconseillée, ils demandent régulièrement qu'on leur manipule les membres inférieurs afin de changer de posture (Rondot & Guillard, 1972).

On a également noté que le sujet parkinsonien peut retrouver momentanément la fluidité et la rapidité gestuelle à l'occasion d'une forte émotion (colère ou joie intense) (Rondot & Guillard, 1972).

Les individus atteints ont tendance à s'arrêter involontairement lorsqu'ils se déplacent. On a pu observer une diminution considérable du freezing dans des conditions particulières : le changement de texture de la surface ou bien encore la régularité de marques au sol (parquet, carrelage, etc.).

Tout ceci souligne encore une fois l'importance des mécanismes perceptivo-moteurs et cognitifs dans l'approche de la maladie de Parkinson (McGoon, 1990).

Le tremblement

Il est l'élément sémiologique caractéristique des syndromes extrapyramidaux. Il est depuis longtemps identifié et décrit. Classiquement, le tremblement observé dans la maladie de Parkinson est un tremblement dit “de repos”. Il s'agit d'une oscillation rythmique relativement lente (de 4 à 7 cycles par seconde) et particulièrement régulière se produisant alors que le segment de membre intéressé se trouve dans la position de repos.

Le tremblement n'est plus visible lorsque le membre est mobilisé volontairement par le sujet et ne réapparaît que quelques secondes après l'arrêt du mouvement quelle que soit la nouvelle position adoptée (Bonduelle & Mamo, 1975).

On notera que le terme de tremblement “de repos” est en fait inapproprié car lors du sommeil celui-ci disparaît également.

Quoique apparemment régulier, ce tremblement subit des variations significatives en fonction du moment de la journée et d'un jour à l'autre. Il est plus net le soir que le matin et augmente avec le calcul mental, la fatigue physique et l'émotion.

Cependant, le tremblement n'est pas constant dans la pathologie Parkinson. Il peut n'apparaître que tardivement dans l'évolution de la maladie (Rondot & Guillard, 1972), ce qui est le cas pour environ 1/3 des sujets. Dans d'autres cas, le tremblement d'attitude pur, decellé en dehors de toute pathologie tonique, peut anticiper pendant longtemps la survenue de la maladie de Parkinson (Garcin, 1952).

Tout d'abord le sujet perçoit une sensation de vibration interne sans actualisation objective. Par la suite, le simple contact cutané permet à l'examinateur de sentir ces mouvements. Puis le tremblement devient visuellement identifiable en particulier lors de la fatigue. Plus tard les émotions ne feront qu'amplifier le phénomène et, en fin de parcours, la trémulation intense constituera une des causes de l'instabilité. Néanmoins, on ne retrouve aucune corrélation, en début de maladie, entre le tremblement et les chutes (Koller *et al.*, 1989).

Au départ l'atteinte est unilatérale. Lorsque les deux hémicorps sont touchés, on note une asymétrie d'amplitude.

Les doigts en semi-flexion présentent des mouvements alternatifs de flexion-extension, le pouce bougeant en abduction-adduction. Ces combinaisons d'oscillations donnent une opposition pouce-index favorisant les descriptions du patient qui "émiette du pain", "roule une cigarette" ou bien encore "compte la monnaie". Le poignet présente d'amples mouvements associés de prono-supination et de flexion-extension. On peut remarquer quelques mouvements de pédalage des chevilles et plus rarement des mouvements d'abduction-adduction des cuisses. Les mouvements d'oscillation de la tête et du cou sont le plus souvent le fait de troubles séniles et non d'une maladie de Parkinson. Les muscles oculaires ne sont jamais atteints et quelquefois on remarque des mouvements du maxillaire inférieur et des muscles de la face (menton, lèvres, langue). Dans les formes les plus sévères, il est observé des trémulations généralisées. Il s'agit en fait d'une transmission mécanique du tremblement des membres passant au tronc par l'intermédiaire des épaules et des hanches. Sous cette forme, l'action ne stoppe pas le tremblement mais diminue son importance (Rondot & Guillard, 1972).

Des études ont montré que le tremblement était principalement dû à une hyperexcitabilité des motoneurones α (alpha) (Ekbom *et al.*, 1952 ; Isch *et al.*, 1962). Alternativement, on observe une hyperactivité puis une inhibition créant ainsi le tremblement.

Des mécanismes différents de ceux du tremblement décrit ici amènent les patients parkinsoniens à présenter des mouvements involontaires plus rapides (10 cycles par seconde) irréguliers, proches du tremblement physiologique et augmentant avec le maintien d'attitude qu'il est bon d'identifier et de différentier du tremblement parkinsonien classique.

La rigidité

Il s'agit d'une rigidité extrapyramidale. Elle s'objective d'abord par la posture du sujet. Le patient adopte progressivement et de façon constante une attitude en flexion : le buste penché en avant, le dos voûté, la tête baissée parfois inclinée latéralement, les hanches et les genoux légèrement fléchis, les épaules en avant, les bras collés au corps et les avant-bras fléchis et en pronation. Cette description est liée à une plus grande hypertonie des muscles fléchisseurs axiaux par rapport aux extenseurs. Tous les muscles sont concernés et principalement les muscles anti-gravitaires du cou et du tronc ainsi que la racine des membres.

D'un point de vue clinique, l'hypertonie peut être appréciée par la manipulation passive du sujet. Ainsi, lors de mouvements induits, cette rigidité cède par à-coup. C'est ce que l'on nomme le phénomène de "roue dentée". L'hypertonie est de résistance homogène, plastique, "en tuyau de plomb" ; le sujet conserve la position d'arrivée après manipulation passive sans pouvoir se relâcher (Rondot & Guillard, 1972).

La rigidité peut également s'apprécier sur les muscles antagonistes étirés pendant une action entraînant une contraction des muscles agonistes dont elle diminue la performance. La contraction musculaire volontaire provoque une activation importante des muscles opposés à l'action, plus importante que lors d'une manipulation passive. La rigidité est accentuée par la fatigue.

Lors d'expériences toniques évaluant la production de forces isométriques à diverses intensités, les sujets atteints de la maladie de Parkinson sont aussi précis que les sujets du groupe contrôle. Ils parviennent à maintenir une force de pression correctement. Cependant, on remarque des difficultés à la réalisation : les patients mettent plus de temps pour parvenir au seuil fixé et la contraction est de plus courte durée. Ceci laisse penser que les patients présentent des troubles liés au temps d'exécution et à la régulation des paramètres de régulation tonique plus qu'à la force elle-même (Stelmach & Worringham, 1988).

Les réflexes ostéo-tendineux sont vifs, et le réflexe naso-palpébral exagéré et souvent inépuisable. L'hypothèse de l'hyperactivité des neurones α dans l'explication de la rigidité apparaît insuffisante car on ne retrouve pas de rigidité dans la chorée alors que dans ce cas l'hyperexcitabilité α est constante (Rondot & Guillard, 1972).

La motricité manuelle et l'écriture

La motricité manuelle

Les mouvements asymétriques des membres supérieurs sont excessivement difficiles à exécuter. Le plus souvent l'action demandant une coordination des deux mains se transforme en action isolée unilatérale (Rondot, 1990).

Meyer (1982) s'est interrogé sur l'éventualité d'une différence sexuelle pour des épreuves de motricité digitale précise. Chez 11 personnes parkinsoniennes (11 droitiers, 2 hommes et 9 femmes, 57 ans d'âge moyen). Aucune différence n'a été identifiée en ce qui concerne des épreuves comme le Purdue Pegboard, l'alignement de 6 pions le plus rapidement possible ainsi que des épreuves sur table à dessin mesurant le temps de réaction et la qualité du graphisme.

Kraus *et al.* (1990) ont cherché des épreuves digitales susceptibles d'actualiser des signes moteurs précurseurs de la maladie. 52 sujets constituent le groupe témoin et 107 sujets parkinsoniens (tous droitiers) sont soumis à une épreuve de Plugging (placer des pions dans des trous), de Tapping, du Steadiness 4,8mm Test (épreuve de stabilité et de maintien d'un stylet de 4,8 mm en face d'un repère-cible), du Aiming Test (toucher des cibles avec un stylet le plus vite possible), du Line Tracing Test (poursuite de ligne avec un stylet). Après une étude statistique, les auteurs n'ont trouvé que 2% de diagnostic faux négatif et aucun faux positif. Ceci démontre que le trouble parkinsonien engendre une dégradation constante de la motricité manuelle fine qui est perçue précocement dans le développement de la maladie. La mesure d'une atteinte de la motricité digitale pourrait donc constituer un des signes prédictifs de la maladie de Parkinson chez le sujet vieillissant.

L'écriture

Sur le plan graphique, certains sujets atteints de maladie de Parkinson présentent une réduction de la taille de l'écriture appelée micrographie. La micrographie pourrait être le résultat d'une tendance à n'utiliser en parallèle qu'un nombre restreint de degrés de liberté (Teulings & Stelmach, 1992). Cette réduction n'est, toutefois, pas systématique et se rencontre chez environ 10 à 15% des 800 sujets dans l'étude de McLennan *et al.* (1972) et peut être observée jusqu'à trois ans avant le diagnostic. Il semblerait que cette réduction s'effectue de façon progressive le long de la ligne, ce qui pourrait renvoyer à un problème de production de force (Stelmach & Worringham, 1988). Van Gemmert *et al.* (1999) concluent dans le même sens au terme de leur étude. Les sujets doivent écrire dans plusieurs conditions (1 - vitesse et taille normales ; 2 - vitesse maximum ; 3 - taille double de la normale ; 4 - vitesse maximum avec taille double de la normale) sur une tablette digitale. Ils ne présentent pas de différences par rapport aux sujets contrôles pour les deux premières conditions, mais montrent une augmentation de taille significativement plus réduite dans les deux dernières conditions indiquant une incapacité à conserver durablement la force nécessaire à une réalisation de grande amplitude.

Les patients ont de la difficulté à conserver la taille ainsi que la vitesse de l'écriture. L'étude de Phillips *et al.* (1991) montre une écriture plus irrégulière en terme de changement de direction et de taux de variation (jerk) de l'accélération. De plus l'écriture est ralentie dans son ensemble avec des temps de préparation allongés.

Une étude d'échantillons d'écriture réalisés de 5 à 45 ans avant le diagnostic chez 27 sujets présentant une maladie de Parkinson âgés de 47 à 75 ans (Helsper *et al.*, 1996) indique que la longueur moyenne des segments de l'écriture est plus courte, et ce indépendamment de l'âge, avec un nombre moindre d'arcades inversées (comme dans la lettre u), ce qui renvoie à une plus grande discontinuité du geste.

Lors du dessin de figures géométriques, des pauses plus longues sont observées entre les différents segments à produire (Berrardelli *et al.*, 1986 ; Vinter *et al.*, 1996).

On note que le tremblement diminue avec le script mais qu'il intervient dans la dégradation de l'acte graphomoteur essentiellement pour les formes trémulantes de la maladie (Rondot & Guillard, 1972).

Les cognitions

Lorsque la maladie de Parkinson est évoquée chez un sujet, on s'attend surtout à retrouver la triade motrice de base précédemment décrite. Cependant des chercheurs ont mis en évidence, dans le traitement des informations perceptives, des différences de performance entre les sujets âgés et les individus atteints par la maladie de Parkinson du même âge.

Les sujets parkinsoniens, présentant des symptômes prédominants du côté gauche, ont des résultats inférieurs à ceux d'un groupe contrôle sur une épreuve de type "trajets au sol" (Bowen, 1976).

Plus précisément, il est souvent évoqué des troubles de la fonction visuospatiale associés à cette pathologie (Cooper *et al.*, 1991) objectivés par exemple par la dégradation progressive de la reproduction de la Figure Complexe de Rey (Rey, 1959). Il semblerait que cette défaillance soit le fait de la détérioration de différentes aptitudes et soit variable en fonction de l'âge de la maladie.

Des expériences menées dans une clinique de Miami sur 134 sujets porteurs de la maladie (86 hommes et 48 femmes) et 87 individus constituant le groupe contrôle (34 hommes et 53 femmes du même âge) par Levin *et al.* (1990) s'appliquent à réaliser 6 mesures de l'aptitude visuospatiale. Les épreuves évaluent :

• La capacité du sujet à estimer les orientations angulaires de deux segments rectilignes : le test est une version réduite (15 items sur les 30) du "Judgment of Line Orientation" (JLO) de Benton *et al.* (1975, 1993). Le sujet doit retrouver la direction des 2 segments parmi un étalon multi-angles de 11 droites placées en demicercle (figure1)..

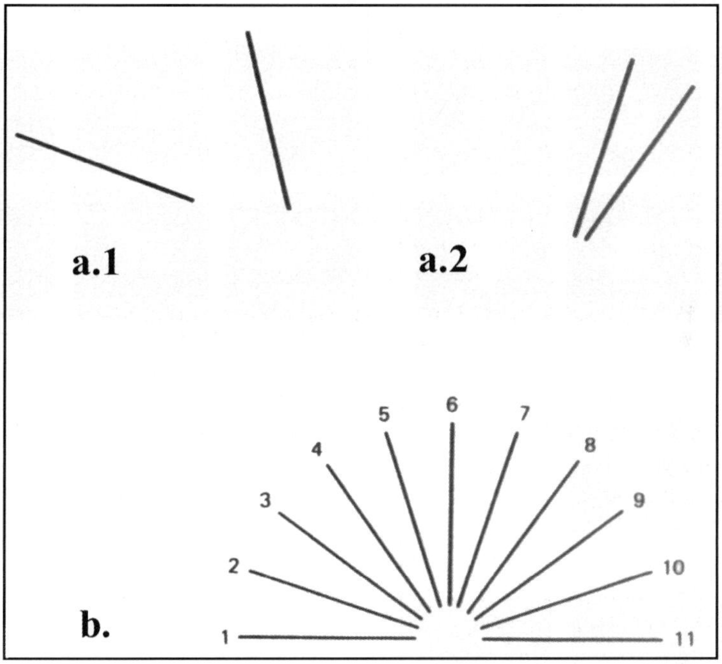

Figure 1 : Extrait du Judgment of Line Orientation (JLO) (in Lezak, 1995) : a.1 et a.2 sont des exemples de carte stimulus et b. la carte de choix multi-angles.

• L'habileté du sujet à assembler : l'épreuve inspirée du "Block Design" (BD) de la WAIS-R (Wechsler, 1981) comprend deux fois deux cubes afin de limiter l'impact de la dextérité manuelle. Le temps pour réaliser la tâche est pris en compte.

• La possibilité d'isoler les éléments d'un dessin constitué de plusieurs objets dessinés superposés. Le test utilisé est le "Ghent Embedded Figure" (GEF) de Ghent (1956). Sur 9 planches, le sujet doit identifier verbalement les 3 ou 4 éléments du dessin imbriqués (banane, chapeau, lit).

• Le même principe que l'épreuve précédente mais la réponse est non-verbale. (Non Verbal Embedded Figure, NVEF) (Levin *et al.*, 1990). Par planche, il y a 10 dessins géométriques dissimulés dans un. Trois planches seront présentées. Le sujet doit sélectionner laquelle des 3 planches contient la forme géométrique simple demandée.

• La faculté du sujet à reconnaître le visage d'une personne inconnue parmi 6 autres vus de face, dans une autre position ou expression, ou bien encore sous un éclairage différent (figure 2). Il s'agit de la forme abrégée de l'épreuve de Benton *et al.* (1983) : le “Test of Facial Recognition” (TFR).

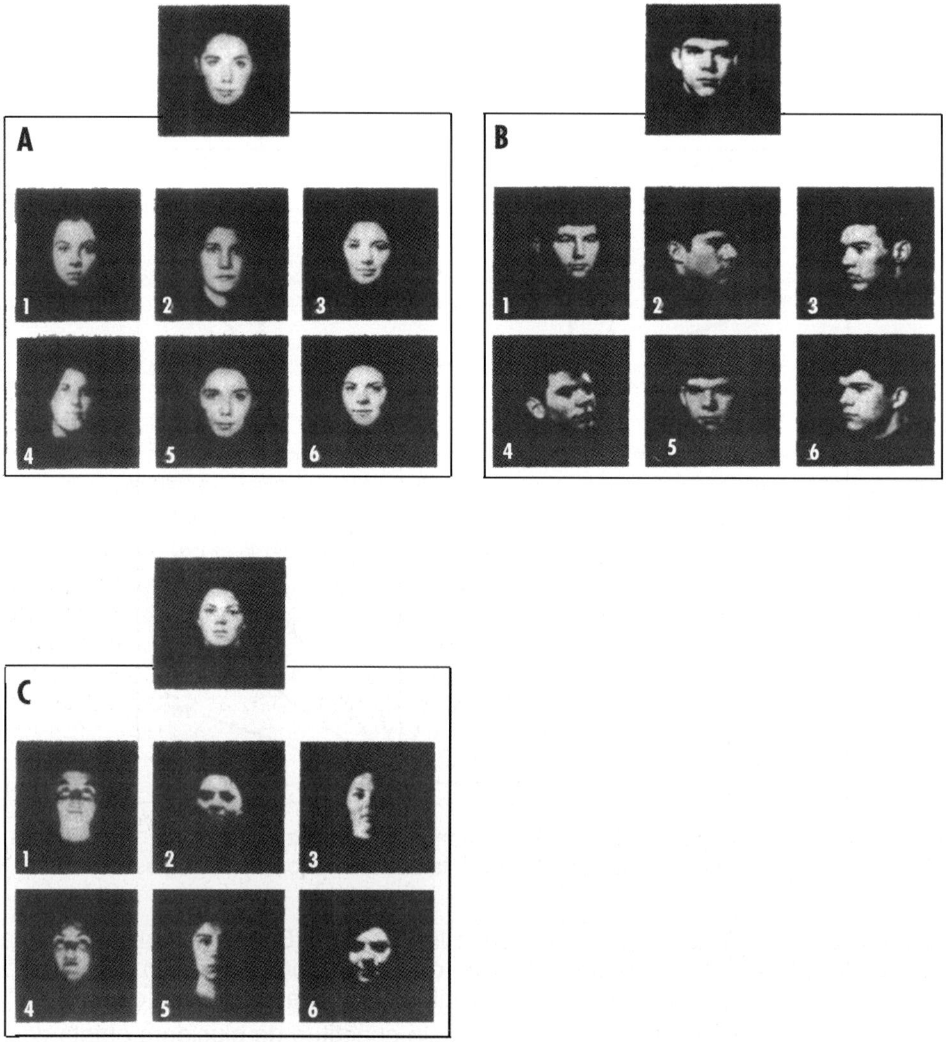

Figure 2 : Extrait du Test of Facial Recognition (TFR) (in Lezak, 1995)
(A. item visage de face ; B. item visage tourné ; C. item visage éclairé différemment)

- L'aptitude de l'individu à reconstruire mentalement et identifier, sans temps limité, un objet familier présenté sous une forme découpée (figure 3). Une forme abrégée de l'épreuve de Hooper (1983) est appliquée aux sujets (Hooper Visual Organisation Test, HVOT).

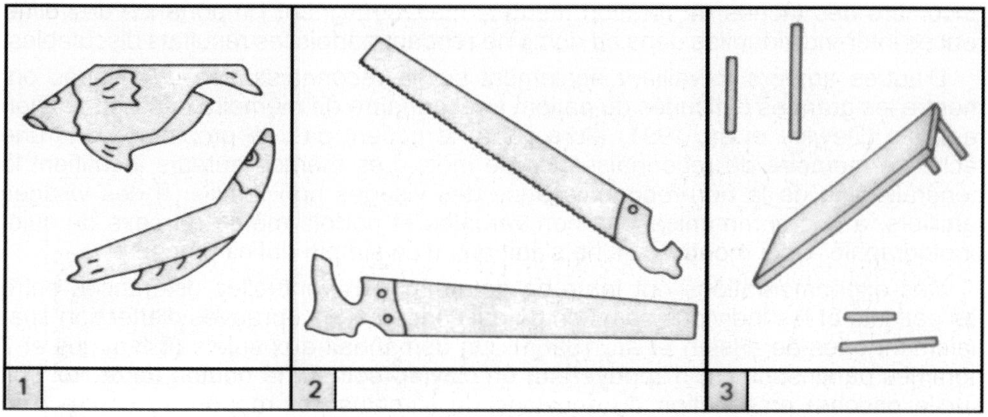

Figure 3 : Extrait du Hooper Visual Organisation Test (HVOT) (in Lezak, 1995).

Les sujets sont regroupés en fonction de la durée de la maladie. De 1 à 4 ans de maladie pour les “Parkinsons récents”, de 5 à 10 ans pour les “Parkinsons de durée moyenne” et depuis plus de 11 ans pour les “Parkinsons anciens”.

Les hypothèses de départ sont effectivement confirmées : les fonctions visuospatiales sont multiples et atteintes de façon différente en fonction de l'avancée dans la maladie. Tout d'abord, tous les groupes de sujets atteints par la maladie de Parkinson obtiennent des résultats significativement inférieurs aux sujets sains dans toutes les épreuves visuoconstructives. Plus précisément, les auteurs remarquent que les Parkinsons Récents sont significativement moins performants sur les reconnaissances de figures géométriques encastrées (avec restitution non verbale, NVEF) ainsi que dans l'épreuve de reconnaissance faciale (TFR) que les sujets du groupe contrôle. Ensuite, les sujets Parkinsons de Durée Moyenne sont également moins performants que le groupe contrôle sur le NVEF, et le TFR mais aussi sur les dessins d'objets encastrés du GEF et la reconstruction mentale du HVOT. Enfin, le groupe des Parkinsons Anciens est moins performant sur la totalité des habiletés évaluées dans cette étude.

De plus, des comparaisons entre les groupes de Parkinson ont été menées : Les sujets Parkinsons récents sont nettement plus performants sur les épreuves BD, GEF et HVOT, que les sujets Parkinsons Anciens et plus aptes que les Parkinsons de Durée Moyenne pour le GEF.

Pour résumer, les patients sont significativement moins performants dans des tâches visuospatiales à commencer par la discrimination de formes géométriques et les objets encastrés. Plus la pathologie progresse, jusqu'à 10 ans, et plus les sujets présentent des difficultés supplémentaires en réponse verbale pour des épreuves de formes encastrées ainsi que dans les tâches mentales de construction et d'assemblage. Par la suite, lorsque la maladie est présente depuis plus de 10 ans, toutes les aptitudes concernant les manipulations de concepts spatiaux sont défaillantes (Levin *et al.*, 1990)

Fenelon & Mahieux (1998) reconnaissent l'impact de la maladie sur les fonctions visuospatiales et perçoivent le sujet Parkinson comme pouvant effectuer sans encombre des tâches de rotation mentale mais soulignent l'importance des différences inter-individuelles dans ce domaine rendant parfois les résultats discutables.

D'autres auteurs travaillant également sur la reconnaissance de visages ont montré les grandes difficultés du patient à reconnaître de mémoire des visages non familiers (Dewick *et al.*, 1991) alors qu'ils ne posent pas de problème dans une tâche de mémoire de reconnaissance de mots. Les mêmes auteurs identifient la généralisation de la non-reconnaissance des visages non familier à des visages familiers, à des communications non verbales et parfois même au sexe du sujet photographié. Ceci montre qu'il ne s'agit pas d'un simple déficit perceptif.

Des expérimentations ont tenté de déterminer d'éventuelles différences entre les patients et les individus sains en ce qui concerne les épreuves d'attention spatialement orientée (Hsieh *et al.*, 1996a). On demandait aux sujets (6 femmes et 7 hommes parkinsoniens) d'appuyer sur un clavier (soit sur le bouton de droite, soit sur le gauche) en fonction du décalage du stimulus par rapport au centre d'un écran. Les sujets atteints ne présentent aucune altération dans l'orientation visuospatiale de l'attention. Ceci sera cependant noté pour des parkinsoniens touchés plus sévèrement. Le temps de réaction mesuré est plus long comparé au groupe témoin (13 sujets) mais les délais de focalisation et de dégagement de l'attention sont identiques à ceux des sujets sains (Hsieh *et al.*, 1996b).

Cooper *et al.* (1991) mettent à l'épreuve 60 parkinsoniens récemment diagnostiqués et non traités et 37 sujets du même âge sans affection particulière sur des tâches cognitives multiples. Ils concluent que tous les sujets porteurs de la maladie montrent un déficit de rappel verbal immédiat, de production et de fluence sémantique dans les domaines de la mémoire de travail et en visuoconstruction sans que les patients n'aient de dégradation de l'empan mnésique immédiat, de l'oubli à long terme, de la dénomination, de la compréhension et de la perception visuelle. Ils concluent que les sujets parkinsoniens présentent un trouble mnésique en lien probablement avec l'écroulement des processus d'enregistrement ou de rappel de l'information pendant les phases de rétention récente de la mémoire à court-terme.

Les liens entre les sphères motrices et cognitives sont étroits (Cooper *et al.*, 1991). On sait que les personnes atteintes par la maladie de Parkinson avec une prédominance trémorique semblent relativement épargnées par les troubles cognitifs (Rascol, 1998). On note également que les sujets dont la pathologie se déclare bilatéralement au niveau moteur ont une forte propension d'incidences fâcheuses sur les fonctions cognitives (Viitanen *et al.*, 1994). La seule corrélation cognitivo-motrice objectivée se situe entre la dextérité manuelle et un test de mémoire visuelle immédiate où une participation motrice (un dessin) était demandée (Cooper *et al.*, 1991).

Avec l'avancée de la maladie, en particulier la forme sévère, on notera une corrélation modérée entre les troubles cognitifs et l'akinésie ou avec l'hypertonie. Cette corrélation semble apparaître plus nettement après le traitement médicamenteux qu'avant (Cooper *et al.*, 1991).

Les signes psychologiques

Il est fréquemment observé des signes d'atteinte de l'humeur lors de la maladie de Parkinson. Il semble que ceux-ci ne soient pas uniquement liés à l'annonce de la maladie ou de ses conséquences au quotidien (Rondot & Guillard, 1972).

En fonction des études, la dépression, qui est le facteur le plus souvent repéré chez le patient, toucherait 10 à 12% des sujets selon Beck (1992), 30% des malades d'après Celesia *et al.* (1972), et jusqu'à 90% de patients (Mindham, 1970). Dans 11 à 43% des cas, la dépression s'installerait avant l'actualisation du premier signe moteur (Bermanzohn & Siris 1992). Les suicides sont cependant très rares dans cette affection : ils représentent 0,3% des patients (Beck, 1992). Les notes au MMPI (test de personnalité) permettent de repérer des scores élevés pour les échelles hypocondrie, dépression et hystérie (Marsh & Markham, 1973).

Certains troubles psychiatriques peuvent survenir. Un questionnaire portant sur l'impression des sujets concernant leur état psychologique a été envoyé à des personnes parkinsoniennes (450 individus) faisant partie du "Parkinson's Disease Support Group" dans un centre de l'Ohio (Paulson *et al.*, 1986). 211 sont revenus dont 66 ont nécessité une prise de contact par téléphone par manque de clarté des réponses. 60% des personnes interrogées rapportent des soucis, s'additionnant parfois, dans ce domaine : la réponse la plus fréquente (34%) tourne autour d'états confusionnels, 27% d'état de conscience en "rêve-éveillé", 26% se plaignent d'expériences hallucinatoires et 20% de cauchemars fréquents.

Martin *et al.* (1973) retrouvent une fréquence élevée de troubles psychotiques chez le patient avant tout traitement. Il peut exister des troubles confusionnels aigus et d'allure psychotique transitoires secondaires à des traitements anticholinergiques ou dopaminergiques agonistes de la Dopa (Bromocriptine par exemple).

Bermanzohn et Siris (1992) préciseront que le déterminisme de l'état dépressif chez le sujet Parkinson englobe des altérations à long terme qui sont dépendantes de la sévérité de l'invalidité motrice et des altérations à court terme liées aux fluctuations aiguës de ses fonctions motrices.

Autres signes associés

Les troubles sensitifs

Fréquemment rencontrés (40 à 45% des sujets) (Marion, 1988), sans qu'il n'y ait d'atteinte objective et de localisation précise, les sujets parkinsoniens se plaignent d'impressions subjectives de paresthésie, de douleurs diffuses, de froid, d'impression pénible de tension en particulier des muscles les plus touchés par la contraction extrapyramidale (cou, nuque, épaule) (Rondot & Guillard, 1972). Plus rarement les individus évoquent des fourmillements, des engourdissements et des brûlures qui apparaissent du même côté que le syndrome parkinsonien (Schott, 1985). La sensation douloureuse de l'épaule qui reste la plus fréquente, entraîne une diminution de la mobilité entrant dans le cadre du syndrome de "l'épaule gelée". On note 12,7% de périarthrite scapulo-humérale chez les sujets parkinsoniens contre 1,7% dans la population de sujets du même âge sans Parkinson (Marion, 1998). Les douleurs lombo-sacrées résistant aux anti-inflammatoires peuvent être précurseurs de l'atteinte parkinsonienne. 78% des sujets ayant déclaré leur maladie présentent des douleurs au niveau des muscles du cou, du rachis lombaire et des mollets. Si la dystonie est présente (28% des cas), le sujet semble davantage souffrir.

Les parkinsoniens ont parfois une impression constante de chaleur les amenant à des conduites d'évitement de lieux ou de situations par simple thermophobie (Rondot & Guillard, 1972).

Les troubles du sommeil

Le sommeil est altéré dans sa continuité et son architecture (Apps *et al.*, 1986). 98% des 220 patients parkinsoniens évalués par Lees *et al.* (1988) présentent des troubles du sommeil. Dans le nombre, on peut isoler les troubles liés à l'anxiété représentant environ un quart des sujets. Quelques individus présentent une akinésie rendant les retournements dans le lit difficiles les amenant à des positions parfois inconfortables. D'autres évoquent des dystonies douloureuses du réveil ou encore l'énurésie. Cependant, les sujets faiblement atteints par la maladie et ses conséquences motrices montrent également des troubles du sommeil. La plus grande partie des sujets ayant ces troubles (76%) fragmentent leur sommeil. Réveils et endormissements sont multiples et ne donnent pas l'impression du sommeil réparateur. Il n'a pas été remarqué de mouvements anormaux ni d'apnée pendant cette phase de repos (Lees *et al.*, 1988).

Les troubles de la parole

La parole peut rester longtemps normale. L'akinésie est souvent responsable de l'assourdissement de la voix avec diminution de l'intensité. La parole deviendra progressivement monotone par perte des intonations (Rondot & Guillard, 1972 ; Rondot, 1990) sans qu'elle ne devienne chuchotée (Sabouraud, 1970). La parole va comporter des accélérations du débit. En fin de maladie, le sujet est difficile à comprendre, la dysarthrie apparaît accompagnée parfois de palilalie (répétition involontaire et spontanée d'une phrase identique).

Les troubles somatiques

Les troubles respiratoires vont apparaître liés à la dys-synergie des muscles de la cage thoracique et des voies aériennes supérieures. Ceci peut aisément conduire le sujet à une insuffisance respiratoire favorisant les surinfections (Marion, 1998).

Les problèmes digestifs sont rapportés avec des reflux gastro-œsophagiens, des nausées, une constipation indépendante de la prise médicamenteuse (lésion du noyau dorsal du vague et des corps de Lewy). Les troubles vésico-sphinctériens sont quant à eux polymorphes (Amarengo, 1998).

Les anomalies de la tension artérielle touchent un malade de Parkinson sur deux (Sénard, 1998)

Quelques commentaires concernant la chimiothérapie

L'instabilité posturale du sujet parkinsonien n'est pas réversible avec la thérapie dopaminergique (Koller *et al.*, 1989).

Au bout de 2 à 5 ans d'un traitement qui donne de très bons résultats, des troubles de la motricité apparaissent : akinésie de fin ou de début de dose, associée à des troubles de la posture et de la marche (Beck, 1992).

Après 8 années de traitement, chez 20% des patients, on note une diminution de l'efficacité du traitement (Guillard & Chastang, 1978).

On remarque dans 15% des cas un effet “On-Off” : le sujet passe d'un état approximativement normal que l'on nomme “On” à un état parkinsonien dit “Off” en quelques secondes et parfois de façon répétée dans la même journée (Marsden *et al.*, 1982).

L'akinésie va s'intensifier avec l'avancée dans la maladie surtout pour des individus ayant un traitement lévodopa depuis longtemps avec des épisodes brusques d'akinésie (Rondot, 1990).

Des troubles psychiatriques aigus transitoires liés aux traitements existent : les antiparkinsoniens de synthèse (anticholinergiques) peuvent créer des états confusionnels ou bien les traitements dopaminergiques agonistes de la Dopa (bromocriptine) ont la possibilité de mener à un syndrome d'allure psychotique avec agitation, délires et hallucinations (Beck, 1992).

Des troubles sensitifs ont été remarqués sur des sujets en lien avec la prise médicamenteuse en particulier en fin de dose (Marion, 1998).

76% des sujets porteurs de la maladie de Parkinson disent éprouver des troubles du sommeil avec une fragmentation : celle-ci est amplifiée par la prise d'agoniste dopaminergique juste avant le coucher (Lees *et al.*, 1988).

RÉFÉRENCES BIBLIOGRAPHIQUES

AITA, J.F. (1982). Why patients with Parkinson's disease fall, *JAMA*, 247, 4, 515-516.

AMARENCO, G. (1998). Troubles vésico-sphinctériens dans la maladie de Parkinson. In A. Rascol (ed.), *La maladie de Parkinson* (pp. 119-124). Paris : Acanthe/Masson.

APPS, M., SCHEAFF, P., INGRAM, D., KENNARD, C.& EMPEY, D.W. (1986). Respiration and sleep in Parkinson's disease. *Journal of Neurology, Neurosurgery and Psychiatry,* 48, 1240-1245.

APA, AMERICAN PSYCHIATRIC ASSOCIATION (1994). DSM-IV. *Diagnostic and statistical manual of mental disorders* (4e ed.). Washington, DC : Auteur (Trad. Franç. Paris : Masson, 1996).

BAKCHINE, S. (1998). Déficits non-cognitifs de la maladie d'Alzheimer : une illustration des difficultés méthodologiques rencontrées dans l'abord de la psychopathologie lors des démences organiques. *Revue de Neuropsychologie*, 8, 727-758.

BARRETT, G., SHIBASAKI, H., & NESHIGE, R., (1985). A computer-assisted method for averaging movement-related cortical potentials with respect to EMG onset. *Electroencephalography and Clinical Neurophysiology*, 60, 276-281.

BAZALGETTE, D., ZATTARA, M., BATHIEN, N., BOUISSET, S., & RONDOT, P. (1986). Postural adjustments associated with rapid voluntary arm movements in patients with Parkinson's disease. In M.D. Yahr & K.J. Bergman (Eds.), *Advances in Neurology* (vol. 45, pp. 371-374). New-York : Raven Press.

BECK H. (1992). La maladie de Parkinson. In M.F. Maugourd (Ed.), *Gérontologie fonfdamentale, clinique, sociale* (pp. 294-300). Montpellier : Duportet B. éditeur.

BENECKE, R., ROTHWELL, J.C., DICK, J.P.R., DAY, B.L., & MARSDEN, C.D. (1986). Performance of simultaneous movements in patients with Parkinson's disease. *Brain*, 109, 739-757.

BENECKE, R., ROTHWELL, J.C., DICK, J.P.R., DAY, B.L., & MARSDEN, C.D. (1987). Disturbance of sequential movement in patients with Parkinson's disease. *Brain*, 110, 361-379.

BENTON, A.L., HAMSHER, K., VARNEY, N.R., & SPREEN, O. (1983). *Contributions to neuropsychological assessment.* New York : Oxford University Press.

BENTON, A.L., HANNEY, H. & VARNEY, K. (1975). Visual perception of line direction in patients with unilatéral barin disease. *Neurology*, 25, 907-910.

BENTON A.L. & TRANEL D. (1993). Visuoperceptual, visuospatial, and visuoconstruction disorders. In K.M. Heilmann & E. Valenstein (Eds.), *Clinical neuropsychology* (3e ed.). New York : Oxford University Press.

BERRARDELLI, A., ACCORNERO, N., ARGENTA, M., MECO, G., & MANFREDI, M. (1986). Fast complex arm movements in Parkinson's disease. *Journal of Neurology, Neurosurgery and Psychiatry*, 49, 1146-1149.

BERMANZOHN, P.C. & SIRIS, S.G. (1992). Akinesia : A syndrome common to Parkinsonism, retarded depression, and negative symptoms of schizophrenia. *Comprehensive Psychiatry,* 33, 4, 221-232.

BLOEM, B.R., (1992), Postural instability in Parkinson's disease. *Clinical Neurology and Neurosurgery,* 94 Suppl., S41-S42.

BLONDEL, A., LA SAYETTE, V. DE, BOUCHARD, S., DESGRANGES, B., BENALI, K., LECHEVALIER & B., EUSTACHE, F. (1998). Les modifications de l'organisation gestuelle au cours du vieillissement normal : une altération spécifique du système de production ? In M.-C. Gely-Nargeot, K. Ritchie & J. Touchon (Eds.), *Actualités sur la maladie d'Alzheimer et les syndromes apparentés* (pp. 227-233). Marseille Solal.

BONDI, M.W., & KASZNIAK, A.W. (1991). Implicit and explicit memory in Alzheimer's disease and Parkinson's disease. *Journal of Clinical and Experimental Neuropsychology*, 13, 339-358.

BONDUELLE, M., & MAMO, H. (1975). Les tremblements. *Encyclopédie Medico Chirurgicale*, Paris, 17010 A10, 1, 1975.

BOWEN, F.P. (1976). Behavioral alterations in patients with basal ganglion lesions. In M.D. Yahr (Ed.), *The basal ganglia*. New York : Raven Press.

CELESIA, G.C., & WANAMAKER, W.M. (1972). Psychiatric disturbances in Parkinson's disease. *Diseases of the Nervous System*, 33, 577-583.

CHAN, C.W.Y. (1986). Could Parkinsonian akinesia be attributable to a disturbance in the motor preparatory process ? *Brain Research*, 386, 183-196.

COOPER, A.J., SAGAR, H.J., JORDAN, N., HARVEY, N.S., & SULLIVAN, V. (1991). Cognitive impairment in early, untreated Parkinson's disease and its relationship to motor disability. *Brain*, 114, 2095-2122.

CROISILE, B., ADELEINE, P., CARMOI, T., AIMARD, G., & TRILLET, M. (1995). Evolutions de l'orthographe dans la maladie d'Alzheimer. *Revue de Neuropsychologie*, 5, 23-51.

CROISILE, B., FAURE, P., & MICHEL, F. (1998). Evaluation des éléments graphiques et spatiaux de l'écriture dans la maladie d'Alzheimer. In M.-C. Gely-Nargeot, K. Ritchie & J. Touchon (Eds.), *Actualités sur la maladie d'Alzheimer et les syndromes apparentés* (pp. 335-340). Marseille Solal.

CUSTON, T.M. (1994). Assessment of motor planning deficits, *Topics in Geriatric Rehabilitation,* 10, 2, 56-69.

DEECKE, L., KORNHUBER, H.H. & SCHMITT G. (1973) Bereitschaftspotential in Parkinson's patients. *Pfugers Archives* (Suppl.), 343, R75.

DEECKE, L., ENGLITZ, M.G., KORNHUBER, H.H., & SCHMITT, G. (1977). Cerebral potentials preceding voluntary movement in patients with bilateral or unilateral Parkinson akinesia. In Desmedt, J.E. (Ed.), *Progress in clinical neurophysiology* (vol. 1, pp. 151-163). Basel : Karger

DELLA SALA, S., LUCCHELLI, F., & SPINNLER, H. (1987). Ideomotor apraxia in patients with dementia of Alzheimer type. *Journal of Neurology*, 234, 91-93.

DELWAIDE, P. (1985). Physiopathologie de la triade parkinsonienne. In G. Gauthier (Ed.), *Maladie de Parkinson* (pp. 67-84). Bâle : Sandoz.

DESGRANGES, B., FAURE, S., & EUSTACHE, F. (2000). L'évaluation des syndromes démentiels. In X. Seron & M. van der Linden (Eds.), *Traité de neuropsychologie clinique* (t. 1, pp. 319-336). Marseille : Solal.

DEWICK, H.C., HANLEY, J.R., DAVIES, A.D.M., PLAYER, J., & TURNBULL, C. (1991). Perception and memory for faces in Parkinson's disease. *Neuropsychologia*, 29, 8, 785-802.

DICK, M.B., SHANKLE, R.W., BETH, R.E., DICK-MUEHLKE, C., COTMAN, C.W. & KEAN, M.-L. (1996). Acquisition and long-term retention of a gross motor skill in Alzheimer's disease patients under constant and varied practice conditions. *Journal of Gerontology : Psychological Sciences*, 51B, 2, P103-P111.

DIETZ, V., BERGER, W., & HORSTMANN, G.A. (1988), Posture in Parkinson's disease : impairment of reflexes and programming. *Année Neurologique*, 24, 5, 660-669.

DOMINEY, P., DECETY, J., BROUSSOLLE, E., CHAZOT, G., & JEANNEROD, M. (1995). Motor imagery of a lateralized sequential task is asymmetrically slowed in hemi-parkinson's patients. *Neuropsychologia*, 33, 6, 727-741.

DUVOISIN, R.C., & SAGE, J. (1996). What is parkinsonism ? In R.C. Duvoisin & J. Sage (Eds.), *Parkinson's disease. A guide for patient and family* (pp. 1-13). New York : Lippincott-Raven.

EKBOM, K.A., JERNELIUS, B., & KUKELBERG, E. (1952). Notes an variations in muscle stretch reflexes in relation to tremor in Parkinson. *Acta Medica Scandinavica*, 141, 4, 301-304.

ESCOUROLLE, R., DE RECONDO, J. & GRAY, F. (1970). Etude anatomo-pathologique des syndromes parkinsoniens. *IV Symposium de Bel Air*, Genève.

FENELON, G., & MAHIEUX, F. (1998). Prise en charge des troubles psychiques. In A. Rascol (Ed.), *La maladie de Parkinson* (pp. 137-175). Paris : Acanthe/Masson.

FLICKER, C., FERRIS, S.H., CROOK, T. ET AL. (1988). Equivalent spatial-rotation deficits in normal aging and Alzheimer's disease. *Journal of Clinical and Experimental Neuropsychology*, 10, 387-389.

FLOWERS, K.A. (1976). Visual "closed-loop" and "open-loop" characteristics of voluntary movement in patient with Parkinsonism and intention tremor. *Brain*, 99, 269-310.

FOLDI, N.S., JUTAGIR, R., DAVIDOFF, D., & GOULD, T. (1992). Selective attention skills in Alzheimer's disease : performance on graded cancellation tests varying in density and complexity. *Journal of Gerontology : Psychological Sciences*, 47, 3, 146-153.

GABELLINI, A.S., VICINI, C., DEMASSIS, P., & SACQUEGNA, T. (1992). Postural instability in Parkinson's disease. *Movement Disorders* (Suppl. 1), 7, P293, 104.

GAINOTTI, G., PARLATO, V., MONTELEONE, D., & CARLOMAGNO, S. (1992). Neuropsychological markers of dementia on visual-spatial tasks : a comparison between Alzheimer's type and vascular forms of dementia. *Journal of Clinical and Experimental Neuropsychology*, 14, 239-252.

GANTCHEV, N., VIALLET, F., AURENTY, R., & MASSION, J. (1996). Impairment of posturo-kinetic co-ordination during initiation of forward oriented stepping movements in Parkinsonian patients. *Electroencephalography and Clinical Neurophysiology*, 101, 110-120.

GARCIN, R. (1952). Remarques cliniques sur les mouvements involontaires et les tremblements en particuliers. *Revue de Neurologie*, 86, 6, 659-662.

GEUZE, R.H., & HAAXMA, R. (1998). Intentional influence on stability of bimanual coordination in Parkinson's disease. In B. Bril, A. Ledebt, G. Dietrich & A. Roby-Brami (Eds.), *Advances in perception-action coupling* (pp.141-146). Paris : EDK.

GHENT, L. (1956). Perception of overlapping and embedded figures by children of different ages. *American Journal of Psychology*, 69, 575-587.

GIBBS W.R.G., LEE A.J. (1988). The relevance of Lewy body to the pathogenesis of idiopathic Parkinson's disease. *Journal of Neurology, Neurosurgery, and Psychiatry,* 51, 745-752.

GILMORE, G.C., TOBIAS, T.R., & ROYER, F.L. (1985). Aging and similarity grouping in visual search. *Journal of Gerontology*, 40, 586-592.

GONON, R. (1984). France Parkinson : Association de soutien dans la maladie de Parkinson. *L'Actualité en Gérontologie*, 10, 25-28.

GUILLARD, A., & CHASTANG, C. (1978). La maladie de Parkinson : les facteurs de pronostic à long terme. *Revue de Neurologie*, 134, 341-354.

GUVREAU, D., & GENDRON, M. (1994). *Questions et réponses sur la maladie d'Alzheimer.* Montréal : Le Jour éditeur.

HARRINGTON, D.L., & HAALAND, K.Y. (1991). Sequencing in Parkinson's disease : Abnormalities in programming and controlling movement. *Brain*, 114, 99-115.

HELSPER, E., TEULINGS, H.-L., KARAMAT, E., & STELAMCH, G.E. (1996). Preclinical Parkinson features in optically scanned handwriting. In M.L. Simner, C.G. Leedham & A.J.W.M. Thomassen (Eds.), *Handwriting and drawing research : basic and applied issues* (pp. 241-250). Amsterdam : IOS Press.

HOEHN, M.M., & YAHR, M.D. (1967). Parkinsonism : onset, progression, and mortality. *Neurology*, 17, 427–442.

HOOPER, H.E. (1983). *Hooper Visual Organization Test (VOT).* Los Angeles : Western Psychological Services.

HORAK, F.B., NUTT, J.G., & NASHER, L.M., (1992). Postural inflexibility in Parkinson subjects. *Journal of the Neurological Sciences*, 111, 46-58.

HORNER, J., HEYMAN, A., DAWSON, D., & ROGERS, H. (1988). The relationships of agraphia to the severity of dementia in Alzheimer's disease, *Archives of Neurology*, 45, 760-763.

HSIEH, S., HWANG, W.J., TSAI, J.J., & TSAI, C.Y. (1996a). Visuospatial orienting of attention in Parkinson's disease. *Perceptual and Motor Skills*, 82, 1307-1315.

HSIEH, S., HWANG, W.J., TSAI, J.J., & TSAI, C.Y. (1996b) Precued shifting of attention between cognitive sets in Parkinson patients. *Psychological Reports*, 78, 815-823.

ISCH, F., TREUSSARD, C., & JESEL, M. (1962). La stimulation répétitive de la réponse H dans le clonus et le tremblement parkinsonien. *Electroencephalography and Clinical Neurophysiology* Suppl. 22, 62, 124-125.

JALENQUES, I. (1999). *La maladie d'Alzheimer.* Paris : Hachette.

KEMPLER, D. (1988). Lexical and pantomime abilities in Alzheimer's disease. *Aphasiology*, 2, 147-159.

KLUGER, A., GIANUTSOS, J.G., GOLOMB, J., FERRIS, S.H., GEORGE, A.E., FRANSSEN, E., & REISBERG, B. (1997). Patterns of impairment in normal aging, mild cognitive decline and early Alzheimer's disease. *Journal of Gerontology : Psychological Sciences*, 52B, 1, P28-P39.

KNOPMAN, D. (1991). Long-term retention of implicitly acquired learning in patients with Alzheimer's disease. *Journal of Clinical and Experimental Neuropsychology*, 13, 880-894.

KNUTSSON E. (1972). An analysis of Parkinson gait, *Brain*, 95, 475-486.

KOLLER, W.C., GLATT, S., VETERE-OVERFIELD, B., & HASSANIEN, R. (1989). Falls and Parkinson's disease. *Clinical Neuropharmacology*, 12, 2, 98-105.

KORNHUBER, H.H., & DEECKE, L. (1965). Hirnpotentialänderungen bei Willkürbewegungen und passiven Bewegungen des Menschen. Bereitschaftspotential und reafferente Potential. *Pflugers Archives*, 284, 1-17.

KRAUS, P.H., KLOTZ, P., STEINBERG, R., & PRZUNTEK, H. (1990). In P. Doster, P. Riederer, M. Strolin Benedetti & R. Roncucci (Eds.), *Early markers in Parkinson's and Alzheimer's diseases* (pp. 41-48). Vienne : Springer-Verlag.

LAMBERT, J., EUSTACHE, F., BROUTE, K., GOUAULT, F., RIOUX, P, DARY, M., VIADER, F., & LECHEVALIER, B. (1994). Perturbations centrales et périphériques de l'expression écrite dans la démence de type Alzheimer. In M. Poncet, A. Nieoullon & B. Michel (Eds)., *Actualités sur la maladie d'Alzheimer et les syndromes apparentés*. Marseille : Solal.

LEE, R.G., TONOLLI, I., VIALLET, F., AURENTY, R. & MASSION, J. (1995), Prepatory postural adjustments in parkinsonian patients with postural instability. *Canadien Journal of Neurological Sciences*, 22, 126-135.

LEE, W.A. (1980). Anticipatory control of postural and task muscles during rapid arm flexion. *Journal of Motor Behavior*, 3, 185-196.

LEES, A.J., BLACKBURN, N.A., & CAMPBELL, V.L. (1988). The night-time problems of Parkinson's disease. *Clinical Neuropharmacology*, 11, 512-519.

LEVIN, B.E., LLABRE, M.M., ANSLEY, J., WEINER, W.J., & SANCHEZ-RAMOS, J. (1990). Do parkinsonians exhibit visuospatial deficits ?, In M.B. Streifler, A.D. Korczyn, E. Melamed & M.B.H. Youdim (Eds), *Advances in neurology, vol. 53 : Parkinson's disease : Anatomy, pathology and therapy* (pp. 311-315). New York : Raven Press.

LEZAK, M.D. (1995). *Neuropsychological assessment* (3e ed.). Oxford : Oxford University Press.

MANYAM, B.V. (1990). Paralysis agitans and levodopa in “Ayurveda” : ancient Indian medical treatise. *Movement Disorder*, 5, 47-48.

MARION, M.H. (1998). Troubles associés dans la maladie de Parkinson. In A. Rascol (Ed.), *La maladie de Parkinson* (pp. 107-135). Paris : Acanthe/Masson.

MARSDEN, C.D., PARKES, J.D. ET AL. (1982). Fluctuations of disability in Parkinson's disease : clinical aspects. In C.D. Marsden & S. Fahn (Eds.), *Movement disorders* (pp. 96-122). Londres : Butterworth.

MARSH, G.G., & MARKHAM, C.M. (1973). Does Levodopa alter depression and psychopathology in Parkinson patients ? *Journal of Neurology, Neurosurgery and Psychiatry*, 36, 6, 925-935.

MARTIN, W.E., LOEWENSON, R.B., RESCH, J.A., & BAKER, A.B. (1973). Parkinson's disease : Clinical analysis of 100 patients. *Neurology*, 23, 8, 783-790.

MCGOON, D.C.(1990). *The Parkinson's handbook*. New York : WW Norton.

MCKHANN, G., DRACHMAN, D., FOLSTEIN, M., KATZMAN, R., PRICE, D., & STADLAN, E. (1984). Clinical diagnosis of Alzheimer's disease : report of the NINCDS-ADRDA Work group under the auspices of department of Health and Human Services task Force on Alzheimer's Disease. *Neurology*, 34, 939-944.

MCLENNAN, J.E., NAKANO, K., TYLER, H.R., & SCHWAB, R.S. (1972). Micrographia in Parkinson's disease. *Journal of Neurological Sciences*, 15, 141-152.

MEYER, C.H. (1982). Akinesia in Parkinsonism. Relation between sopontaneous movement (other than tremor) and voluntary movements made on command. *Journal of Neurology, Neurosurgery and Psychiatry*, 45, 582-585.

MINDHAM, R.H.S. (1970). Psychiatric symptoms in parkinsonism. *Journal of Neurology, Neurosurgery and Psychiatry*, 33, 180-191.

MORRIS, M.E., IANSECK, R., SUMMERS, J.J., & MATYAS, T.A. (1995). Motor control considerations for the rehabilitation of gait in Parkinson's disease. In D.J. Glencross & J.P. Piek (Eds.), *Motor control and sensory motor integration : Issues and directions* (pp.61-93), Amsterdam : Elsevier.

MORRIS, M.E., IANSEK, R., MATYAS, T., & SUMMERS, J.J. (1994). The pathogenesis of gait hypokinesia in Parkinson's disease. *Brain*, 117, 1169-1181.

MURRAY, P., SEPIC, S.B., GARNER, G.M., & DOWNS, W.J. (1978). Walking patterns of men with Parkinsonism. *American Journal of Physical Medicine*, 60, 278-294.

Narabayashi, H. (1983). Pharmacological basis of akinesia in Parkinson's disease. *Journal of Neural Transmissions*, Suppl. 19, 143-151.

Narabayashi, H. (1993). Three types of akinesia in the progressive course of Parkinson's disease. *Advances in Neurology*, 60, 18-24.

OMS, Organisation Mondiale de la Santé (1994). *Classification internationale des troubles mentaux et des troubles du comportement : critères diagnostiques pour la recherche.* Paris : Masson.

OMS, Organisation Mondiale de la Santé (1997). *Rapport sur la santé dans le monde : vaincre la souffrance, enrichir l'humanité. Rapport du directeur-général.* Genève : OMS.

Pahwa, R., & Koller, W.C. (1995). Defining Parkinson's disease and parkinsonism. In J.H. Ellenberg, W.C. Koller, J.W. Langston (Eds.), *Etiology of Parkinson's disease* (pp. 1–54). New York : Marcel Dekker.

Parkinson, J. (1817). *An essay on the shaking palsy.* Londres : Wittingam & Rowland.

Paulson, G.W., Schafer, K., & Hallum, B. (1986). Avoiding mental changes and falls in older Parkinson's patients. *Geriatrics*, 41, 8, 59-67.

Phillips, J.G., Stelmach, G.E., & Teasdale, N. (1991). What can indices of handwriting quality tell us about parkinsonian handwriting ? *Human Movement Science*, 10, 301-314.

Platel, H., Lambert, J., Eustache, F., Cadet, B., Dary, M., Viader, F., & Lechevalier, B. (1993). Characteristics and evolution of writing impairment in Alzheimer's disease. *Neuropsychologia*, 31, 1147-1158.

Rajput, A.H., Rozdilsky, B., & Rajput, A. (1991). Accuracy of clinical diagnosis in Parkinsonism - a prospective study. *Canadian Journal of Neurological Sciences*, 18, 275–8.

Rapcsak, S.Z., Croswell, S.C. & Rubens, A.B. (1989). Apraxia in Alzheimer's disease. *Neurology*, 39, 664-668.

Rascol A. (1998) (Ed.). *La maladie de Parkinson* . Paris : Acanthe/Masson.

Reisberg, B., Ferris, S.H., de Leon, M.J., & Crook, T. (1982). The global deterioration scale for assessment of primary degenerative dementia. *American Journal of Psychiatry*, 139, 1136-1139.

Reisberg, B., Ferris, S.H., de Leon, M.J., Sinaiko, E., Franssen, E., Kluger, A., Mir, P., Borenstein, J., George, A.E., Shulman, E., Steinberg, G., & Cohen, J. (1988). Stage-specific behavioral, cognitive and in vivo changes in community residing subjects with age-associated memory impairment (AAMI) and primary degenerative dementia of the Alzheimer type. *Drug Development Research*, 15, 101-114.

Rey, A. (1959). *Manuel du test de copie d'une figure complexe.* Paris : Editions du Centre de Psychologie Appliqué.

Robertson, C., & Flowers, K.A. (1990). Motor set in Parkinson's disease. *Journal of Neurology, Neurosurgery, and Psychiatry*, 53, 583-592.

Rogers, D. (1992). *Motor disorder in psychiatry.* New York : John Wiley and sons.

Rondot, D., & Guillard, A. (1972). La maladie de Parkinson et les syndromes Parkinsoniens. *Encyclopédie Medico Chirurgicale*, Paris, 17062 A10, 3.

Rondot, P. (1990), L'akinésie et les atteintes dissociées du mouvement au cours de la maladie de Parkinson et des lésions des ganglions de la bases. *Revue Neurologique* (Paris), 146, 10, 591-599.

Sabouraud, D. (1970). L'examen du Parkinsonien. *Revue du Praticien*, 20, 32, 5179-5210.

Schott, G.D. (1985). Pain in Parkinson's desease. *Pain*, 22, 407-411.

Schwab, R.S., & Talland, G.A. (1964). Performance with multiple sets in Parkinson's disease. *Neuropsychologia,* 2, 45-53.

SÉNARD J.M. (1998). Troubles tensionnels au cours de la maladie de Parkinson. In A. Rascol (Ed.), *La maladie de Parkinson* (pp. 125-135). Paris : Acanthe/Masson.

SERRATRICE, G., & HABIB, M. (1993). *L'écriture et le cerveau, mécanismes neuro-physiologiques.* Paris : Masson.

SHARPE, M.H., CERMAK, S.A., & SAX, D.S. (1983). Motor planning in Parkinson patients. *Neuropsychologia*, 21, 455-462.

SHIBASAKI, H., SHIMA, F., & KUROIWA, Y., (1978). Clinical studies of the movement related cortical potentiel (MP) and the relationship between the dentato-rubro-thalamic pathway and readiness potential (RP). *Journal of Neurology,* 219, 15-26.

SINGER, C., MANTERO-ATIENZA, E., & WEINER, W.J. (1992). A novel Rating Scale for Evaluation of Tandem Gait : A study of interrater reliability and comparison of normal subjects with Parkinsonian and essential tremor patients. *Movement Disorders* (Suppl. 1), 7, P292, 104.

SKA, B., & NESPOULOUS, J.-L ; (1987). Human figure and bicycle drawing by normal aged subjects and Alzheimer type patients. *Journal of Clinical and Experimental Neuropsychology,* 9, 261.

SKA, B., POISSANT, A., & JOANETTE, Y. (1990). Line orientation judgement in normal elderly and subjects with dementia of Alzheimer's type. *Journal of Clinical and Experimental Neuropsychology,* 12, 695-702.

SPINNLER, H. (1999). Alzheimer's disease. In G. Denes & L. Pizzamiglio (Eds.), *Handbook of clinical and experimental neuropsychology* (pp. 699-746). Hove : Psychology Press.

STELMACH, G.E., & WORRINGHAM, C.J. (1988). The preparation and production of isometric force in Parkinson's disease. *Neuropsychologia*, 26, 1, 93-103.

STERN, G.M., FRANKLYN, S.E., IMMS, F.J., & PRESTIDGE, S.P. (1983). Quantitative assessments of gait and mobility in Parkinsons disease. *Journal of Neural Transmission*, Suppl. 19, 201-214.

STORANDT, M., & HILL, R.D. (1989). Very mild senile dementia of the Alzheimer type : II. Psychometric test performance. *Archives of Neurology,* 46, 383-386.

SUNDERLAND, T., WEINGARTNER, H., COHEN, R., TARIOT, P., PAUL, N., LAWLOR, B., & MUELLER, E. (1989). Low-dose oral lorazepam administration in Alzheimer subjects and age-matched controls. *Psychopharmacology,* 99, 129-133.

TEULINGS, H.-L., & STELMACH, G.E. (1992). Simulation of impairment of force amplitude and force timing in parkinsonian handwriting. In G.E. Stelmach & J. Requin (Eds.), *Tutorials in motor behavior* II (pp. 424-442). Amsterdam : North-Holland.

TISON, F. (1998). Maladie de Parkinson et syndromes Parkinsoniens. In A. Rascol (Ed.), *La maladie de Parkinson* (pp. 41-61). Paris : Acanthe/Masson.

TRAUB, M.M., ROTHWELL, J.C., & MARSDEN, C.D.(1980). Anticipatory postural reflexes in rigid Parkinson's disease and other akinetic-rigid syndromes and in cerebellar ataxia. *Brain*, 103, 393-412.

TSARTZIS, C., RUEL, J., & MASURE, M.C. (1986). Are the different forms of expression in functionnal deficits in the early stage of Alzheimer's disease ? *Journal of Neurolinguistic*, 2, 151-162.

VAN DEN BERG, C., BEEK, P.J., WAGENAAR, R.C., & VAN WIERINGEN, P.C.W. (2000). Coordination disorders in patients with Parkinson's disease : a study of paced rhythmic forearm movements. *Experimental Brain Research*, 134, 2, 174-186.

VAN GEMMERT, A.W.A., TEULINGS, H.L., CONTRERAS-VIDAL, J.L., & STELMACH, G.E. (1999). Parkinson's disease and the control of size and speed in handwriting. *Neuropsychologia*, 37, 6, 685-694.

VIITANEN, M., MORTIMER, J.A., & WEBSTER, D.D. (1994). Association between presenting motor symptoms and the risk of cognitive impairment in Parkinson's disease, *Journal of Neurology, Neurosurgery and Psychiatry*, 57, 1203-1207.

VINTER, A., DESBIEZ, D., GRAS, P., & POZZO, T. (1996). The drawing of angular figures in Parkinson's disease patients : preliminary report. In M.L. Simner, C.G. Leedham & A.J.W.M. Thomassen (Eds.), *Handwriting and drawing research : basic and applied issues* (pp. 251-264). Amsterdam : IOS Press.

WECHSLER, D. (1981). *Wechsler Adult Intelligence Scale-Revised manual.* New York : Psychological Corporation.

WELLER, C., HUMPHREY, S.J.E., KIROLLOS, C., BOWES, S.G., CHARLETT, A., DOBBS, S.M., & DOBBS, R.J. (1992). Gait on a Shoestring : falls and foot separation in Parkinsonism. *Age and Aging*, 21, 242-244.

YOUDIM, M.B.H., & RIEDERER P. (1997). Understanding Parkinson's disease. *Scientific American,* 276, 52-59.

ZHANG, Z.Q., HONG, X., & ROMAN, G.C. (1996). Epidemiological characteristics of Parkinson's disease in various areas in the world, *Chung-Hua Liu Hsing Ping Hsueh Tsa Chih*, 17, 47–51.

Eric Aubert & Jean-Michel Albaret (Ed.)
Vieillissement et psychomotricité
collection Psychomotricité

3

Aspects cognitifs du vieillissement normal

Jean-Claude MARQUIÉ
et Michel ISINGRINI

INTRODUCTION

Comme d'autres types de ressources dont dispose l'individu pour vivre dans son environnement, biologiques ou affectives par exemple, les ressources cognitives subissent des transformations tout au long de la vie adulte. À partir du moment où elles sont attachées à la notion de vieillissement ces transformations prennent généralement une connotation négative. Pourtant certains courants de recherche conduisent à nuancer le caractère unidirectionnel et uniquement négatif des changements (Baltes, 1987). Une autre image souvent associée au vieillissement est celle "d'état" dans lequel on entrerait à un certain âge, plus ou moins pré défini. Si ce concept de transition d'un état à un autre peut correspondre à certaines réalités sociales (par exemple, le départ à la retraite, l'entrée en institution), dans le domaine cognitif il est plus souvent approprié de parler de processus, ou de progressivité des transformations, même si dans certains cas, comme l'accommodation visuelle, le sujet peut avoir une sensation du changement relativement circonscrite dans le temps.

Au cours de ces dernières années l'importance de la dimension cognitive des comportements s'est davantage imposée dans nos sociétés. Au fur et à mesure que s'estompent d'autres facteurs d'incapacité qui occupaient jusqu'ici le devant de la scène, au fur et à mesure que les individus peuvent espérer vivre plus longtemps et en meilleure santé physique, la demande en matière de qualité de vie s'est également orientée vers le domaine cognitif. On a pris davantage conscience des handicaps dans la vie quotidienne qui peuvent résulter des altérations, quelques fois même légères, de l'efficience cognitive. Quelles sont donc ces transformations qui affectent les fonctions cognitives au cours de la vie adulte du fait du vieillissement, quelle est leur ampleur, quels en sont les mécanismes les plus probables au vu des connaissances actuelles ? Quels environnements et quelles expériences personnelles semblent le mieux rendre compte des différences individuelles dans ce domaine ? Comment l'individu perçoit-il ces changements et cherche-t-il à y faire face ? Dans ce chapitre, il n'est pas question, bien sûr, de traiter de manière exhaustive toutes ces facettes du vieillissement cognitif. Il s'agit plutôt d'indiquer au lecteur, dans un espace forcément limité, quelques-unes des connaissances actuelles sur le sujet et de lui donner les moyens, grâce à une bibliographie abondante, d'approfondir certains aspects qui l'intéressent plus particulièrement. Précisons aussi, comme l'indique le titre, que ce chapitre n'aborde que les aspects normaux du vieillissement cognitif.

VIEILLISSEMENT ET SYSTÈMES DE MÉMOIRE

Les théories contemporaines de la mémoire ont développé l'idée selon laquelle celle-ci est composée de plusieurs systèmes distincts concourant chacun à l'élaboration de la trace mnésique. Quatre de ces systèmes paraissent essentiels : la mémoire de travail, la mémoire épisodique, la mémoire sémantique et la mémoire non déclarative.

La mémoire de travail sous-tend les habiletés permettant de stoker et de manipuler la quantité limitée d'information qui se trouve dans le focus attentionnel. La psychologie cognitive accorde une place centrale à ce système qui est présenté comme une instance médiatrice indispensable aux fonctions cognitives supérieures (langage, mémoire, raisonnement, etc.) (Baddeley, 1986 ; voir aussi Van der Linden, 1997). Dans le domaine du vieillissement, cette conception a donné lieu au modèle dit de déficit de ressources générales postulant que les difficultés liées à l'âge dans le fonctionnement de la mémoire de travail expliquent en grande partie les déficits cognitifs observés au cours du vieillissement (Salthouse, 1991).

Contrairement à la mémoire de travail les trois autres systèmes de mémoire concernent essentiellement le stockage de l'information à long terme. La mémoire épisodique est impliquée dans le souvenir explicite des expériences personnelles (Schacter & Tulving, 1994) et la mémoire sémantique dans le stockage des connaissances conceptuelles intervenant notamment dans l'usage du langage et dans l'élaboration de représentations abstraites (Tulving, 1983). Les systèmes épisodique et sémantique sont dits déclaratifs, en ce sens qu'ils impliquent que le sujet récupère explicitement l'information stockée. Par exemple, on se souvient avoir mangé des œufs la veille au soir (mémoire épisodique) ou bien on sait que les œufs contiennent beaucoup de cholestérol (mémoire sémantique). En contraste, la mémoire non déclarative influence le comportement du sujet en dehors du souvenir conscient. Dans cette partie, nous résumerons les effets majeurs du vieillissement sur ces quatre systèmes de mémoire. Nous verrons qu'ils subissent différemment l'influence de l'âge.

Mémoire de travail

En général, les différences jeunes-âgés sont faibles voire inexistantes dans les mesures d'empan direct, comme lorsqu'il est demandé au sujet de restituer immédiatement et dans l'ordre une série de chiffres ou de lettres sans aucun traitement particulier de cette information. Les différences susceptibles d'apparaître dans cet exercice n'excèdent généralement pas 10% (Kausler, 1994).

Par contre, les effets du vieillissement sont beaucoup plus significatifs lorsque ces mêmes tâches d'empan sont associées à des consignes impliquant la manipulation du matériel, comme lorsqu'il s'agit de restituer l'information dans un ordre inversé (Wingfield, Stine, Lahar, Aberdeen, 1988) ou dans l'ordre alphabétique (Craik, Anderson, Kerr & Li, 1995). Salthouse (1994a) a rapporté des données qui vont clairement dans ce sens à l'aide d'une tâche dite de «computation span», associant des opérations de mémoire et de calcul mental, sur un échantillon de 1132 sujets volontaires de 20 à 70 ans. La tâche consistait pour le sujet à réaliser des séries de simples opérations tout en retenant simultanément le deuxième chiffre des opérations. Cette procédure permet de calculer un empan de mémoire de travail. Les résultats ont indiqué que cette mesure subit un effet significatif du vieillissement. Des résultats allant dans le même sens ont été trouvés à l'aide d'épreuves comme la tâche de running span (associant mémoire et mise à jour de l'information) (Van der Linden, Brédart & Beerten, 1994), et la tâche de reading span (associant mémoire et jugement de phrase) (Hupet & Nef, 1994). En conclusion, ces données indiquent l'existence d'un effet significatif de l'âge sur la mémoire de travail. De plus, elles ont également montré que cet effet s'exprime plus particulièrement lorsque la charge mentale est importante.

Mémoire épisodique

La mémoire épisodique est classiquement évaluée en laboratoire à l'aide des tâches de rappel libre, de rappel indicé et de reconnaissance. Il est admis (voir Isingrini & Taconnat, 1997) que des modifications apparaissent au cours du vieillissement normal dans ces trois types de tâches. Cependant, si l'effet de l'âge sur la situation de rappel libre constitue une information factuelle particulièrement reproductible, les données sont plus contradictoires concernant la reconnaissance. Si bien que la question a été posée de savoir si un véritable effet du vieillissement existait pour cette tâche. L'influence différentielle de l'âge sur le rappel et la reconnaissance est clairement illustrée dans une recherche de Craik et McDowd (1987), où malgré le fait que la tâche de reconnaissance a été rendue plus difficile que la tâche de rappel indicé, il n'apparaît pas de différences jeunes-âgés pour le nombre de reconnaissances correctes alors qu'une différence significative existe pour la tâche de rappel indicé.

On observe cependant que la reconnaissance chez les sujets âgés décline significativement lorsque la performance est évaluée à l'aide de mesures qui intègrent les fausses reconnaissances (Isingrini, Fontaine, Taconnat & Duportal, 1995a ; LeBreck & Baron, 1987 ; Rankin & Kausler, 1979 ; voir aussi plus bas, le biais de réponse p.101). Enfin des modifications liées à l'âge apparaissent également dans le nombre de reconnaissances correctes lorsque l'échantillon de sujets âgés dépasse 70 ans en moyenne (Isingrini *et al.*, 1995b). Une bonne illustration des difficultés que rencontrent les sujets âgés en situation de reconnaissance est fournie par la recherche de Kausler et Kleim (1978). Utilisant une tâche de reconnaissance à choix multiples, ces auteurs ont montré que l'effet de l'âge sur la performance augmente en fonction du nombre de distracteurs présentés simultanément à l'item cible. Un tel résultat corrobore l'idée selon laquelle les sujets âgés présentent des difficultés de discrimination dont l'expression est liée à la difficulté de la tâche.

Plusieurs des travaux qui portent sur la mémoire épisodique impliquent la mémorisation de matériel arbitraire et non familier engendrant la possibilité que les différences observées soient en réalité beaucoup plus faibles lorsque du matériel plus signifiant est utilisé. Plusieurs études ont cependant montré que ce n'est pas le cas. Par exemple, Hultsch, Masson et Small (1991) ont trouvé des différences importantes entre sujets jeunes et âgés lorsqu'une tâche de rappel d'histoire, dans laquelle les sujets devaient rappeler le sens de la phrase et non les mots, était administrée à un échantillon de 584 sujets de 19 à 86 ans. Des différences significatives ont également été observées avec du matériel très peu abstrait, comme des visages et des cartes (Crook & Larrabee, 1992 ; Lipman & Caplan, 1992). Enfin, Herzog et Rodgers (1989) ont mis en évidence des différences liées à l'âge dans le souvenir des questions posées lors d'une interview, à la fois en situation de reconnaissance et de rappel, sur un échantillon de 1491 sujets âgés de 20 à plus de 70 ans.

Un des aspects de la mémoire épisodique qui est particulièrement sensible au vieillissement concerne la mémoire de source. Il s'agit de la capacité à se souvenir d'éléments contextuels comme de savoir où, comment et quand une information a été originellement apprise. D'une façon générale, les données rapportées ont dans leur ensemble confirmé l'apparition au cours du vieillissement normal de difficultés dans le souvenir des caractéristiques du contexte. Cette modification a été observée dans le souvenir du support par lequel l'information a été apprise, dans le fait de se souvenir si une action a été réalisée ou imaginée, si un mot a été lu ou produit, dans le souvenir de la modalité de présentation du stimulus, du sexe du présentateur ou encore de la localisation spatiale du stimulus (pour revue, Craik & Jennings, 1992 ; Kausler, 1994 ; Spencer & Raz, 1995). Le déficit de la mémoire de source observé avec l'âge jouerait un rôle important dans l'explication des difficultés que rencontre le sujet âgé en mémoire épisodique. Il est, en effet, admis à l'heure actuelle que le déclin observé avec l'âge en mémoire épisodique peut en grande partie être expliqué par le fait que les sujets âgés présentent des difficultés spécifiques dans l'actualisation, au moment du test, des informations contextuelles susceptibles de leur servir d'indice pour la récupération de l'information cible.

En définitive, on retiendra que ces observations permettent d'avancer que les diverses mesures expérimentales de la mémoire épisodiques sont altérées par le vieillissement normal. Mais elles montrent également que cette sensibilité est différente selon les tâches. Ainsi, lorsque les épreuves de rappel et de reconnaissance sont réalisées sur les mêmes items, il ressort que l'effet de l'âge est plus important pour la première tâche que pour la seconde (Isingrini, Hauer & Fontaine, 1996 ; voir également la méta-analyse de La Voie & Light, 1994).

Mémoire sémantique et langage

Alors que des différences liées à l'âge sont clairement mises en évidence pour la mémoire épisodique, elles sont rares concernant la mémoire sémantique (Bowles, 1993 ; Light, 1992). Des travaux utilisant une grande variété de méthodes d'évaluation ont démontré que l'organisation et le contenu de la mémoire sémantique demeurent particulièrement stables au cours du vieillissement (Light, 1992). On observe même un effet inversé de l'âge pour certaines tâches. Par exemple, les performances des sujets âgés sont fréquemment supérieures à celles des sujets jeunes dans les tâches de vocabulaire. Ces données suggèrent que le lexique et les connaissances conceptuelles demeurent constants tout au long de la vie.

Cependant, l'expérience quotidienne indique également qu'en vieillissant des difficultés apparaissent lorsqu'il s'agit de récupérer des mots ou des concepts. Ces observations suggèrent que quelques déficits touchent la mémoire sémantique malgré le fait que son organisation demeure intacte. Ainsi, certains travaux montrent que les sujets âgés répondent plus lentement lorsqu'il s'agit de nommer des images (Bowles, 1993) ou de produire des mots peu fréquents en réponse à une définition (Burke, MacKay, Worthley & Wade, 1991). Mais on constate aussi que si les sujets âgés expérimentent plus souvent le phénomène "«du mot sur le bout de la langue», ils récupèrent plus de mots de ce type que les sujets jeunes lorsque le temps n'est pas limité. En d'autres termes, il semble que l'on puisse conclure que les déficits liés à l'âge en mémoire sémantique semblent plus liés au ralentissement de la vitesse de traitement qu'à un déficit concernant son contenu ou de son organisation.

La mémoire sémantique est étroitement liée à la compréhension du langage. La préservation de cette mémoire au cours du vieillissement permet donc de rendre également compte du fait que les capacités de langage sont particulièrement préservées chez les sujets âgés.

Les performances liées au langage peuvent être étudiées au niveau du traitement des mots ou à celui du traitement du texte. Concernant le premier il apparaît que les processus de compréhension sont préservés avec l'âge (LaBerge & Samuels, 1974). Par ailleurs, les sujets âgés présentent également des performances équivalentes aux sujets jeunes dans les paradigmes de décision lexicale ou d'amorçage pré-sémantique, même s'ils répondent plus lentement dans ce type de tâche (Burke, White & Diaz, 1987 ; Stern, Prather, Swinney & Zurif, 1991). Ces observations indiquent que les processus d'activation et les structures du réseau sémantique sur lesquels repose la compréhension des mots ne sont pas dépendants du vieillissement.

Au niveau du traitement textuel, l'ensemble des travaux réalisés suggère également que les processus basiques de construction des représentations demeurent stables tout au long de la vie. Les différences observées entre sujets jeunes et âgés, dans ce cas, paraissent dépendre davantage des capacités de la mémoire de travail que du traitement textuel lui-même (Stine, Cheung & Henderson, 1995).

Mémoire non déclarative : apprentissage procéduraux et amorçage direct

Contrairement à la mémoire épisodique et sémantique la mémoire non déclarative n'implique pas que les traces mnésiques soient nécessairement déclarées ou décrites par le sujet. Elle concerne une variété d'habiletés dans lesquelles une expérience antérieure influence la performance actuelle en l'absence de toute conscience (Squire, 1994). Nous considérerons ici deux aspects de la mémoire non déclarative : les apprentissages procéduraux et les effets d'amorçage.

Les apprentissages procéduraux concernent l'acquisition d'habiletés aussi variées que la danse, la conduite d'une bicyclette, le jeu d'échec, la programmation d'un ordinateur ou la frappe à la machine. D'une façon générale, on observe des différences entre sujets jeunes et âgés dans les apprentissages procéduraux, particulièrement lorsque le matériel est non familier. Par exemple Wright et Payne (1985) ont comparé des sujets jeunes et âgés à l'aide d'une tâche d'apprentissage moteur de poursuite de cible en miroir. Leurs résultats indiquent un large déficit chez les sujets âgés dans la capacité à améliorer leur performance au cours de l'expérience. Ces données sont caractéristiques de ce qui est généralement observé dans les tâches d'apprentissages procéduraux moteurs ou perceptifs. Cependant, l'observation des activités quotidiennes indique que les sujets âgés maintiennent des habiletés cognitives complexes telles que par exemple jouer aux échecs ou utiliser un ordinateur. La question posée a été alors de savoir comment évolue avec l'âge l'apprentissage de nouvelles habiletés de ce type. Plusieurs recherches ont montré que les différences entre sujets jeunes et âgés sont de même type que celles observées pour les apprentissages procéduraux moteurs ou perceptifs (Brennan, Welsh & Fisher, 1997 ; Charness & Bosman, 1992). Ces observations suggèrent que l'expertise déjà acquise est peu affectée par l'âge, mais que par contre l'acquisition de nouvelles expertises est fortement ralentie.

Alors que les apprentissages procéduraux ont en commun l'acquisition d'une habileté au cours d'expériences répétées, les effets d'amorçage concernent des

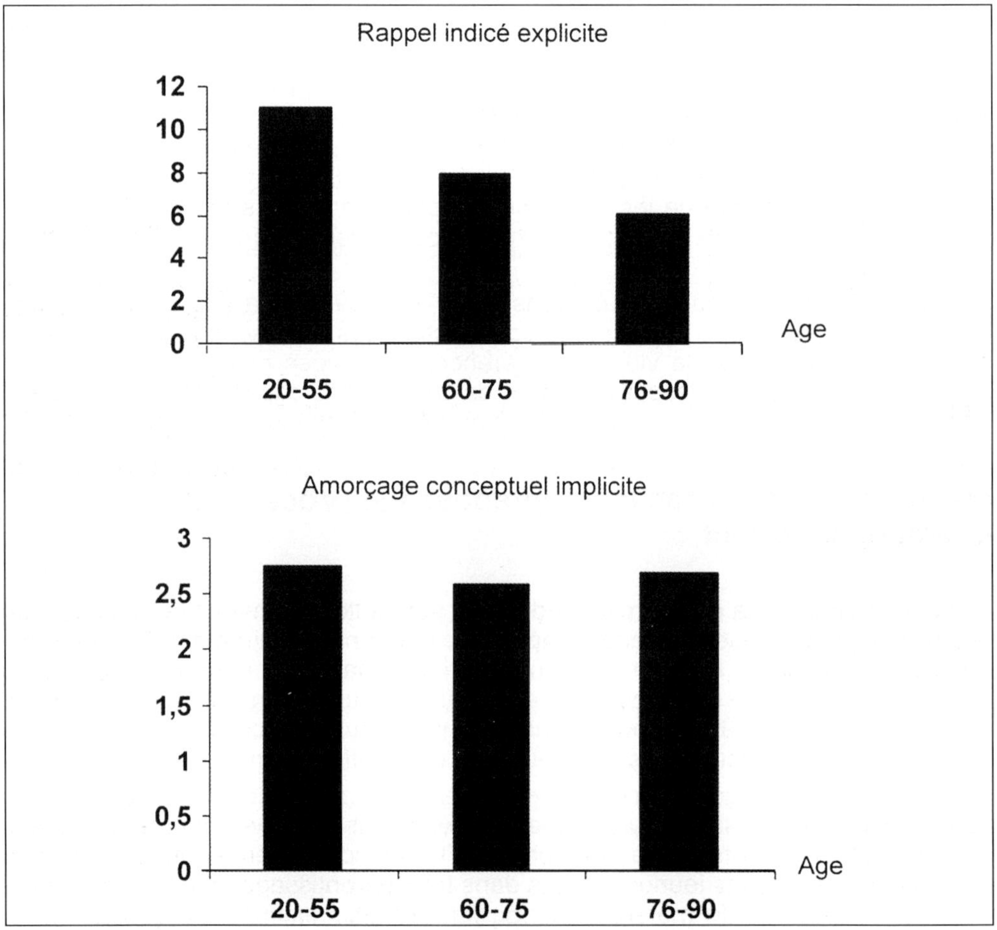

Figure 1: Performance en fonction de l'âge dans une tâche de mémoire explicite de rappel indicé et dans une tâche de mémoire implicite de production d'exemplaire de catégorie. Adapté de Isingrini, Vazou et Leroy (1995).

mesures non déclaratives de la mémoire correspondant aux facilitations de la performance résultant du fait que le sujet a rencontré au moins une fois un stimulus spécifique. Il s'agit des situations relatives aux tests implicites d'amorçage direct, dans lesquelles la présentation préalable d'un stimulus facilite la performance dans des tâches qui ne requièrent pas la récupération consciente ou intentionnelle de cet épisode.

Plusieurs travaux récents réalisés dans le domaine du vieillissement ont porté sur l'étude des tâches implicites de mémoire. Dans leur majorité, les résultats de ces recherches ont corroboré l'hypothèse d'une préservation des effets d'amorçage chez les sujets âgés. Des données allant dans ce sens ont été rapportées pour des situations d'amorçage perceptif regroupant des tâches telles que le complètement de trigrammes ou de fragments de mots, de décision lexicale et d'identifications perceptives (pour revue, Isingrini, 1998 ; LaVoie & Light, 1994) et pour des situations d'amorçage conceptuel telles que la production d'exemplaires de catégories et de production de connaissances (Isingrini *et al.*, 1995a ; Light & Albertson, 1989 ; Small, Hultsch & Masson, 1995). Par exemple, Isingrini *et al.* (1995a) (voir Figure 1) ont montré que l'âge affecte significativement la performance dans une tâche explicite de rappel indicé quand les sujets doivent se souvenir intentionnellement d'un mot cible à l'aide d'un indice représenté par la catégorie sémantique de ce mot (par exemple instrument de musique pour le mot violon) alors qu'il n'apparaît pas de différences entre les sujets jeunes et âgés lorsque, pour les mêmes mots, la mesure de la mémoire est implicite. Dans ce cas, les sujets ont pour consigne de produire le premier mot qui leur vient à l'esprit en présence de la catégorie sémantique. Cette absence d'effet de l'âge dans les tâches d'amorçage existe donc même lorsqu'on observe des effets significatifs du vieillissement dans des tâches explicites (rappel, reconnaissance) portant sur les mêmes items.

Des différences liées à l'âge peuvent être observées dans certains cas, mais les déficits sont très faibles et ne semblent apparaître que lorsque les échantillons sont très importants (Hultsch, Masson & Small, 1991), ou lorsqu'il existe quelques raisons de suspecter une contamination explicite des résultats qui favorise les sujets jeunes.

Conclusion

Au terme de cette présentation sur le vieillissement mnésique, nous insisterons sur le fait que la prise en considération des différents aspects de la mémoire nous amène au constat qu'il ne présente pas un caractère très homogène. Cette hétérogénéité est attestée par le fait que l'ampleur des modifications liées à l'âge varie de façon importante selon les tâches utilisées pour interroger la mémoire.

Des différences apparaissent en mémoire de travail et dans les tâches explicites de mémoire à long terme (rappel et reconnaissance), qui concernent les situations expérimentales classiques d'apprentissage et de restitution explicite d'informations nouvelles. Les difficultés des sujets âgés dans ces situations portent à la fois sur le souvenir de l'information cible et sur le souvenir de l'information relative au contexte d'apprentissage. Mais il apparaît également que l'influence significative du vieillissement sur ces situations de mémoire ne se présente pas non plus comme un phénomène particulièrement unitaire. Ainsi, l'effet de l'âge est plus important dans les tâches de rappel que dans les tâches de reconnaissance. Enfin, on a pu observer que les différences jeunes-âgés sont également très hétérogènes concernant la mémoire non déclarative. Si elles sont apparemment inexistantes ou particulièrement faibles dans les mesures d'amorçage direct, elles existent dans les apprentissages procéduraux.

Pour compléter ce bilan il convient également de noter qu'à côté de ces variations intra individuelles le caractère hétérogène du vieillissement de la mémoire s'exprime dans l'existence de variations interindividuelles importantes. Ainsi, les écarts entre sujets âgés d'un même groupe d'âge se révèlent souvent suffisamment importants pour que la performance d'une proportion non négligeable de sujets ne puisse être distinguée de celle des sujets contrôles jeunes (Benton, Eslinger & Damasio, 1981 ; Van der Linden, Wijns, Ansay & Seron, 1993). Pour notre part (travail non publié) nous avons pu observer que, sur une population de 159 sujets âgés, 38,50% environ présentaient une performance en rappel qui pouvait être incluse dans l'intervalle de la moyenne moins un écart type de la performance des sujets jeunes. L'existence de telles variations dans la sensibilité individuelle au processus de vieillissement a amené plusieurs auteurs (voir Van der Linden, 1994) à insister sur le fait que la compréhension des facteurs explicatifs du vieillissement mnésique doit s'effectuer par la promotion d'une approche multifactorielle combinant non seulement la manipulation de variables liées aux situations expérimentales, mais surtout celle de variables relatives au sujet (voir partie : *Les facteurs de variabilité du vieillissement cognitif.*

VIEILLISSEMENT ET INTELLIGENCE

L'intelligence est définie comme une fonction cognitive essentielle qui concerne la capacité de mise en œuvre de moyens pour résoudre un problème. Elle mobilise des savoirs acquis, déjà contenus en mémoire, ou bien l'élaboration de nouvelles stratégies. L'intelligence est classiquement étudiée en psychologie dans trois situations, par l'utilisation de tests psychométriques, par l'intermédiaire de tâches de raisonnement ou bien encore dans des situations de résolution de problèmes. Nous passerons en revue les résultats liés au vieillissement dans ces trois domaines.

Mesures psychométriques de l'intelligence

Les tests de niveau demeurent des prédicteurs utiles de l'adaptation du sujet au milieu scolaire et professionnel. Ils permettent d'évaluer les capacités à utiliser les informations stockées en mémoire et à développer des aptitudes nouvelles pour résoudre des problèmes.

Les tests unifactoriels de l'intelligence ont révélé une diminution continue des facultés intellectuelles au cours du vieillissement. Citons pour exemple que les performances à l'épreuve des matrices de Raven, mesurant l'intelligence générale, corrèlent négativement avec l'âge (r = -.62). Ce sont, cependant, les résultats aux tests multifactoriels (intelligence verbale et spatiale) qui ont apporté les données les plus intéressantes sur le vieillissement en indiquant que les habiletés intellectuelles ne sont pas toutes affectées par l'âge (voir Lemaire, 1999). Ainsi, les habiletés verbales restent pratiquement intactes tandis que les performances aux épreuves de raisonnement inductif ou de traitement perceptif diminuent fortement. Ce résultat ressort clairement des données recueillies à l'aide du test de la WAIS-R. Il s'agit de l'épreuve multifactorielle la plus utilisée pour évaluer l'intelligence. Elle est composée de onze tests regroupés en deux catégories, permettant ainsi de calculer un QI verbal et un QI de performance. Les données ont révélé, ce qu'il est convenu depuis d'appeler le profil classique de vieillissement de l'intelligence, à savoir que les scores des épreuves verbales diminuent moins avec l'âge que ceux des épreuves de performance. Kaufman, Reynolds et McLean (1989), ont observé ce profil de résultats à partir d'une étude conduite auprès d'un échantillon de 1480 adultes. De plus, on observe classiquement que les effets du vieillissement sur le QI verbal disparaissent lorsque le niveau d'étude est contrôlé (Grégoire, 1993 ; Isingrini & Vazou, 1997).

Une dissociation semble ainsi apparaître entre une intelligence liée aux connaissances et aux savoirs scolaires qui résisterait, voire s'améliorerait avec l'âge, et une intelligence liée à des contextes nouveaux qui subirait un effet important du vieillissement. Ce phénomène a été interprété dans le cadre du modèle bifactoriel de l'intelligence (Horn & Cattel, 1976 ; voir Fontaine, 1999). Selon cette conception, il existerait deux facteurs généraux d'aptitudes, un facteur d'aptitude cristallisée et un facteur d'aptitude fluide. Ce dernier engage les habiletés de raisonnement qui ne dépendent pas de l'expérience acquise. Cette forme d'intelligence est mobilisée lorsqu'une personne doit résoudre des problèmes nouveaux dans des tâches qui requièrent de l'attention, la formation de concepts, et la discrimination de relations entre les concepts. L'aptitude fluide sature principalement des tests impliquant plus fortement la capacité de mémoire de travail et de raisonnement inférentiel indépendamment du contexte socioculturel. L'intelligence cristallisée, à l'inverse, représente les habiletés correspondant aux connaissances acquises à travers la pratique et l'éducation. Elle se manifeste ainsi plutôt dans les tâches déjà apprises. Cette forme d'intelligence sature les activités dans lesquelles les connaissances se cristallisent dans du matériel culturel tel que le vocabulaire, les compétences numériques ou encore la fluence verbale. Horn (1982) a montré que ces deux aptitudes présentent des courbes de vieillissement très différentes. L'aptitude fluide atteint son maximum vers 14-15 ans puis décline régulièrement, alors que l'aptitude cristallisée atteint son maximum vers 18-20 ans et demeure stable jusqu'à un âge très avancé (voir Fontaine, 1999). Ce modèle de l'intelligence permet une interprétation des données observées au test de la WAIS, si on admet que le QI verbal implique préférentiellement l'aptitude cristallisée de l'intelligence et le QI de performance l'aptitude fluide. De plus cette approche multifactorielle à permis de montrer, à l'instar de ce qui est observé dans les mesures de la mémoire, que le vieillissement des aptitudes intellectuelles présente également un caractère très hétérogène.

Raisonnement et résolution de problème

Les aptitudes dites fluides sont particulièrement impliquées dans les situations de résolution de problèmes nouveaux impliquant la réalisation d'inférences. L'approche spécifiquement centrée sur l'observation du sujet en situation de raisonnement ou de résolution de problèmes permet d'étudier plus précisément l'effet de l'âge sur les processus inférentiels et de préciser les facteurs qui l'expliquent.

L'habileté à raisonner, sous forme inductive ou déductive, est fréquemment sollicitée, soit de manière formelle comme lorsque nous faisons des mathématiques ou des sciences, soit de manière informelle comme lorsque, dans la vie quotidienne, nous cherchons à trouver le chemin le plus court pour nous rendre à un endroit.

D'une façon générale les travaux relatifs aux effets du vieillissement sur les capacités de raisonnement ont révélé que ces capacités diminuent significativement au cours du vieillissement (voir Lemaire, 1999 ; Salthouse, 1991). Par exemple, plusieurs recherches ont été réalisées avec des problèmes de raisonnement du type : G et H varient en sens opposé, E et F varient dans le même sens, F et G varient en sens opposé. Pour chaque problème, les sujets devaient répondre à une question du type : si G diminue que se passe-t-il pour H ? Ces travaux ont clairement montré que les performances globales de raisonnement diminuent avec l'âge de manière continue. Ces données sont en accord avec ce qui peut être prédit sur la base du modèle de l'intelligence de Cattell dans la mesure où c'est principalement l'aptitude fluide qui est mobilisée dans la production d'inférences. De plus, ces travaux ont révélé que la diminution du taux de réussite est d'autant plus importante que le problème implique de variables. Cette dernière observation semble indiquer que le problème spécifique lié au vieillissement ne concerne pas la capacité à réaliser des inférences, mais celle de garder disponible en mémoire de travail les prémisses pour déduire des conséquences en soi (Salthouse, Mitchel, Skovronek & Babcock, 1989). En d'autres termes l'une des sources des difficultés des sujets âgés ne serait pas la mécanique inférentielle en elle-même mais le rappel en mémoire de travail des informations sur lesquelles portent les inférences. Cela suggère l'hypothèse générale selon laquelle dans les tâches cognitives de haut niveau les difficultés des sujets âgés se situent davantage dans la capacité de mobilisation des ressources de gestion de l'information que dans les aptitudes mentales intervenant sur ces informations.

Les situations de résolution de problèmes correspondent à des situations nouvelles, dans lesquelles une personne cherche à atteindre un but et doit trouver les moyens d'y parvenir. Résoudre un problème requiert la mise en œuvre de nombreux processus cognitif, depuis les processus de bas niveau (perception, reconnaissance des formes) jusqu'aux activités de haut niveau (mémoire, raisonnement, décision). Les situations de résolution de problèmes permettent de voir fonctionner les aptitudes du sujet dans des situations moins académiques présentant un caractère écologique plus important (trouver un travail, résoudre un conflit). Ainsi, d'une certaine façon, comprendre comment évolue la résolution de problème avec l'âge permet de comprendre comment l'âge modifie la capacité d'adaptation aux problèmes quotidiens.

Les travaux sur le vieillissement et la résolution de problèmes ont montré que les sujets âgés ont de moins bonnes performances que les sujets jeunes (voir Lemaire, 1999). Cette dégradation des performances concerne aussi bien la résolution de problèmes familiers que non familiers. Ils indiquent, comme pour le raisonnement, que cette modification serait largement en relation avec la diminution de l'efficacité à construire la représentation du problème en mémoire de travail. Par ailleurs, il ressort également de certains travaux que l'expertise des sujets âgés dans certains domaines permet de réduire par compensation les effets du vieillissement dans la résolution de problèmes (Charness, 1981a).

Conclusion

Il apparaît donc en conclusion que les capacités intellectuelles sont altérées au cours du vieillissement normal. Cependant, là encore à l'instar de ce qui a été observé pour la mémoire, certaines capacités demeurent remarquablement préservées. C'est le cas pour les mesures d'intelligence cristallisée. Alors que d'autres déclinent régulièrement comme les capacités liées à l'intelligence fluide impliquant le raisonnement inférentiel. Deux éléments méritent également d'être soulignés dans le cadre des études des effets du vieillissement sur l'intelligence. Le premier concerne les observations qui ont indiqué que l'expertise acquise dans un domaine permet de réduire significativement l'effet du vieillissement dans les situations impliquant le raisonnement. Le second se rapporte au fait que plusieurs données indiquent que les effets de l'âge sur le raisonnement seraient la conséquence de déficits dans la capacité à gérer plusieurs informations simultanément en mémoire de travail.

FACTEURS DE VIEILLISSEMENT COGNITIF

Dans la partie précédente, nous avons essayé d'esquisser le profil de vieillissement des principales activités cognitives de haut niveau (mémoire, langage, intelligence). Nous avons vu que l'âge affecte ces différentes fonctions, cependant de façon non homogène. En effet, il apparaît que pour chacune de ces activités on observe des fonctions qui subissent peu ou pas du tout de modifications, alors que d'autres sont particulièrement altérées. Un autre élément semble être une caractéristique importante du vieillissement. Il correspond au fait que dans bien des cas ce ne sont pas les processus spécifiques d'une fonction cognitive eux-mêmes qui sont altérés mais les ressources cognitives qui en permettent la gestion. Ceci est apparu par exemple à propos du raisonnement inférentiel où nous avons vu que les difficultés des sujets âgés dépendent plus de leur capacité à maintenir plusieurs informations simultanément en mémoire de travail que de leur habileté à faire des inférences. Cette constatation nous amène à considérer un modèle général du vieillissement cognitif selon lequel l'altération ou la diminution des ressources cognitives constituerait un facteur explicatif essentiel du vieillissement cognitif. Plusieurs auteurs défendent ce point de vue et placent au centre du mécanisme qui explique le vieillissement cognitif l'idée que ce dernier dépend d'un facteur général, ou bien d'un ensemble restreint de facteurs généraux, de réduction de ressources de traitement. Ces facteurs médiatiseraient l'effet de l'âge pour toutes les tâches cognitives dépendantes de ces ressources. A l'heure actuelle plusieurs candidats ont été proposés comme facteurs généraux de ressources susceptibles d'être déterminants dans l'explication du vieillissement cognitif. Les principaux concernent la vitesse de traitement, la capacité de la mémoire de travail, la capacité d'inhibition et les fonctions exécutives. Deux questions fondamentales sont posées au sujet de ces facteurs, celle de connaître l'importance de leur impact respectif dans l'explication du vieillissement, et celle, corollaire, de déterminer leur importance les uns par rapport aux autres.

Hypothèse de vitesse de traitement

Il s'agit de la théorie probablement la plus acceptée à l'heure actuelle. Elle postule que le vieillissement cognitif est le reflet d'un ralentissement graduel dans la vitesse de traitement (voir Salthouse, 1991). Il toucherait aussi bien les processus sensori-moteurs que les processus cognitifs centraux. Le ralentissement de traitement affecterait la performance par le fait que les opérations pertinentes ne peuvent pas toutes être menées à leur terme et par le fait que le produit d'un premier traitement n'est plus accessible lorsqu'un second traitement s'achève. La vitesse est classiquement mesurée par des tâches simples, comme par exemple la mesure des temps de réponse dans des tâches de comparaison de lettres, permettant d'éviter les effets imputables à d'autres facteurs comme ceux liés à l'expertise.

Salthouse (1996) défend l'idée que le ralentissement de traitement est fondamental dans l'explication du vieillissement cognitif et indique que ce facteur permet d'expliquer les modifications des performances dans une grande variété de tâches cognitives (mémoire, raisonnement, perception). Ce point de vue s'est trouvé conforté, ces dernières années, par des données concernant plusieurs fonctions cognitives. Ainsi, de nombreux travaux ont montré que la vitesse de traitement constitue un excellent prédicteur des effets de l'âge en mémoire de travail (Salthouse & Babcock, 1991), en mémoire à long terme (Bryan & Luszcz, 1996 ; Salthouse, 1993 ; Whiting & Smith, 1997), et dans les tâches de rotation spatiale et de raisonnement (Lindenberger, Mayr & Kliegl, 1993 ; Salthouse, 1994b). Ces travaux sont venus renforcer l'idée que les différences liées à l'âge en vitesse perceptive sont associées avec la plupart des différences liées à l'âge dans les tâches cognitives de haut niveau (Bryan & Luszcz, 1996).

Hypothèse de mémoire de travail

Comme nous l'avons déjà précisé, la notion de mémoire de travail désigne l'instance cognitive permettant de stocker et de manipuler temporairement des informations en vue d'accomplir une tâche. Elle peut, à ce titre, être impliquée dans la majorité des activités cognitives. L'hypothèse d'un dysfonctionnement de la mémoire de travail est omniprésente dans les tentatives d'explication du déficit cognitif lié au vieillissement (Van der Linden, 1997). Elle consiste à étudier dans quelle mesure les capacités de la mémoire de travail permettent de prédire les capacités cognitives des sujets âgés. Le fait que la mémoire de travail est significativement modifiée au cours du vieillissement (voir plus haut) a entraîné le développement de travaux qui ont cherché à valider l'idée que les difficultés cognitives des sujets dépendent principalement de ce déficit. Dans ce sens, plusieurs données indiquent que les effets de l'âge dans diverses tâches cognitives sont médiatisés par les capacités de la mémoire de travail. Salthouse et ses collègues ont mis en évidence un tel résultat pour les activités de raisonnement (voir Salthouse, 1996). Stine et Wingfield (1987) de leur côté ont montré que la capacité de la mémoire de travail explique 44% de la variance liée à l'âge dans les tâches de compréhension de discours. D'autres auteurs ont mis en évidence son importance pour la mémoire de texte et de mots (Hultsch, Hertzog & Dixon, 1990 ; Park *et al* 1996).

Hypothèse du dysfonctionnement exécutif

L'hypothèse d'un déficit du contrôle exécutif a été récemment posée comme une caractéristique essentielle du vieillissement normal, susceptible d'être à l'origine des principales altérations cognitives observées chez les sujets âgés (Albert & Kaplan, 1980 ; West, 1996). Les fonctions exécutives sont présentées comme l'ensemble des opérations, ou processus mentaux, nécessaires à l'exécution et au contrôle de comportements finalisés mis en œuvre dans des situations complexes et nouvelles (Dubois, Pillon & Sirigu, 1994). Elles sont donc définies comme des ressources indispensables à la production de réponses adaptées dans une large gamme d'activités cognitives, avec des finalités différentes, mais répondant aux mêmes caractéristiques de complexité et de nouveauté (e. g., mémoire, résolution de problèmes, gestions des relations sociales...).

Un examen plus précis de la littérature indique que les fonctions exécutives peuvent être divisées en deux sous-ensembles d'opérations. Le premier intègre plusieurs habiletés assurant l'élaboration représentationnelle de la structure et de l'organisation temporelle des séquences comportementales finalisées. Ces habiletés correspondent à la capacité à générer un plan d'exécution, à contrôler cette dernière en maintenant actif un programme de réponses, et à apporter, si nécessaire, des modifications au plan en cours de déroulement. Le second ensemble est composé des ressources cognitives nécessaires à la mise en œuvre de ces opérations. Deux ressources sont régulièrement mises en avant dans les modèles des fonctions exécutives, celle de mémoire de travail et celle de contrôle de l'inhibition (Shimamura,1995). Le rôle de la première étant de maintenir actives les représentations au cours du déroulement de l'action (e. g., représentation du but et du programme de résolution), alors que celui de la fonction d'inhibition, liée à l'attention, est de permettre le blocage de réponses prépondérantes, ou routinières, qui s'imposent au sujet malgré le fait quelles soient non appropriées à la résolution de la situation.

Chez l'homme, trois types de données, issues de la psychologie cognitive et de la neuropsychologie, ont fortement contribué à forger l'idée que ces différents processus relèvent d'un système unitaire.

L'observation du comportement de patients présentant des lésions du cortex préfrontal a permis de préciser les composantes du contrôle exécutif, et introduit l'idée selon laquelle elles forment un ensemble homogène sous la dépendance de cette structure, présentée, par plusieurs auteurs, comme le centre exécutif du cerveau (Shallice, 1988).

L'autre source d'information qui a contribué à donner une vision relativement homogène des fonctions exécutives, provient de la réflexion menée sur les tests cliniques habituellement utilisés en neuropsychologie pour évaluer le fonctionnement frontal ou le contrôle exécutif. L'altération des performances à ces tests chez les patients frontaux permet de supposer qu'ils constituent des mesures pertinentes des fonctions exécutives. Malgré des différences dans les caractéristiques de surface et dans la façon de mesurer la performance, plusieurs auteurs soulignent qu'ils nécessitent, pour leur résolution, que le sujet élabore un schéma de réponse, maintienne ce schéma en mémoire de travail et s'adapte à certaines modifications en cours d'exécution de la tâche (Dubois *et al.*, 1994 ; Robert & Pennington, 1996). De plus, ils ont en commun de placer le sujet dans un contexte où le processus qui conduit à la réponse correcte entre directement en compétition avec la tendance à produire une réponse prépondérante, qui doit être inhibée.

Enfin, la troisième source d'intégration des fonctions exécutives provient des avancées importantes réalisées par la psychologie cognitive dans le domaine de la mémoire de travail. Cette dernière est très vite apparue comme un rouage essentiel du contrôle exécutif. Ainsi, par exemple, le modèle de Baddeley (1986) intègre explicitement comme composante essentielle de la mémoire de travail l'idée d'un centre exécutif, agissant comme un superviseur attentionnel, et dont les principales fonctions apparaissent équivalentes à celles classiquement imputées aux fonctions exécutives (voir Baddeley, 1996).

L'hypothèse d'un déficit exécutif accompagnant le vieillissement cognitif implique, compte tenu de l'étroite relation existant entre le cortex préfrontal et les fonctions exécutives, que des modifications neurologiques apparaissent avec l'âge dans cette structure, et qu'elles soient plus marquées que les changements éventuels qui surviennent dans les autres régions corticales.

Bien qu'elles soient encore peu nombreuses, un certain nombre d'indications vont dans le sens de cette hypothèse. Quelques travaux ont pu mettre en évidence que la réduction générale du volume cérébral qui accompagne le vieillissement est caractérisée par des différences régionales importantes (Haug & Eggers, 1991 ; voir aussi West, 1996). Ainsi, Haug et Egger (1991) observent que si elle est de 1% dans les régions temporales, pariétales et occipitales, elle atteint 10% dans le cortex frontal. Ils indiquent également l'apparition d'une réduction de la taille cellulaire au-delà de 65 ans plus prononcée dans la région préfrontale (43%, 11%, et 13% dans le cortex préfrontal, pariétal, et occipital, respectivement). D'autres auteurs ont rapporté l'existence d'une diminution dans cette structure de la densité synaptique (Huttenlocher, 1979) et de la quantité de substance blanche (Junqué *et al.*, 1990). Les techniques de neuroimagerie fonctionnelle de mesure du débit sanguin cérébral régional au repos ont principalement révélé que l'hypermétabolisme frontal qui caractérise le cerveau des sujets jeunes et d'âge moyen n'apparaît pas chez les sujets plus âgés (voir Buchman & Hazlett, 1997). Dans le même sens, trois recherches récentes, qui ont étudié le débit sanguin en réponse à des tâches de mémoire, ont révélé l'existence de différences liées à l'âge dans l'activation frontale, attribuables au fait que les sujets âgés élaborent des stratégies mnésiques moins efficientes (Cabeza *et al.*, 1997 ; Grady *et al.*, 1995 ; Schacter, Savage, Alpert, Rauch & Albert, 1996).

L'hypothèse d'un déficit exécutif lié au vieillissement implique également que soit observée une altération de la performance aux principaux tests cliniques utilisés pour évaluer les fonctions exécutives. Dans ce sens, Whelihan et Lesher (1985), puis Mittenberg, Seidenber, O'Leary et DiGuilio (1989) ont montré que le vieillissement entraîne une altération plus importante de la performance à des tests frontaux qu'à des épreuves évaluant les autres fonctions corticales. De plus, plusieurs travaux ont également clairement rapporté un effet du vieillissement sur les tests classiquement identifiés comme les indicateurs privilégiés des fonctions exécutives, tels que les épreuves du Wisconsin Card Sorting Test (WCST) (pour une présentation de ce test, voir Figure 2) (Isingrini & Vazou, 1997 ; Salthouse, Fristoe & Rhee, 1996a), de la Tour de Hanoï (Brennan, Welsh & Ehrlich, 1997), de Stroop (Spieler, Balota & Faust, 1996) et d'évocation lexicale (Isingrini & Vazou, 1997).

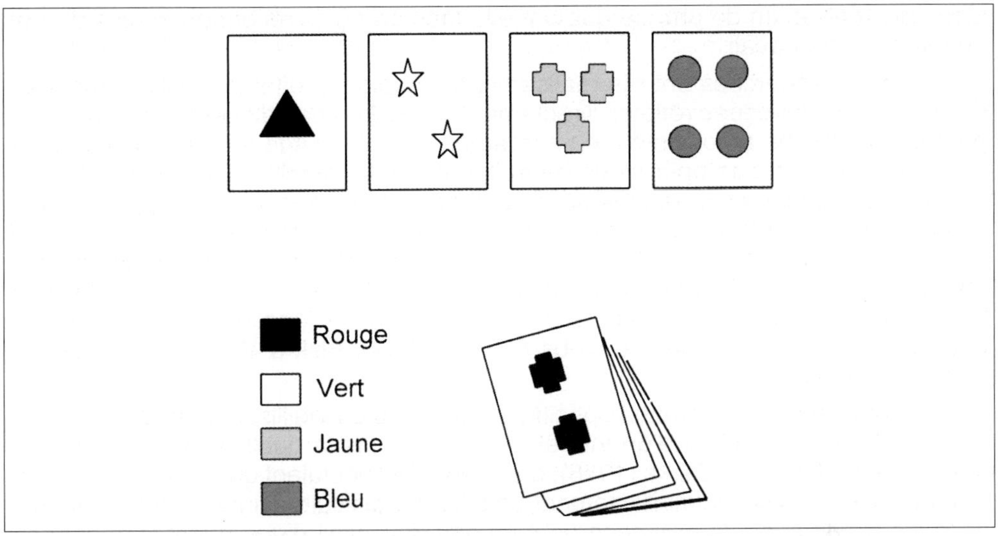

Figure 2 : Test de classement de cartes de Wisconsin (Wisconsin Card Sorting Test, WCST) utilisé pour l'évaluation des fonctions exécutives.
En haut : les 4 cartes de référence qui se distinguent par le nombre, la couleur ou la forme des éléments qu'elles contiennent.
En bas : les cartes qu'il faut classer en fonction d'un critère de référence (d'après Dubois, Pillon & Sirigu, 1994).

L'étude des modifications, au cours du vieillissement, du centre exécutif de la mémoire de travail constitue une autre source d'information importante pour tester l'hypothèse du déficit exécutif lié à l'âge. Les informations pertinentes dans ce domaine proviennent du développement de trois approches. D'abord des recherches réalisées à l'aide de la procédure d'attention divisée. Elles s'appuient sur l'idée qu'une des fonctions essentielles du centre exécutif consiste à permettre la coordination simultanée de deux tâches (Baddeley, 1996). En second, de l'évaluation directe, à l'aide de tâches spécifiques, des ressources du centre exécutif. Et enfin, des travaux qui ont exploré l'hypothèse d'un déficit spécifique des capacités d'inhibition au cours du vieillissement (Hasher & Zacks, 1988).

Quelques auteurs ont testé directement, à l'aide du paradigme de la charge mentale (Baddeley, 1996), l'hypothèse d'une altération liée à l'âge dans la capacité à coordonner deux tâches. Ils ont cherché à mettre en évidence une interaction entre l'âge et la charge mentale susceptible d'indiquer que les sujets âgés sont plus pénalisés que des sujets jeunes dans la réalisation d'une tâche de vérification de phrase lorsque l'encombrement de la mémoire de travail augmente. D'une façon générale ces recherches n'ont pas permis d'observer l'interaction attendue (Craik, Morris & Gick, 1990 ; Morris, Craik & Gick, 1990). Elles ont cependant révélé l'existence d'une interaction significative entre l'âge et la complexité des phrases qui n'est pas incompatible avec l'idée d'une altération de la fonction coordinatrice du centre exécutif. Ainsi, par exemple, Brebbion, Smith et Ehrlich (1997) indiquent que les sujets âgés n'arrivent à une performance équivalente aux sujets jeunes dans la tâche de vérification de phrase que dans la mesure où ils retiennent moins d'items en mémoire de travail.

Plusieurs recherches ont été réalisées pour explorer l'effet du vieillissement sur des mesures supposées refléter directement les ressources du centre exécutif. Une première approche a consisté à comparer les effets de l'âge sur des tâches d'empan qui combinent des opérations de traitement et de stockage, par rapport à une version de ces mêmes épreuves où le stockage intervient seul. On suppose que le centre exécutif est plus spécifiquement impliqué dans les premières situations. Les résultats rapportés à l'aide de tâches d'empan de mise à jour permanente de la mémoire de travail (running span) et de production de séquences aléatoires de lettres ou de chiffres ont confirmé l'existence d'un dysfonctionnement du centre exécutif chez les sujets âgés (Dobbs & Rule, 1989 ; Fisk & Warr, 1997 ; Van der Linden *et al.*, 1994).

L'hypothèse d'une altération spécifique, au cours du vieillissement, de la capacité d'inhibition a fait l'objet d'un intérêt soutenu depuis la publication de l'article de référence de Hasher et Zacks (1988), dans lequel ils postulent que ce déficit est central dans l'explication du vieillissement cognitif. La difficulté d'inhibition entraînerait, chez les sujets âgés, la présence en mémoire de travail d'une quantité importante d'informations distractrices interférant avec la réalisation de la tâche en cours. Plusieurs observations apparaissent compatibles avec ce point de vue. Ainsi, il a été démontré que le vieillissement s'accompagne d'une sensibilité excessive à l'interférence dans l'épreuve de Stroop (Spieler *et al.*, 1996), et d'une difficulté accrue à ignorer des informations non pertinentes dans différentes tâches cognitives aux conduites de mémoire, de compréhension et de lecture (pour revue, voir Zacks & Hasher, 1994). Enfin certaines études ont mis en évidence une réduction, voire une absence, d'effet d'amorçage négatif et une augmentation du fan effect chez les sujets âgés, qui sont interprétées comme des témoins de l'efficience des mécanismes d'inhibition associés à la mémoire de travail (voir Zacks & Hasher, 1994).

Ces observations paraissent donc en définitive compatibles avec l'idée que le vieillissement normal s'accompagne d'un déficit exécutif. Il est alors important de démontrer que ce changement est à l'origine des modifications liées à l'âge dans les activités cognitives supérieures. Plusieurs résultats ont été rapportés dans ce sens au cours des dernières années. Ainsi, on a pu montrer que le déficit des fonctions exécutives intervient significativement dans l'explication des effets de l'âge sur l'intelligence fluide (Duncan, 1995 ; Isingrini & Vazou, 1997) et dans le fonctionnement mnésique (Fabiani & Friedman, 1997 ; Schacter, Koutsaal & Norman, 1997 ; Stuss, Craik, Sayer, Franchi & Alexander, 1996).

Relation entre les facteurs

Nous avons vu que l'hypothèse dite de déficit de ressources de traitement, fondée sur l'idée que le vieillissement cognitif s'explique par un nombre restreint de facteurs indépendants de l'activité cognitive considérée, s'est trouvée particulièrement renforcée au cours des dernières années. Ce modèle d'un facteur général repose principalement sur les observations selon lesquelles les différences dues au vieillissement dans une grande variété de tâches cognitives différentes ne sont pas indépendantes. Salthouse *et al.* (1996a) ont trouvé que différentes tâches (vitesse, mémoire, fonction exécutives et mémoire de travail) partagent plus de 50% de variance liée à l'âge. Ce résultat suggère que les différences liées à l'âge dans la cognition ne peuvent pas être exclusivement attribuées à des processus spécifiques à la tâche considérée mais sont déterminés au moins partiellement par des facteurs généraux. De plus, les principaux facteurs qui ont été jusqu'ici testés (vitesse, mémoire de travail, fonctions exécutives) ont mis en évidence que chacun d'eux paraît constituer un candidat pertinent pour expliquer le vieillissement cognitif. Cette constatation amène à considérer la question des relations qu'entretiennent ces facteurs entre eux. Ce travail demeure dans sa majeure partie à mener. Dans une première approche on peut soit considérer que ces facteurs constituent des versions différentes d'une seule et même hypothèse de ressource de traitement, soit qu'ils sont reliés au sein d'une organisation hiérarchisée qui doit être déterminée. Ce dernier point à fait l'objet de quelques études. Des travaux récents ont ainsi évalué plusieurs façons d'indexer les ressources de traitement. Ils indiquent que le ralentissement de traitement cognitif serait déterminant dans l'explication du vieillissement de la mémoire de travail et des fonctions exécutives (Fisk & Warr, 1997 ; Salthouse *et al.*, 1996a). Ces résultats sont compatibles avec les données qui ont montré, concernant différentes tâches cognitives, que la vitesse de traitement médiatise l'effet de l'âge pour plus de 75%. L'hypothèse du ralentissement de traitement apparaîtrait comme prépondérante par rapport aux autres facteurs.

Des travaux récents suggèrent cependant que le ralentissement de traitement pourrait n'être qu'un indicateur d'un déficit général touchant au fonctionnement du système nerveux (Salthouse, Hancock, Meinz & Hambrick, 1996b). Ce point de vue est corroboré par deux observations, d'une part par le fait que des mesures d'habileté sensorielles médiatisent l'effet de l'âge dans plusieurs mesures cognitives (Lindenberger & Baltes, 1994 ; Salthouse *et al.*, 1996b), et d'autre part par le fait que le ralentissement de traitement et le déficit sensoriel ont une large part de variance commune dans l'explication de l'effet de l'âge sur des mesures de mémoire de travail, d'apprentissage associatif et d'identification de concept (Salthouse *et al.*, 1996b). De telles données sont conformes à l'idée d'un facteur très général de réduction médiatisant le vieillissement cognitif. Le ralentissement de traitement et les modifications des habiletés sensorielles (vision, audition) ne constituant que des indicateurs de ce facteur.

Enfin ces différents modèles ne donnent pas, du point de vue neuropsychologique, la même vision du vieillissement cognitif. Ainsi, on soulignera pour terminer que l'hypothèse neuropsychologique de dysfonctionnement exécutif et l'hypothèse de la médiation par un facteur général de ralentissement de traitement impliquent deux visions sensiblement différentes du vieillissement cognitif. La première est associée à l'idée que le déclin observé dans plusieurs tâches peut être expliqué par le dysfonctionnement spécifique localisé de certaines fonctions neuropsychologiques. Le profil de vieillissement est ici vu comme le résultat des atteintes sélectives du système nerveux. Alors que la seconde implique une représentation plus homogène et distribuée du vieillissement cognitif. La dégradation du système nerveux serait générale et non localisée. Bien qu'a priori la nature plutôt hétérogène du vieillissement cognitif décrite dans notre présentation semble être davantage associée à la première proposition, le débat entre ces deux conceptions du vieillissement cognitif est ouvert et laisse apparaître qu'une des tâches majeures des recherches à venir consistera à préciser ces deux orientations théoriques et à déterminer l'importance respective des influences locales et générales liées au vieillissement cognitif.

LES FACTEURS DE VARIABILITÉ DU VIEILLISSEMENT COGNITIF

Effets de l'exercice physique et de l'état de santé

Un objectif important des recherches en gérontologie est d'identifier les facteurs environnementaux et comportementaux qui influencent le vieillissement, à côté des déterminants plus fondamentaux. C'est dans cette perspective que Busse (1969) a proposé une distinction entre vieillissement primaire et secondaire pour désigner respectivement les processus innés de maturation et les influences exogènes potentiellement réversibles (voir aussi Anstay, Stankov & Lord, 1993). Parmi les facteurs susceptibles de moduler les effets du vieillissement primaire sur le fonctionnement cognitif, divers aspects de la santé physique ont été considérés. En effet, la probabilité de dégradation de la santé est connue pour augmenter avec l'âge au cours de la vie adulte. De ce fait santé et vieillissement sont souvent étroitement entremêlés. Dès lors, la question se pose de savoir comment évaluer l'influence spécifique de ces deux types de facteurs. Dans quelle mesure les individus qui sont en bonne forme physique et ont été relativement épargnés par les problèmes de santé au cours de leur vie diffèrent-ils des autres quant aux changements qu'ils subissent dans leurs performances cognitives au cours du vieillissement ?

L'exercice physique est un des facteurs, assez directement liés à la santé, dont on a étudié les effets potentiellement modérateurs sur le vieillissement cognitif. Divers résultats suggèrent que les sujets âgés qui ont un mode de vie actif sur le plan physique réussissent mieux dans les épreuves cognitives classiquement sensibles aux effets de l'âge telles que la vitesse de traitement, la mémoire de travail et le raisonnement (Clarkson-Smith & Hartley, 1989 ; Clarkson-Smith & Hartley, 1990 ; voir aussi Choidzko-Zajko & Moore, 1994). Ainsi Emery, Huppert et Schein (1995) ont quantifié l'activité de marche quotidienne de plusieurs milliers de sujets âgés de 18 à 94 ans et étudié les liens entre cette activité et certaines performances cognitives. Ils ont trouvé que les effets négatifs de l'âge sur le temps de réaction étaient atténués chez les sujets effectuant au moins 20 minutes de marche par jour en moyenne. Avec une évaluation plus exhaustive des activités physiques, mais un empan d'âge beaucoup plus restreint, Di Pietro, Seeman, Merril et Berkman (1996) arrivent à des conclusions plus nuancées. Dans un échantillon de plus de 1000 sujets en bonne santé âgés de 70 à 79 ans, ils ont établi un score d'activité très complet qui tenait compte à la fois de la fréquence et de l'intensité de diverses activités. Ils ont trouvé des corrélations modestes mais significatives entre le score d'activité et un score reflétant diverses mesures d'efficience cognitive. Dans les analyses multivariées, il est apparu que cette relation résistait à l'ajustement sur d'autres variables également susceptibles d'être liées aux performances cognitives, telles que le sexe, la santé auto-évaluée, la capacité respiratoire, l'indice de masse corporelle, l'activité sociale, mais ne résistait pas à l'ajustement sur le niveau de scolarisation : la prise en compte statistique de cette variable s'est traduite par une réduction substantielle de l'effet de l'activité physique, montrant ainsi que le niveau d'étude peut être un puissant facteur de confusion dans ce genre de recherches. De même, des études longitudinales sur des échantillons de sujets soumis à un programme d'entraînement physique ont produit des résultats contrastés. Ainsi, Elsayed, Ismail et Young (1980) et Dustman *et al.* (1984) ont observé une amélioration de certaines performances cognitives après 4 mois d'entraînement aérobie. Mais, paradoxalement, sur des durées d'entraînement plus longues (1 an), Hill, Storandt et Malley (1993) ont trouvé peu d'effets sur les performances cognitives de sujets de plus de 60 ans, malgré une augmentation moyenne de la VO2-max de 23%.

D'autres travaux ont évalué plus directement la forme physique (fitness) au travers de variables physiologiques, sans référence particulière à la quantité d'exercice. Ils ont généralement agrégé différentes mesures qui reflètent l'efficience des fonctions assurant la fourniture d'oxygène, et plus largement un certain "optimum" physiologique (volume expiré, capacité vitale, pression artérielle, indices de masse corporelle). Ainsi Bunce, Warr et Cochrane (1993) ont trouvé une interaction significative entre l'âge et la fitness pour certains paramètres du temps de réaction (pourcentage des temps de réponse anormalement longs ou blocks). Dans une autre étude portant sur des sujets âgés de 18 à 62 ans, Bunce, Barrowclough et Morris (1996) ont trouvé que le score composite de fitness établi à partir de ces indicateurs physiologiques était un modérateur important de la relation entre l'âge et les performances dans une tâche de vigilance et de temps de réaction sériel à plusieurs choix.

Certains ont étudié l'effet modérateur possible de l'état de santé sur le vieillissement cognitif en considérant la santé de manière plus large. Ceci a été réalisé par exemple par des échelles de santé globale auto-rapportée de type Likert. Bien que la validité des échelles d'auto-évaluation de la santé globale ait été souvent discutée, elle est généralement considérée comme bonne au regard des liens qu'elle entretient avec des mesures plus objectives et détaillées (Ferraro & Feller, 1996). Reposant principalement sur cette méthode, l'étude de Earles et Salthouse (1995) a montré que l'état de santé de sujets âgés de 18 à 87 ans ne rendait compte que d'une faible proportion de la variance liée à la relation entre l'âge et la vitesse de traitement de l'information. Une approche large de la santé, et qui se veut aussi plus objective, a été réalisée en intégrant dans les analyses d'autres indices des troubles potentiels de la santé évaluée sur une période plus ou moins récente. Le nombre de maladies chroniques diagnostiquées, de visites chez le médecin, la prise de médicaments, la consommation d'alcool et de tabac, le style de vie actif ou sédentaire, en sont quelques exemples. Hultsch, Hammer et Small (1993) ont utilisé de tels indicateurs dans un échantillon de 484 personnes non institutionnalisées. Ils observent que les différences individuelles dans l'état de santé sont modestement mais significativement prédictives de l'efficience des processus fondamentaux de traitement de l'information, mais pas des habiletés liées aux connaissances. De plus, malgré l'empan d'âge restreint de leur échantillon (55 à 86 ans) et des sujets relativement sélectionnés du point de vue de la santé, ils trouvent que le contrôle statistique de ces différences individuelles dans l'état de santé diminue la variance liée à l'âge dans les performances. L'ampleur de cette diminution est généralement inférieure à 10%, mais égale à 16% pour la mémoire de travail. Avec des mesures de la santé pourtant assez voisines, Anstay *et al.* (1993) n'ont observé, au contraire, aucune influence modératrice de cette variable de vieillissement "secondaire".

À la différence de cette dernière approche, certains auteurs ont focalisé leur attention sur le rôle de certains troubles particuliers, tels que l'hypertension et plus largement les maladies cardiovasculaires, ou encore le diabète. Les problèmes cardiovasculaires sont certainement ceux qui ont été les plus étudiés dans la perspective qui nous occupe ici. Il s'agit là de maladies chroniques qui tendent à devenir plus fréquentes avec l'âge et constituent, avec le cancer, une des causes majeures de mortalité dans les populations âgées. Dans ce cas les interprétations sont parfois quelque peu compliquées par le rôle que peuvent jouer les médicaments utilisés pour soigner ces dysfonctionnements : certains semblent avoir un effet positif sur les performances cognitives, d'autres l'effet inverse. Les travaux réalisés dans ce domaine suggèrent toutefois que ces affections sont significativement associées à une dégradation plus rapide des performances cognitives avec l'âge, en particulier les performances reposant sur la vitesse de réponse (voir par exemple, Elias, Elias, & Elias, 1990).

La conclusion qu'on peut tirer de cet ensemble de travaux brièvement passés en revue concernant l'impact des facteurs de santé physique est, pour l'instant, assez mitigée. Globalement ils suggèrent un effet modérateur de ces facteurs sur le vieillissement cognitif. Bien que significatif dans un nombre non négligeable de travaux, cet effet n'est généralement pas massif et n'est observé que pour certaines catégories de tâches cognitives, essentiellement celles qui relèvent des composantes fluides de la cognition. Toutefois l'interprétation des résultats et la comparaison entre les études sont souvent compliquées par divers problèmes méthodologiques. La diversité des épreuves cognitives utilisées dans les différentes études, y compris parmi celles supposées cibler spécifiquement les processus fluides, l'empan des âges et le caractère plus ou moins sélectionné des échantillons étudiés en termes de santé, sont quelques-unes des sources possibles de discordance entre les travaux effectués sur ce sujet. Une des difficultés majeures tient à la manière dont on mesure la santé, un concept somme toute difficile à définir. De même, des facteurs latents de confusion peuvent être à l'œuvre au travers des mesures retenues. Ainsi, il est possible que les indicateurs de santé physique utilisés soient eux-mêmes sous la dépendance de caractéristiques de personnalité et de styles de vie non pris en compte dans ces études, mais également liées à la cognition. De même, des variables de santé mentale telles que la dépression semblent plus fréquentes avec l'âge et avoir un impact sur la cognition (Niederehe, 1986). D'autre part, la santé est le plus souvent mesurée au même moment que les performances cognitives. Elle fait rarement l'objet d'une évaluation rétrospective. Or il est possible que les traces cérébrales de certains événements biologiques ou de santé antérieurs ne soient pas perceptibles en termes d'état de santé pour le sujet ou pour le médecin au moment du test. Pourtant certains travaux en neuropsychologie suggèrent l'impact à long terme sur le fonctionnement cognitif de certains événements biologiques (exposition aux solvants organiques, intoxication au CO_2, anesthésies générales multiples, ...), des événements qui n'ont pas tous, d'ailleurs, un caractère pathologique (Houx, Vreeling, & Jolles, 1991). L'étude de Di Pietro *et al.* (1996) est également instructive concernant un autre facteur puissant de confusion dans le domaine cognitif : le niveau d'étude.

Malgré tout cela, ces recherches sur le lien entre santé et vieillissement cognitif sont prometteuses et utiles à plusieurs égards : du point de vue de l'intervention, car elles permettront de mieux distinguer ce qui relève, au cours de la vie, des processus incontournables d'une part, et des processus réversibles qu'on peut espérer prévenir d'autre part. Elles sont utiles aussi du point de vue de la connaissance fondamentale, car comme le suggèrent Holland et Rabbitt (1991), les résultats qu'elles produisent pourraient, s'ils confirment le rôle modérateur de la santé, conduire à reconsidérer de façon moins dramatique les modèles habituels du vieillissement cognitif normal. Enfin, sur le plan des méthodes de recherche, il est clair que ces travaux incitent à des précautions d'échantillonnage ou au contrôle statistique du facteur santé lorsque l'objectif du chercheur est la compréhension des phénomènes fondamentaux, ou primaires, du vieillissement cognitif.

Les effets optimisateurs de l'expérience

La question de savoir si des expériences d'ordre biologique modèrent les effets de l'âge sur l'efficience cognitive, vaut aussi pour un autre type d'expérience : l'expérience cognitive. Si avec l'âge les processus de traitement et de mémorisation des informations nouvelles deviennent moins efficients, d'autres travaux suggèrent dans le même temps qu'un certain nombre de ces changements peuvent être contrecarrés ou atténués par une variété de ressources fournies par l'expérience. A tel point que l'expérience acquise dans un domaine est souvent un meilleur prédicteur des performances que l'âge (Charness & Campbell, 1988). Dans les activités professionnelles comme dans de nombreuses activités quotidiennes, les effets de l'âge apparaissent, en effet, souvent beaucoup plus modérés que les résultats de laboratoire pourraient le laisser penser. Par quels mécanismes les expériences antérieures permettent-elles de maintenir la performance à un niveau élevé ou de limiter les déclins inhérents aux effets du vieillissement primaire dans le domaine cognitif ?

L'hypothèse préservation

Un de ces mécanismes a été évoqué sous le terme de préservation (voir par exemple Bosman & Charness, 1996 ; Marquié, 1997 ; Salthouse, Babcock, Skrovonek, Mitchell & Palmon, 1990). Bien qu'elle ait été rarement formalisée, l'hypothèse préservation est implicite dans de nombreuses interprétations des résultats de recherches. Elle renvoie à l'idée que l'efficience de certains processus fondamentaux de traitement de l'information (composantes fluides de l'intelligence) est sélectivement maintenue et protégée du déclin habituellement observé avec l'âge du fait de la mise en jeu consistante et régulière de ces processus pendant de nombreuses années de la vie adulte. Une telle définition exclut donc du champ de cette hypothèse les ressources cognitives qui relèvent des connaissances acquises par le sujet (composantes cristallisées). Cette hypothèse est sous-jacente à la notion de manque de pratique (disuse) qui représente en quelque sorte sa version négative : la sous-utilisation des capacités cognitives entraînerait une perte d'efficience de ces capacités (use it or lose it). Ce mécanisme est fréquemment invoqué comme une alternative possible, intuitivement séduisante, aux effets propres du vieillissement, ou comme une source supplémentaire des déclins observés avec l'âge

(Baltes, Dittmann-Kohli & Kliegl, 1986 ; Craik & Byrd, 1982 ; Willis, 1987).

Diverses stratégies expérimentales ont été utilisées pour explorer cette hypothèse. Toutes se fondent sur un contrôle plus ou moins fin et plus ou moins direct de la quantité de pratique ou du degré de sollicitation de capacités intellectuelles générales ou particulières. Ainsi, certains travaux ont étudié les effets différentiels de l'âge en fonction du statut socio-économique, du niveau culturel (le niveau d'étude), du niveau d'activité, ou encore du niveau d'aptitude verbale ou générale des sujets. Ces caractéristiques, d'ailleurs assez largement intercorrélées, sont censées être associées à des degrés variables d'utilisation des capacités intellectuelles, plus ou moins propices au maintien avec l'âge de l'efficience des processus cognitifs (Blum & Jarvick, 1974 ; Gribbon, Schaie & Parham, 1980 ; Rice & Meyer, 1986). La littérature illustre abondamment le lien entre le niveau d'étude et toutes sortes de performances cognitives, y compris dans les habiletés primaires, à tel point que plus aucune étude sur le vieillissement cognitif ne fait l'économie d'un contrôle strict de cette variable. De même, le statut socio-économique (Gribbon *et al.*, 1980 ; Owens, 1966) et différents types de mesure du niveau d'activité culturelle (Arbuckle, Gold & Andres, 1986 ; DeCarlo, 1974) sont prédictifs du niveau de performance atteint par des cohortes âgées dans diverses épreuves psychométriques (empan de chiffres, visualisation spatiale, mémoire de travail, compréhension ou raisonnement). Les variables socio-culturelles ne sont toutefois que des indicateurs grossiers et très indirects du niveau de pratique cognitive. Les différences cognitives associées à ces variables peuvent refléter des différences d'une autre nature que celle de la pratique cognitive, des différences de santé par exemple. D'où le choix de certains auteurs de se centrer sur des populations plus homogènes pratiquant une activité spécialisée dans un domaine cognitif particulier. Dans ces populations il est possible de dissocier, parmi les habiletés cognitives élémentaires évaluées, celles qui correspondent à l'activité spécialisée et hautement pratiquée de celles qui ne sont pas spécialement impliquées dans cette activité. On peut alors vérifier si les premières sont davantage épargnées par les effets de l'âge que les secondes. Ainsi Clarkson-Smith et Hartley (1990) ont montré que des joueurs de bridge âgés avaient une mémoire de travail et des capacités de raisonnement supérieures à celles de sujets du même âge et de même niveau d'activité appartenant à un groupe contrôle, mais qu'ils avaient dans le même temps des performances identiques au temps de réaction et à un test de vocabulaire. Ce résultat suggère l'existence d'une préservation sélective parce que la mémoire de travail et le raisonnement sont considérés comme fortement impliqués dans le bridge. Ceci est attesté par des travaux antérieurs qui ont analysé les composantes cognitives de cette activité ludique (Charness, 1979).

Cependant, mettre en évidence que des caractéristiques favorables sur le plan socio-culturel, ou qu'une activité spécialisée dans un domaine cognitif sont associées, chez les sujets âgés, à des performances plus élevées dans des épreuves cognitives de base ne démontre en rien la validité de l'hypothèse préservation. Du fait de phénomènes de sélection précoce, ces différences entre sujets âgés de haut et de bas niveau de fonctionnement cognitif peuvent tout aussi bien être présentes dans des groupes jeunes présentant les mêmes caractéristiques socio-culturelles. D'autres travaux ont donc recherché non plus seulement l'effet de la pratique cognitive chez les sujets âgés, mais une interaction entre l'âge et cette dernière. Ceci implique non seulement l'étude de groupes âgés, mais aussi leur comparaison avec des groupes jeunes ayant les mêmes caractéristiques. C'est ce qu'ont fait Christensen et Henderson (1991) et Christensen (1994). Ils ont comparé les performances de sujets jeunes et âgés appartenant soit à des professions intellectuelles soit à des professions manuelles. Leurs résultats montrent une différence liée à l'âge moins grande dans les professions intellectuelles, mais seulement dans des épreuves cognitives de relativement haut niveau, pas pour les aptitudes cognitives plus élémentaires.

Plus convaincantes sur le plan méthodologique sont les études cherchant des différences entre des jeunes et des âgés très spécialisés du point de vue des fonctions cognitives mises en jeu du fait de leur métier, et que l'on compare à celles obtenues entre des jeunes et des âgés n'ayant pas d'expérience particulière dans ce domaine. Quel que soit le niveau de performance observé entre les sujets jeunes sélectionnés et non sélectionnés, ce qui importe ici pour tester l'hypothèse de la préservation telle que définie (ou l'hypothèse alternative qui suppose le maintien des différences initiales), c'est de savoir si le déclin lié à l'âge est moins prononcé chez les sélectionnés que chez les non sélectionnés. Ceci a été réalisé par Salthouse *et al.* (1990) et Salthouse et Mitchell (1990). A partir des données obtenues dans ces deux études, ils ont analysé les performances à des épreuves visuospatiales élémentaires chez 47 architectes âgés de 21 à 71 ans qui, dans le cadre de leur activité professionnelle, utilisaient ou avaient utilisé régulièrement et intensivement leurs capacités de visualisation spatiale. Ils ont comparé leurs performances avec celles de sujets appartenant à des groupes comparables en termes d'amplitude des âges et de niveau d'étude, mais non sélectionnés du point de vue de la profession. Les résultats obtenus indiquent que l'avancée en âge s'accompagne d'une baisse des capacités de visualisation spatiale même chez les individus qui utilisent intensivement ces capacités dans leur métier. Les pentes négatives obtenues pour les architectes étaient tout à fait comparables à celles des sujets n'appartenant pas à cette profession. D'autres études confortent l'idée que les processus cognitifs élémentaires mis en jeu dans des activités spécialisées et hautement pratiquées ne sont pas épargnées par les effets de l'âge (voir Salthouse, 1984, et Salthouse & Saults, 1987, chez les dactylographes). Si le rôle de l'expérience comme facteur potentiel d'accroissement ou de maintien de divers aspects des performances avec l'âge paraît incontestable, les résultats actuels relatifs à l'hypothèse préservation suggèrent toutefois que l'effet positif des expériences cognitives antérieures s'exprime par d'autres mécanismes.

La compilation

Une autre explication possible du maintien des performances chez les personnes vieillissantes tient au fait que dans certains domaines spécialisés les tâches ne requièrent plus, ou très peu, la mobilisation des ressources cognitives de base affectées par le vieillissement. Avec la pratique, des segments entiers de l'activité deviennent automatiques, des liens très puissants se créent entre les réponses du sujet et divers paramètres devenus très familiers de la tâche et de son environnement. La conséquence est que ces aspects de l'activité ne relèvent plus des processus contrôlés de traitement qui étaient initialement nécessaires : ils relèvent désormais de connaissances procédurales relativement autonomes dans le comportement. Or ces dernières résistent mieux et plus longtemps aux effets de l'âge (Hasher & Zacks, 1979). Elles conservent donc potentiellement toute leur efficience dans des contextes bien déterminés. On a pu parler de cette modalité de maintien de l'efficience avec l'âge en termes de compilation, par analogie avec l'informatique, pour indiquer que des unités de programme élémentaires sont progressivement assemblées pour former des entités de plus en plus larges (Salthouse, 1990a). Activées par des stimuli déclencheurs, ces entités ont toutes les caractéristiques des automatismes cognitifs, notamment la fiabilité, la vitesse, et l'absence de contrôle attentionnel requis (Perruchet, 1988). Ces automatismes peuvent garantir jusqu'à un âge avancé un haut niveau de fonctionnement dans des parties, somme toute assez restreintes, d'activités spécialisées. Un exemple est fourni par La Rivière et Simonson (1965) concernant la vitesse d'écriture chez des adultes pratiquant cette activité dans le cadre de leur profession.

L'accommodation

Un moyen par lequel l'individu peut atténuer les conséquences indésirables dans sa vie quotidienne des déclins liés au vieillissement renvoie à la notion d'accommodation. Ce terme désigne ici des adaptations comportementales qui reposent sur une certaine forme de connaissance métacognitive à la fois des déficits et en même temps d'une gamme de moyens disponibles permettant le maintien de cette activité à un niveau satisfaisant. Pour Salthouse (1990a & 1990b, 1995) et Bosman et Charness (1996), le sujet vieillissant apprend à identifier les situations dans lesquelles il lui devient difficile d'agir de manière aussi performante qu'auparavant ; il apprend aussi à éviter ces situations ou à faire des concessions sur certaines modalités de réalisation de son comportement dans ces situations. Un exemple typique d'accommodation concerne la conduite automobile. Des modifications substantielles de la pratique de la conduite avec l'âge semblent bien constituer une réponse de type accommodation à des difficultés grandissantes dans ce type d'activité. On observe en effet que le kilométrage parcouru diminue avec l'âge, que les voies expresses, encombrées ou peu familières sont moins utilisées, que la conduite de nuit diminue, et que les trajets effectués sont plus courts en moyenne (OCDE, 1985). Une version radicale de l'accommodation est le renoncement pur et simple à des activités antérieurement effectuées (cesser de conduire, par exemple). Mais avant d'en arriver là, elle peut prendre des formes stratégiques très variées, impliquant que le sujet renonce à satisfaire certains critères de l'activité pour préserver d'autres aspects de l'activité jugés plus importants. À cet égard une distinction entre les critères de buts et les critères de moyens nous semble nécessaire afin de faciliter l'opérationalisation du concept d'accommodation. Une tâche est caractérisée par un but, mais plus souvent encore par une diversité de sous-buts, parfois contradictoires, et organisés hiérarchiquement en fonction du poids qui leur est accordé : le moment de réalisation, la vitesse, la précision, le niveau d'effort consenti, la sécurité en sont quelques exemples. Une forme d'accommodation, qu'on peut appeler accommodation par les buts, consiste à pondérer les sous-buts d'une manière différente. Revoir à la baisse ou renoncer à certains sous-buts est bien sûr un moyen de réduire l'écart entre les ressources internes et les exigences de la tâche. Ainsi, consacrer plus de temps ou d'effort à la réalisation d'une tâche, ou bien substituer la conduite de jour à la conduite de nuit pour s'assurer une plus grande sécurité du fait de ses capacités amoindries de résistance à l'éblouissement, peuvent être considérées comme une restructuration des buts. Le ralentissement de la locomotion chez les personnes âgées, analysé dans les travaux de

Ferrandez, Pailhous et Durup (1990), peut également être interprété de cette manière. Alors qu'on sait qu'elles sont capables d'aller plus vite en cas de nécessité, les personnes âgées adoptent spontanément une vitesse de croisière qui leur permet d'adapter leur locomotion à leurs capacités et aux exigences de l'environnement. La lenteur de leur déplacement résulte d'une réduction de la longueur des enjambées, mais sans modification de leur durée. Ils se donneraient ainsi plus de temps pour intégrer les informations proprioceptives et celles venant de leur environnement, ce qui confère une latitude plus grande pour anticiper et réguler les difficultés rencontrées sur leur passage (obstacles, irrégularités ou inclinaison du terrain). La stratégie des petits pas implique donc un renoncement à la vitesse, mais elle préserve dans le même temps d'autres aspects essentiels de la réalisation du déplacement : atteindre le but en prévenant les chutes, plus fréquentes et plus graves chez les personnes âgées.

Une tâche est également caractérisée par un ensemble de moyens à la disposition du sujet pour atteindre ses buts (outils, matériel, équipement, aides externes). Le recours à des moyens nouveaux, ou à des moyens disponibles mais non utilisés jusque là, constitue une forme sensiblement différente d'accommodation, qu'on peut appeler accommodation par les moyens. Il s'agit alors d'une sorte de suppléance instrumentale, matérielle ou humaine. Parmi les moyens externes les plus fréquemment utilisés en réponse à des défaillances anticipées ou effectives de la mémoire, par exemple, on peut citer l'usage de notes ou du calepin, les listes d'achat, les demandes à autrui du type “rappelle-moi de faire ...” (Schils & Van der Linden, 1991). L'accommodation par les moyens renvoie aussi à toutes sortes de “prothèses” sensorielles (lunettes) ou motrices (la canne du vieillard), et à diverses formes de recours à l'aide d'autrui pour réaliser certaines tâches. Les réorganisations de tâches au sein de collectifs de travail, mieux adaptées aux aptitudes respectives des jeunes et des plus âgés, peuvent également entrer dans cette catégorie.

Le biais de réponse (ou critères de décision)

Une autre forme de stratégie cognitive qui semble pouvoir être rattachée à des expériences antérieures, mais dont la fonction optimisatrice n'est pour l'instant pas très claire, a trait aux critères de décision. Les personnes vieillissantes sont souvent décrites comme étant plus prudentes, moins risquées, plus “conservatrices” quand elles prennent des décisions sous incertitude. Dans la recherche sur le vieillissement, ces attitudes et comportements ont été généralement inférés à partir de divers constats. Par exemple, les plus âgés ont tendance à prendre plus de temps que nécessaire pour répondre à des signaux, à privilégier la précision à la vitesse, à préférer ne pas répondre plutôt que de se tromper, ou à prendre des options moins risquées lorsque le choix leur est offert. L’utilisation de techniques dérivées de la TDS (Théorie de la Détection du Signal), est considérée depuis une trentaine d’années comme un outil de choix pour étudier les critères de décision. Ces techniques permettent en effet de séparer, dans une performance, ce qui relève de la capacité de traitement de l’information du sujet (évaluée par le nombre d’erreurs qu’il fait) et ce qui relève de sa stratégie de prise de décision sous incertitude (déduite du type d’erreur qu’il fait). On distingue 2 types d’erreurs qu'on peut illustrer, par exemple, dans une tâche de discrimination visuelle de longueur de deux segments parallèles, avec des différences de longueur faibles, c'est-à-dire un signal proche du seuil de perception (Baracat & Marquié, 1992). Lorsque le sujet n'est pas sûr d'avoir perçu une différence alors que cette dernière était présente, s'il dit que le signal (la différence) est absent il fait une Omission ; si au contraire, alors que le signal (la différence) était absent, il dit que le signal est présent, il commet une Fausse Alarme. A partir de la proportion relative de ces deux types d'erreurs, on peut déduire si le sujet est plutôt "prudent" (Omissions plus fréquentes) ou plutôt "risqué" (nombre de Fausses Alarmes plus important).

Marquié et Baracat (2000) ont passé en revue 26 études qui ont utilisé cette technique de dissociation entre la "sensibilité" de la fonction mesurée et le critère de décision. Ces études portaient sur des tâches très diverses, de nature très sensorielle ou beaucoup plus cognitive. Ils ont observé des résultats mitigés ne permettant pas de conclure, pour l'instant, de façon certaine à l'existence d'un biais de réponse plus conservateur chez les sujets âgés. L'application de la même méthode dans une tâche de reconnaissance, auprès de plus de 3000 personnes des deux sexes et de tous niveaux de scolarisation, a cependant permis de mettre en évidence le poids important du niveau d'étude et à un moindre degré du sexe sur le biais de réponse. L'effet de l'âge n'a été trouvé que pour les sujets les plus scolarisés (bac + 2 et au-dessus) (voir Figure 3). De ce fait, ce travail suggère aussi qu'une source probable de discordance dans les résultats des travaux antérieurs tient à la représentation des variables sexe et niveau d'études dans les échantillons étudiés. Quoi qu'il en soit, la prise en compte du biais de réponse dans les études

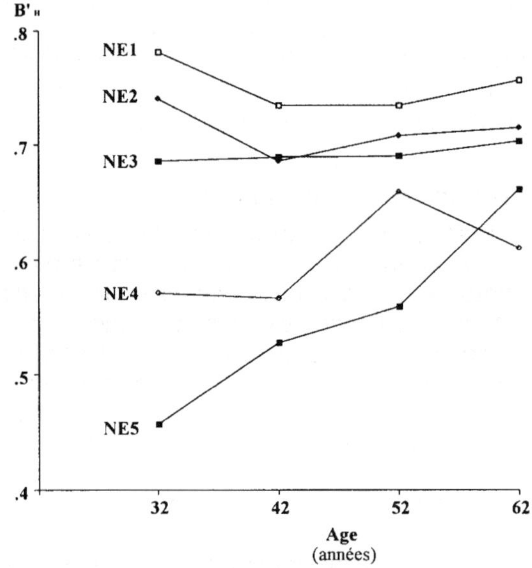

Figure 3 : Critères de décision (B'_H) utilisés dans une tâche de reconnaissance en fonction du niveau d'étude et de l'âge. Des valeurs de B'_H plus élevées indiquent des critères de décision plus stricts, c(est à dire une préférence proportionnellement plus grande pour les erreurs de type omission que pour les erreurs de type fausse alarme. NE = niveau d'étude en années (NE1 =≤ 7 ans, NE2 = 8 et 9 ans, NE3 = 10 et 11 ans, NE4 = 12 et 13 ans, et NE5 =≥ 14 ans-. Adapté de Marquié et Baracat (2000).

sur le vieillissement cognitif s'avère importante. Étant donné que les processus de décision sont omniprésents dans une grande variété de tâches de laboratoire comme dans les situations plus écologiques, être capable de distinguer dans les réponses des sujets ce qui relève de l'efficience de la fonction étudiée et ce qui relève de la stratégie de décision, permet d'éviter le risque d'interprétations erronées des effets de l'âge sur le comportement. Dans de nombreuses tâches un critère de décision plus strict pourrait bien expliquer une part non négligeable du ralentissement psychomoteur observé avec l'âge et généralement attribué à d'autres facteurs que stratégiques. D'un point de vue plus appliqué, l'identification d'un biais de réponse inapproprié chez les sujets âgés en situation d'apprentissage peut permettre la mise en œuvre d'interventions destinées à les corriger et à faciliter cet apprentissage.

La question de savoir si, dans les situations où elle existe, cette tendance liée à l'âge a une fonction optimisatrice, c'est-à-dire permet un gain relatif au vu de certaines pertes, n'est pas tranchée. Curieusement les seules hypothèses évoquées pour expliquer une telle tendance l'ont été de manière très sommaire et le plus souvent a posteriori. La principale relie l'attitude plus prudente des âgés à leur anxiété due à la perception d'un déficit dans les capacités évaluées par le test. L'adoption de critères de décision plus stricts constituerait donc, en quelque sorte, un moyen pour les plus âgés de maintenir leur ego intact (Clark & Greenberg, 1971 ; Okun, 1976).

La compensation

La plus répandue des modalités d'optimisation du comportement dans la littérature est sans aucun doute la modalité de type compensation. Des phénomènes de compensation en lien avec l'âge ont été suggérés à partir d'observations réalisées dans divers types de situations telles que les jeux de société (Charness, 1979, 1981a & 1981b), la dactylographie (Bosman, 1993 ; Marquié & Baracat, 1992 ; Salthouse, 1984), le pilotage d'avion (Morrow, Leirer, Altieri & Fitzsimmons, 1994) ou le management (Colonia-Wilner, 1998). Cette notion est d'un usage ancien en psychologie. Elle est évoquée souvent de manière peu spécifique, dans le sens général de réponse comportementale à la survenue d'un déclin, d'un déficit ou d'une augmentation des exigences permettant de résorber un écart entre les capacités du sujet et l'exigence de la tâche. Les tentatives de formaliser le concept de compensation de manière plus rigoureuse sont assez récentes en psychologie du vieillissement. Elles sont traversées néanmoins par deux conceptions assez différentes. Une première, très restrictive (Salthouse, 1995), limite sa validité à la sphère des compétences du sujet, définies par les composantes fluides et les composantes cristallisées du système cognitif. Pour parler de compensation, on doit être capable de démontrer que malgré une moindre efficience due à l'âge de certaines capacités cognitives de base requises par la tâche, le niveau de la performance globale est maintenu grâce à la mise en jeu, simultanément, de composantes expertes plus développées chez les âgés que chez les jeunes. Elle reste une hypothèse possible lorsqu'on a préalablement exclu d'autres possibilités telles que la préservation, la compilation et l'accommodation. Une des études les plus démonstratives à cet égard est sans doute celle de Salthouse (1984), montrant que l'empan oculo-manuel plus étendu de dactylographes, à la fois expertes et âgées, permet de maintenir leur vitesse globale de frappe au même niveau que des dactylos plus jeunes et moins expérimentées, malgré le déclin dû à l'âge que les premières exhibent dans les composantes cognitives élémentaires également impliquées dans l'activité. La caractéristique principale de la compensation, dans cette définition, est que le facteur compensateur se situe au niveau des ressources cognitives du sujet : une perte dans une partie de la compétence est compensée par un gain dans une autre partie. Une approche beaucoup plus large de la compensation est développée par Bäckman et Dixon (1992 ; voir aussi Dixon & Bäckman, 1995). Pour eux, les mécanismes de compensation incluent le fait : 1) d'investir plus de temps et d'effort dans la réalisation d'une tâche qui révèle une perte ou un déclin ; 2) de substituer une capacité latente (normalement inactive) ou nouvelle à une capacité déclinante ; 3) de reconsidérer le niveau de ses buts ou de ses attentes ; et 4) de sélectionner des environnements ou des buts différents. C'est également dans une acception large que Baltes, Dittmann-Kohli et Dixon (1984), et Baltes (1987, 1991) abordent le concept de compensation, en l'intégrant dans un modèle dynamique des mécanismes adaptatifs appelé optimisation sélective avec compensation.

La remédiation

On peut définir la remédiation comme une intervention délibérément conçue pour restaurer des potentialités fonctionnelles disparues ou amoindries, ou prévenir leur déclin. En réalité les méthodes de remédiation s'adressent, pour l'essentiel, aux composantes cristallisées du système cognitif. Elles n'assurent donc pas la restauration de l'efficience des processus cognitifs de base, mais opèrent par un apport de connaissances, de méthodes ou stratégies de substitution. Elles sont fondées sur des instructions et un entraînement appropriés au déficit. C'est une façon d'ajouter de l'expérience. Il existe par exemple des techniques visant à atténuer les effets de la presbyacousie de la personne âgée. Elles sont fondées sur l'entraînement à reconstituer des éléments du contenu verbal en tirant un meilleur parti du contexte, et à mieux diriger son attention sur des éléments clés du message. Des techniques de réhabilitation sont aussi utilisées dans le domaine de la mémoire en réponse à des difficultés de mémorisation liées au vieillissement normal, à la maladie d'Alzheimer ou de Parkinson, à des accidents cérébrovasculaires, à l'anxiété ou à la dépression. Une quantité de plus en plus grande de données empiriques accumulées au cours des dernières années dans divers champs de recherche relatifs à des patients cérébrolésés révèlent les succès prometteurs de techniques appropriées de remédiation cognitive (Wilson, 1987). Dans le domaine de la mémoire, par exemple, divers travaux (Baltes & Willis, 1982 ; Schaie & Willis, 1986 ; Willis, 1987) ont clairement montré le bénéfice que les personnes vieillissantes peuvent retirer, à court et à long terme, de programmes d'entraînement à l'utilisation de techniques spécifiques, telles que les techniques d'imagerie. Ils confirment également qu'un certain degré de plasticité cognitive se maintient tout au long de la vie, même si cette plasticité diminue avec l'âge. D'autres formes fructueuses d'interventions ont aussi été explorées, notamment celles portant sur des facteurs affectifs et métacognitifs tels que l'anxiété, ou le sentiment d'auto-efficacité (Yesavage, Rose & Bower, 1983). Comme on peut le voir, la remédiation a un statut à part dans la mesure où elle repose sur une intervention extérieure qui peut, en théorie, utiliser toutes les ressources des mécanismes d'optimisation mentionnés plus haut.

CONCLUSION

Même si cette préoccupation était déjà très présente dès les années cinquante, les recherches sur la psychologie du vieillissement se sont fortement accélérées ces dernières années. On commence maintenant à avoir une base de connaissances considérable sur la nature de divers changements cognitifs survenant tout au long de la vie adulte. Il reste toutefois encore beaucoup à faire pour préciser l'ampleur des changements qui affectent les différentes fonctions, les mécanismes en cause (multiples ou unique ?), les facteurs aggravants ou protecteurs, et en particulier le rôle que jouent les expériences accumulées au cours des 40 ans de la vie professionnelle (Marquié, Paumès Cau-Bareille & Volkoff, 1998). Plus que dans le passé, de nombreux efforts sont déployés pour trouver les voies d'un vieillissement réussi. Et à côté de celles de la médecine et des sciences sociales, les connaissances de la psychologie, notamment cognitive, seront de plus en plus sollicitées pour concevoir des programmes de maintien et de remédiation à destination des personnes vieillissantes. Le développement, depuis quelques années, des études sur les stratégies mises en œuvre par le sujet pour contrer les effets indésirables du vieillissement va clairement dans ce sens. Une des pistes qui paraît prometteuse aussi, et que nous n'avons pu aborder ici, est celle qui conduit à explorer l'effet des facteurs métacognitifs et motivationnels sur les comportements en fonction de l'âge. Les travaux réalisés dans ce domaine soulèvent des questions nouvelles et suggèrent qu'une part des changements observés dans les performances cognitives pourraient être sous la dépendance de ce type de facteurs non cognitifs. Ainsi, par exemple, certaines recherches montrent clairement le rôle que jouent les croyances globales d'auto-efficacité sur les processus de contrôle et d'autorégulation mis en œuvre dans des tâches cognitives particulières (dans le domaine de la mémoire, et sur un aspect particulier : le sentiment de savoir et le niveau de confiance, voir par exemple Marquié & Huet, 2000 ; pour une vision plus large de la relation âge et métacognition, voir les revues de Cavanaugh, 1998 ; Lovelace, 1990). Ici encore, la confirmation dans les travaux à venir du rôle joué par des facteurs non cognitifs sur le vieillissement cognitif permettrait d'envisager avec un certain optimisme des moyens de limiter les effets indésirables du vieillissement.

RÉFÉRENCES BIBLIOGRAPHIQUES

ALBERT, M. S., & KAPLAN, E. (1980). Organic implications of neuropsychological deficits in the elderly. In L.W. Poon, J.L. Fozard, L.S. Cermack, D. Arenberg, & L.W. Thompson (Eds.). *New directions in memory and aging (pp.* 403-432). Hillsdale, NJ : Erlbaum.

ANSTAY, K., STANKOV, L., & LORD, S. (1993). Primary aging, secondary aging, and intelligence. *Psychology and Aging*, 4, 562-570.

ARBUCKLE, T.Y., GOLD, D., & ANDRES, D. (1986). Cognitive functioning of older people in relation to social and personality variables. *Journal of Psychology and Aging,* 1, 55-62.

BÄCKMAN, L., & DIXON, R.A. (1992). Psychological compensation : a theoretical framework. *Psychological Bulletin*, 112, 259-283.

BADDELEY, A. (1986). *Working Memory.* Oxford Science Publication. Clarendon Press.

Baddeley, A. (1996). Exploring the central executive. *The Quarterly Journal of Experimental Psychology,* 49A, 5-28.

Baltes, P.B. (1987). Theoretical propositions of life-span developmental psychology : on the dynamics between growth and decline. *Developmental Psychology,* 23, 611-626.

Baltes, P.B. (1991). The many faces of human ageing : toward a psychological culture of old age. *Psychological Medicine*, 21, 837-854.

Baltes, P.B., & Willis, S.L. (1982). Plasticity and enhancement of intellectual functioning in old age : Penn State's adult development and enrichment project (ADEPT). In F.I.M. Craik & S. Trehub (Eds.), *Aging and cognitive processes* (pp. 353-389). New York : Plenum Press.

Baltes, P.B., Dittmann-Kohli, F., & Dixon, R.A. (1984). New perspectives on the development of intelligence in adulthood : toward a dual-process conception and a model of selective optimization with compensation. In P.B. Baltes & O.G. Brim, Jr (Eds.), *Life-span development and behavior Vol. 6* (pp. 33-76). New York : Academic Press.

Baltes, P.B., Dittmann-Kohli, F., & Kliegl, R. (1986). Reserve capacity of the elderly in aging-sensitive tests of fluid intelligence : replication and extension. *Psychology and Aging*, 1, 172-177.

Baracat, B., & Marquié, J.C. (1992). Age related changes in sensitivity, response bias, and reaction time in a visual discrimination task. *Experimental Aging Research*, 18 (2), 59-66.

Benton, A.L., Eslinger, P., & Damasio, A.R. (1981). Normative observation on neuropsychological test performance in old age. *Journal of Clinical Psychology*, 3, 33-42.

Blum, J.E., & Jarvik, L.F. (1974). Intellectual performance of octogenarians as a function of education and ability. *Human Development*, 17, 364-375.

Bosman, E.A. (1993). Age-related differences in the motoric aspects of transcription typing skill. *Psychology and Aging*, 8, 87-102.

Bosman, E.A., & Charness, N. (1996). Age differences in skilled performance and skill acquisition. In T. Hess & F. Blanchard-Fields (Eds.), *Perspectives on cognitive change in adulthood and aging* (pp. 428-453). New York : McGraw-Hill.

Bowles, N. (1993). Semantic processes that serve picture naming. In J. Cerella, J. Rybash, W. Hoyer, & M.L. Commons (Eds.), *Adult information processing : Limits on loss* (pp. 303-326). San Diego, CA : Academic Press.

Brebbion, G., Smith, M.J., & Ehrlich, M.-F. (1997). Working memory and aging : deficit or strategy differences ? *Aging, Neuropsychology, and Cognition*, 4, 58-73.

Brennan, M., Welsh, M.C., & Fisher, C.B. (1997). Aging and executive function skills : An examination of a community-dwelling older adult population. *Perceptual and Motor Skills,* 84, 1187-1197.

Bryan, J., & Luszcz, M.A. (1996). Speed of information processing as a mediator between age and free-recall performance. *Psychology and Aging*, 1, 3-9.

Buchman, M.S., & Hazlett, E.A. (1997). Functional brain imaging and aging in schizophrenia. *Schizophrenia Research*, 27, 129-141.

Bunce, D.J., Barrowclough, A., & Morris, I. (1996). The moderating influence of physical fitness on age gradients in vigilance and serial choice responding tasks. *Psychology and Aging*, 11, 671-682.

Bunce, D.J., Warr, P.B., & Cochrane, T. (1993). Blocks in choice responding as a function of age and physical fitness. *Psychology and Aging*, 8, 1-8.

Burke, D., White, H., & Diaz, D.L. (1987). Semantic priming in young and older adults : Evidence for age constancy in automatic and attentional priming. *Journal of Experimental Psychology : Human Perception and Performance*, 13, 79-88.

BURKE, D., MACKAY, D., WORTHLEY, J., & WADE, E. (1991). On the tip of the tongue : What causes word finding failures in young and older adults ? *Journal of Memory and Language*, 30, 542-579.

BUSSE, E.W. (1969). Theories of aging. In E.W. Busse & E. Pfeiffer (Eds.), *Behavior and adaptation in later life* (pp. 11-32). Boston : Little Brown.

CABEZA, R., GRADY, C.L., NYBERG, L., MCINTOSH, A.R., TULVING, E., KAPUR, S., JENNINGS, J.M., HOULE, S., & CRAIK, F.I.M. (1997). Age-related differences in neural activity during memory encoding and retrieval : A positron emission tomography study. *Journal of Neuroscience,* 17, 391-400.

CAVANAUGH, J.C. (1998). Metamemory as social cognition : challenges for (and from) survey research. In N. Schwarz, D. Park, B. Knäuper & S. Sudmand (Eds.), *Cognition, aging, and self-reports* (pp. 145-162). Philadelphia, PA : Psychology Press.

CHARNESS, N. (1979). Components of skill in bridge. *Canadian Journal of Psychology*, 33, 1-16.

CHARNESS, N. (1981a). Aging and skilled problem solving. *Journal of Experimental Psychology : General*, 110, 21-28.

CHARNESS, N. (1981b). Search in chess : Age and skill differences. *Journal of Experimental Psychology : Human Perception and Performance*, 7, 467-476.

CHARNESS, N., & BOSMAN, E.A. (1992). Human factors and age. In F.I.M. Craik & T.A. Salthouse (Eds.), *The handbook of aging an cognition* (pp. 495-552). Hillsdale, NJ : ERLBAUM.

CHARNESS, N., & CAMPBELL, J.I.D. (1988). Acquiring skill at mental calculation in adulthood : a task decomposition. *Journal of Experimental Psychology : General*, 117, 115-129.

CHOIDZKO-ZAJKO, W.J., & MOORE, K.A. (1994). Physical fitness and cognitive function in aging. *Exercise and Sport Sciences Reviews*, 22, 195-220.

CHRISTENSEN, H. (1994). Age differences in tests of intelligence and memory in high and low ability subjects : a second sample of eminent academics and scientists. *Personality and Individual Differences*, 16, 919-929.

CHRISTENSEN, H., & HENDERSON, A.S. (1991). Is age kinder to initially more able ? A study of eminent scientists and academics. *Psychological Medicine,* 21, 935-946.

CLARK, W.C., & GREENBERG, D.B. (1971). Effect of stress, knowledge of results, and proactive inhibition on verbal recognition memory (d') and response criterion (Lx). *Journal of Personality and Social Psychology*, 17, 42-47.

CLARKSON-SMITH, L., & HARTLEY, A.A. (1989). Relationship between physical exercice and cognitive abilities in older adults. *Psychology and Aging*, 4, 183-189.

CLARKSON-SMITH, L., & HARTLEY, A.A. (1990). The game of bridge as an exercise in working memory and reasoning. *Journal of Gerontology*, 45, 233-238.

COLONIA-WILLNER, R. (1998). Practical intelligence at work : relationship between aging and cognitive efficiency among managers in a bank environment. *Psychology and Aging*, 13, 45-57.

CRAIK, F.I.M., & BYRD, M. (1982). Aging and cognitive deficits : the role of attentional resources. In F.I.M. Craik, & S. Trehub (Eds.), *Aging and cognitive processes* (pp. 191-211). New York : Plenum Publishing Corporation.

CRAIK, F.I.M., & JENNINGS, J.M. (1992). Human Memory. In F.I.M. Craik & T.A. Salthouse (Eds.), *The handbook of aging and cognition* (pp. 51-110). Hillsdale : Erlbaum.

CRAIK, F.I.M., & MCDOWD, J.M. (1987). Age differences in recall and recognition. *Journal of Experimental Psychology : Learning, Memory and Cognition*, 13, 474-479.

CRAIK, F.I.M., MORRIS, R.G., & GICK, M.L. (1990). Adult age differences in working memory. In G. Vallar & T. Shallice (Eds.), *Neuropsychological Impairment of Short-term memory* (pp. 247-267). Cambridge : Cambridge University Press.

CRAIK, F.I.M., ANDERSON, N.D., KERR, S.A., & LI, K.Z.H. (1995). Memory changes in normal aging. In A.D. Baddeley, B.A Wilson & F.N. Watts (Eds.). *Handbook of memory disorders* (pp. 211-241). John Wiley & Sons Ltd.

CROOK, T.H., & LARRABEE, G.S. (1992). Changes in facial recognition memory across the adult life span. *Journal of Gerontology*, 47, 138-141.

DECARLO, T.J. (1974). Recreation participation patterns and successful aging. *Journal of Gerontology*, 29, 416-427.

DI PIETRO, L., SEEMAN, T.E., MERRILL, S.S., & BERKMAN, L.F. (1996). Physical activity and measures of cognitive function in healthy older adults : the MacArthur study of successful aging. *Journal of Aging and Physical Activity*, 4, 362-376.

DIXON, R.A., & BÄCKMAN, L. (1995). Concepts of compensation : integrated, differentiated and janus-faced. In R.A. Dixon, & L. Bäckman (Eds.), *Compensating for Psychological deficits and declines - Managing losses and promoting gains* (pp. 3-19). Mahwah, N.J. : LEA.

DOBBS, A. R., & RULE, B. G. (1989). Adult age differences in working memory. *Psychology and Aging*, 4, 500-503.

DUBOIS, B., PILLON, B., & SIRIGU, A. (1994). Fonctions intégratrices et cortex préfrontal chez l'homme. In X. Seron & M. Jeannerod (Eds.), *Neuropsychologie humaine* (pp. 453-467). Liège : Mardaga.

DUNCAN, J., (1995). Attention, intelligence, and the frontal lobes. In M.S. Gazzaniga (Ed.), *The cognitive neurosciences* (pp. 721-733). Cambridge, MA : MIT Press.

DUSTMAN, R.E., RUHLING, R., RUSSELL, E.M., SHEARER, D.E., BONEKAT, H.W., SHIGEOKA, J.W., WOOD, J.S., & BRADFORD, D.C. (1984). Aerobic exercice training and improved neurophysiological function of older individuals. *Neurobiology of Aging*, 5, 35-42.

EARLES, J.L., & SALTHOUSE, T.A. (1995). Interrelations of age, health, and speed. *Journal of Gerontology : Psychological Sciences*, 50, 33-41.

ELIAS, M.F., ELIAS, J.W., & ELIAS, P.K. (1990). Biological and health influences on behavior. In J.E. Birren & K.W. Schaie (Eds.), *Handbook of the psychology of aging* (3e ed.) (pp. 310-319). San Diego : Academic Press.

ELSAYED, M., ISMAIL, A.H., & YOUNG, R.J. (1980). Intellectual differences of adult men related to age and physical fitness before and after an exercice program. *Journal of Gerontology*, 35, 383-387.

EMERY, C.F., HUPPERT, F.A., & SCHEIN, R.L. (1995). Relationships among age, exercise, health, and cognitive function in a British sample. *The Gerontologist*, 3, 378-385.

FABIANI, M., & FRIEDMAN, D. (1997). Dissociations between memory for temporal order and recognition memory in aging. *Neuropsychologia*, 35, 129-141.

FERRANDEZ, A.M., PAILHOUS, J., & DURUP, M. (1990). Slowness in elderly gait. *Experimental Aging Research*, 16, 79-89.

FERRARO, K.F., & FELLER, J.R. (1996). Self and age differences in defining health situations. *Research on Aging*, 2, 175-201.

FISK, J., & WARR, P. (1996). Age and working memory : The role of perceptual speed, the central executive, and the phonological loop. *Psychology and Aging*, 11, 316-323.

FONTAINE, R. (1999). *Manuel de psychologie du vieillissement*. Paris : Dunod.

GRADY, C.L., MACINTOSH, A.R., HORWITZ, B., MAISOG, J. M., UNGERLEIDER, L.G., MENTIS, M.J., PIETRINI, P., SHAPIRO, M.B., & HAXBY, J.V. (1995). Age-related reductions in human recognition memory due to impairment encoding. *Science*, 269, 218-221.

GRÉGOIRE, J. (1993). Intelligence et vieillissement au WAIS-R, une analyse transversale de l'échantillon d'étalonnage français avec contrôle du niveau scolaire. *L'Année Psychologique*, 93, 379-400.

GRIBBON, K., SCHAIE, K.W., & PARHAM, I.A. (1980). Complexity of life style and maintenance of intellectual abilities. *Journal of Social Issues*, 36, 47-61.

HASHER, L.M., & ZACKS, R. (1979). Automatic and effortful processes in memory. *Journal of Experimental Psychology : General*, 108, 356-388.

HASHER, L., & ZACKS, R.T. (1988). Working memory, comprehension, and aging : a review and a new view. *The Psychology of Learning and Motivation*, 22, 193-225.

HAUG, H., & EGGERS, R. (1991). Morphometry of the human cortex cerebri and corpus striatum during aging. *Neurobiology of Aging*, 12, 336-338.

HERZOG, A.R., & RODGERS, W.L. (1989). Age differences in memory performance and memory ratings as measured in a sample survey. *Psychology and Aging*, 4, 173-182.

HILL, R.D., STORANDT, M., & MALLEY, M. (1993). The impact of long-term exercise training on psychological function in older adults. *Journal of Gerontology : Psychological Sciences*, 48, 12-17.

HOLLAND, C.A., & RABBITT, P.M.A. (1991). The course and causes of cognitive changes with advancing age. *Reviews in Clinical Gerontology*, 1, 81-96.

HORN, J.L. (1982). The theory of fluid and cristallised intelligence in relation to concepts of cognitive psychology and aging in adulthood. In F.I.M. Craik & S. Trehub (Eds.), *Aging and cognition processes* (pp. 237-278). New York : Plenum.

HORN, J.L., & CATTELL, R.B. (1976). Age differences in fluid and crystallized intelligence. *Acta Psychologica*, 26, 107-129.

HOUX, P.J., VREELING, F.W., & JOLLES, J. (1991b). Rigorous health screening reduces age effect on memory scanning task. *Brain and Cognition*, 15, 246-260.

HULTSCH, D.F., HAMMER, M., & SMALL, B.J. (1993). Age differences in cognitive performance in later life : relationships to self-reported health and activity life style. *Journal of Gerontology : Psychological Sciences*, 48, 1-11.

HULTSCH, D.F., HERTZOG, C., & DIXON, R.A. (1990). Ability correlates of memory performance in adulthood and aging. *Psychology and Aging*, 5, 356-368.

HULTSCH, D.F., MASSON, M.E.J., & SMALL, B.J. (1991). Adult age differences in direct and indirect tests of memory. *Journal of Gerontology : Psychological Sciences,* 46, 22-30.

HUPET, M., & NEF, F. (1994). Vieillissement cognitif et langage. In M. Van der Linden & M. Hupet (Eds.), *Le vieillissement cognitif* (pp. 141-176). Paris : Presse Universitaires de France.

HUTTENLOCHER, P.R. (1979). Synaptic density in human frontal cortex-development changes and effects of aging. *Brain Research*, 163, 195-205.

ISINGRINI, M. (1998). Vieillissement et tâches implicites de mémoire. *Psychologie Française*, 43, 37-52.

ISINGRINI, M., & TACONNAT, L. (1997). Aspect du vieillissement normal de la mémoire. *Psychologie Française*, 42, 319-331.

ISINGRINI, M., & VAZOU, F. (1997) Relation between fluid intelligence and frontal lobe functioning in older adults. *The International Journal of Aging and Human Development*, 45, 99-109.

ISINGRINI, M., HAUER, K., & FONTAINE, R. (1996). Effet du vieillissement sur les réponses basées sur la familiarité et sur la recherche en situation de reconnaissance. *L'Année Psychologique*, 96, 255-273.

ISINGRINI, M., VAZOU, F., & LEROY, P. (1995a). Dissociation of implicit and explicit memory tests : Effect of age and divided attention on category exemplar generation and cued recall. *Memory and Cognition*, 23, 462-467.

ISINGRINI, M., FONTAINE, R., TACONNAT, L., & DUPORTAL, A. (1995b). Aging and encoding in memory : False alarms and decision criteria in a word-pair recognition task. *The International Journal of Aging and Human Development*, 41, 79-88.

JUNQUÉ, C., PUJOL, J., VENDRELL, P., BRUNA, O., JODAR, M., RIBAS, J. C., VINAS, J., CAPDEVILA, A., & MARTI-VILALTA, J.L. (1990). Leukoaraiosis on magnetic resonance imaging and speed of mental processing. *Archives of Neurology*, 47, 151-156.

KAUFMAN, A.S., REYNOLDS, C.R., & MCLEAN, J.E. (1989). Age and WAIS-R Intelligence in a national sample of adults in the 20- to 74- year age range : A cross-sectional analysis with educationnal level controlled. *Intelligence,* 13, 235-253.

KAUSLER, D.H. (1994). *Learning and memory in normal aging.* San Diego, CA : Academic Press.

KAUSLER, D.H., & KLEIM, D.M. (1978). Age differences in processing relevant versus irrelevant stimuli in multiple item recognition learning. *Journal of Gerontology*, 33, 87-93.

LA RIVIÈRE, J.E., & SIMONSON, E. (1965). The effects of age and occupation on speed of writing. *Journal of Gerontology*, 20, 415-416.

LA VOIE, D., & LIGHT, L.L. (1994). Adult age differences in repetition priming : A meta-analysis. *Psychology and Aging,* 9, 4, 539-553.

LABERGE, D., & SAMUELS, S.J. (1974). Toward a theory of automatic information processing in reading. *Cognitive Psychology*, 6, 293-323.

LEBRECK, D., & BARON, A. (1987). Age and practice effects in continuous recognition memory. *Journal of Gerontology*, 42, 89-91.

LEMAIRE, P. (1999). *Le vieillissement cognitif.* Paris : Presse Universitaire de France.

LIGHT, L.L. (1992). The organization of memory in old age. In F.I.M. Craik & T.A. Salthouse (Eds.), *The handbook of aging and cognition* (pp. 111-166). Hillsdale, NJ : Erlbaum.

LIGHT, L.L., & ALBERTSON, S.A. (1989). Direct and indirect tests of memory for category exemplars in young and older adults. *Psychology and Aging*, 4, 487-492.

LINDENBERGER, U., & BALTES, P.B. (1994). Sensory functioning and intelligence in old-age : a strong connection. *Psychology and Aging*, 9, 339-355.

LINDENBERGER, U., MAYR, U., & KLIEGL, R. (1993). Speed and intelligence in old age. *Psychology and Aging*, 8, 207-220.

LIPMAN, P.D., & CAPLAN, L.J. (1992). Adult age differences in memory for routes : Effects of instruction and spatial diagrams. *Psychology and Aging*, 4, 487-492

LOVELACE, E.A. (1990). Aging and metacognitions concerning memory function. In E.A. Lovelace (Ed.), *Aging and cognition : mental processes, self-awareness and interventions* (pp. 157-188). Amsterdam : Elsevier Science Publishers (North Holland).

MARQUIÉ, J.C. (1997). Vieillissement cognitif & expérience : l'hypothèse de la préservation. *Psychologie Française*, 42, 333-344.

MARQUIÉ, J.C., & BARACAT, B. (1992). Task complexity effects, attentional costs, and strategies in young and older adults. *Cahiers de Psychologie Cognitive - European Bulletin of Cognitive Psychology.* 12, 333-362.

MARQUIÉ, J.C., & BARACAT, B. (2000). Effects of age, educational level and gender on response bias in a recognition task. *Journal of Gerontology : Psychological Sciences*, 55B, 3, 266-272.

MARQUIÉ, J.C., & HUET, N. (2000). Age differences in feeling-of-knowing and confidence judgments in two semantic knowledge domains. *Psychology and Aging*, 15, 3, 451-461.

MARQUIÉ, J.C., PAUMÈS CAU-BAREILLE, D., & VOLKOFF, S. (1998). *Working with age*, London : Taylor & Francis.

MITTENBERG, W., SEIDENBERG, M., O'LEARY, D. S., & DIGUILIO, D.V. (1989). Changes in cerebral functioning associated with normal aging. *Journal of Clinical and Experimental Neuropsychology*, 11, 918-932.

MORRIS, R.G, CRAIK, F.I.M., & GICK, M.L. (1990). Age differences in working memory tasks : The rôle of secondary memory and the central executive system. *The Quaterly Journal of Experimental Psychology*, 42, 67-86.

MORROW, D., LEIRER, V., ALTIERI, P., & FITZSIMMONS, C. (1994). When expertise reduces age differences in performance. *Psychology and Aging*, 9, 134-148.

NIEDEREHE, G. (1986). Depression and memory impairment in the aged. In L.W. Poon (Ed.), *Handbook for clinical memory assessment of older adults* (pp. 226-237). Washington, DC : American Psychological Association.

OCDE (1985). *La sécurité des personnes âgées dans la circulation routière.* Rapport pour l'OCDE et l'OMS, Paris : OCDE.

OKUN, M.A. (1976). Adult age and cautiousness in decision. A review of the literature. *Human Development*, 19, 220-233.

OWENS, W.A. (1966). Age and mental abilities : a second adult follow-up. *Journal of Educational Psychology*, 57, 311-325.

PARK, D.C., SMITH, A.D., LAUTENSCHAGER, G., EARLES, J.L., FRIESKE, D., ZWAHR, M., & GAINES, C.L. (1996). Mediators of long-term memory performance across the life span. *Psychology and Aging*, 11, 621-637.

PERRUCHET, P. (1988). *Les automatismes cognitifs*. Liège : Mardaga.

RANKIN, J.L., & KAUSLER, D.H. (1979). Adult age differences in false recognition. *Journal of Gerontology*, 8, 141-148.

RICE, G.E., & MEYER, B.J.F. (1986). Prose recall : effects of aging, verbal ability, and reading behaviour. *Journal of Gerontology*, 41, 469-480.

ROBERT, R.J., & PENNINGTON, B.F. (1996). An interactive framework for examining prefrontal cognitive processes. *Developmental Neuropsychology*, 121, 105-126.

SALTHOUSE, T.A. (1984). Effects of age and skill in typing. *Journal of Experimental Psychology : General*, 113, 345-371.

SALTHOUSE, T.A. (1990a). Cognitive competence and expertise in aging. In J.E. Birren, & K.W. Schaie (Eds.), *Handbook of the psychology of aging* (3e ed.) (pp. 310-319). San Diego : Academic Press.

SALTHOUSE, T.A. (1990b). Influence of experience on age differences in cognitive functioning. *Human Factors*, 2, 551-559.

SALTHOUSE, T.A. (1991). *Theoretical perspectives on cogntive aging*. Hillsdale, NJ : Lawrence Erlbaum Associates.

SALTHOUSE, T.A (1993). Speed mediation of adult age differences in cognition. *Developmental Psychology*, 29, 722-738.

SALTHOUSE, T.A. (1994 a). The aging of working memory. *Neuropsychology*, 8, 535-543.

SALTHOUSE, T.A. (1994 b). The nature of the influence of speed on adult age differences in cognition. *Developmental Psychology*, 30, 240-259.

SALTHOUSE, T.A. (1995). Refining the concept of psychological compensation. In R.A. Dixon, & L. Bäckman (Eds.), *Compensating for Psychological deficits and declines - Managing losses and promoting gains* (pp. 21-34). Mahwah, N.J. : Lawrence Erlbaum Associates.

SALTHOUSE, T.A. (1996). The processing-speed theory of adult age differences in cognition. *Psychological Review*, 3, 403-428.

SALTHOUSE, T.A., & BABCOCK, R.L. (1991). Decomposing adult age differences in working memory. *Developemental Psychology*, 27, 763-776.

SALTHOUSE, T.A., & MITCHELL, D.R.D. (1990). Effects of age and naturally occurring experience on spatial visualization performance. *Developmental Psychology*, 26, 845-854.

SALTHOUSE, T.A., & SAULTS, J.S. (1987). Multiple spans in transcription typing. *Journal of Applied Psychology*, 22, 187-196.

SALTHOUSE, T.A., FRISTOE, N., & RHEE, S.H. (1996a). How localized are age-related effects on neuropsychological measures ? *Neuropsychology*, 2, 272-285.

SALTHOUSE, T.A., HANCOCK, H.E., MEINZ, E.J., & HAMBRICK, D.Z. (1996b). Interrelations of age, visual acuity and cognitive functioning. *Journal of Gerontology : Psychological Sciences,* 51, 317-330.

SALTHOUSE, T.A., MITCHELL, D.R.D., SKOVRONEK, E., & BABCOCK, R. (1989). Effects of adult age and working memory on reasonning and spatial abilities. *Journal of Experimental Psychology : Learning, Memory, and Cognition*, 15, 507-516.

SALTHOUSE, T.A., BABCOCK, R.L., SKOVRONEK, E., MITCHELL, D.R.D., & PALMON, R. (1990). Age and experience in spatial visualization. *Developmental Psychology*, 26, 128-136.

SCHACTER, D.L., & TULVING, E. (1994). Qu'en est-il de la notion de systèmes mnésiques en 1994 ? In D.L. Schacter & E. Tulving (Eds.), *Systèmes de mémoire chez l'homme et chez l'animal* (pp. 15-48). Marseille : Solal.

SCHACTER, D.L., KOUTSAAL, W., & NORMAN, K.A. (1997). False memories and aging. *Trends in Cognitive Sciences,* 1, 229-236.

SCHACTER, D.L., SAVAGE, C.R., ALPERT, N.M., RAUCH, S.L., & ALBERT, M.S. (1996). The role of hippocampus and frontal cortex in age-related memory changes : A PET study. *Neuroreport*, 7, 1165-1169.

SCHAIE, K.W., & WILLIS, S.L. (1986). Can adult intellectual decline be reversed ? *Developmental Psychology*, 22, 223-232.

SCHILS, J.P., & VAN DER LINDEN, M. (1991). L'utilisation d'aide-mémoire dans la vie quotidienne : effet de l'âge, du sexe et du niveau scolaire. *Revue Européenne de Psychologie Appliquée*, 41, 199-203.

SHALLICE, T. (1988). *From neuropsychology to mental structure*. Cambridge, England : Cambridge University Press.

SHIMAMURA, A.P. (1995). Memory and frontal lobe function. In M.S. Gazzaniga (Ed.), *The cognitive neurosciences* (pp. 803-813). Cambridge, MA : MIT Press.

SMALL, B.J., HULTSCH, D.F., & MASSON, M.E.J. (1995). Adult age differences in perceptually based, but not conceptually based implicit tests of memory. *Journal of Gerontology : Psychological Sciences*, 50, 3, 162-170.

SPENCER, W.D., & RAZ, N. (1995). Differential effects of aging on memory for contain and context : A meta-analysis. *Psychology and Aging*, 4, 527-539.

SPIELER, D.H., BALOTA, D.A., & FAUST, M.E. (1996). Stroop performance in healthy younger and older adults and in individuals with dementia of the Alzheimer's type. *Journal of Experimental Psychology : Human Perception and Performance*, 22, 461-479.

SQUIRE, L.R. (1994). Declarative and nondeclarative memory : Multiple brain systems supporting learning and memory. In D.L. Schacter & E. Tulving (Eds.), *Memory systems* 1994 (pp. 208-231). Cambridge, MA : MIT Press.

STERN, C., PRATHER, P., SWINNEY, D., & ZURIF, E. (1991). The time course of automatic lexical access and aging. *Brain and Language*, 40, 359-372.

STINE, E.L., & WINGFIELD, A. (1987). Process and strategy in memory for speech among younger and older adults. *Psychology and Aging*, 2, 272-279.

STINE, E.A.L., CHEUNG, H., & HENDERSON, D.T. (1995). Adult age differences in the one-line processing of new concepts in discourse. *Aging and Cognition*, 2, 1-18.

STUSS, D.T., CRAIK, F.I.M., SAYER, L., FRANCHI, D., & ALEXANDER, M.P. (1996). Comparison of elderly subjects to patients with frontal lesions : Evidence from list learning. *Psychology and Aging*, 11, 387-395.

TULVING, E. (1983). *Elements of episodic memory*. Oxford : Oxford Science Publication.

VAN DER LINDEN, M. (1997). Vieillissement normal, démence d'Alzheimer et mémoire de travail. *Psychologie Française*, 4, 379-390.

VAN DER LINDEN, M. (1994). Mémoire à long terme et vieillissement. In M. Van der Linden & M. Hupet (Eds.), *Le vieillissement cognitif* (pp. 87-140). Paris : PUF.

Eric Aubert & Jean-Michel Albaret (Ed.)
Vieillissement et psychomotricité
collection Psychomotricité
© solal éditeur - Marseille - 2001

4

Une approche cognitive de la démence : implications pour l'évaluation et la prise en charge des patients déments

Martial VAN DER LINDEN
Fabienne COLLETTE
et Anne-Claude JUILLERAT

La démence se définit principalement par la présence de troubles comportementaux et cognitifs, acquis, progressifs, et chroniques. En ce sens, le terme "démence" pourrait avantageusement être remplacé par celui de "détérioration cognitive progressive chronique" (DCPC ; Spinnler & Della Sala, 1999). Parmi les démences, on distingue généralement les formes neurologiques (ou organiques) des formes psychiatriques (ou fonctionnelles).

Les démences organiques sont caractérisées par l'existence d'une atteinte structurale (morphologique) du réseau neuronal, détectée "in vivo" ou à l'autopsie et/ou de données biochimiques ou neurophysiologiques indiquant une atteinte du système nerveux central. Au sein des démences organiques, une distinction générale peut être établie entre :

- les démences instrumentales (par exemple la démence de type Alzheimer), liée principalement (mais pas exclusivement) à une pathologie du cortex associatif rétrorolandique et se manifestant par une atteinte des " instruments " cognitifs (langage, reconnaissance visuelle, gestualité, etc.).
- les démences dysexécutives, liées principalement (mais pas exclusivement) à une atteinte prédominant au niveau du cortex préfrontal, avec lésions sous-corticales (comme par exemple dans la chorée de Huntington) ou sans lésions sous-corticales (comme par exemple dans la maladie de Pick ou la démence fronto-temporale) ; ces démences se manifestent surtout par une atteinte des fonctions de contrôle (exécutives) et de la motivation.

Ces deux classes de maladies dégénératives regroupent une grande variété de démences, et notamment : la démence de type Alzheimer (à prédominance corticale, avec des atteintes de gravité variable des fonctions instrumentales et de la mémoire) ; la démence avec corps de Lewy, cortico/sous-corticale, dans laquelle des signes parkinsoniens, des hallucinations, d'importantes fluctuations de comportement, et la survenue de chutes sont fréquemment associés à des troubles instrumentaux ; la démence fronto-temporale, caractérisée par des troubles comportementaux et une fréquente négligence physique associés à un syndrome dysexécutif ; les troubles progressifs primaires, amenant une détérioration progressive limitée à un domaine cognitif (aphasie progressive, apraxie progressive, démence sémantique, ...), etc.

La distinction entre démences instrumentale et dysexécutive doit cependant être considérée avec certaines réserves et a de toute évidence un caractère relatif et provisoire : en effet, de plus en plus de données suggèrent que les fonctions exécutives (ou du moins certaines d'entre elles) recrutent vraisemblablement un réseau cérébral plus vaste que le cortex préfrontal (Collette *et al.*, 1999 ; D'Esposito & Grossman, 1996 ; Weinberger, 1993). Dans ce contexte, plusieurs études indiquent que les patients Alzheimer en début d'évolution manifestent une perturbation de certaines fonctions exécutives, qui pourrait être la conséquence d'une déconnexion entre différentes régions cérébrales d'association (Collette, Van der Linden, & Salmon, 1999 ; Collette, Van der Linden, Bechet, & Salmon, 1999 ; Collette, Van der Linden, Adam, & Salmon, 2000). Par ailleurs, dans un travail récent, Johnson *et al.* (1999) ont identifié un sous-groupe de patients présentant une démence de type Alzheimer à un stade débutant (confirmée sur le plan anatomo-pathologique) et qui montraient des troubles disproportionnés à divers tests censés évaluer le fonctionnement exécutif. Ces patients avaient également un taux plus élevé de dégénérescences neurofibrillaires dans le cortex frontal que les groupes de patients Alzheimer typiques. Binetti *et al.* (2000) ont également montré que, en dépit de certaines différences caractéristiques, on trouve un recouvrement substantiel entre les déficits neuropsychologiques des patients avec démence de type Alzheimer et ceux présentant une maladie de Pick.

Enfin, à côté des démences dégénératives, il existe d'autres types de démences, et en particulier, les démences vasculaires, les démences à prions (par exemple, la maladie de Creutzfeldt-Jakob), les démences causées par des troubles métaboliques ou endocriniens, les démences toxiques, etc. (pour une présentation de ces différents syndromes démentiels, voir Boller & Muggia, 1999).

Les démences psychiatriques (fonctionnelles), parfois appelées pseudo-démences, sont définies par Caine (1981) comme une "atteinte intellectuelle réversible liée à un désordre psychiatrique primitif, accompagnée d'anomalies neuropsychologiques qui évoquent un déficit dû à un processus neuropathologique, malgré l'absence apparente de celui-ci". L'affection psychiatrique peut être de nature variée, mais la maladie dépressive y occupe une place prépondérante. En principe, ces démences se caractérisent par une absence d'atteinte cérébrale structurale. Il faut noter que la distinction "démence organique / démence fonctionnelle" est elle aussi probablement transitoire et dépend des capacités de la technologie à détecter un dysfonctionnement cérébral.

DÉFINITION OPÉRATIONNELLE DES DÉMENCES ORGANIQUES

Selon Spinnler et Della Sala (1999), la démence organique peut être définie, de façon plus opérationnelle, comme un ensemble complexe de modifications du comportement dans la vie quotidienne (ces modifications étant pour la plus grande part des "pertes"), liées à des déficits neuropsychologiques hétérogènes, et donnant lieu à un tableau "d'incapacité cognitive" (sans obscurcissement général de l'état de conscience). La caractéristique essentielle de la démence est une détérioration lente, continue, dont la progression peut être détectée lors d'un suivi de 6 à 12 mois. La contrepartie sociale est un abandon progressif des activités de la vie quotidienne (familiales, sociales, professionnelles), couplée à une perte d'autonomie.

Tôt ou tard, dans le décours du processus démentiel, le cerveau "rétrécit", ce qui donne lieu à un tableau anatomique macroscopique d'atrophie cérébrale, qui peut être détectée par des techniques neuroradiologiques (comme le scanner cérébral ou la résonance magnétique nucléaire). Cependant, en début d'évolution, le tableau neuroradiologique peut être normal. Dans certains cas, des anomalies neuroradiologiques caractéristiques peuvent précéder le tableau clinique de démence (par exemple, l'atrophie sélective du noyau caudé dans les stades précoces de chorée de Huntington). Les signes neurologiques sont aspécifiques et apparaissent assez tard dans la plupart des démences corticales (sauf dans les démences vasculaires où l'on observe parfois des signes focaux) ; la présence de signes neurologiques joue par contre un rôle important dans le diagnostic d'une atteinte souscorticale. Dans le dernier stade de la démence, un état de cachexie (affaiblissement et amaigrissement important) s'installe et progresse rapidement, qui maintient le patient au lit jusqu'à son décès.

La symptomatologie psychoaffective initiale est essentiellement réactive et consiste en anxiété ou dépression liée à la prise de conscience des incapacités cognitives. Des hallucinations et idées délirantes peuvent également être observées. Par ailleurs, les symptômes psychoaffectifs et comportementaux sont plus fréquents dans les démences dysexécutives.

En résumé, la définition de la démence implique la mise en évidence d'une incapacité cognitive progressive dans la vie quotidienne, c'est-à-dire d'un écart entre le comportement du patient et les modifications normales liées à l'âge, compte tenu du statut économique et psychosocial de la personne, de son lieu de résidence, etc. Le diagnostic de démence peut être influencé par de nombreuses variables socioculturelles. Ainsi, il existe un risque d'émettre un diagnostic erroné de démence chez un sujet illettré ou au contraire d'ignorer un diagnostic de démence chez un sujet plus jeune avec un haut niveau d'éducation.

L'approche diagnostique de la démence suppose d'établir d'abord un diagnostic de détérioration cognitive progressive chronique (DCPC), puis d'établir son étiologie (par exemple, démence de type Alzheimer ou démence fronto-temporale). Le diagnostic de DCPC suit donc une démarche en cascade : 1. un entretien préliminaire avec le patient et le conjoint, afin d'identifier d'éventuelles modifications comportementales dans la vie quotidienne ; 2. un examen neuropsychologique, visant à confirmer la présence de déficits cognitifs et à préciser leur nature ; 3. l'établissement d'une hypothèse étiologique prenant en compte les données comportementales et neuropsychologiques, des données cliniques et neurologiques, ainsi que des informations neuroradiologiques et des analyses de laboratoire. Le caractère progressif des troubles doit impérativement être démontré par un suivi longitudinal (sur 6 à 12 mois).

L'âge est un facteur de risque crucial pour toutes les démences dégénératives. Du fait du vieillissement de la population et de l'augmentation de la prévalence des troubles démentiels avec l'âge, le nombre de patients atteints de pathologies neurodégénératives (dont la plus fréquente est la démence de type Alzheimer) ne cesse de croître. Dans ce contexte, une étude estime qu'il existe 3,74 millions de patients déments dans le monde et que ce nombre augmentera jusqu'à 9 millions en 2040 (Stuss & Levine, 1996).

LA DÉMENCE DE TYPE ALZHEIMER

La démence de type Alzheimer (DTA) représente entre 45% et 60-85% de toutes les démences. Selon des études menées en Europe, en Afrique, en Australie, en Chine, au Japon et aux Etats-Unis, la prévalence de la DTA double tous les 5,1 ans entre 60 et 90 ans et varie entre 5 et 10% de la population âgée de plus de 65 ans (Corrada, Brookmeyer & Kawas, 1995 ; Katzman & Fox, 1999), et de 47% chez les personnes de plus de 85 ans (Evans *et al.*, 1989). La DTA toucherait ainsi, pour l'an 2000, 81000 cas dans la population belge de plus de 60 ans (pour une population d'environ 10 millions d'habitants ; Kurz & Dresse, 1994). Ces données indiquent l'importance du problème social et économique que constitue cette maladie et montrent combien il est essentiel de mettre en place des stratégies de prise en charge et d'accompagnement efficaces. C'est pourquoi nous nous attarderons plus particulièrement sur l'approche cognitive de cette forme de démence.

En l'absence de marqueur biologique, le diagnostic de DTA demeure un problème clinique, dans lequel la neuropsychologie est la composante la plus importante. C'est particulièrement vrai dans le cas du diagnostic précoce. Effectuer un diagnostic précoce fiable de DTA est essentiel pour plusieurs raisons (voir Spinnler & Della Sala, 1999) : la personne peut prendre des décisions personnelles lucides pour son avenir, seuls des patients Alzheimer bien évalués peuvent donner un consentement réellement informé (non bureaucratique) pour participer à un essai pharmaceutique et seuls des patients se trouvant à un stade précoce de la maladie peuvent collaborer à des études visant à mieux comprendre la maladie ; par ailleurs, l'exclusion d'un diagnostic de démence, alors qu'une telle affection était suspectée, peut évidemment transformer la manière de vivre d'une personne ; enfin, quelques détériorations progressives chroniques sont liées à des problèmes traitables (par exemple, une hypothyroïdie ou une hypovitaminose B12) et l'instauration d'un traitement approprié peut permettre une récupération spectaculaire des facultés cognitives.

La procédure de diagnostic en cascade telle que décrite précédemment conduit à 85-90% d'exactitude dans le diagnostic de DTA certaine (c'est-à-dire confirmé à l'autopsie). L'exactitude peut être quelque peu améliorée si deux évaluations sont programmées longitudinalement. Cependant, il est fréquent que l'on trouve à l'autopsie ou à l'imagerie cérébrale des patients DTA avec lésions vasculaires (souvent périventriculaires), et à l'inverse des patients avec démence vasculaire qui présentent des signes d'atrophie. Des hypothèses récentes suggèrent une interaction entre ces deux maladies, une sorte de fragilisation du cerveau par l'une qui favoriserait l'installation de l'autre.

Au plan neurobiologique, la DTA se caractérise par une diminution du poids du cerveau et une atrophie corticale, manifestée par un élargissement des sillons corticaux (atrophie soit globale, soit prédominant dans certaines régions). Mais l'élément lésionnel le plus important est la présence de modifications au niveau cellulaire, visibles au microscope : perte neuronale, plaques séniles, dégénérescences neurofibrillaires, et angiopathie congophile. Les lésions les plus caractéristiques sont :

- les plaques séniles : structures anormales dans les espaces extra-cellulaires. Ces plaques se composent d'une région centrale constituée d'une protéine particulière, la protéine amyloïde, entourée d'un amas de débris de neurites, c'est-à-dire d'axones provenant de la destruction de neurones avoisinants.

• les dégénérescences neurofibrillaires, consistant en écheveaux de filaments anormaux venant se déposer à l'intérieur du neurone.

Le diagnostic définitif de DTA, établi à partir de données neurologiques et neuropsychologiques longitudinales et de données morphologiques et neurochimiques (réalisées après le décès) est extrêmement rare en pratique clinique. En conséquence, la recherche sur la DTA se centre principalement sur des patients avec DTA "probable" (ou seulement "possible", si le diagnostic semble moins sûr).

Une approche cognitive de la DTA

Jusqu'il y a peu, l'approche neuropsychologique de la DTA était dominée par une conception qui considérait que les patients Alzheimer manifestaient un dysfonctionnement cognitif, généralisé et homogène. Par ailleurs, en l'absence d'outils performants de diagnostic précoce, le diagnostic de la DTA ne pouvait généralement être posé que chez des patients présentant des troubles importants du fonctionnement cognitif. L'introduction dans la recherche neuropsychologique sur la DTA des concepts et méthodes issus de la psychologie cognitive a considérablement modifié cette situation (voir Juillerat, Van der Linden, Seron, & Adam, 2000, pour une présentation détaillée de ces changements).

Il est actuellement largement admis que cette maladie peut affecter de manière relativement isolée certains processus ou systèmes cognitifs et en épargner d'autres : en d'autres termes, la DTA ne touche pas de manière diffuse tous les processus et système cognitifs et certains aspects du fonctionnement cognitif demeurent préservés. En effet, un grand nombre d'études ont révélé l'existence de capacités cognitives préservées chez les patients Alzheimer (voir Van der Linden, 1994).

Ainsi, dans le domaine de la mémoire à long terme, des données convergentes indiquent que les patients Alzheimer connaissent d'importantes difficultés dans les tâches de mémoire épisodique, c'est-à-dire dans des tâches qui exigent la récupération consciente d'informations apprises dans un contexte spatio-temporel particulier (les tâches de rappel ou de reconnaissance). Par contre, les patients Alzheimer sont capables d'apprendre normalement diverses habiletés perceptivo-motrices, ce qui indique un maintien de la mémoire procédurale (Jacobs *et al.*, 1999). En outre, ils peuvent également manifester des performances normales à certains tests de mémoire implicite dans lesquels on évalue la mémoire des sujets sans exiger de récupération consciente de l'information apprise précédemment (voir Fleischman & Gabrieli, 1998 ; Park *et al.*, 1998). Il faut en outre noter que les performances des patients Alzheimer dans le domaine de la mémoire épisodique motrice demeurent longtemps relativement intactes (voir Dick, 1992).

Des dissociations entre capacités préservées et déficitaires s'observent également dans le domaine des fonctions attentionnelles. La présence de déficits attentionnels a fréquemment été décrite dès les premiers stades de la DTA (pour une revue de question, voir Collette & Van der Linden, 2000). Cependant, tous les domaines attentionnels ne sont pas affectés de la même façon par la maladie. Ainsi, les capacités d'alerte phasique (c'est-à-dire la capacité d'augmenter son niveau d'alerte suite à la présentation d'un stimulus avertisseur), de vigilance (c'est-à-dire l'aptitude à rester attentif durant de longues périodes de temps afin de détecter la survenue d'items peu fréquents) et d'attention soutenue (c'est-à-dire la capacité de détecter un grand nombre de stimuli sur une courte période de temps) apparaissent relativement intactes (du moins dans les premiers stades de la maladie ; Nebes & Brady, 1993 ; Lines *et al.*, 1991). Un des domaines attentionnels qui a été le plus exploré chez les patients Alzheimer concerne l'attention sélective, c'est-à-dire la capacité d'engager son attention sur les éléments pertinents de la tâche, tout en en inhibant les éléments distracteurs. Les capacités d'attention sélective spatiale ont classiquement été évaluées au moyen de tâches dans lesquelles on présente d'abord au sujet un indice à propos de la position où va apparaître un stimulus-cible. L'indice peut être, selon les essais, valide, non valide, ou neutre. Dans leur ensemble, ces études ont montré que, suite à la présentation de l'indice, les patients Alzheimer ne présentent pas de déficit d'engagement ou de maintien de l'attention, mais bien un déficit spécifique du désengagement ou de la réorientation de l'attention (Oken, Kishiyama, Kaye, & Howieson, 1994 ; Parasuraman, Greenwood, Haxby, & Grady, 1992). Des déficits d'attention sélective ont également été mis en évidence lorsque les patients doivent sélectionner certaines caractéristiques d'un item par rapport à d'autres : ainsi, les patients Alzheimer ont des performances déficitaires par rapport aux sujets de contrôle non seulement lorsque la tâche nécessite de déplacer son attention entre différents attributs d'un item (Haxby, Parasuraman, Gillette, & Raffaele, 1991 ; Foster, Berhmann, & Stuss, 1999), mais également entre différents niveaux d'organisation perceptive au sein d'un même item complexe (Filoteo *et al.*, 1992 ; Massman *et al.*, 1993). Enfin, de nombreuses études se sont également intéressées aux capacités d'attention divisée dans la DTA, et ce au moyen d'une procédure de tâches doubles. Les résultats sont assez consistants et montrent tous une atteinte dans la capacité de gérer la réalisation simultanée de deux tâches, que les tâches exigent ou non de stocker de l'information en mémoire (Baddeley *et al.*, 1986, 1991 ; Nestor, Parasuraman, Haxby, & Grady, 1991). Dans un travail récent, Perry, Watson et Hodges (2000) ont exploré de façon longitudinale les troubles attentionnels dans la DTA. Ils ont administré à des patients Alzheimer présentant différents degrés d'atteinte cognitive (minimale : 24-30 au MMSE et légère : 18-23 au MMSE) une série d'épreuves évaluant l'attention soutenue, divisée et sélective, ainsi que les capacités d'inhibition. Des tâches évaluant la mémoire épisodique et sémantique, les capacités visuo-perceptives et visuo-spatiales, ainsi que la mémoire à court terme verbale ont également été administrées. Les patients se trouvant au stade léger de la maladie montrent des déficits pour l'ensemble des épreuves attentionnelles. Par contre, les patients présentant une atteinte minimale montrent des capacités préservées d'attention soutenue et divisée, mais des performances déficitaires aux tâches d'attention sélective et d'inhibition. Par ailleurs, la comparaison des deux groupes montre que les troubles attentionnels surviennent après les troubles de mémoire épisodique, mais avant les déficits visuo-perceptifs, visuo-spatiaux, et de mémoire de travail verbale (voir également Grady *et al.*, 1988 ; Reid *et al.*, 1996, pour des données similaires).

Plusieurs études de cas (Beatty *et al.*, 1994) ont aussi relaté, chez des patients déments manifestant parfois des troubles cognitifs massifs et étendus, le maintien de certaines aptitudes spécifiques dans des domaines où les patients avaient atteint un niveau d'expertise élevé avant l'entrée en démence (peindre, jouer du trombone ou du piano, jouer à la canasta ou aux dominos, etc.). Par ailleurs, de plus en plus d'études ont révélé qu'il existait différents facteurs cognitifs permettant d'influer sur le déclin cognitif des patients et d'optimiser de la sorte leur fonctionnement dans la vie quotidienne. Ainsi, il semble possible d'optimiser la performance des patients Alzheimer en mémoire épisodique, par exemple en les soumettant à des conditions d'encodage qui suscitent un traitement plus riche, plus élaboré et plus distinctif du matériel à mémoriser (Herlitz, Lipinska, & Bäckman, 1992 ; Bäckman & Small, 1998).

Il est également apparu que tant la nature des processus déficitaires que l'évolution des troubles peut varier considérablement d'un patient à l'autre (Wilson *et al.*, 2000) et que cette hétérogénéité peut se manifester non seulement entre les grandes fonctions cognitives (comme par exemple entre les capacités langagières et visuo-spatiales, Martin *et al.*, 1986) mais aussi au sein d'une fonction particulière (voir Collette, Van der Linden, Bechet, & Salmon, 1999 pour une illustration dans le domaine de la mémoire de travail). Galton, Patterson, Xuereb, et Hodges (2000) ont récemment illustré l'extrême hétérogénéité des profils neuropsychologiques dans la démence de type Alzheimer. Ces auteurs ont décrit 13 cas de patients présentant une démence de type Alzheimer confirmée au plan anatomo-pathologique : quatre de ces patients présentaient un profil neuropsychologique typique (présence initiale de troubles de la mémoire épisodique suivie de déficits attentionnels, langagiers, sémantiques et visuo-spatiaux), alors que les autres montraient un profil atypique, se manifestant initialement par des troubles progressifs visuels (n = 1), langagiers (n = 6), ou évoquant une atteinte bi-pariétale (n = 2).

Le diagnostic précoce de la démence de type Alzheimer

Ces dernières années, des progrès considérables ont été réalisés dans le diagnostic précoce de la maladie. Plusieurs études récentes ont en effet montré qu'en dépit d'une indiscutable hétérogénéité, certains types de déficits étaient particulièrement fréquents dès les stades précoces de la démence de type Alzheimer, et en particulier les troubles affectant la mémoire épisodique et les fonctions exécutives. Par ailleurs, différentes recherches ont établi que l'évaluation de ces deux domaines du fonctionnement cognitif permettait d'améliorer très sensiblement l'efficacité du diagnostic précoce de la maladie (Albert, 1996 ; Buschke, Sliwinski, Kuslansky, & Lipton, 1995 ; Buschke, Sliwinski, Kuslansky, & Lipton, 1997 ; Small *et al.*, 1997 ; Tierney *et al.*, 1996).

En ce qui concerne la mémoire épisodique, certains travaux suggèrent que les mesures de rappel différé sont plus efficaces dans le diagnostic précoce de la DTA que les mesures de rappel immédiat (Albert, 1996 ; Tierney *et al.*, 1996 ; Linn *et al.*, 1995). D'autres travaux indiquent cependant que les épreuves qui fournissent les meilleures prédictions sont les tâches de mémoire épisodique dans lesquelles un support cognitif est fourni tant à l'encodage que lors de la récupération, par exemple sous la forme d'une catégorisation sémantique à l'encodage ou d'un apport d'indices catégoriels au rappel (voir par exemple Small *et al.*, 1997 ; Buschke *et al.*, 1995, 1997 ; Ivanoiu, Van der Linden, Seron, & Sindic, 1999).

En ce qui concerne le fonctionnement exécutif, plusieurs études (Lafleche & Albert, 1995 ; Small *et al.*, 1997 ; Tierney *et al.*, 1996) ont montré que les épreuves qui permettent de discriminer efficacement le vieillissement normal de la démence de type Alzheimer semblent être celles qui impliquent la coordination de deux tâches réalisées simultanément, un changement dans les dimensions d'un stimulus à traiter ou encore une activité d'auto-contrôle (comme par exemple la partie B du Trail-making test, les épreuves de fluence verbale, ou encore le sous-test de contrôle mental de l'échelle de Wechsler).

Il faut cependant noter que d'autres fonctions cognitives peuvent également être altérées de manière précoce, même si la survenue de ces déficits est relativement moins fréquente à ce stade de la maladie : c'est le cas des troubles du langage et des troubles visuo-spatiaux. Il existe un accord assez large pour considérer que les troubles du langage oral peuvent être présents dans 8 à 15% des cas au stade précoce de la maladie (Emery, 1996 ; Eustache *et al.*, 1993 ; Faber-Langendoen *et al.*, 1988 ; Kertesz, 1994) et qu'ils deviennent la règle lorsque la maladie progresse. D'une manière générale, on considère qu'il y a une meilleure conservation des dimensions phonologique et syntaxique du langage par rapport aux dimensions lexicale et surtout sémantique (Emery, 1996). En ce qui concerne le langage écrit, certains auteurs signalent que des difficultés de compréhension du langage écrit sont souvent parmi les premiers signes rapportés par les patients ou par leurs proches (Mathias, 1996 ; Emery & Breslau, 1988 ; Murdoch, Chenery, Wilks, & Boyle, 1987 ; Sevush, Leve, & Brickman 1993 ; Schwartz, Saffran, & Marin, 1980). Ici aussi, les troubles concerneraient davantage les aspects sémantiques de l'activité de lecture plutôt que le système lexical, qui serait préservé beaucoup plus longtemps. Par ailleurs, des troubles de l'écriture ont également été décrits dans la démence de type Alzheimer (Cummings, Benson, Hill, & Read, 1985 ; Faber-Langendoen *et al.*, 1988). Il semble que, dans ce domaine également, les difficultés sémantiques surviendraient tout d'abord, suivis d'éléments de dysorthographie, et finalement de troubles du graphisme. Enfin, il existe également quelques données suggérant que certains patients avec un diagnostic de démence de type Alzheimer peuvent avoir présenté aux stades initiaux de leur maladie un déficit particulièrement marqué dans le domaine des processus visuo-spatiaux Ces déficits peuvent porter sur la représentation de l'espace, sur la reconnaissance des objets, ou plus généralement correspondre à un déclin de l'attention visuelle (Coslett & Saffran, 1996). Il n'y a pas de données claires sur la prévalence de ces déficits au stade précoce de la maladie mais, compte tenu de la rareté relative des observations rapportées, celle-ci ne devrait pas être très élevée.

Une atteinte sélective des habiletés gestuelles peut également être observée de façon précoce (Galton *et al.*, 2000) ainsi qu'un trouble des systèmes conceptuels relatifs aux objets ou aux actions, de la programmation de l'action, ou encore de la coordination spatio-temporelle des mouvements (Ochipa, Gonzalez Rothi & Heilman, 1992 ; Benke, 1993). Il faut toutefois relever que les patients Alzheimer, même apraxiques, possèdent encore des capacités normales d'apprentissage procédural (Jacobs *et al.*, 1999). Ces données suggèrent que l'apraxie et l'apprentissage moteur peuvent être dissociés : les capacités préservées d'apprentissage moteur dépendraient des systèmes fronto-striataux, qui sont moins affectés par la démence de type Alzheimer, alors que les troubles praxiques seraient le reflet d'un dysfonctionnement pariétal.

Plusieurs recherches récentes ont souligné l'utilité de combiner des mesures cognitives avec des facteurs de risque biomédicaux, tels que le génotype e 4/4 de l'ApoE (apolipoprotéine E ; Tierney *et al.*, 1996), des informations d'imagerie cérébrale (en particulier, la volumétrie hippocampique ; Kaye *et al.*, 1997), des informations fournies par les proches concernant le déclin cognitif (Mulligan *et al.*, 1996 ; Mackinnon & Mulligan, 1998), les plaintes mnésiques subjectives des patients (Schmand, Jonker, Hooijer & Lindeboom, 1996), ou les difficultés dans certaines tâches de la vie quotidienne (et en particulier, l'utilisation des transports en commun, la prise de médicaments, la gestion du budget, et l'utilisation du téléphone ; Barberger-Gateau, Dartigues & Letenneur, 1993).

Etablir la gravité de la DTA et suivre son évolution

A côté du diagnostic précoce, une autre fonction importante de l'examen neuropsychologique réside dans l'établissement de distinctions entre différents niveaux de sévérité, et dans le suivi de la progression de la maladie (Van der Linden & Juillerat, 1998). L'un des problèmes principaux est toutefois de déterminer si les modifications relevées dans les scores à certains tests cognitifs (et pas à d'autres) reflètent bien les changements dans les fonctions cognitives que ces tests sont supposés explorer, ou si elles sont dues à des différences dans les propriétés psychométriques des épreuves (par exemple, leur degré respectif de difficulté ; voir Capitani & Lacaiona, 1988). Un autre problème concerne l'effet de pratique lié à la répétition des tests ainsi que la fidélité test-retest des épreuves. Ainsi, l'effet de pratique peut donner l'illusion d'une stabilisation des performances, alors que le patient s'est en réalité détérioré.

Selon Locascio, Growdon et Corkin (1995), la variabilité des atteintes néocorticales (qui succéderaient aux atteintes hippocampiques et du "basal forebrain") rend difficile l'établissement de stades de gravité de la DTA sur la base d'épreuves évaluant des processus cognitifs spécifiques. Dans ce contexte, des mesures globales issues d'échelles appréciant différents aspects du fonctionnement cognitif (comme la Dementia Rating Scale, DRS, Mattis, 1973) seraient plus indiquées.

Différencier la DTA d'autres formes de démence

Même quand la nature pathologique de la performance d'un patient a été bien établie, le (ou la) neuropsychologue reste confronté à d'autres problèmes diagnostiques. En particulier, la DTA doit être différenciée d'autres formes de démences, en particulier de la démence fronto-temporale, ou de la démence avec corps de Lewy. Or, un certain degré de chevauchement existe clairement entre les déficits observés chez les patients Alzheimer et ceux des patients non-Alzheimer (voir par exemple, Binetti *et al.*, 2000).

Ces dernières années, plusieurs études ont tenté de caractériser différents types de démences au plan neuropsychologique. Ainsi, par exemple, Hodges *et al.* (1999) ont pu mettre en évidence des profils distincts de troubles chez des patients présentant une DTA à un stade débutant, une démence sémantique ou une démence fronto-temporale. Plus spécifiquement, ils ont observé que les patients Alzheimer manifestaient un trouble important de la mémoire épisodique, avec des déficits plus subtils affectant la mémoire sémantique et les capacités visuo-spatiales. Les patients avec démence sémantique montraient un tableau isolé de troubles sémantiques graves, avec un manque du mot et une dyslexie de surface, mais ne se distinguaient pas des patients Alzheimer dans le rappel d'un récit. Les patients avec démence fronto-temporale étaient les moins atteints et présentaient des déficits légers en mémoire épisodique et en fluence verbale, mais une mémoire sémantique intacte

Dans une étude plus analytique, que l'un de nous a menée en collaboration avec F. Pasquier (Pasquier *et al.*, 1994), des changements neuropsychologiques spécifiques qui permettaient de différencier les patients DTA des patients avec une démence fronto-temporale ont été mis en évidence, en particulier un plus grand taux d'oubli chez les patients DTA, une amélioration significative des performances mnésiques des patients avec démence fronto-temporale lorsque les indices appropriés étaient fournis lors du rappel, et des performances de mémoire implicite meilleures chez les patients avec démence fronto-temporale que chez les patients DTA.

Par ailleurs, plusieurs études ont également été menées afin de distinguer différents types de démences sur la base des modifications comportementales manifestées par les patients. Ainsi, par exemple, Hirono *et al.* (1999) montrent que les patients avec démence fronto-temporale présentent plus d'euphorie, d'activité motrice aberrante, de désinhibition, et moins d'idées délirantes que les patients avec démence avec corps de Lewy et les patients Alzheimer. Les patients avec démence avec corps de Lewy souffrent quant à eux de plus d'hallucinations. Plus récemment, Bozéat, Gregory, Lambon et Hodges (2000) ont mis en évidence que les comportements stéréotypés, les changements dans les préférences alimentaires, la désinhibition, et des éléments de faible conscience sociale permettaient de distinguer les patients avec démence fronto-temporale des patients Alzheimer.

Dans la même perspective, nous avons également exploré les troubles émotionnels et comportementaux associés à la DTA et à la démence fronto-temporale et ce au moyen de l'ISPC (Iowa Scale of Personnality Changes ; Barrash, Anderson, Jones, & Tranel, 1997 ; adaptation en langue française : Juillerat & Peter-Favre, 1999). L'ISPC comporte 25 dimensions évaluant différents aspects des conduites émotionnelles et de la personnalité. Elle propose une description de chaque dimension suivie d'une échelle à sept niveaux, et une personne proche doit évaluer, pour chaque caractéristique, le comportement actuel ("maintenant") et prémorbide ("avant") du patient. Une cotation de 3 correspond à un comportement "moyen" et une cotation plus élevée suggère l'existence d'un dysfonctionnement. L'ISPC contient en outre quatre dimensions de contrôle (avarice, manipulation, vanité, et comportement de type A) permettant de détecter d'éventuels biais (e.g. exagération ou minimisation des troubles du patient). Cette échelle a été administrée à 10 patients Alzheimer (âge : 67 ; MMSE de Folstein, Folstein, & McHugh,

1975 : 22 ; DRS de Mattis, 1975 : 120.3) et 10 patients présentant une démence fronto-temporale (âge : 68.6 ; MMSE : 25.9 ; DRS : 122). Les patients DTA obtiennent un score inférieur à celui des patients avec démence fronto-temporale au MMSE et au sous-test “Mémoire” de la DRS. Par contre, les deux groupes ne diffèrent pas dans le score total et les autres sous-scores de la DRS. En ce qui concerne l’ISPC, un changement significatif global est observé entre “avant” et “maintenant”, tant chez les patients DTA qu’avec démence fronto-temporale (respectivement de 31.3 et 52.3 : ce changement tend à être plus important chez les patients avec démence fronto-temporale). Par ailleurs, des changements significatifs sont observés pour 6 des 25 dimensions, tous en défaveur des patients avec démence fronto-temporale : impulsivité, caractère lunatique, capacités de jugement, agressivité, sensibilité au stress, et impatience. Par contre, aucun changement significatif n’est relevé dans les quatre échelles de contrôle et les deux groupes ne diffèrent pas par rapport aux évaluations relatives à l’état pré-morbide. Enfin, l’amplitude des changements comportementaux n’est pas corrélée avec les scores au MMSE et à la DRS, que ce soit chez les patients DTA ou avec démence fronto-temporale (hormis la sensibilité au stress et la capacité de jugement chez les patients avec démence fronto-temporale). Ces données préliminaires indiquent l’intérêt de l’ISPC dans l’évaluation des changements émotionnels et comportementaux dans les états démentiels (Juillerat *et al.*, 1999).

Ces illustrations indiquent qu’un examen neuropsychologique détaillé peut fournir une contribution significative au diagnostic différentiel et que son association à des informations cliniques, telles que d’éventuelles modifications de la personnalité ou du comportement, peut contribuer à la résolution du problème diagnostique.

LA LOGIQUE DE LA PRISE EN CHARGE COGNITIVE DES PATIENTS ALZHEIMER

Les changements dans la façon de concevoir la DTA au plan neuropsychologique (et en particulier la mise en évidence de facteurs d’optimisation et de capacités préservées) ainsi que les progrès réalisés dans le diagnostic précoce de la maladie ont fortement contribué à soutenir le point de vue selon lequel il était à la fois nécessaire et possible d’envisager chez les patients Alzheimer une prise en charge cognitive précoce (c’est-à-dire dès l’annonce du diagnostic) qui tienne compte de la complexité extrême du fonctionnement cognitif et du caractère hétérogène des déficits (Van der Linden, 1995 ; Juillerat *et al.*, 2000). Suite au caractère évolutif de la maladie, cette approche cognitive aura essentiellement pour objectif d’optimiser les performances du patient à chaque moment de son évolution, en exploitant ses capacités préservées ainsi que l'ensemble des facteurs susceptibles d'améliorer sa performance.

Dans une perspective de prise en charge cognitive, l'objectif de l'évaluation neuropsychologique sera, au moyen d'épreuves explicitement construites en fonction d'un modèle du fonctionnement cognitif normal, d'essayer d'identifier la ou les composantes déficitaires responsables du trouble relevé en surface et de mettre en évidence d'éventuelles capacités préservées ainsi que de possibles facteurs d'optimisation. Par ailleurs, le neuropsychologue aura à identifier les conséquences des troubles cognitifs sur les activités de la vie quotidienne. Une approche particulièrement bien adaptée à ce type d'objectif consiste à évaluer le patient dans des situations proches des activités de la vie quotidienne (les simulations d'activités) ou encore à l'observer directement dans la réalisation d'activités réelles (voir par exemple Skurla, Rogers & Sunderland, 1988 ; Baum & Edwards, 1993 ; Juillerat, Van der Linden & Mulligan, 1999 ; Rusted, Ratner & Sheppard, 1995 ; Adam, Van der Linden, Juillerat & Salmon, 2000).

Ainsi, Skurla *et al.* (1988) ont tenté d'établir une mesure directe de la performance quotidienne de patients Alzheimer en les testant dans des activités telles que s'habiller, faire une tasse de café instantané, téléphoner à une pharmacie afin d'obtenir les heures d'ouvertures et effectuer un achat. Plus récemment, Baum et Edwards (1993) ont proposé la "Kitchen Task Assessment" (KTA), qui est une mesure fonctionnelle du soutien cognitif dont a besoin un patient Alzheimer pour réaliser une recette culinaire (faire du pudding). Un autre exemple d'évaluation d'une activité de la vie quotidienne a été présenté par Adam *et al.* (2000). Ces auteurs ont exploré la performance d'une patiente Alzheimer âgée de 70 ans dans l'activité de tricot et ce afin de lui proposer des aides qui lui permettraient de pratiquer cette activité dans la vie quotidienne et de réduire ainsi son apathie. Juillerat, Peigneux, Van Hoecke, Lekeu et Van der Linden (1999) ont par ailleurs analysé les erreurs de patients Alzheimer dans la réalisation de différentes activités complexes de la vie quotidienne telles que préparer un sandwich, réaliser un paquet-cadeau, accrocher un cadre, préparer un pique-nique, etc. Pour ce faire, ils ont utilisé la classification des erreurs proposée par Schwartz et Buxbaum (1997). Ce système de codage de l'action a par ailleurs aussi été utilisé par Feyereisen, Gendron et Seron (1999) pour la description des conduites d'habillage chez des patients déments.

Ce type d'évaluation à base de simulation ou d'observation directe constitue de toute évidence un moyen particulièrement efficace d'aborder le fonctionnement quotidien des patients déments. Il faut néanmoins que cette évaluation écologique et les analyses de tâches qui en découlent s'effectuent en maintenant un cadre interprétatif cognitif. En d'autres termes, un simple repérage phénoménologique du déficit ou une analyse fonctionnelle des relations existant entre les événements antécédents, la conduite émise et les événements conséquents ne suffiront pas pour comprendre de quel désordre sous-jacent dépend le trouble : dans cette perspective, il importe de voir se développer une "neuropsychologie cognitive de la vie quotidienne".

En ce qui concerne la prise en charge, un nombre croissant de données montrent qu'il est possible d'intervenir de façon efficace sur le fonctionnement cognitif des patients Alzheimer (pour une revue de question voir Juillerat *et al.*, 2000, 1999 ; Camp & McKitrick, 1992 ; Camp & Foss, 1997 ; Butters, Soety, & Becker, 1997). Ainsi, par exemple, dans le domaine de la mémoire, trois stratégies ont été adoptées dans le but d'améliorer le fonctionnement mnésique des patients Alzheimer (Van der Linden, 1995) : 1. faciliter temporairement l'encodage ou la récupération d'une information en tirant parti des facteurs d'optimisation relevés lors de l'évaluation cognitive ; 2. apprendre au patient de nouvelles connaissances en exploitant ses capacités mnésiques préservées ; 3. aménager l'environnement du patient et confier une partie des fonctions déficitaires à un support physique afin de diminuer l'impact des déficits cognitifs sur le fonctionnement du patient dans la vie quotidienne.

En tant que premiers intervenants auprès du patient, les conjoints (ou autres personnes proches) jouent un rôle capital dans l'évaluation et la prise en charge. Leur contribution consiste notamment à favoriser l'utilisation par le patient des facteurs d'optimisation et des capacités préservées, à interagir avec lui dans des conditions favorables, à éviter le recours aux capacités déficitaires, à aménager son environnement de vie en fonction de ses troubles cognitifs ou encore à l'assister dans son utilisation des aides externes.

Parallèlement au développement de stratégies de prise en charge cognitive censées exploiter les capacités préservées et les facteurs d'optimisation, une réflexion doit être entreprise concernant les structures à mettre en place pour mener à bien une telle prise en charge. De ce point de vue, le Centre de Jour semble être une structure particulièrement bien adaptée aux patients se trouvant à un stade précoce de la maladie car il permet de répondre simultanément à plusieurs objectifs (Adam *et al.*, 2000).

Un premier objectif du Centre de Jour est d'optimiser la réalisation des activités quotidiennes du patient et par conséquent, d'augmenter son autonomie, de prolonger une insertion de qualité dans le milieu socio-familial et de retarder l'institutionnalisation. Un autre objectif du Centre de Jour est de créer un lieu de rencontre où, à travers diverses activités de groupe, le patient peut rompre son isolement, prendre du plaisir à fréquenter le Centre et y rencontrer d'autres personnes. Ces moments de détente constituent également des situations privilégiées permettant de mettre en évidence certaines difficultés chez le patient, mais aussi des compétences jusque là insoupçonnées. Enfin, le Centre de Jour a encore pour objectif d'offrir à la personne proche un soutien psychologique ainsi que des informations et des conseils et aussi, en accueillant le patient deux à trois demi-journées par semaine, de la soulager quelque peu de la tâche difficile que constitue l'accompagnement au quotidien d'une personne souffrant de la maladie d'Alzheimer. Enfin, le Centre de Jour vise également à fournir au patient et à sa famille un soutien administratif et social pour toutes les démarches destinées à obtenir des aides financières, des services à domicile et des facilités de transport, etc.

CONCLUSIONS

L'introduction des méthodes et concepts inspirés de la psychologie cognitive, vers la fin des années 80, a conduit à un changement radical dans l'approche neuropsychologiques des états démentiels et notamment de la DTA. En particulier, des avancées importantes ont été réalisées dans le diagnostic précoce et différentiel de la maladie. En outre, les nouvelles méthodes mises en œuvre dans l'examen neuropsychologique ont permis non seulement d'identifier les déficits cognitifs, mais aussi de mieux en comprendre la nature, et de mettre en évidence des capacités préservées et des facteurs d'optimisation, essentiels dans l'élaboration d'une prise en charge. Par ailleurs, l'examen neuropsychologique ne s'est plus limité à des épreuves de laboratoire, mais s'est également intéressé aux conséquences des difficultés cognitives dans la vie quotidienne. Il est ainsi devenu possible de proposer aux patients des interventions adaptées à leur handicap, et ce dès le début de leur affection, alors qu'ils ont encore de bonnes capacités d'introspection et que des ressources cognitives suffisantes peuvent être mobilisées.

Au vu des données épidémiologiques, les affections démentielles constituent à l'évidence un problème important de santé publique, qui ne fera que s'accroître dans les décennies à venir. Il est donc essentiel de développer des prises en charge, et des structures adaptées, permettant de préserver au maximum l'autonomie et la dignité des patients, et par là leur qualité de vie ainsi que celle de leurs proches. Le développement de centres de jour pluridisciplinaires nous apparaît constituer une solution particulièrement adéquate à cette fin. Compte tenu de la fréquence de cette affection au sein des démences, nous nous sommes centrés dans ce chapitre sur la DTA, mais la logique de l'évaluation et des interventions présentées peut sans aucun doute être étendue à d'autres pathologies du vieillissement cérébral.

RÉFÉRENCES BIBLIOGRAPHIQUES

ADAM, S., VAN DER LINDEN, M., JUILLERAT, A.C., ET SALMON, E. (2000). The cognitive management of daily life activities in patients with mild to moderate Alzheimer's disease in a daycare centre : A case report. *Neuropsychological Rehabilitation,* à paraître.

ALBERT, M.S. (1996). Cognitive and neurobiological markers of early Alzheimer disease. *Proceedings of the National Academy of Sciences*, USA, 93, 13547-13551.

BÄCKMAN, L., & SMALL, B.J. (1998). Influences of cognitive support on episodic remembering : Tracing the process of loss from normal aging to Alzheimer's disease. *Psychology and Aging*, 13, 267-276.

BADDELEY, A.D., DELLA SALA, S., & SPINNLER, H. (1991). The two-component hypothesis of memory deficit in Alzheimer's disease. *Journal of Clinical and Experimental Neuropsychology*, 13, 372-380.

BADDELEY, A.D., LOGIE, R., BRESSI, S., DELLA SALA, S., & SPINNLER, H. (1986). Dementia and working memory. *The Quarterly Journal of Experimental Psychology*, 38A, 603-618.

Barbeger-Gateau, P., Dartigues, J.F. & Letenneur, L. (1993). Four instrumental activities of daily living scores as a predictor of one-year incident dementia. *Age and Aging*, 22, 457-473.

Barrash, J., Anderson, S.W., Jones, R.D., & Tranel, D. (1997). Iowa rating scales of personality change. *Communication presentée au 25th annual meeting of the International Neuropsychological Society*, february 1997, Orlando.

Baum, C., & Edwards, D.F. (1993). Cognitive performance in senile dementia of the Alzheimer's type : The kitchen task assessment. *The American Journal of Occupational Therapy*, 47, 431-436.

Beatty, W.W., Winn, P., Adams, R.L., Allen, E.W., Wilson, D.A., Prince, J.R., Olson, K.A., Dean, K., & Littleford, D. (1994). Preserved cognitive skills in dementia of the Alzheimer type. *Archives of Neurology*, 51, 1040-1046.

Benke, T. (1993). Two forms of apraxia in Alzheimer's disease. *Cortex*, 29, 715-725.

Binetti, G., Locascio, J., Corkin, S., Vonsattel, J.P., & Growdon, J.H. (2000). Differences between Pick disease and Alzheimer disease in clinical appearance and rate of cognitive decline. *Archives of Neurology*, 57, 225-232.

Boller, F. & Muggia, S. (1999). Non-Alzheimer dementias. In G. Denes & L. Pizzamiglio (Eds.), *Handbook of clinical and experimental neuropsychology* (747-774). Hove : Psychology Press.

Bozeat, S., Gregory, C.A., Lambon, R.M.A., & Hodges, J.R. (2000). Which neuropsychiatric and behavioural features distinguish frontal and temporal variants of frontotemporal dementia from Alzheimer's disease ? *Journal of Neurology, Neurosurgery, and Psychiatry*, 69, 1786186.

Buschke, H., Sliwinski, M., Kuslansky, G., & Lipton, R.B. (1995). Aging, encoding specificity, and memory change in the Double Memory Test. *Journal of the International Neuropsychological Society*, 1, 483-493.

Buschke, H., Sliwinski, M., Kuslansky, G., & Lipton, R.B. (1997). Diagnosis of early dementia by the Double Memory Test : Encoding specificity improves diagnostic sensitivity and specificity. *Neurology*, 48, 989-997.

Butters, M.A., Soety, E., & Becker, J.T. (1997). Memory rehabilitation. In P.D. Nussbaum (Ed.), *Handbook of neuropsychology and aging*. New York : Plenum Press.

Caine, E.D. (1981). Pseudodementia : Current concepts and future directions. *Archives of General Psychiatry*, 38, 1359-1364.

Camp, C.J., & Foss, J.W. (1997). Designing ecologically valid memory interventions for persons with dementia. In D.G. Payne & F.G. Conrad (Eds.), *Intersections in basic and applied memory research*. Mahwah, NJ : Erlbaum.

Camp, C.J., & McKitrick, L.A. (1992). Memory interventions in Alzheimer's-type dementia populations: Methodological and theoretical issues. In R.L. West & J.D. Sinnott (Eds.), *Everyday memory and aging. Current research and methodology*. New York : Springer-Verlag.

Capitani, E., & Laiacona, M. (1988). Aging and psychometric diagnosis of cognitive impairment: some considerations on test scores and their use. *Developmental Neuropsychology*, 4, 325-330.

Collette, F., Salmon, E., Van der Linden, M., Chicherio, C., Belleville, S., Degueldre, C., Delfiore, G., & Franck, G. (1999). Regional brain activity during tasks devoted to the central executive of working memory. *Cognitive Brain Research*, 7, 411-417.

Collette, F., & Van der Linden, M. (2000). Attention disorders in degenerative syndromes. In M. Leclercq & P. Zimmerman (Eds.), *Applied neuropsychology of attention : Theoretical, diagnosis and rehabilitation aspect*. Londres : Psychology Press, à paraitre.

COLLETTE, F., VAN DER LINDEN, M., & SALMON, E. (1999). Executive dysfunction and cerebral metabolism in Alzheimer's disease. *Cortex*, 35, 57-72.

COLLETTE, F., VAN DER LINDEN, M., BECHET, S., & SALMON, E. (1999). Phonological loop and central executive functioning in Alzheimer's disease. *Neuropsychologia*, 37, 905-918.

COLLETTE, F., VAN DER LINDEN, M., ADAM, S., & SALMON, E. (2000). Early executive dysfunction in Alzheimer's disease. In B. Vellas, et J. Fitten (Eds.), *Research and Practice in Alzheimer's disease*, Vol. 3. New York : Springer / Paris : Serdi.

CORRADA, M., BROOKMEYER, R., & KAWAS, C. (1995). Sources of variability in prevalence rates of Alzheimer's disease. *International Journal of Epidemiology*, 24, 1000-1005.

COSLETT, H.B., & SAFFRAN, E.M. (1996). Visuospatial functioning. In R.G. Morris (Ed.), *The cognitive neuropsychology of Alzheimer-type dementia*. Oxford : Oxford University Press

CUMMINGS, J.L., BENSON, D.F., HILL, M.A., & READ, S. (1985). Aphasia in dementia of the Alzheimer type. *Neurology,* 35, 394-397.

D'ESPOSITO, M., & GROSSMAN, M. (1996). The physiological basis of executive function and working memory. *The Neuroscientist*, 2, 345-352.

DICK, M.B. (1992). Motor and procedural memory in Alzheimer's disease. In L. Bäckman (Ed.), *Memory functioning in dementia*. Amsterdam : Elsevier.

EMERY, V.O.B. (1996). Language functioning. In R.G. Morris (Ed.), *The cognitive neuropsychology of Alzheimer-type dementia*. Oxford : Oxford University Press.

EMERY, V.O.B., & BRESLAU, L.D. (1988). The problem of naming in SDAT : A relative deficit. *Experimental Aging Research*, 14, 181-193.

EUSTACHE, F., AGNIEL, A., DARY, M., VIALLARD, G., PUEL, M., DÉMONET, J.F., RASCOL, A., & LECHEVALIER, B. (1993). Sériation chronologique des symptômes comportementaux et instrumentaux dans les démences de type Alzheimer. *Revue de Neuropsychologie*, 3, 37-61.

EVANS, D.A., FUNKENSTEIN, H.H., ALBERT, M.S., SCHERR, P.A., COOK, N.R., CHOWN, M.J., HEBERT, L.E., HENNEKENS, C.H., & TAYLOR, J.A. (1989). Prevalence of Alzheimer's disease in a community population of older persons : Higher than previously reported. *Journal of the American Medical Association*, 262, 2551-2256.

FABER-LANGENDOEN, K., MORRIS, J.C., KNESEVITCH, J., LABARBE, E., MILLER, J., & BERG, L. (1988). Aphasia in senile dementia of the Alzheimer type. *Annals of Neurology*, 23, 365-70.

FEYEREISEN, P., GENDRON, M., & SERON, X. (1999). Disorders of everyday actions in subjects suffering from senile dementia of Alzheimer's type : An analysis of dressing performance. *Neuropsychological Rehabilitation*, 9, 169-188.

FILOTEO, J.V., DELIS, D.C., MASSMAN, P.J., DEMADURA, T., BUTTERS, N., & SALMON, D.P. (1992). Directed and divided attention in Alzheimer's disease: impairments in shifting of attention to global and local stimuli. *Journal of Clinical and Experimental Neuropsychology*, 14, 871-883.

FLEISCHMAN, D.A., & GABRIELI, J.D.E. (1998). Repetition priming in normal aging and Alzheimer's disease: a review of findings and theories. *Psychology and Aging*, 13, 88-119.

FOLSTEIN, M.F., FOLSTEIN, S.E., & MCHUGH, P.R. (1975). "Mini-Mental State" : A practical method for grading the cognitive state of patients for the clinician. *Journal of Psychiatric Research*, 12, 189-198.

FOSTER, J.K., BERHMANN, M., & STUSS, D.T. (1999). Visual attention deficits in Alzheimer's disease: Simple versus conjoined feature search. *Neuropsychology*, 13, 223-245.

GALTON, C.J., PATTERSON, K., XUEREB, J.H., & HODGES, J.R. (2000). Atypical and typical presentation of Alzheimers' disease : a clinical, neuropsychological, neuroimaging and pathological study of 13 cases. *Brain*, 123, 4846498.

GRADY, C.L., HAXBY, J.V., HORWITZ, B., SUNDARAM, M., BERG, G., SCHAPIRO, M.B., FRIEDLAND, R.P., & RAPOPORT, S.I. (1988). Longitudinal study of the early neuropsychological and cerebral metabolic changes in dementia of the Alzheimer type. *Journal of Clinical and Experimental Neuropsychology*, 10, 576-596.

HAXBY, J.V., PARASURAMAN, R., GILLETTE, J., & RAFFAELE, K. (1991). Selective and divided attention to visual features are impaired in patients with early dementia of the Alzheimer type [Abstract]. *Society for Neurosciences Abstracts*, 17, 696

HERLITZ, A., LIPINSKA, B., & BÄCKMAN, L. (1992). Utilization of cognitive support for episodic remembering in Alzheimer's disease. In L. Bäckman (Ed.), *Memory functioning in dementia* (pp 73-96). Amsterdam : Elsevier.

HIRONO, N., MORI, E., TANIMUKAI, S., KAZUI, H., HASHIMOTO, M., HANIHARA, T., & IMAMURA, T. (1999). Distinctive neurobehavioral features among neurodegenerative dementias. *Journal of Neuropsychiatry and Clinical Neurosciences*, 11, 498-503.

HODGES, J.R., PATTERSON, K., WARD, R., GARRARD, P., BAK, T., PERRY, R., & GREGORY, C. (1999). The differentiation of semantic dementia and frontal lobe dementia (temporal and frontal variants of frontotemporal dementia) from early Alzheimer's disease : A comparative neuropsychological study. *Neuropsychology*, 13, 31-40.

IVANOIU, A., VAN DER LINDEN, M., SERON, X. & SINDIC, C.J.M. (1999) Contribution of free and cued recall to the early diagnosis of Alzheimer's disease. *5ème Meeting of the European Neurological Society*, Milan.

JACOBS, D.H., ADAIR, J.C., WILLIAMSON, D.J.G., NA, D.L., GOLD, M., FOUNDAS, A.L., SHUREN, J.E., CIBULA, J.E., & HEILMAN, K.M. (1999). Apraxia and motor-skill acquisition in Alzheimer's disease are dissociable. *Neuropsychologia*, 37, 875-880.

JOHNSON, J.K., HEAD, E., KIM, R., STARR, A., & COTMAN, C.W. (1999). Clinical and pathological evidence for a frontal variant of Alzheimer disease. *Archives of Neurology*, 56, 1233-1239.

JUILLERAT, A.-C., COLLETTE, F., CICOTTI, D., DELRUE, G., PETER-FAVRE, C., & FUCHS, J. (1999). Exploration des troubles émotionnels et comportementaux dans la maladie d'Alzheimer et la démence fronto-temporale au moyen de l'Echelle d'Iowa des changements de personnalité. *Revue de Neuropsychologie*, 9, 437-438.

JUILLERAT, A.C., & PETER-FAVRE, C. (1999). *Adaptation française de l'Echelle d'Iowa des changements de personnalité*. En préparation.

JUILLERAT, A.C., PEIGNEUX, P., VAN HOECKE, I., LEKEU, F., & VAN DER LINDEN, M. (1999). Activités de la vie quotidienne et maladie d'Alzheimer. *Revue de Neuropsychologie*, 9, 2 .

JUILLERAT, A.C., VAN DER LINDEN, M., & MULLIGAN, R. (1999). Réhabilitation cognitive des affections démentielles : techniques et indications. In J.M. Léger, J.P. Clément & J. Wertheimer (Eds.), *Traité de psychiatrie du sujet âgé*. Paris : Flammarion Médecine.

JUILLERAT, A.-C., VAN DER LINDEN, M., SERON, X., & ADAM, S. (2000). La prise en charge des patients Alzheimer au stade débutant. In X. Seron & M. Van der Linden (Eds.) *Traité de neuropsychologie clinique*. Marseille : Solal.

KATZMAN, R. & FOX, P.J. (1999). The world-wide impact of dementia. Projections of prevalence and costs. In R. Mayeux & Y. Christen (Eds.), *Epidemiology of Alzheimer's disease: from gene to prevention*. Berlin: Springer.

KAYE, J.A., SWIHART, T., HOWIESON, D., DAME, A., MOORE, M.M., KARNOS, T., CAMICIOLI, R., BALL, M., OKEN, B., & SEXTON, G. (1997). Volume loss of the hippocampus and temporal lobe in healthy elderly persons destined to develop dementia. *Neurology*, 48, 1297-1304.

KERTESZ, A. (1994). Language deterioration in dementia. In V.O.B. Emery & T.E. Oxman (Eds.), *Dementia: Presentations, differential diagnosis, and nosology*. Baltimore : Johns Hopkins University Press.

Kurz, X., & Dresse, A. (1994). Démence et maladie d'Alzheimer : Un défi socio-économique pour l'an 2000. *IBES, briefing*, 12.

Lafleche, G., & Albert, M.S. (1995). Executive function deficits in mild Alzheimer's disease. *Neuropsychology*, 9, 313-320.

Lines, C.R., Dawson, C., Preston, G.C., Reich, S., Foster, C., & Traub, M. (1991). Memory and attention in patients with senile dementia of the Alzheimer type and in normal elderly subjects. *Journal of Clinical and Experimental Neuropsychology,* 13, 691-702.

Linn, R.T., Wolf, P.A., Bachman, D.L., Knoefel, J.E., Cobb, J.L., Belanger, A.J., Kaplan, E.F., & D'Agostino, R.B. (1995). The 'preclinical phase' of probable Alzheimer's disease. *Archives of Neurology*, 52, 485-490.

Locascio, J.J., Growdon, J.H., & Corkin, S. (1995) Cognition in Alzheimer's disease : Cognitive test performance in detecting, staging, and tracking Alzheimer's disease. In J.H. Growdon, R.M. Nitsch, S. Corkin, & R.J. Wurtman (Eds). *The neurobiology of Alzheimer's disease, Proceedings of the eighth meeting of the international study group on the pharmacology of memory disorders associated with aging.* Cambridge : Center for Brain Sciences and Metabolism Charitable Trust.

Mackinnon, A., & Mulligan, R. (1998). *Combining cognitive testing and informant report to increase accuracy in screening for dementia.* American Psychiatric Association, à paraître.

Martin, A., Brouwers, P., Lalonde, F., Cox, C., Teleska, P., & Fedio, P. (1986). Towards a behavioral typology of Alzheimer's patients. *Journal of Clinical and Experimental Neuropsychology*, 8, 594-610.

Massman, P.J., Delis, D.C., Filoteo, J.V., Butters, N., Salmon, D.P., & Demadura, T.L. (1993). Mechanisms of spatial impairment in Alzheimer's disease subgroups : Differential breakdown of directed attention to global-local stimuli. *Neuropsychology*, 7, 172-181.

Mathias, J.L. (1996). Reading disorders in Alzheimer-type dementia. In R.G. Morris (Ed.), *The cognitive neuropsychology of Alzheimer-type dementia.* Oxford : Oxford University Press.

Mattis, S. (1973). *Dementia Rating Scale.* NFER-Nelson, Windsor.

Mulligan, R., Mackinnon, A., Jorm, A.F., Giannakopoulos, P., & Michel, J.P. (1996). A comparison of alternative methods of screening for dementia in clinical settings. *Archives of Neurology*, 53, 532-536.

Murdoch, B.E., Chenery, H.J., Wilks, V., & Boyle, R.S. (1987) Language disorders in dementia of the Alzheimer type. *Brain and Language*, 31, 122-137.

Nebes, R.D., & Brady, C.B. (1993). Phasic and tonic alertness in Alzheimer's disease. *Cortex*, 29, 77-90.

Nestor, P.G., Parasuraman, R., Haxby, J.V., & Grady, C.L. (1991). Divided attention and metabolic brain dysfunction in mild dementia of the Alzheimer's type. *Neuropsychologia*, 29, 379-387.

Ochipa, C., Gonzalez Rothi, L., & Heilman, K.M. (1992). Conceptual apraxia in Alzheimer's disease. *Brain*, 115, 1061-1071.

Oken, B.S., Kishiyama, S.S., Kaye, J.A., & Howieson, D.B. (1994). Attention deficit in Alzheimer's disease is not simulated by an anticholinergic/antihistaminergic drug and is distinct from deficits in healthly aging. *Neurology*, 44, 657-662.

Parasuraman, R., Greenwood, P.M., Haxby, J.V., & Grady, C.L. (1992). Visuospatial attention in dementia of the Alzheimer's type. *Brain,* 115, 711-733.

Park, S.M., Gabrieli, J.D.E., Reminger, S.L., Monti, L.A., Fleischman, D.A., Wilson, R.S., Tinklenberg, J.R., & Yesavage, J.A. (1998). Preserved priming across study-test picture transformations in patients with Alzheimer's disease. *Neuropsychology,* 12, 340-352.

PASQUIER, F., VAN DER LINDEN, M., LEBERT, F., GRYMONPREZ, L., LEFEBVRE, C., JACOB, B., & PETIT H. (1994). Differential pattern of memory deficit in Alzheimer's disease and frontotemporal dementia. *Fourth International Conference on Alzheimer's disease and related disorders*, 29 July- 3 August 1994, Minneapolis, Minnesota.

PERRY, R.J., WATSON, P., & HODGES, J.R. (2000). The nature and staging of attentional dysfunction in early (minimal and mild) Alzheimer's disease: Relationships to episodic and semantic memory impairment. *Neuropsychologia*, 38, 252-271.

REID, W., BROE, G., CREASEY, H., GRAYSON, D., MCCUSKER, E., BENNET, H., LONGLEY, W., & SULWAY, MR. (1996). Age at onset and pattern of neuropsychological impairment in mild early-stage Alzheimer disease. A study of community-based population. *Archives of Neurology*, 53, 1056-1061.

RUSTED, J., RATNER, H., & SHEPPARD, L. (1995). When all else fails, we can still make tea: a longitudinal look at activities of daily living in an Alzheimer patient. In R. Campbell & M. Conway (Eds.), *Broken memories : Neuropsychological case studies.* Oxford : Blackwell.

SCHMAND, B., JONKER, C., HOOIJER, C., & LINDEBOOM, J. (1996). Subjective memory complaints may announce dementia. *Neurology*, 46, 121-125.

SCHWARTZ, M.F., & BUXBAUM, L.G. (1997). Naturalistic action. In L.G. Gonzalez-Rothi & K.M. Heilman (Eds.), Apraxia : *The neuropsychology of action.* Hove : The Psychology Press.

SCHWARTZ, M.F., SAFFRAN, E.M., & MARIN, O.S.M. (1980). Fractionating the reading process in dementia: Evidence for word-specific print-to-sound associations. In M. Coltheart, K. Patterson & J.C. Marshall (Eds.), *Deep Dyslexia.* London: Routledge & Kegan Paul.

SEVUSH, S., LEVE, N., & BRICKMAN, A. (1993). Age at disease onset and pattern of cognitive impairment in probable Alzheimer's Disease. *Journal of Neuropsychiatry and Clinical Neuroscience,* 5, 66-72.

SKURLA, E., ROGERS, J.C., & SUNDERLAND, T. (1988). Direct assessment of activities of daily living in Alzheimer's disease. A controlled study. *Journal of the American Geriatrics Society*, 36, 97-103.

SMALL, B.J., HERLITZ, A., FRATIGLIONI, L., ALMKVIST, O., & BÄCKMAN, L (1997). Cognitive predictors of incident Alzheimer's disease : A prospective longitudinal study. *Neuropsychology*, 11, 413-420.

SPINNLER, H. & DELLA SALA, S. (1999). Dementia : Definition and diagnostic approach. In G. Denes & L. Pizzamiglio (Eds.) *Handbook of clinical and experimental neuropsychology* (pp 689-697). Hove : Psychology Press.

STUSS, D.T., LEVINE, B. (1996). Dementia: Nosological and clinical factors related to diagnosis. *Brain and Cognition*, 31, 99-113.

TIERNEY, M.C., SZALAI, J.P., SNOW, W.G., FISHER, R.H., NORES, A., NADON, G., DUNN, E., & ST. GEORGE-HYSLOP, P.H. (1996). Prediction of probable Alzheimer's disease in memory-impaired patients. A prospective longitudinal study. *Neurology*, 46, 661-665.

VAN DER LINDEN, M. (1994). Neuropsychologie des syndromes démentiels. In X. Seron & M. Jeannerod (Eds.), *Neuropsychologie humaine*. Bruxelles : Mardaga.

VAN DER LINDEN, M. (1995). Prise en charge des troubles de la mémoire dans la maladie d'Alzheimer. In A. Agniel & F. Eustache (Eds.), *Neuropsychologie clinique des démences : Evaluations et prises en charge.* Marseille : Solal.

VAN DER LINDEN, M., & JUILLERAT, A.C. (1998). A cognitive and ecological approach to neuropsychological assessment in Alzheimmer's disease. *International Journal of Geriatric Psychopharmacology*, 1, 220-227.

WEINBERGER, D.R. (1993). A connectionist approach to the prefrontal cortex. *The Journal of Neuropsychiatry and Clinical Neurosciences*, 5, 241-253.

WILSON, R.S., GILLEY, D.W., BENNETT, D.A., BECKETT, L.A., & EVANS, D.A. (2000). Person-specific paths of cognitive decline in Alzheimer's disease and their relation to age. *Psychology and Aging*, 15, 18-28.

Remerciements : F. Collette bénéficie d'un statut de Chargé de Recherche au Fond National de la Recherche Scientique (FNRS) de Belgique

Eric Aubert & Jean-Michel Albaret (Ed.)
Vieillissement et psychomotricité
collection Psychomotricité

5

Contribution du bilan neuropsychologique dans le diagnostic de la Maladie d'Alzheimer

Anne
ROUS de FENEYROLS

La vulgarisation par les médias des troubles mnésiques dans le vieillissement, plus particulièrement leur éventuelle signification pathologique, comme début d'un processus démentiel, a probablement conduit les personnes concernées mais aussi et surtout leur entourage et les médecins généralistes à une meilleure vigilance. Ceci a entraîné des demandes d'investigation diagnostique plus précocement.

Dans ce contexte, mais aussi du fait d'une augmentation sensible du nombre de centres de consultation de la mémoire ces dernières années, l'examen neurologique préliminaire est généralement suivi d'une évaluation neuro-psychologique, dont l'importance dans la contribution au diagnostic est actuellement consensuellement reconnue. Cet examen est considéré comme un outil essentiel au diagnostic (Levy, 2000) en particulier au début de la maladie d'Alzheimer et à la phase pré-clinique, qualifiée par certains "d'Alzheimer pré-démentiel" (Laurent & Thomas-Antérion, 2000), et par d'autres de Mild Cognitive Impairment (Petersen *et al.*, 1999), où le déficit mnésique peut être isolé. En effet à ces phases, les examens neurologiques, neuro-radiologiques et biologiques n'apportent que peu ou pas d'éléments diagnostiques.

L'intérêt du diagnostic précoce est de permettre une intervention thérapeutique pluri-modale rapide : action chimique avec l'apport de médications anti-cholinestérasiques et prise en charge neuro-psychologique. Cette rééducation visera la mise en place de stratégies palliatives, contre les conséquences délétères du processus dégénératif démentiel sur les fonctions cognitives et sur leurs répercussions au niveau comportemental et psycho-social (Adam & Van der Linden, 2000). Le repérage précoce de la maladie d'Alzheimer a fait l'objet d'un nombre croissant de recherches neuropsychologiques ces dernières années, ce dont témoigne l'abondance de la littérature dans ce domaine. Les données essentielles sont reprises dans un autre chapitre de cet ouvrage (cf. Van der Linden *et al.*, ce volume).

Nous évoquerons ici, de façon sans doute non exhaustive, compte tenu de la multiplicité des approches possibles mais aussi des contraintes temporelles propres à la situation d'examen, le problème posé par la plainte mnésique ainsi que l'approche du psychologue clinicien, dans la contribution au diagnostic. Un exemple de bilan neuro-psychologique de maladie d'Alzheimer probable viendra illustrer et compléter ces remarques liminaires.

LA PLAINTE MNÉSIQUE : PROBLÈME DIAGNOSTIQUE

La plainte mnésique, fréquente au-delà de la cinquantaine, doit être analysée tant dans son contexte d'apparition que dans son contenu et son mode d'expression pour tenter schématiquement de déterminer :

• si elle est compatible avec un vieillissement normal ;

• si elle s'inscrit dans un contexte anxieux et/ou dépressif, avec dans ce cas là des incidences manifestes au niveau comportemental et des dysfonctionnements neuro-psychologiques essentiellement fonctionnels. Les modifications cognitives authentifiées par l'examen psychométrique révéleront alors une diminution de l'efficience plus qu'une altération de l'efficacité des processus cognitifs (Thomas-Antérion *et al.*, 2000). Dans ce cas la plainte est dissociable d'un trouble.

• si elle s'accompagne d'une dégradation comportementale et d'autres déficits cognitifs, répondant ainsi aux critères diagnostiques de la démence type Alzheimer proposés par le DSM IV ou le NINCDS-ADRDA (voir Aubert & Albaret, chap. 2).

L'origine de la plainte, c'est-à-dire le fait qu'elle vienne du sujet lui-même et/ou de son entourage peut constituer un élément d'orientation : la plainte spontanée est plus fréquemment exprimée par le déprimé ou l'anxieux (Michel *et al.*, 2000). Dans le cadre de la maladie d'Alzheimer, la plainte provient essentiellement de l'entourage. Une étude épidémiologique de cette plainte mnésique à partir de l'étude de la cohorte Paquid a cependant montré le caractère restrictif de cette dichotomie (Dartigues *et al.*, 1997).

Ceci peut s'expliquer par le fait que si la maladie d'Alzheimer est une "démence instrumentale", elle peut s'accompagner de dysfonctionnements comportementaux dans la vie quotidienne, dysfonctionnements dont le patient peut avoir une certaine conscience, tout au moins à la phase initiale de la maladie. Dans ce cas, plaintes et dysfonctionnements mnésiques seraient alors concordants.

L'évaluation de la plainte fait donc partie intégrante du bilan neuropsychologique et complète le bilan neuro-cognitif. Brièvement, rappelons qu'elle peut être évaluée cliniquement et subjectivement (Gely-Nargeot & Ergis, 1998) :

• cliniquement la comparaison des plaintes alléguées avec les dires et constats faits par l'entourage permet de préciser temporellement le début, le mode d'installation et l'évolution du trouble.

• subjectivement par le biais de questionnaires d'auto-évaluation des difficultés cognitives, pour tenter d'apprécier le degré de conscience que le patient peut avoir de ses troubles, et repérer une éventuelle anosognosie.

Il existe de nombreuses échelles de plainte pour tenter de quantifier les oublis quotidiens. Elles sont structurées soit sur le mode d'entretiens semi-directifs (échelle de difficulté cognitive de Mac Nair et Khan, adaptée par Poitrenaud *et al.*, 1997, QAM de Van der Linden, auto questionnaire établi par le GRECO - Groupe de réflexions sur les évaluations cognitives visant à la promotion et à la validation de nouveaux outils), soit sur le repérage de dyscomportements pathologiques avec l'IADL de Lawton et Brody (1969 ; Baberger-Gateau *et al.*, 1993).

Leur intérêt, dans l'investigation des plaintes et troubles mnésiques suspects, c'est-à-dire ceux absents dans le vieillissement normal et la pathologie disthymique non démentielle, est reconnu. Leurs limites peuvent être signifiées par un manque de validité des informations apportées par l'entourage, qui dans nombre de cas, se réduit à une personne, le conjoint, celui-ci pouvant n'être que tardivement ou partiellement conscient des troubles présentés. Dans d'autres cas, la personne démente vivant seule, les troubles seront repérés par le voisinage ou le médecin traitant, parfois à un stade bien avancé. Ceci peut expliquer un nombre encore important de bilans neuropsychologiques princeps effectués à une période où le processus démentiel est manifeste et où l'examen tomo-densitométrique révèle une atrophie corticale.

Pour compléter ces évaluations cliniques et subjectives, des évaluations écologiques, donc "in situ", malheureusement peu réalisables encore en pratique, pourraient constituer un apport essentiel dans la caractérisation des troubles présentés.

L'ÉVALUATION NEUROPSYCHOLOGIQUE

En pratique clinique, l'évaluation neuropsychologique devant une suspicion de maladie d'Alzheimer peut confronter le psychologue à des exigences apparemment contradictoires. La nécessité d'un examen relativement bref, imposé par ce type de consultation, et par la population concernée, se révèle parfois difficilement compatible avec une évaluation suffisamment exhaustive. Le choix des tests utilisés doit néanmoins prendre en compte les modèles cognitifs de la maladie d'Alzheimer.

L'évaluation globale du fonctionnement cognitif par les méthodes psychométriques traditionnelles, utilisées jusqu'à ces dernières années (Pillon & Benoit, 1991) tend à devenir plus précise. L'utilisation d'outils de plus en plus spécifiques vise à une analyse plus précise de la nature des déficits neuropsychologiques. Certains de ces outils sont actuellement disponibles, d'autres en cours de validation (GRECO) devraient être prochainement mis à disposition du clinicien (Eustache *et al.*, 1998 ; Desgranges *et al.*, 2000).

Le bilan neuropsychologique comprendra une évaluation des performances mnésiques, plus particulièrement de la mémoire épisodique et de la mémoire de travail, dont les différentes recherches ont pu montrer l'atteinte précoce. Il comprendra aussi une évaluation des fonctions instrumentales (langage, praxies et gnosies), des ressources attentionnelles et du fonctionnement exécutif, dont les perturbations peuvent être également inaugurales dans la maladie d'Alzheimer (Perry & Hodges, 1999 ; Fabrigoule *et al.*, 2000). Autrement dit, pour répondre aux critères diagnostiques de maladie d'Alzheimer probable, l'évaluation des différentes fonctions cognitives est nécessaire. Le choix des outils peut varier en fonction de l'évolution de la maladie.

Les échelles d'évaluation

Permettant des mesures globales du fonctionnement cognitif, ces échelles sont couramment utilisées par les psychologues dans la détection ou le suivi de la maladie d'Alzheimer. Parmi elles, citons :

- le MMS (Mini-Mental Sate) de Folstein *et al.* (1975), généralement effectué dans le cabinet du praticien, fournit au psychologue une estimation globale du fonctionnement cognitif du patient et une indication sur la suspicion d'un processus démentiel éventuel. Il ne peut toutefois pas en préciser la nature ni le repérer à coup sûr, compte tenu de sa faible sensibilité dans les déficits légers, en particulier pour les niveaux culturels élevés.

- la BEC 96 (Batterie d'Evaluation Cognitive) de Signoret *et al.* (1989), dont l'intérêt réside dans la brièveté de sa passation (une dizaine de minutes), permet de repérer un éventuel dysfonctionnement mnésique, une perturbation instrumentale (langage et praxie) ou une altération du raisonnement.
- la DRS (Demential Rating Scale) de Mattis (1988), un peu plus longue à effectuer, comprend 37 épreuves, évaluant l'attention, la mémoire, l'initiation, la conceptualisation et la visuoconstruction. Des normes françaises ont été établies par le groupe GRECO. Sa sensibilité est bonne dans la détection précoce de la maladie d'Alzheimer et en fait donc un outil utile pour le diagnostic. Le score limite fixé à 129 permet de distinguer déments et non déments. Les personnes âgées non démentes ont en effet un score supérieur à 130, sur un score maximum de 144 (Laurent & Thomas-Anterion, 1997).
- l'ADAS (Alzheimer's Disease Assessment Scale) de Rosen *et al.* (1984) dispose également d'une version en langue française. La partie cognitive est composée de 11 sub-tests mesurant :
  - à partir d'un entretien semi-structuré les fonctions langagières (intelligibilité du discours, compréhension et manque du mot), complétée par une épreuve de dénomination d'objets et d'exécution d'ordres ;
  - les capacités mnésiques verbales, avec le rappel libre d'une liste de mots, la reconnaissance de ceux-ci dans un choix forcé oui/non et le souvenir de consignes ;
  - l'orientation temporo-spatiale ;
  - les praxies gestuelles et constructives.

Son utilisation s'avère plus pertinente dans l'estimation de l'évolution des déficits cognitifs qu'en première intention pour le diagnostic d'une maladie d'Alzheimer débutante. Cette échelle est par ailleurs fréquemment utilisée dans les protocoles thérapeutiques, pour juger de l'efficacité d'un traitement.

Les tests

La mémoire épisodique

L'altération de la mémoire épisodique constitue un signe clinique précoce de la maladie d'Alzheimer. Il s'agit d'une mémoire événementielle permettant l'acquisition et l'évocation de souvenirs, événements qui ont été indexés temporellement et spatialement.

Les tests utilisés ont sensiblement évolués au cours de ces deux dernières décennies. Les batteries classiques sont constituées d'épreuves de mémorisation de textes et de figures géométriques, d'épreuves d'apprentissage et d'épreuves de reconnaissance. Elles permettent une quantification du déficit mnésique, mais sont peu informatives sur la nature de ce déficit. Elles ne peuvent donc différencier un authentique trouble mnésique, lié à un déficit de l'encodage, caractéristique dans la maladie d'Alzheimer, d'une perturbation isolée des capacités de rappel, comme on peut l'observer dans la maladie de Parkinson.

Leur intérêt actuel repose essentiellement sur les nombreuses recherches qu'elles ont suscitées. Ainsi, le rappel différé se révélerait particulièrement vulnérable au stade initial de la maladie, précédant l'effondrement du rappel immédiat

(Welsch *et al*, 1992). De même, la remémoration consciente (épreuves de reconnaissance oui-non), serait plus altérée dans la maladie d'Alzheimer que la reconnaissance basée sur le sentiment de familiarité (reconnaissance dans un choix multiple (Colona *et al.*, 1999 ; Pillon *et al.*, 1993 ; Small *et al.*, 1997 ; Traykov, 1999).

Leur utilisation reste d'actualité dans l'évaluation, mais elle se révèle insuffisante dans la compréhension des mécanismes mnésiques touchés. C'est la raison pour laquelle on complétera cet examen avec des épreuves récentes et plus spécifiques.

Il ne saurait être question ici de faire une revue complète des tests existants dans ce domaine. Notre propos se limitera à ceux qui sont le plus fréquemment employés (pour une analyse détaillée, voir Van Der Linden *et al.*, 2000).

Tests traditionnels

L'échelle clinique de mémoire de Wechsler (1969) et sa version révisée (1991) sont probablement les épreuves dont les résultats ont été le plus exploités dans la maladie d'Alzheimer.

La version révisée, composée de 13 sub-tests, explore la mémoire générale (connaissances générales et orientation), le contrôle mental, les capacités de mémorisation et d'apprentissage d'informations verbales et visuelles et la mémoire à court terme. La mémoire verbale comporte un rappel immédiat et différé d'histoires, une épreuve d'apprentissage de mots couplés (paires de mots associées sémantiquement et paires de mots sans lien sémantique). La mémoire visuelle est appréhendée par la reconnaissance de dessins abstraits dans un choix multiple, des rappels immédiats et différés de figures géométriques et une épreuve d'apprentissage associant aux figures abstraites des couleurs. Deux épreuves de mémoire à court terme verbale (empan de chiffres) et visuo-spatiale (cubes de Corsi) complètent cette batterie composite.

L'intérêt de l'échelle réside dans la qualité de son étalonnage, particulièrement pour les personnes âgées et la sensibilité du sub-test du contrôle mental aux stades initiaux de la maladie d'Alzheimer. Les inconvénients tiennent d'une part à la longueur de la passation (trois-quarts d'heure environ) et surtout à son manque de spécificité. En effet, les échecs constatés dans les rappels ne permettent pas de savoir, rappelons-le, la nature des mécanismes en cause.

La BEM 144 (Batterie d'Efficience Mnésique) de Signoret (1991) est également une batterie générale d'évaluation de la mémoire épisodique. Elle bénéficie d'un étalonnage par tranches d'âge et par niveaux culturels. Composée de deux parties, elle permet d'obtenir un score de d'efficience mnésique verbale et un score d'efficience mnésique visuelle. Chacune de ces parties permet :

- le calcul d'un score de mémorisation sur trois types de tâches : rappel immédiat d'ensemble (histoire / figure géométrique complexe), apprentissage de listes (mots / dessins abstraits), apprentissages associatifs (paires de mots / paires de figures abstraites).
- le calcul d'un score de remémoration à partir d'une part du rappel différé d'ensembles et de listes apprises et, d'autre part, d'une épreuve de reconnaissance dans un choix multiple (phrases / figures abstraites).

La comparaison des résultats en rappel immédiat et différé donne une estimation du pourcentage d'oubli.

Une épreuve de mémoire à court terme (verbale et visuo-spatiale) est également incluse. La comparaison des performances mnésiques selon la nature du matériel à mémoriser (verbal / non verbal) permet de repérer un éventuel dysfonctionnement modalité dépendant. Ses limites sont sensiblement les mêmes que celles de l'échelle clinique de mémoire de Wechsler.

Les nouveaux instruments

Pour pallier les critiques émises à l'encontre des tests traditionnels, les avancées dans le domaine de la recherche neuropsychologique ont abouti à l'élaboration d'une nouvelle génération d'instruments (Eustache *et al.*, 1998 ; Desgranges *et al.*, 2000 ; Van der Linden *et al.*, 2000). Ceux-ci ont principalement pour objet de contrôler les conditions d'encodage. La manipulation des modes de récupération (rappel libre versus rappel indicé) permet alors de mieux cerner les processus déficitaires en cause.

Le test de Grober et Buschke (1987) qui est le plus couramment utilisé dans l'évaluation, utilise cette procédure. Le clinicien dispose d'une adaptation de cette épreuve en langue française, faite par l'équipe de Van der Linden. Un nouvel étalonnage, doté d'une normalisation étendue et par niveau culturel doit être prochainement publié. Ce test est constitué d'une liste de 16 mots, appartenant chacun à une catégorie sémantique différente. La procédure de passation comporte :

- une phase d'encodage, consistant à présenter sur un support écrit les mots par groupe de 4. L'examinateur demande au sujet de nommer le mot qui correspond à l'indice catégoriel qu'il lui fournit oralement (par exemple à la question posée "quel est le fruit" la réponse attendue sera "la groseille").
- un rappel indicé immédiat pour les 4 mots permet de s'assurer de la réalisation de l'encodage. Le support visuel étant caché, l'examinateur fournit l'indice catégoriel oralement et demande au sujet d'évoquer le nom de la catégorie correspondante. En cas d'échec, un nouvel encodage du mot non retenu est effectué jusqu'à ce que l'item puisse être restitué correctement. La procédure d'encodage et de rappel indicé immédiat est ainsi effectuée pour les 16 mots de la liste.
- une tache intercalaire pendant 20 secondes (compte à rebours) est ensuite proposée, avant de procéder à la phase de rappel libre des mots. Pour les mots non rappelés, un rappel indicé est effectué. En cas d'erreur ou de non réponse, l'examinateur redonne le mot exact. Cette procédure de rappel est effectuée trois fois, chaque phase de rappel étant séparée par un compte à rebours.
- une épreuve de reconnaissance (oui-non), précédée de la tâche distractrice est faite après le dernier rappel. Les 16 mots appris sont mélangés à 16 distracteurs sémantiques et à 16 distracteurs neutres.
- un rappel différé (libre et indicé) est fait au bout d'un délai d'une vingtaine de minutes.

L'intérêt diagnostique de ce test à la phase initiale de la maladie d'Alzheimer a été démontré : une inconstance du rappel d'un essai à l'autre, la production d'intrusions, des déficits aussi bien présents en rappel libre qu'en rappel indicé et un échec en reconnaissance, sont caractéristiques (Ergis *et al.*, 1994). Dubois *et al.*

(1997) ont quantifié la diminution de la sensibilité aux indices sémantiques de rappel en fonction de l'évolution de la maladie. Leur étude confirme la précocité et la sévérité du syndrome amnésique dans la maladie d'Alzheimer. Celle-ci se caractérise par une diminution de la sensibilité aux indices de rappel proposés. En effet, dès la phase initiale, (le score au MMS étant supérieur à 26), celle-ci chute à 60% alors qu'elle est de 95% chez les sujets normaux. L'altération précoce des performances en rappel indicé distingue par ailleurs les patients atteints de maladie d'Alzheimer, des déprimés et des patients parkinsoniens. En effet, bien que les causes en soient différentes, les déprimés et les parkinsoniens présentent également un trouble du rappel. Mais celui-ci correspond à une difficulté isolée de récupération des informations. Celles-ci ont été en effet encodées et stockées comme l'atteste la normalisation de leurs performances en situation de rappel indicé et de reconnaissance. La présence d'un trouble de l'encodage constitue donc une caractéristique de la maladie d'Alzheimer.

La mémoire de travail

Cette autre composante de la mémoire est précocement atteinte par la maladie d'Alzheimer (Baddeley *et al.*, 1991 ; Belleville *et al.*, 1995 ; Eustache *et al.*, 1998 ; Traykov *et al.*, 1999 ; Van der Linden, 2000). Celle-ci permet la conservation temporaire des informations nécessaires dans la réalisation de différentes tâches cognitives. Son évaluation est donc à ce titre particulièrement importante.

Pour Baddeley (1992), la mémoire de travail est composée principalement de deux systèmes satellites : la boucle phonologique qui assure un stockage temporaire des informations verbales et le calepin visuo-spatial qui contribue à la conservation d'informations visuelles et spatiales et à l'utilisation d'images mentales. Ces systèmes satellites sont contrôlés par un administrateur central, dont le rôle est de gérer les ressources attentionnelles nécessaires à la réalisation d'une action en cours. L'examen de la mémoire de travail doit donc s'intéresser à chacun de ces aspects.

L'évaluation de la mémoire à court terme verbale se résume le plus souvent, dans un bilan standard, aux classiques tâches d'empan de chiffres, ou empan digital, avec une répétition en ordre direct et en ordre inverse. La mémoire à court terme visuelle est estimée par la rétention d'une séquence visuo-motrice au moyen du test de cubes de Corsi. Ces deux types d'épreuves sont le plus souvent inclus dans les batteries de mémoire traditionnelle. Au stade précoce de la maladie d'Alzheimer, la boucle phonologique (empan verbal) et la voie visuo-spatiale (empan visuo-spatial) sont généralement épargnées (Belleville *et al.*, 1995).

L'administrateur central est évalué par des situations de double tâches. Le paradigme de Brown-Peterson (Brown, 1958 ; Peterson & Peterson, 1959) constitue la tâche la plus fréquemment utilisée en clinique. Dans cette épreuve, des trigrammes, composés de trois consonnes, doivent être mémorisés. L'examen comporte deux phases successives :

- une situation contrôle, où le trigramme entendu doit être restitué dans un délai variant de 0 à 30 secondes. Dans cette situation, la répétition sub-vocale possible permet la rétention de l'information.
- une phase de test, identique à la précédente pour la procédure, comporte l'introduction d'une tâche intercalaire (compte à rebours) entre présentation et restitu-

tion. La tâche interférente, empêche l'auto-répétition et supprime le fonctionnement de la boucle articulatoire.

Le déficit de l'administrateur central dans la maladie d'Alzheimer est observé dans de nombreuses études. Son altération précoce s'expliquerait par l'atteinte des processus contrôlés, dès la phase initiale de la maladie (Fabrigoule *et al.*, 1998 ; Van der Linden *et al.*, 2000).

Mémoire sémantique et langage

Les déficits lexico-sémantiques, possibles à la phase initiale de la maladie d'Alzheimer, deviennent systématiques au cours de l'évolution de celle-ci. Dans le discours, ils se traduisent par un manque du mot. Une investigation systématique est nécessaire pour l'authentifier, en estimer l'intensité, voir s'ils s'accompagnent de troubles de la compréhension et du raisonnement. Les outils couramment utilisés sont :

- Les tests de dénomination d'images. L'épreuve de Metz Lutz *et al.* (1991) consiste à dénommer précisément 80 dessins stylisés représentant des animaux, des objets et des symboles familiers. L'étalonnage par tranches d'âge et par niveau culturel et le nombre important d'images présentées la rendent plus discriminative que l'épreuve de dénomination de 12 dessins inclus dans la BEC 96.
- Les tâches de fluence verbale montrent souvent mieux le manque du mot à la phase initiale de la maladie d'Alzheimer, dans la mesure où le patient ne dispose pas d'un support visuel (Levy, 2000). La fluence est évaluée dans deux conditions :
  - la fluence lexicale catégorielle ou fluence sémantique consiste à nommer pendant 1 mn (Benton, 1968 ; Thuillard *et al.*, 1990) ou 2 mn (Cardebat *et al.*, 1990) des mots appartenant à une catégorie sémantique donnée (animaux, fruits). Elle apparaît plus précocement atteinte que la fluence lexico-phonologique.
  - la fluence lexico-phonologique dans laquelle des mots commençant par une lettre de l'alphabet doivent être évoqués.

Les analyses quantitatives (Cardebat *et al.*, 1990) et qualitative de la production permettent de préciser la nature du déficit. La réduction de la fluence catégorielle serait l'indice d'une perte sémantique spécifique et précoce dans la maladie d'Alzheimer (Cardebat *et al.*, 1995 ; Eustache *et al.*, 1998 ; Godfrind *et al.*, 1999 ; Thomas-Anterion, 1997).

- Le sub-test de similitudes de la WAIS-R (Wechsler, 1989) appréhende les capacités de raisonnement verbal et la manipulation de concepts abstraits. La formation de concepts verbaux peut être précocement altérée dans la maladie d'Alzheimer (Fabrigoule *et al.*, 1996 ; Ganansia-Ganem *et al.*, 1999 ; Elias *et al.*, 2000).
- Les troubles de la compréhension verbale, peu présents à la phase initiale, deviennent systématiques au décours de la maladie. Le sub-test de compréhension de la WAIS-R permet d'évaluer les capacités de jugement pratique, de jugement social et la compréhension symbolique de proverbes. Le Token-test (de Renzi & Faglioni, 1978) permettra de détecter un trouble de la compréhension du langage. Le matériel comprend 20 jetons, différents par la forme (carrés/ronds), la taille (grand/petit), la couleur (jaune, rouge, vert, blanc, noir).

5 jetons sont disposés parallèlement sur 4 lignes en tenant compte de la taille et de la forme. Le patient doit répondre à des ordres de complexité croissante (exemple “toucher le petit rond blanc”, “au lieu du carré blanc toucher le rond jaune”). La version abrégée comprend 36 items et est la plus fréquemment utilisée (Lezak, 1995).

- L’examen du langage oral est généralement complété par celui du langage écrit. La dictée constitue une tâche pertinente pour détecter une agraphie de surface, possible au stade précoce. L’agraphie de surface pour les mots irréguliers précède la dysorthographie et la désorganisation du graphisme, de règle, avec l’évolution de la pathologie (voir Desgranges *et al.*, 2000).

Praxies et gnosies

D’éventuelles perturbations praxiques et gnosiques doivent également être recherchées. Généralement considérées comme peu fréquentes à la phase initiale de la maladie, bien que des controverses demeurent (Joannette *et al.*, 2000), elles deviennent systématiques dans l’évolution de celle-ci, réalisant le classique syndrome aphaso-apraxo-agnosique.

Les déficits gnosiques visuels inauguraux peuvent être mis en évidence par des épreuves de reconnaissance de dessins figuratifs enchevêtrés. La figure de Poppelreuter en constitue un exemple souvent utilisé. Le protocole d’évaluation des gnosies visuelles (PEGV, Agniel *et al.*, 1992) permet de repérer un trouble gnosique, qui peut être masqué par les perturbations du langage présentes.

Un examen détaillé des praxies est difficilement réalisable dans le cadre d’un premier bilan de suspicion de maladie d’Alzheimer. Néanmoins, une investigation minimale est effectuée, incluant l’évocation de gestes symboliques, la production de mime d’utilisation et la reproduction de postures.

Les perturbations visuo-constructives sont par contre systématiquement recherchées, à travers la copie de figures géométriques, plus ou moins complexes. Celles-ci sont présentes dans les échelles déjà citées (BEC 96, ADAS, DRS). La copie de la figure de Rey (1959) est souvent plus informative au début de la maladie. A un stade plus évolué, l’apraxie constructive se traduira par un phénomène de “closing in” caractéristique.

Fonctions exécutives

Les fonctions exécutives président à la réalisation d’activités dirigées vers un but. Un syndrome dysexécutif a pu être mis en évidence dans la maladie d’Alzheimer (Perry & Hodges, 1999) mais celui-ci est moins massif que celui observé dans les démences fronto-temporales ou la maladie de Parkinson (Traykov *et al.*, 1999). Son repérage est cependant nécessaire dans la mesure où l’apparition de l’anosognosie peut y être rattachée (Derouesné, 1997 ; Baudouin-Madec *et al.*, 2000). Dans la maladie d’Alzheimer, les perturbations les plus manifestes concernent les situations de double tâche, qui impliquent la manipulation simultanée d’informations différentes et sollicitent la flexibilité cognitive. Ce type de tâche nécessite un traitement contrôlé des informations. Or celui-ci est l’objet d’un déficit précoce (Fabrigoule *et al.*, 1998 ; Van der Linden *et al.*, 2000).

L'emploi de tests dits sensibles aux fonctions exécutives est donc pertinent. Les plus fréquemment utilisés dans le cadre d'un bilan, sont le test de Stroop (1935 ; voir Albaret *et al.*, ce volume), le Trail Making Test (TMT, Reitan, 1958) et le Wisconsin Card Sorting Test (WCST, voir Marquié & Isingrini, ce volume).

Le TMT comporte deux épreuves successives. Dans la première (partie A) le sujet doit relier le plus rapidement possible, dans l'ordre croissant, une série de chiffres allant de 1 à 25. La deuxième partie (partie B) consiste à alterner chiffres et lettres de l'alphabet. Le sujet doit donc effectuer une double progression simultanément. Les difficultés dans cette deuxième partie peuvent se révéler sous forme d'un ralentissement excessif ou d'une incapacité à respecter la consigne d'alternance (Amieva *et al.*, 2000).

- Le WCST évalue la conceptualisation, c'est-à-dire la capacité d'élaboration de critères de classement et la flexibilité cognitive. La version adaptée par Nelson (1976) est fréquemment utilisée chez les personnes âgées (Pillon & Benoit, 1991). Le matériel se compose de quatre cartes stimuli (un triangle rouge, deux étoiles vertes, trois croix jaunes et quatre cercles bleus) qui sont placés devant le sujet. 48 cartes sont ensuite présentées successivement pour être classées avec une des cartes stimulus. Les critères de classement (forme, couleur, nombre) doivent être découverts par le sujet, en se fondant sur l'indication de "classement correct ou incorrect" fournie par l'examinateur, après chaque réponse. La règle de classement doit être maintenue pendant six essais consécutifs, avant que la seconde règle soit sollicitée, puis la troisième, en gardant la même procédure. L'intérêt de ce test a été surtout démontré dans la maladie de Parkinson.

Troubles attentionnels

L'analyse des résultats psychométriques de la cohorte Paquid a également mis en évidence la présence de perturbations précoces de l'attention sélective et de la vitesse de traitement des informations dans la maladie d'Alzheimer. Ces perturbations sont même considérées comme prédictrices d'une maladie d'Alzheimer. Les tests utilisés étaient le sub-test de code de la WAIS-R et le test de barrage de Zazzo (1969). Dans l'épreuve de barrage, d'un signe, le ralentissement précéderait l'altération de la précision. L'hypothèse évoquée est celle d'un déficit de l'attention sélective imputable à un dysfonctionnement des processus inhibiteurs (Amieva *et al.*, 2000). Au stade préclinique, ce déficit se traduirait par un ralentissement dans la sélection de l'information pertinente. Au stade clinique de la maladie, une incapacité d'inhibition des stimuli distracteurs se surajouterait au ralentissement, pour expliquer la chute de la précision. A la phase initiale, le déficit des processus d'inhibition peut se manifester dans des épreuves plus complexes, comme le double barrage. (Pour une revue détaillée des outils, voir Leclercq & Zimmermann, 2000).

CAS CLINIQUE

A titre d'illustration, nous présenterons le cas de O.D., patiente de 75 ans, droitière, sans profession antérieure. Elle a obtenu le Certificat d'Etudes Primaires et commencé un début d'études secondaires.

Elle est adressée par un neurologue libéral pour la recherche d'un syndrome démentiel, évoqué devant la présence de perturbations mnésiques.

Le MMS effectué est à 27/30. Aucun élément vasculaire ni manifestations extrapyramidales n'ont été retrouvés lors de l'examen neurologique.

La plainte mnésique spontanément évoquée au début du bilan neuropsychologique concerne une lenteur anormale d'accès au stock lexical, responsable d'un manque du mot patent dans le discours, des difficultés pour suivre une conversation et des perturbations identifiées comme suspectes dans l'auto-questionnaire établi à Saint-Etienne (groupe GRECO). Celles-ci se traduisent par l'oubli de prénoms familiers (petits-enfants), d'événements personnels importants (date de naissance des enfants), mais aussi des oublis potentiellement dangereux (fermer le gaz) et des difficultés pour faire la cuisine. La confection de plats simples, autrefois faite automatiquement, nécessite maintenant le recours à des recettes, dans la mesure où O.D. ne peut se souvenir des ingrédients à utiliser. La manipulation de l'argent devient également plus laborieuse (difficultés de calcul mental pour vérifier la monnaie, lenteur excessive pour libeller un chèque). La lecture de livres n'est plus possible.

A l'échelle IADL de Lawton et Brody (1969), 3 activités sur 8 (utilisation du téléphone, gestion du budget, prise de médicaments) s'avèrent discrètement perturbées.

Des dysfonctionnements comportementaux dans la vie quotidienne sont donc présents et perçus comme gênants dans la mesure où O.D. “passe beaucoup de temps pour faire peu de choses”, cette gêne perçue ne s'accompagne pas de réactions dysphoriques ou anxieuses notables (score = 10, donc normal à la MADRS – échelle de dépression de Mongomery et Asberg).

L'échelle d'auto-évaluation des difficultés rencontrées dans la vie quotidienne de Mac Nair et Kahn, dans sa forme abrégée, montre une conscience plus aiguë des perturbations par l'intéressée (score : 29/45) que par son conjoint (score : 22/45).

L'estimation du début des troubles remonterait à environ 3 ans pour le mari de O.D. alors qu'elle-même n'a conscience de ses difficultés, d'évolution progressive, que depuis un an environ. La première consultation neurologique survient donc 3 ans après le début présumé.

B.E.C. 96

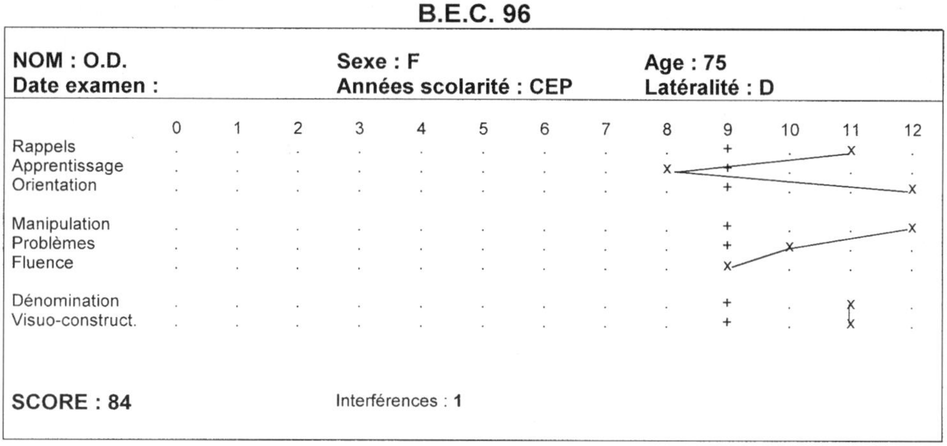

Figure 1 : feuille de cotation de la BRC 96
(Batterie d'Evaluation Cognitive, Signoret *et al.*, 1989) de Mme O.D.

Le bilan neuropsychométrique, demandé à l'issue de celle-ci, ne met pas actuellement en évidence de diminution notable de l'efficience intellectuelle, comme l'attestent les scores obtenus au PM 47 (Raven, 1981) (27/36, situé dans le centile 75 et correspondant à un QI supérieur à 100) et au subtest de cubes de la WAIS-R (note standard = 11, située à +1/3 de DS).

L'évaluation globale du fonctionnement cognitif, estimé par la BEC 96 (cf. figure 1), donne lieu à un score subnormal (84/96), avec toutefois un profil mettant en évidence une atteinte des capacités d'apprentissage verbal et une réduction de la fluence verbale.

La mémoire épisodique a été évaluée par le rappel immédiat et différé d'une histoire et l'apprentissage d'une liste de mots, extraits de la BEM 144 de Signoret, par le rappel immédiat de figures géométriques, emprunté à l'échelle clinique de mémoire de Wechsler, par le rappel différé de la figure de Rey et par une épreuve de reconnaissance tirée du complément fonctionnel de la BEM 144.

Cette évaluation a été complétée par le test de Grober et Buschke, dans le but d'analyser la nature des troubles mnésiques, c'est-à-dire pour tenter de différencier un éventuel déficit authentique de la mémoire comme on peut le trouver dans la maladie d'Alzheimer, d'un simple déficit des processus de récupération.

Les résultats obtenus montrent :

- l'absence de déficit dans le rappel d'histoires, aussi bien immédiat que différé (les scores obtenus sont de 7,5/12 dans les deux cas, et se situent dans les normes) ;
- la perturbation des apprentissages verbaux avec la perte de l'effet de primauté. Les scores sont déficitaires aussi bien à la BEC 96 (score : 8/12) qu'à la BEM 144 (5/12), situés à -2,5 DS. Le rappel différé de la liste montre un discret oubli secondaire surajouté (score : 3-12, -3 DS) ;
- la mémorisation d'informations visuelles reste correcte comme l'atteste la normalité des scores obtenus dans le rappel immédiat de figures géométriques (score : 10/15 à l'échelle clinique de mémoire de Wechsler) et en rappel différé de la figure de Rey (score de précision : 11/36) ;
- les épreuves de reconnaissance du complément fonctionnel ne montrent pas de perturbations particulières (score : 24/24 en reconnaissance immédiate et 24/24 en reconnaissance différée).

Ces premiers résultats permettent donc de dégager un déficit des apprentissages verbaux.

La confirmation du déficit mnésique épisodique verbal est apportée par les performances relevées au test de Grober et Busckhe, dont voici le détail :

- rappel indicé immédiat : 12/16, -2 DS ;
- rappel total : 35/48, inférieur au score limite avec la répartition suivante : 10/16, -3 DS ; 12/16, -3 DS ; 13/16, -2,5 DS ;
- rappel libre : 16/48 avec : 6/16, -1 DS ; 3/16, -2,5 DS ; 7/16, -1 DS ;
- 5 intrusions sont notées dans les rappels indicés (2 au premier et au second rappel et 1 au troisième. Il s'agit de réponses prototypiques intra-liste) ;
- rappel total différé : 13/16, -2,5 DS ;
- rappel libre différé : 8/16, dans les limites inférieures des normes ;

- reconnaissance : 16/16 ;
- constance de l'apprentissage en rappel libre : 19%, -1 DS.

L'analyse de ces résultats montre un ralentissement des processus d'encodage, un fléchissement du rappel libre avec une inconstance du rappel d'un essai à l'autre, une diminution de la réactivité aux indices de rappel sémantique et la présence d'intrusions. La sensibilité aux indices de rappel est diminuée (59% au lieu de 95% chez la personne âgée normale). Mais cette diminution modérée reste compatible avec la préservation de l'efficience intellectuelle globale (Dubois *et al.*, 1997). La reconnaissance est pour l'heure préservée. Ceci confirme donc globalement un déficit des processus d'encodage et de mémorisation d'informations verbales nouvelles. Mais celui-ci est modéré, dans la mesure où existe encore une certaine préservation des capacités de rappel d'informations stockées, (caractéristique dans la maladie d'Alzheimer débutante). L'intérêt diagnostique du test de Grober et Buschke est ici confirmé.

L'évaluation élémentaire de la mémoire de travail montre la préservation fonctionnelle des sous-systèmes, avec des résultats normaux à la tâche d'empan de chiffres en ordre direct (égale à 5) et à la tâche d'empan visuo-spatial séquentiel (5 items au Corsi Block test).

Ceci permet de supposer l'absence de déficit notable de la boucle phonologique et de la voie visuo-spatiale, qui sont généralement peu touchées dans une maladie d'Alzheimer débutante. L'effet de récence obtenu au premier rappel de listes de mots aussi bien à la BEC 96 qu'à la BEM 144 (calculé par la méthode inspirée de Tulving) et la répétition de chiffres en ordre inverse (égale à 4) sont actuellement relativement préservés.

Une épreuve de type Brown-Peterson a été effectuée en modalité auditive (répétition de trigrammes) pour apprécier le fonctionnement de l'administrateur central. La performance normale dans la condition contrôle, c'est-à-dire sans tâche intercalaire, décline significativement avec l'introduction d'une tâche intercalaire verbale : 40% d'échecs sont constatés pour les délais de 0 à 5 secondes et 80% au bout de 20 secondes, les normes de référence étant respectivement de 97% ± 7% pour les délais brefs et de 61% ± 27% pour une répétition au bout de 20 secondes. Ceci reflète donc l'altération du système central exécutif de la mémoire de travail.

La recherche d'un déficit possible de la mémoire sémantique, suggéré par les plaintes linguistiques alléguées, a été faite par la passation des tests suivants :

- Le test des automatismes verbaux de Beauregard donne lieu à un résultat conforme au niveau culturel théorique (score : 27/40 correspondant au centile 70 et à un QI de 107). Il n'y a donc pas d'altération notable d'informations sémantiques surapprises. Le score de contrôle mental de l'échelle clinique de mémoire de Wechsler, portant sur la production de séries automatiques ou semi-automatiques verbales, est également adéquat (score : 8/9).
- Le test de dénomination orale d'images de Metz-Lutz met en évidence un manque du mot discret compte tenu de l'âge et du niveau culturel (score : 71/80) qui n'était pas perceptible dans le subtest de dénomination de la BEC 96 (score : 11/12). Parmi les erreurs, on constate une absence complète de dénomination dans la moitié des cas, correspondant à un manque du mot total, alors que des péri-

phrases explicatives (par exemple “quelque chose qui indique” pour l’item “flèche”), la production d’hyperonymes (par exemple “meuble” pour bureau) ou d’approximations sémantiques (par exemple “avion” pour “hélicoptère”) constituent le reste des erreurs. Pour les mots non dénommés, une épreuve de reconnaissance de noms a été proposée, incluant le nom correct parmi quatre distracteurs appartenant à la même catégorie sémantique. La réussite à cette épreuve suggère une difficulté isolée d’accès au stock sémantique, l’identification rapide et correcte de dessins d’objets superposés (test de Poppelreuter) permettant d’éliminer une perturbation gnosique visuelle.

- Le déficit lexico-sémantique apparaît de façon patente dans les épreuves de fluence verbale. La production normale pour l’évocation lexico-phonologique (16 mots commençant par la lettre P en 2 minutes) contraste avec une réduction pathologique de la fluence catégorielle sémantique : 14 noms d’animaux sont fournis en 2 minutes ce qui d’après les normes de références données par Cardebat situe la performance à -2 DS). Cette dissociation entre ces deux types de fluence oriente davantage vers un trouble sémantique que stratégique (Thomas-Antérion, 1997 ; Godfrind *et al.* 1999). La dynamique de production dans l’épreuve échouée montre une décroissance rapide après les 30 premières secondes, suggérant une difficulté de recherche contrôlée. Par ailleurs, les regroupements sémantiques sont quantitativement réduits : la catégorie animal domestique (60%) est surreprésentée par rapport aux autres catégories possibles, avec dans ce domaine 14% de réponses très proches (par exemple, poule-poussin). Le reste de la production est constitué par 25% d’animaux sauvages et 15% d’hyperonymes.

Au total, le déficit sémantique (manque du mot), absent dans les tâches très automatisées, discret en situation de dénomination, est mis en évidence dans la tâche d’évocation catégorielle.

L’examen complémentaire du langage fait ressortir :

- des difficultés orthographiques inconstantes et relativement discrètes pour les mots irréguliers.
- une compréhension verbale préservée pour les informations concrètes (note standard = 10 au subtest de compréhension de la WAIS-R) alors que l’explication de proverbes, même très connus, se limite à des paraphrases.
- une diminution probable, mais modérée encore, du raisonnement verbal (note standard égale à 7 au subtest des similitudes). Cette diminution est suggérée par l’écart supérieur à 1 DS entre les subtests de similitudes et de cubes. Cette moindre performance, alors que la compréhension verbale est encore préservée, suggère un lien entre le déficit lexico-sémantique évoqué et une difficulté de manipulation de concepts abstraits verbaux (Ganansia-Ganem *et al.*, 1999).
- le subtest d’arithmétique (notre standard = 8) met surtout en évidence des difficultés de calcul mental, en l’absence d’anarithmétie (absence d’erreurs dans la résolution écrite des 4 opérations de base).

L’évaluation des praxies (examen des praxies réflexives et idéomotrices proposé par Pasquier *et al.* d’après la consultation des centres de mémoire) montre des perturbations dans l’imitation de gestes bi-manuels (40% d’échec) .

La copie de la figure de Rey est par contre sans particularités notables (type 2, note de précision : 33/36 et temps de réalisation : 228 secondes).

L'évaluation des fonctions attentionnelles, permet de repérer :

- d une absence de ralentissement dans le traitement des informations (note standard = 11 au subtest de code de la WAIS-R)
- d l'apparition de perturbations de l'attention sélective focale uniquement lorsque un déplacement attentionnel entre deux attributs d'un item est requis. Ceci est attesté par une augmentation significative de l'indice d'inexactitude au double barrage (26%, supérieur au score limite) alors que la précision est tout à fait conforme au barrage simple (indice d'inexactitude = 2,5%) et que, dans les deux cas, les indices de vitesse sont normaux pour l'âge.
- d présentement, la mobilisation des processus d'inhibition (en situation d'interférence) reste adéquate comme le montrent les résultats obtenus au test de Stroop (version utilisée : nombre d'items donné en 45 secondes) ; lecture de mots : 95, dénomination de couleurs : 69, interférences mots/couleurs : 27.
- d une discrète diminution de la flexibilité mentale, perceptible au Trail Making Test dans le ratio B/A (= 4, et supérieur au score limite). La partie A a été effectuée en 58 secondes, temps correspondant au centile 75 (étalonnage de Davies) et la partie B en 233 secondes, soit dans un temps proche du centile 25.

Les perturbations constatées dans le test de double barrage et dans la partie B du Trail Making Test, tests impliquant flexibilité cognitive et auto-contrôle, suggèrent une détérioration débutante des processus contrôlés, alors que par ailleurs les processus automatiques sont préservés. Ceci rejoint l'hypothèse émise par Fabrigoule *et al.* (1998) d'un déficit des processus contrôlés dès les premiers stades de la maladie d'Alzheimer.

En résumé, les résultats de l'investigation neuropsychométrique mettent en évidence des troubles de la mémoire épisodique verbale, de la mémoire sémantique, de la mémoire de travail et des processus contrôlés. Des perturbations praxiques réflexives sont également relevées.

L'ensemble de ces dysfonctionnements, entraînant des perturbations dans la réalisation des actes de la vie quotidienne, répond aux critères de Syndrome démentiel. Au vu des troubles présentés et en l'absence d'une autre pathologie susceptible de les expliquer, le syndrome démentiel constaté peut refléter une maladie d'Alzheimer débutante.

CONCLUSION

Comme le souligne Lévy (2000) le diagnostic de maladie d'Alzheimer est un diagnostic par élimination. L'examen des différentes fonctions cognitives peut apporter une contribution pertinente à la formulation du diagnostic du syndrome démentiel et peut aider au diagnostic étiologique, par la spécificité des déficits neuropsychologiques constatés.

La maladie d'Alzheimer est une démence dégénérative au cours de laquelle les fonctions cognitives sont progressivement altérées. L'atteinte mnésique peut être isolée au début ou à la phase pré-démentielle, avant d'être associée à l'apparition d'autres perturbations neurocognitives. L'ordre d'apparition de ces déficits est encore l'objet de controverses (Perry *et al.*, 1999 ; Laurent *et al.*, 1998 ; Joanette *et al.*, 2000).

Le processus dégénératif a, par ailleurs, une incidence sur les comportements sociaux et dans la réalisation des actes de la vie quotidienne. Ceci conduit à une réduction progressive de l'autonomie et peut s'accompagner, voire être précédé, par une symptomatologie dysphorique qu'il convient de prendre en compte.

Pour toutes ces raisons une approche pluridimensionnelle est nécessaire. Le neuropsychologue doit en tenir compte dans son bilan.

RÉFÉRENCES BIBLIOGRAPHIQUES

ADAM, S., & VAN DER LINDEN, M. (2000). L'optimisation du fonctionnement dans la vie quotidienne chez des patients Alzheimer à un stade débutant. *Lettre de Neurologie.* Hors série

AGNIEL, A., JOANETTE, Y., DOYON, B., & DUCHEIN, C. (1992). *Protocole Montréal-Toulouse. Evaluation des gnosies visuelles et auditives.* Paris : L'Ortho-Edition.

AMIEVA, H., ROUCH-LEROYER, I., FABRIGOULE, C., & DARTIGUES, J.F. (2000). Deterioration of controlled processes in the preclinical phase of dementia : a confirmatory analysis. *Dementia and Geriatric Cognitive Disorders*, 11, 1, 46-52.

BADDELEY, A. (1992). Working memory. *Science*, 255, 556-559.

BADDELEY, A., BRESSI, S., DELLA SALA, S., LOGIE, R., & SPINNLER, H. (1991). The decline of working memory in Alzheimer's disease. A longitudinal study. *Brain*, 114, 2521-2542.

BARBERGER-GATEAU, P., DARTIGUES, J.F., & LETENNEUR, L. (1993). Four instrumental activities of daily living as a predictor as a one-year incident dementia. *Age and Ageing*, 22, 457-463.

BAUDOUIN-MADEC, V., GELY-NARGEOT, M.C., PIQUARD, A., LACOMBLEZ, L., & DÉROUESNÉ, C. (2000). Attention et anosognosie. In J.F. Camus, M.C. Gely-Nargeot & B.F. Michel (Eds.), *Attention la mémoire. Contribution au diagnostic précoce de la maladie d'Alzheimer* (pp. 117-132). Marseille : Solal.

BELLEVILLE, S., CRÉPEAU, F., CAZA, N., & ROULEAU, N. (1995). La mémoire de travail dans la démence de type Alzheimer. In F. Eustache & A. Agniel (Eds.), N*europsychologie clinique des démences : Evaluations et prises en charge* (pp. 167-181). Marseille : Solal.

BENTON, A.L. (1968). Differential behavioral effects in frontal lobe disease. *Neuropsychologia*, 6, 53-60.

BROWN, J. (1958). Some tests of the decay theory of immediate memory. *Quarterly Journal of Experimental Psychology,* 10, 12-21.

CARDEBAT, D., DOYON, B., PUEL, M., GOULET, P., & JOANETTE, Y. (1990). Evocation lexicale formelle et sémantique chez des sujets normaux. Performance et dynamique de production en fonction du sexe, de l'âge et du niveau d'étude. *Acta Neurologica Belgica,* 90, 207-217.

CARDEBAT, D., AITHAMON, B., & PUEL, M. (1995). Les troubles du langage dans les démences de type Alzheimer. In F. Eustache & A. Agniel (Eds.), *Neuropsychologie clinique des démences : Evaluations et prises en charge* (pp. 213-223). Marseille : Solal.

COLONNA, C., PUEL, M., PETIT, S., CASTAN, D., VIALARD, G., LEMESLE, B., CARDEBAT, D., & SCMITT, L. (1999). Etude comparée de la mémoire épisodique chez des sujets déprimés et des sujets DTA en phase de début. Communication affichée. *Journées Neurologie de langue française*. Lille.

DARTIGUES, J.F., FRABRIGOULE, C., LETENNEUR, L., AMIEVA, H., THIESSARD, F., & ORGOGOZO, J.M. (1997). Epidémiologie de la plainte mnésique. In B.F. Michel, C. Derouesné & M.C. Gely-Nargeot (Eds.), *De la plainte mnésique à la maladie d'Alzheimer* (pp. 41-47). Marseille : Solal.

DEROUESNÉ, C. 1997. Méconnaissance des déficits mnésiques. In B.F. Michel, C. Derouesné & M.C. Gely-Nargeot (Eds.), *De la plainte mnésique à la maladie d'Alzheimer* (pp. 57-65). Marseille : Solal.

DESGRANGES, B., FAURE, S., & EUSTACHE, F. (2000). L'évaluation des syndromes démentiels. In X. Seron & M. Van der Linden (Eds.), *Traité de neuropsychologie clinique* (t. 1, pp. 319-335). Marseille : Solal.

DUBOIS, B., TOUNSI, H, & DEWEER, B. (1997). Mémoire épisodique et sensibilité aux indices de rappel. In B.F. Michel, C. Derouesné & M.C. Gely-Nargeot (Eds.), *De la plainte mnésique à la maladie d'Alzheimer* (pp. 153-157). Marseille : Solal.

ELIAS, M.F., BEISER, A., WOLF, PA., AU, R., WHITE, R.F., & D'AGOSTINO R.B. (2000). The preclinical phase of Alzeimer disease. A 22-year prospective study of the Framinghan Cohort. *Archives of Neurology*, 57, 808-813.

ERGIS, A.M., VAN DER LINDEN, M., & DEWEER, B. (1994). L'exploration des troubles de la mémoire épisodique dans la maladie d'Alzheimer débutante au moyen d'une épreuve de rappel indicé. *Revue de Neuropsychologie*, 4, 47-68.

EUSTACHE, F., DESGRANGES, B., & LALELÉE, C. (1998). L'évaluation clinique de la mémoire. *Revue Neurologique*, 154 (suppl. 2), S18-S32.

FABRIGOULE, C., ROUCH, I., TABERLY, A., LETENNEUR, L., COMMENGES, D., MAZAUX, J.M., ORGOGOZO, J.M., & DARTIGUES, J.F. (1998). Cognitive process in preclinical phase of dementia. *Brain*, 121, 135-141.

FABRIGOULE, C., ROUCH-LEROYER, I., AMIEVA, H., & DARTIGUES, J.F. (2000). Attention et épidémiologie du vieillissement cérébral. In J.F. Camus, M.C. Gely-Nargeot & B.F. Michel (Eds.), *Attention la mémoire. Contribution au diagnostic précoce de la maladie d'Alzheimer* (pp. 55-63). Marseille : Solal.

FABRIGOULE, C., LAFONT, S., LETENNEUR, L., ROUCH, I., & DARTIGUES, J.F. (1996). WAIS similarities subtest performances as predictors of dementia in elderly community residents. *Brain and Cognition*, 30, 323-6.

FOLSTEIN, M.F., FOLSTEIN, S.E., & MCHUGH, P.R. (1975). Mini-mental state : a practical method for grading the cognitive state of patients for the clinician. *Journal of Psychiatric Research,* 12, 189-198.

GANANSIA-GANEM, A., TRAYKOV, L., & BOLLER, F. (1999). Test des similitudes de la WAIS au cours des phases précoces et modérées de la maladie d'Alzheimer. Communication affichée. *Journées de Neurologie de langue française*. Lille.

GÉLY-NARGEOT, M.C., & ERGIS, A.M. (1988). Neuropsychologie des syndromes démentiels. *Journal des Psychologues*, 156, 48-51.

Godfrind, G., Ivanoiu, A., Jacquemin, A., Séron, X. (1999). Les fluences verbales dans le diagnostic précoce de la maladie d'Alzheimer. Communication affichée. *Journées de Neurologie de langue française*. Lille.

Grober, E., & Buschke, H. (1987). Genuine memory deficits in dementia. *Developmental Neuropsycholy,* 3, 13-36.

Joannette, Y., Belleville, S., Gély-Nargeot, M.C., Ska, B., Valduis, S. 2000. Pluralité des patrons d'atteinte cognitive accompagnant le vieillissement normal de la démence. *Revue Neurologique*, 156, 8-9, 759-766.

Laurent, B., & Thomas-Anterion, C. (2000). La plainte de mémoire du sujet âgé. *La Lettre du Neurologue*, Hors série, 88-91.

Laurent, B., Thomas-Anterion, C., & Allegri, R.F. (1998). Mémoires et démences. *Revue Neurologique*, 154, 2S, 33-49.

Laurent, B., & Thomas-Anterion, C. (1997) Neuropshychologie de la maladie d'Alzheimer débutante. In B.F. Michel, C. Derouesné & M.C. Gely-Nargeot (Eds.), *De la plainte mnésique à la maladie d'Alzheimer* (pp. 101-111). Marseille : Solal.

Lawton, M.P., & Brody, E.M. (1969). Assesment of older people : self-maintaining and instrumental activities of daily living. *Gerontologist*, 9, 179-186.

Leclercq, M., Zimmermann, P. (2000). . In X. Seron & M. Van der Linden (Eds.), *Traité de neuropsychologie clinique* (t. 1, pp. 95-114). Marseille : Solal..

Levy, R. (2000). Pratique neurologique. L'évaluation neuropsychologique : un outil clinique utile pour le diagnostic des maladies neurodégénératives. *Revue Neurologique*, 156, 415-426.

Lezak, M.D. (1995). *Neuropsychological assessment* (3e ed.). Oxford : Oxford University Press.

Mattis, S. (1988). *Dementia Rating Scale*. Odessa, FL : Psychological Assesment Ressources.

Metz-Lutz, M.W., Kremin, H., Deloche, G., Hannequin, D., Ferrand, I., Perrier, D., Quint, S., Dordain, M., Bunel, G., Cardebat, D., Larroque, C., Lota, A.M., Pichard, B., & Blavier, A. (1991). Standardisation d'un test de dénomination orale : contrôle des effets de l'âge, du sexe, et du niveau de scolarité chez les sujets adultes normaux. *Revue de Neuropsychologie,* 1, 73-95.

Michel, B.F., Rameau P., Berthezène P., Massa J., De Chanville., F., & Gastaut, J.L. (2000). La plainte mnésique un syndrome clinique d'hyper-attention. In J.F. Camus, M.C. Gely-Nargeot & B.F. Michel (Eds.), *Attention la mémoire. Contribution au diagnostic précoce de la maladie d'Alzheimer* (pp. 97-115). Marseille : Solal.

Nelson, H.E. (1976). A modified card sorting test sensitive to frontal lobe defects. *Cortex*, 12, 313-324.

Perry, R.J., & Hodges, J.R. (1999). Attention and excutive deficits in Alzheimer's disease : A critical review. *Brain*, 122, 383-404.

Petersen, R.C., Smith G.E., Waring, S.C., Ivnik, R.J., Tangalos, E.G., & Kokmen, E. (1999). Mild cognitive impairement clinical characterization and outcome. *Archives of Neurology,* 56, 303-8.

Peterson, L.R., & Peterson, M.J. (1959). Short-term retention of individual verbal items. *Journal of Experimental Psychology*, 58, 193-198.

Pillon, B., & Benoit, N. (1991). Evaluation psychométriqe et neuropsychologique des états démentiels. In J.L. Signoret et J.J. Hauw (Eds.), *Maladie d'Alzheimer et autres démences* (pp. 435-446). Paris : Flammarion.

PILLON, B., DEWEER, B., AGID, Y., & DUBOIS, B. (1993). Explicit memory in Alzheimer's, Huntington's and Parkinson's diseases. *Archives of Neurology*, 50, 374-379.

POITRENAUD, J., ISRAEL, L., BARRERE, H., & LE ROCH, K. (1997). Version française de l'échelle de difficultés cognitives de Mac-Nair et Kahn. In B.F. Michel, C. Derouesné & M.C. Gely-Nargeot (Eds.), *De la plainte mnésique à la maladie d'Alzheimer* (pp. 159-169). Marseille : Solal.

RAVEN, J. (1981). *Manuel des Progressives Matrices.* Issy-les-Moulineaux : Editions scientifiques et psychologiques.

REITAN, R. (1958). Validity of the Trail Making test as an indicator of organic brain damage. *Perceptual and Motor Skills*, 8, 271-276.

RENZI, E. DE, & FAGLIONI, P. (1978). Normative data and screening power of a shortened version of the Token test. *Cortex*, 14, 41-49.

REY, A. 1959. *Manuel du test de copie d'une figure complexe.* Paris : Editions du Centre de Psychologie Appliquée.

ROSEN, W.G., MOHS, R.C., & DAVIS, K.L. (1984). A new rating scale for Alzheimer's disease. *American Journal of Psychiatry*, 141, 1356-1364.

SIGNORET, JL. (1991). *Batterie d'efficience mnésique BEM 144.* Amsterdam : Elsevier.

SMALL, B.J., FRATIGLIONI, L., VIITANEN, M., WINBLAD, B., & BACKMAN, L. (2000). The course of cognitive impairment in preclinical Alzheimer disease. *Archives of Neurology*, 58, 839-844.

STROOP, J.R. (1935). Studies of interference in serial verbal reactions. *Journal of Experimental Psychology*, 18, 643-662.

THOMAS-ANTERION, C., GELY-NARGEOT, M.C., & PANCRAZI M.P. (2000). Troubles de la mémoire des sujets anxieux dans les consultations de mémoire et prise en charge. *Revue Neurologique*, 156, 8-9, 775-779.

THOMAS-ANTÉRION C. 1997. Mémoire et anxiété. In B.F. Michel, C. Derouesné & M.C. Gely-Nargeot (Eds.), *De la plainte mnésique à la maladie d'Alzheimer* (pp. 143-150). Marseille : Solal.

THUILLARD, F., & ASSAL, G. (1990). Données neuropsychologiques chez le sujet âgé normal. In M. Puel, M. Habib & Y. Joannette (Eds.), *Démences et syndromes démentiels* (pp. 125-133). Paris : Masson.

TRAYKOV, L., MARCIE, P., DALLA BARBA, G., & BOLLER, F. (1999). La neuropsychologie de la maladie d'Alzheimer. *Revue Neurologique*, 155, 4S, 38-43.

VAN DER LINDEN, M., COLLETTE, F., ADAM, S. (2000). Exploration des processus automatiques et contrôlés. In J.F. Camus, M.C. Gely-Nargeot & B.F. Michel (Eds.), *Attention la mémoire. Contribution au diagnostic précoce de la maladie d'Alzheimer* (pp. 183-192). Marseille : Solal..

VAN DER LINDEN, M., MEULEMANS, T., BELLEVILLE, S., & COLLETTE, F. (2000). L'évaluation des troubles de la mémoire. In X. Seron & M. Van der Linden (Eds.), *Traité de neuropsychologie clinique* (t. 1, pp. 115-155). Marseille : Solal.

WECHSLER, D. (1991). *Echelle clinique de mémoire de Wechsler révisée.* Paris : Editions du Centre de Psychologie Appliquée.

WECHSLER, D. (1989). *Echelle d'intelligence de Weschler pour adultes, forme révisée* (WAIS-R). Paris : Editions du Centre de Psychologie Appliquée.

Welsh, K.A., Butters, N., Hughes, J.P., Mohs, R.C., & Heyman, A. (1992). Detection and staging of dementia in Alzheimer's disease. Use of the neuropsychological measures developed for the consortium to establish a registry for Alzheimer's disease. *Archives of Neurology,* 49, 448-52.

Zazzo, R. (1969). *Manuel pour l'examen psychologique de l'enfant* (3e éd., t. 1). Neuchâtel : Delachaux-Niestlé.

Remerciements à Jean-Michel Caumont pour la frappe.

Eric Aubert & Jean-Michel Albaret (Ed.)
Vieillissement et psychomotricité
collection Psychomotricité

6

Evaluation psychomotrice du sujet âgé

Jean-Michel ALBARET,
Eric AUBERT
et Isabelle SALLAGOÏTY

L'évaluation psychomotrice du sujet âgé varie peu, dans sa démarche, de celle du sujet jeune. Le parallèle avec la démarche expérimentale est d'ailleurs riche d'enseignement. Elle nécessite, en effet, de déterminer de prime abord quelle est la question posée, ce qui revient à s'interroger sur le motif de consultation et de prescription de l'examen, mais aussi demande de tenir compte des connaissances en matière d'associations symptomatiques. A partir de là, se détermine le choix de la méthodologie la mieux adaptée, c'est-à-dire celui des outils d'évaluation qui peuvent être cliniques ou standardisés, tout en écartant les biais éventuels ou les variables parasites qui pourraient influencer le recueil des données. Il se poursuit alors par une analyse des résultats et un diagnostic, associés à la définition d'une démarche de soin. Cette obligation de rigueur, bien souvent avancée (Corraze, 1992), mais si peu suivie, est assurément exigeante. D'autant que la pratique évaluative n'est possible que grâce à l'expertise d'un clinicien entraîné à l'utilisation des différents outils, dans le respect des procédures et en tenant compte du rationnel qui a présidé à leur élaboration.

Le clinicien doit également être capable d'instaurer un climat favorable à l'expression des potentialités du sujet, sans se limiter à la mesure de ses carences, ce qui ne peut se faire que s'il a intégré une fois pour toutes les aspects techniques de son matériel d'évaluation. A partir de ce moment-là il redevient disponible et attentif au patient, il peut alors le mettre dans les meilleures conditions de passation possibles. Dans le cas du sujet âgé, cette attention à l'expression des potentialités est essentielle et s'appuie sur une connaissance des mécanismes et processus à l'œuvre dans le vieillissement de la personne. La dégradation progressive des systèmes perceptifs, l'augmentation des temps de réaction ou de mouvement, la réduction possible des processus attentionnels, le ralentissement général ainsi qu'une plus grande fatigabilité nécessitent de la part du clinicien une adaptation de tous les instants et un éventuel fractionnement de l'examen en plusieurs séances.

La principale difficulté que rencontre le psychomotricien, lorsqu'il se penche sur les outils d'évaluation disponibles, est certainement leur absence de normes et de standardisation comme le soulignent fort justement Hoeltzel *et al.* (1997). Si tout le monde s'accorde sur l'importance du ralentissement général, il convient alors d'en tenir compte dans l'évaluation et de ne pas utiliser au-delà de 60 ans les normes fournies pour l'adulte (Hertzog et Schear, 1989 ; Lezak, 1987). Comment, en effet, décréter que telle manifestation nécessite la mise en place d'un projet de soin spécifique si l'on ne peut apprécier son caractère normal ou pathologique. Le déclin progressif doit être pris en compte, dans cette appréciation, pour éloigner tout risque de harcèlement thérapeutique. Par exemple, l'étude de la production de pantomimes (gestes d'utilisation d'objets exécutés en leur absence) réalisée par Ska et

Nespoulous (1987) montre clairement que les sujets âgés (plus de 60 ans) utilisent plus souvent une partie du corps à la place de l'objet absent dans les items unimanuels que les sujets plus jeunes (20-30 ans et 40-50 ans). Cette particularité, retrouvée également chez les sujets apraxiques, doit donc être prise en compte lors de l'évaluation d'où la nécessité de disposer de normes spécifiques.

La tentation est en effet grande de plaquer les outils utilisés chez l'enfant, même si certains peuvent être utiles en tant qu'épreuve clinique. Il en est ainsi du test d'imitation de gestes (Bergès & Lézine, 1972) et du dessin du bonhomme fréquemment mentionnés (Hoeltzel *et al.*, 1997 ; Pitteri, 2000) ou encore du test de Head "main-œil-oreille", de l'épreuve de structures rythmiques de Stambak et de l'épreuve graphique d'organisation perceptive pour enfants de 4 à 6 ans de Santucci (in Zazzo, 1969) qui font partie intégrante du bilan géronto-psychomoteur de Hoeltzel *et al.* (ibid.) avec l'épreuve d'adaptation au rythme (Soubiran & Mazo, 1965) et l'épreuve de l'initiative de Bergès. Bon nombre d'écrits sur l'évaluation psychomotrice du sujet âgé ne proposent en fait aucune épreuve à proprement parler ou listent des items sans aucune norme (Carric, 1983 ; Lehmans, 1980 ; Liotard, 1999 ; Sudres, 1987).

L'utilisation de différentes épreuves, sans tenir compte du temps de passation peut cependant nous renseigner sur l'aspect qualitatif de la performance : manière d'aborder la tâche, type d'erreurs, possibilité de les corriger.

Nous n'aborderons pas dans ce chapitre l'entretien préalable et le recueil d'informations anamnéstiques qui sont essentiels à la compréhension et à l'interprétation des résultats obtenus ainsi qu'à la mise en place d'un projet de soins ou d'accompagnement mais ne constituent pas un élément spécifique. Nous limiterons également la part des investigations neuropsychologiques et cognitives, ces données étant disponibles par ailleurs (Clément, 1999 ; La Rue, 1992 ; Lezak, 1987 ; Seron et Van der Linden, 2000).

L'ÉVALUATION DE L'ÉQUILIBRE POSTURAL ET DES COORDINATIONS GÉNÉRALES

L'évaluation de l'équilibre postural revêt une importance capitale dans toute approche thérapeutique à visée préventive et rééducative de la personne âgée. En effet, elle permet d'une part de mettre à jour certaines difficultés de contrôle postural qui ne sont pas sans conséquence sur les activités de la vie quotidienne et, d'autre part de pouvoir mettre en évidence d'éventuels prédicteurs de chute. La chute, faut-il le rappeler, est une des principales causes de morbidité et d'institutionnalisation touchant également les sujets âgés actifs et sains (Vellas *et al.*, 1995). Il est donc indispensable de pouvoir évaluer grâce à des outils fidèles, valides et simples de passation l'ensemble des fonctions d'équilibration du sujet. L'évaluation du contrôle postural comprend à la fois l'équilibre statique et dynamique.

Epreuve de Tinetti (1986)

Tinetti présente cette évaluation (Performance-orientated assessment of mobility problems in elderly) en 1986, soucieux de corréler observation clinique et réalité diagnostique. Cette mise en situation quantifie les performances du sujet âgé quant à ses facultés à maintenir un équilibre statique et à réaliser des situations sollicitant l'équilibre dynamique. Les épreuves évoquent les besoins du sujet dans sa vie quotidienne. La grille est découpée en deux parties : l'appréciation de l'équilibre statique (13 items) et de l'équilibre dynamique (9 items). En ce qui concerne la première partie les épreuves sont notées de 1 à 3 points en fonction du niveau de réalisation, respectivement "Normal", "Adapté" et "Anormal", qui est détaillé afin d'aider à la cotation. Les items de l'équilibre dynamique sont notés 1 point pour "Normal" et 2 points pour "Anormal". Plus le sujet présente des difficultés et plus sa note augmente. Au final, le sujet dont l'équilibre est normal a un score proche de 22 points et le sujet présentant des dégradations dans ce domaine présentera un total avoisinant les 57 points. Les items sont les suivants :

Equilibre statique

- Equilibre assis
- Se lever d'une chaise
- Equilibre immédiat après s'être levé
- Equilibre debout yeux ouverts
- Equilibre debout yeux fermés
- Equilibre après 360°
- Equilibre avec hyperextension de la tête en arrière (extension de la colonne cervicale)
- Equilibre avec extension de la colonne vertébrale et élévation des membres supérieurs
- Résistance à une poussée sternale
- Equilibre après rotation de la tête
- Equilibre en station unipodale
- Equilibre penché en avant
- Equilibre en s'asseyant

Equilibre dynamique

- Initiation à la marche
- Hauteur du pas
- Longueur du pas
- Symétrie du pas
- Régularité de la marche
- Déviation du trajet
- Stabilité du tronc
- Ecartement des pieds pendant la marche
- Demi-tour pendant la marche

Pour l'ensemble de l'épreuve, Spirduso (1995) indique que la fidélité test-retest et la validité concurrente sont faibles, la fidélité inter-observateurs est bonne ainsi que la validité prédictive.

Durée de maintien de la station unipodale (Tinetti, 1986)

L'évaluation chronométrée de la station unipodale constitue un test d'équilibre statique des plus employé quel que soit l'âge du patient. Il a fait l'objet de nombreuses études et fait partie de nombreuses batteries de tests (Tinetti, 1986). Pourtant, l'équilibre statique n'est pas une activité usuelle chez l'homme et d'autant plus dans la population gériatrique. Lafont *et al.* (1991) ont fait une synthèse des derniers travaux sur les modifications de l'équilibre statique avec l'âge montrant une altération de la fonction d'équilibration statique caractérisée essentiellement par une augmentation du parcours du centre de pression des pieds uniquement significative sur le plan antéro-postérieur. Le vieillissement s'accompagne d'une augmentation de l'amplitude et de la fréquence des oscillations du centre de pression correspondant aux limites de stabilité du sujet en position érigée (Alexander, 1996 ; Baloh *et al.*, 1994, 1996 ; Maki *et al.*, 1990 ; Perrin *et al.*, 1993). Pourtant, la station unipodale ne constitue pas une épreuve représentative du contrôle postural fonctionnel du sujet âgé puisque les travaux comparant les performances d'équilibre statique des sujets chuteurs et non-chuteurs ne trouvent pas de différence significative entre la fréquence des chutes et les perturbations posturographiques d'un sujet en position érigée (Lafont *et al.*, 1991). Par contre, la durée de maintien de la station unipodale constitue un bon prédicteur d'un risque de chute. En effet, l'amplitude des balancements spontanés latéraux est le meilleur indicateur de dégénérescence (Maki *et al.*, 1994 ; Vellas, *et al.*, 1997) du contrôle postural. Le fait de ne pas pouvoir maintenir la station unipodale 5 secondes les yeux ouverts multiplie par deux le risque de chute grave, sur une période de trois ans. L'incapacité à tenir 5 secondes sur une jambe s'avère être le facteur de risque essentiel de chute avec traumatisme chez les personnes âgées en bon état de santé. Une étude récente effectuée auprès de 162 personnes âgées saines de plus de 60 ans donne des normes standardisées des performances à la station unipodale montrant une dégradation significative avec la sénescence et une absence de différence sexuelle. (Cf.Tableau 1)

Cette épreuve consiste simplement à demander au sujet de se mettre sur un pied et de tenir cette position le plus longtemps possible ; le choix du pied préférentiel est laissé au sujet. On mesure donc la durée maximale de maintien de cette posture sans mouvement des bras, sans contact au sol du membre inférieur opposé. Ce test est effectué yeux ouverts le plus souvent mais peut être effectué dans un second temps sans afférence visuelle. Il est donc noté le temps de maintien de la station unipodale (durée du test limitée à 30 secondes) et le sujet dispose de 3 essais. La meilleure performance est conservée. Le chronomètre est arrêté lorsque le sujet pose le pied. Il est important d'observer si le sujet tient sur un pied plus de 5 secondes, ce qui constitue un prédicteur de chute. De plus, on peut comparer les performances du sujet évalué aux performances moyennes de sa classe d'âge afin d'obtenir des indications plus fines sur les aptitudes du sujet.

Cette étude (Cf. Sallagoïty & Albaret, ce volume) de différents tests d'équilibre portant sur 162 personnes âgées de plus de 60 ans réparties en trois tranches d'âge (60-69 ans, 70-79 ans et > 80 ans) a mis en évidence une diminution significative de la durée de maintien de la station unipodale avec l'avancée en âge ($F(2,156) = 43, 229$; $p < 0.001$). Par contre, aucun effet du sexe n'est retrouvé ainsi qu'une absence d'influence de l'interaction Sexe X Age.

Groupe d'âge	N	Moyenne (en secondes)	Ecart type	Erreur standard
G1 (60-69 ans)	59	25,91	7,03	0,92
G2 (70-79 ans)	62	17,07	10,67	1,36
G3 (> 80 ans)	41	7,46	8,23	1,29

Tableau 1 : Durée de maintien de la station unipodale par tranche d'âge (moyenne et écart-type).

Ten Meter Walk (Cress *et al.*, 1996)

Les modifications des performances d'équilibre dynamique apparaissent vers 60 ans ; on observe essentiellement une augmentation du parcours d'équilibration avec une altération plus importante et plus significative que l'équilibre statique.

Les troubles modérés de la marche constituent un indicateur essentiel de l'état de santé physique du sujet parce que la marche est une activité quotidienne permettant au sujet de pouvoir aller d'un point à un autre de la pièce.

Comme nous le savons, il y a des modifications des paramètres spatiaux et une augmentation des paramètres temporels au cours de la sénescence. L'altération des divers paramètres de la marche ne progresse pas à la même vitesse avec l'avancée en âge, elle devient de plus en plus rapide dans les premières décennies. On peut noter un raccourcissement de l'enjambée et du pas progressif jusqu'à 60 ans, puis s'intensifie nettement. L'allongement de la durée du temps d'appui total et la durée du double appui qui augmente à partir de 60 ans, de même la diminution de la vitesse de marche s'intensifie à partir de cet âge. Il y a donc une dégradation marquée des performances locomotrices après 60 ans mais qui apparaît dès 50 ans.

Obuchi *et al.* (1995), dans une étude longitudinale étudiant les relations entre les troubles modérés de la marche et le risque de chutes chez les personnes âgées (âge moyen des femmes : 71,9 ans et des hommes 71,3 ans) vivant à domicile, trouvent que la vitesse du pas et sa longueur ont permis de prédire les risques de chute dans l'ensemble de la population, si l'on inclut les sujets avec des antécédents de chutes. Mais, une fois que ces sujets sont exclus de l'analyse, les résultats sont moins probants. Les modifications modérées de la marche pourraient être dans ce cas les conséquences de la chute. Pour Woo *et al.* (1999), la réduction de la vitesse de marche et de la longueur des pas est associée à une augmentation des risques de dépendance, de mortalité et d'institutionnalisation. Seule la longueur des pas est un prédicteur des risques d'institutionnalisation.

De ce fait, on ne peut se passer d'une évaluation des différents paramètres spatio-temporels de la marche. Le Ten Meter Walk (TMW, Cress *et al.*, 1996) nous offre à la fois la possibilité de mesurer la vitesse de marche spontanée ainsi que la longueur des pas (et la cadence du sujet). Les sujets actifs, vivant à domicile ont une vitesse de marche moyenne de 0,9 à 1,2 m/s. Ceux qui vivent sans aide dans une résidence : 0,5 m/s.

Passation

La personne doit parcourir une distance de 10 mètres en marchant à sa vitesse normale ("comme d'habitude") ; cette distance permet une phase d'accélération et de décélération suffisante afin de mesurer la vitesse de marche moyenne du sujet ainsi que de pouvoir observer les différents paramètres spatio-temporels de la marche.

Au cours de la passation, sont notés à la fois le temps entre le moment où le sujet passe la ligne de départ et le moment où le premier pied franchit la ligne d'arrivée, ainsi que le nombre de pas effectués pour parcourir les 10 mètres. Un marquage au sol par des bandes permet de noter la distance exacte à parcourir (10 mètres) mesurée à l'aide d'un mètre métallique d'au moins 5 mètres afin d'éviter les erreurs de mesure. La distance est mesurée en ligne droite dans un endroit dépourvu d'obstacles pour éviter une quelconque gêne pour le patient.

Le sujet effectue le test une première fois pour s'entraîner (essai d'entraînement), puis fait deux essais répétés qui sont notés par l'observateur.

Cotation

Pour chaque essai, sont notés le temps (en secondes) que le sujet met pour parcourir la distance (t1 et t2) ainsi que le nombre de pas entier que le sujet effectue (N1 et N2). Afin d'être précis dans le nombre de pas, il faut considérer le même pied qui franchit la ligne de départ et la ligne d'arrivée.

Il faut ensuite faire la moyenne des 2 essais effectués pour le temps (t moy) et le nombre de pas (N moy). Afin d'obtenir la vitesse de marche ; diviser la distance (10 mètres) par le temps moyen donnant une mesure en m/s. De même, la longueur des pas (L) est obtenue en divisant le nombre de pas moyen par la distance ; L est obtenu en mètre.

Nous avons pu montrer dans notre étude (Sallagoïty & Albaret, ce volume) que tous les paramètres étudiés dans ce test sont sensibles à l'avancée en âge.

La vitesse de marche montre une diminution pour chaque tranche d'âge (G1 : 60/69 ans ; G2 : 70/79 ans ; G3 : > 80 ans) statistiquement significative ($F(2,156) = 19,811$; $p < 0.0001$). Par contre, il y a une différence sexuelle significative avec une vitesse de marche moyenne inférieure pour les femmes et ceci quel que soit l'âge.

On peut noter également qu'avec l'âge il y a une augmentation du nombre de pas passant d'une moyenne de 15,7 pas pour les 60-69 ans à une moyenne de 23 pas pour les plus de 80 ans. Cette augmentation du nombre de pas au cours de la marche spontanée se traduit bien sûr par une diminution significative de la longueur des pas ($F(2,156) = 33,418$; $p < 0,0001$). Enfin, il est important d'observer des différences sexuelles sur ces deux variables, les femmes ont une cadence plus élevée que les hommes et une longueur de pas moindre. Les tableaux 2, 3 et 4 fournissent les performances moyennes pour les différents paramètres considérés.

Les résultats de cette étude sur la locomotion des sujets âgés vont de pair avec les observations de Costes-Salon *et al.* (1995) sur l'évolution des paramètres spatio-temporels de la marche avec la sénescence. Enfin, il est important de noter une forte corrélation entre les performances au Test d'Extension Fonctionnelle et les paramètres étudiés du TMW ; tous deux constituant des épreuves qui mettent en jeu les actes moteurs habituels du sujet.

Groupes	N	Moyenne (m/s)	Ecart type	Erreur standard
G1, Femmes	27	1,16	0,20	0,04
G1, Hommes	32	1,23	0,14	0,03
G2, Femmes	32	1,11	0,23	0,04
G2, Hommes	30	1,05	0,29	0,05
G3, Femmes	30	0,78	0,31	0,06
G3, Hommes	11	0,95	0,23	0,07

Tableau 2 : Vitesse de marche moyenne (m/s)
au Ten Meter Walk en fonction de l'âge et du sexe.

Groupes	N	Moyenne (en mètres)	Ecart type	Erreur standard
G1, Femmes	27	0,61	0,05	0,01
G1, Hommes	32	0,67	0,04	0,01
G2, Femmes	32	0,53	0,07	0,01
G2, Hommes	30	0,61	0,12	0,02
G3, Femmes	30	0,44	0,11	0,02
G3, Hommes	11	0,55	0,07	0,02

Tableau 3 : Longueur des pas au Ten Meter Walk en fonction de l'âge et du sexe.

Groupes	N	Moyenne	Ecart type	Erreur standard
G1, Femmes	27	16,54	1,30	0,21
G1, Hommes	32	14,94	0,98	0,17
G2, Femmes	32	19,00	2,53	0,45
G2, Hommes	30	17,52	5,91	1,08
G3, Femmes	30	24,60	7,66	1,40
G3, Hommes	11	18,55	2,42	0,73

Tableau 4 : Nombre de pas au Ten Meter Walk en fonction de l'âge et du sexe.

Get Up and Go Test (Mathias *et al.*, 1986)

Ce test permet de mettre en évidence les transferts assis-debout, la marche et les changements de direction chez les sujets âgés ; c'est une épreuve mettant en jeu l'équilibre dynamique du sujet dans des activités que l'on peut qualifier de "quotidiennes". Cet instrument d'évaluation est ancien mais très employé par les cliniciens.

Ce test, mis au point par Mathias *et al.* (1986), possède des critères de notation qualitatifs aboutissant à un score et une notation quantitative représentée par la vitesse d'exécution de la tâche. L'étude de départ a porté sur 40 patients qui ont réalisé différents tests de marche et d'équilibre en laboratoire. Les résultats montrent de très bonnes corrélations entre les différents tests ainsi qu'une bonne fidélité inter-observateurs.

De plus, le coefficient de corrélation entre le score du Get Up and Go et la vitesse de marche est de 0,75 ($p < 0.01$). Tous les sujets ayant une vitesse de marche supérieure à 1m/s-1 ont des scores de 2 ou moins ; et tous les sujets ayant un score supérieur à 2 ont une vitesse de marche inférieure à 0,8 m/s-1. La vitesse de marche, la longueur des pas et la fréquence des pas diminuent significativement avec la diminution dans les performances d'équilibre. La vitesse de marche est corrélée de façon significative avec la longueur des pas ($r = 0{,}93$), la fréquence des pas ($r = 0{,}83$) et le temps de double appui ($r = -0{,}79$). Enfin, on peut noter une corrélation entre le score qualitatif et la vitesse d'exécution de la tâche entière ($r = -0{,}69$; $p < 0.001$).

Certaines études ont montré que les patients ayant un score au Get Up and Go supérieur ou égal à 3 avaient un risque de chute assez important (Cho *et al.*, 1998 ; Okumiya *et al.*, 1998, 1999).

Cho *et al.* (1998) ont montré, dans une étude longitudinale sur trois ans auprès de 328 sujets indépendants de plus de 75 ans, qu'un temps d'exécution au "Get Up and Go" supérieur à 17 secondes (17 secondes corrélées avec le déclin BADL ; et 14 secondes déclin IADL) était un facteur prédictif du déclin fonctionnel et instrumental des activités de la vie quotidienne dans une population vieillissante non pathologique.

Passation

Le sujet est assis sur une chaise avec accoudoir et dossier. On lui demande (démonstration) de se lever de la chaise, puis de marcher sur une distance de 3 mètres (jusqu'à un mur), de faire demi-tour, de revenir vers la chaise, d'en faire le tour complet sans la toucher et de se rasseoir.

Matériel

Une chaise avec accoudoir et dossier placé à 3 mètres d'un mur.

Un chronomètre.

Cotation

Le nombre d'essai est de 3. Le temps est exprimé en secondes. On attribue un score qualitatif de 1 à 5 à l'ensemble de l'épreuve :

1 : normal
2 : très peu anormal
3 : moyennement anormal
4 : modérément anormal
5 : sévèrement anormal.

Le score "normal" signifie une absence de risque de chute durant la totalité de l'épreuve alors que "sévèrement anormal" mentionne un risque de chute important durant le test. Les niveaux intermédiaires indiquent la présence d'hésitations, de mouvements anormaux du tronc, une augmentation des oscillations latérales et antéro-postérieures indiquant la possibilité de chutes dans des circonstances moins favorables.

Certaines anomalies de la démarche et de l'équilibration sont identifiées comme de bons prédicteurs de chutes récurrentes comme : les transferts peu sûrs ou inachevés (se lever avec difficultés, difficultés d'équilibre pour se lever et/ou pour se rasseoir), instabilité sur la première position, chancellement du tronc, lenteur anormale, hésitations, balancement du tronc excessif, trébuchement, saisir un support, besoin d'une aide.

Groupe d'âge	N	Moyenne	Ecart type	Erreur standard
G1 (60-69 ans)	59	1,000	0,00	0,00
G2 (70-79 ans)	62	1,339	0,61	0,08
G3 (> 80 ans)	41	1,854	0,76	0,12

Tableau 5 : Score qualitatif moyen au Get Up and Go Test en fonction de l'âge.

Groupe d'âge	N	Moyenne (sec.)	Ecart type	Erreur standard
G1 (60-69 ans)	59	12,45	2,11	0,27
G2 (70-79 ans)	62	14,90	5,17	0,66
G3 (> 80 ans)	41	19,87		

Tableau 6 : Temps d'exécution moyen au Get Up and Go Test en fonction de l'âge.

Manœuvre de piétinement et réflexe nucal (Fukuda, 1959)

Cette épreuve d'équilibre se réalise comme suit : le sujet, les yeux fermés, les bras tendus devant et à l'horizontale, piétine 50 fois de suite sur place en levant les genoux assez haut sur un rythme de 1 à 2 Hz. L'observation porte sur l'ampleur d'éventuelles déviations à droite ou à gauche ou de façon rotatoire. Si l'angle de rotation (ou spin) est inférieur à 30°, le sujet ne présente aucun comportement inadapté. L'épreuve est renouvelée en demandant au sujet de modifier la position de la tête. Le sujet doit alors présenter un spin naturel, qui sera mesuré, car il augmente le tonus des extenseurs et des rotateurs externes.

On observe donc s'il y a eu, après piétinement, rotation du corps de plus de 30°, si le sujet a présenté une déviation d'angle par rapport à la position de départ ou si enfin la distance parcourue par rapport au point de départ est supérieur à 0,5 mètre. Si c'est le cas, le sujet présente une stabilité anormale.

MOTRICITÉ MANUELLE

Le Purdue Pegboard (Tiffin, 1968)

Le Purdue Pegboard (PP) est utilisé comme test moteur et psychomoteur pour déceler les problèmes existants au niveau de la dextérité manuelle et digitale (Fleishman & Ellison, 1962). Il se présente sous la forme d'une planche de trente centimètres sur quarante cinq centimètres avec, dans sa partie supérieure, quatre sébiles (creusets) contenant des tiges pour celles de chaque extrémité et, pour les

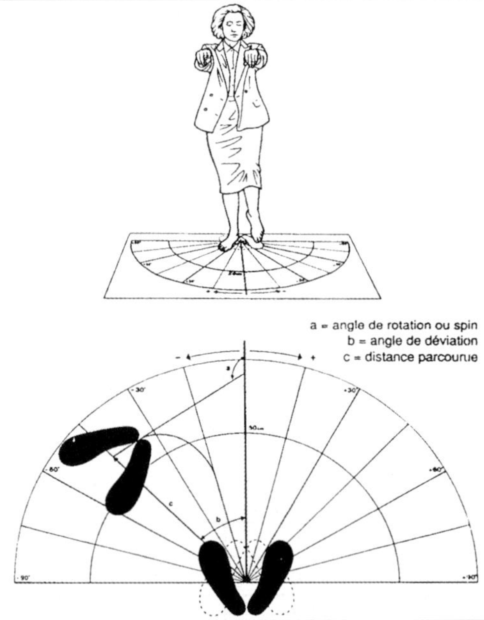

Figure 1 : Test de Fukuda (1959, in Lafont *et al.*, 1991).

deux sébiles centrales, des tubes d'un côté et des rondelles de l'autre (à placer selon que le sujet est droitier ou gaucher). Cette planche présente en son milieu deux rangées verticales de vingt-cinq trous chacune. L'épreuve complète prend une quinzaine de minutes et compte quatre parties : épreuve main droite, épreuve main gauche, épreuve deux mains, épreuve d'assemblage.

Des études, comme celle de Caroll (1993), montrent que les différents items du Purdue Pegboard sont tous corrélés de façon significative au facteur de dextérité digitale et qu'il constitue le test le plus représentatif de ce facteur. D'autre part, l'item d'assemblage est aussi corrélé, mais plus faiblement, au facteur de dextérité manuelle. Ainsi ce test, composé d'un matériel simple, réussit rapidement à évaluer deux facteurs importants de la motricité manuelle.

Il semblerait que la différence entre les scores des deux mains augmente avec l'âge avec une diminution des scores plus importante du côté non dominant (Agnew *et al.*, 1988 ; Spreen & Strauss, 1991).

Les scores aux trois premières épreuves peuvent être révélateurs d'une atteinte cérébrale lorsqu'ils sont inférieurs à la note seuil de 10 pour les épreuves unimanuelles et de 8 pour l'épreuve deux mains (Vaughan & Costa, 1962).

Un étalonnage a été réalisé par Dell'Omodarme et Aubert (1999). Il porte sur 104 sujets (cf. tableau 7) qui ne sont porteurs d'aucune d'affection neurologique, arthrosique, musculaire, visuelle, organique ou bien encore mentale. Les sujets issus de la région toulousaine sont tous volontaires et recrutés dans des foyers-résidents (39%), des clubs du troisième âge (32%), des foyers de jour (14%), et des sujets évalués à domicile (15%).

Tranche d'âge	Femmes	Hommes
60-69 ans	20	7
70-79 ans	27	9
80-89 ans	29	5
90 ans et plus	6	1

Tableau 7 : Répartition de la population étudiée par tranche d'âge et par sexe.

Les modalités de passation sont similaires à celle de Béguet et albaret (1998), des encouragements fréquents sont donnés pour maintenir la motivation.

Une analyse de variance selon un plan 2 x 4 (Sexe x Groupe d'âge) est réalisée à l'aide du logiciel SuperAnova pour chaque essai et chaque épreuve. Le facteur Sexe n'a pas d'effet significatif (F < 1) ce qui autorise le regroupement des résultats des deux sexes. Une nouvelle analyse est alors faite pour chacune des variables. Le facteur Groupe d'âge a un effet significatif sur l'ensemble des variables avec une diminution de la performance avec l'avancée en âge (cf. tableaux 8 à 11).

La fidélité test-retest a été étudiée avec un écart d'un mois entre le test et le retest. On constate le même phénomène que chez les jeunes enfants, à savoir une augmentation des performances liée à cette nouvelle passation si l'on prend en

Age	N	Main dominante		Main non dominante		Deux mains		Total : MD+MND+2M			Assemblage		
		M	s	M	s	M	s	M	s	Em	M	s	Em
G1	27	13,07	2,2	12,6	2,2	9,8	2,0	35,4	5,6	1,1	21,7	5,2	1,0
G2	36	12,0	2,6	11,2	2,2	8,9	1,9	32,1	6,1	1,0	18,2	5,6	0,9
G3	34	10,3	2,9	9,1	2,9	7,1	2,5	26,6	7,7	1,3	13,6	5,6	0,9
G4	7	9,3	2,6	8,9	3,6	5,9	3,1	24	8,5	3,2	11,9	3,8	1,4

Tableau 8 : Moyenne et écart-type de l'ensemble des sujets au premier essai du Purdue Pegboard ; (M = Moyenne ; s = Ecart type ; Em = Erreur de mesure)

Age	N	Main dominante		Main non dominante		Deux mains		Total : MD+MND+2M			Assemblage		
		M	s	M	s	M	s	M	s	Em	M	s	Em
G1	27	13,8	2,0	12,8	2,1	10,0	1,9	36,6	5,6	1,1	23,1	4,8	0,9
G2	36	12,5	2,7	11,4	2,4	9,0	1,9	33,0	6,3	1,1	19,1	6,6	1,1
G3	34	10,2	3,1	9,6	2,8	7,1	2,4	26,9	7,8	1,3	14,2	5,1	0,9
G4	7	9,9	3,3	8,7	4,0	6,3	3,8	24,9	10,2	3,8	13,7	4,4	1,7

Tableau 9 : Moyenne et écart-type de l'ensemble des sujets au deuxième essai du Purdue Pegboard ; (M = Moyenne ; s = Ecart type ; Em = Erreur de mesure)

Age	N	Main dominante		Main non dominante		Deux mains		Total : MD+MND+2M			Assemblage		
		M	s	M	s	M	s	M	s	Em	M	s	Em
G1	27	13,7	2,4	12,9	2,2	10,0	1,1	36,7	5,0	1,0	23,4	5,4	1,0
G2	36	12,8	2,8	11,8	2,3	9,4	2,0	33,9	6,4	1,1	19,88	6,2	1,0
G3	34	11,0	3,1	9,9	2,6	7,5	2,5	28,4	7,9	1,4	15,1	6,1	1,1
G4	7	10,3	3,3	9,7	3,0	6,6	4,0	26,6	9,8	3,7	14,3	4,0	1,5

Tableau 10 : Moyenne et écart-type de l'ensemble des sujets au troisième essai du Purdue Pegboard ; (M = Moyenne ; s = Ecart type ; Em = Erreur de mesure)

Age	N	Main dominante		Main non dominante		Deux mains		Total : MD+MND+2M			Assemblage		
		M	s	M	s	M	s	M	s	Em	M	s	Em
G1	27	40,6	5,9	38,3	6,0	29,9	4,7	108,7	15,5	3,0	68,3	14,7	2,8
G2	36	37,3	7,6	34,4	6,4	27,3	5,7	99,0	18,4	3,1	57,1	17,9	3,0
G3	34	31,6	5,6	28,6	8,0	21,7	7,1	81,9	22,9	3,9	43,0	15,9	2,7
G4	7	29,4	9,0	27,3	10,5	18,7	10,8	75,4	28,4	10,7	39,9	11,5	4,3

Tableau 11 : Moyenne et écart-type de l'ensemble des sujets à l'ensemble des trois essais du Purdue Pegboard ; (M = Moyenne ; s = Ecart type ; Em = Erreur de mesure)

compte les résultats à l'ensemble des 3 essais. Par contre la comparaison entre les scores du troisième essai de la première passation et du premier essai de la deuxième passation ne montre aucune différence significative ($F(1,34) < 1$), ce qui est en faveur d'une bonne fidélité test-retest. Il convient donc, dans l'éventualité de passations répétées, de procéder à un premier examen comprenant les trois essais pour chaque épreuve, puis de se contenter d'un seul essai lors des passations ultérieures. La différence entre les deux passations permettra ainsi d'apprécier l'efficacité d'un éventuel traitement ou la dégradation liée à une évolution morbide, en minimisant la part de l'apprentissage procédural.

The Brain Test© (Homann *et al.*, 2000)

Il s'agit d'une épreuve de "tapping" dont l'étalonnage a porté sur 154 patients atteints de la maladie de Parkinson par comparaison avec un groupe témoin du même âge. Les sujets doivent taper deux touches d'un clavier d'ordinateur aussi vite et aussi précisément que possible pendant 60 secondes. Toutes les caractéristiques de la frappe sont prises en compte. Dans l'analyse des résultats, les auteurs notent un score très hautement significatif en vitesse de mouvement (nombre de frappe par minute, kinésia Score) pour les sujets du groupe contrôle par rapport aux sujets parkinsoniens ainsi qu'un score largement inférieur tout aussi significatif pour le score de dysmétrie (total prenant en compte les erreurs de touches, Dysmetria Score) et le score d'arythmie (calcul de la différence de délais entre deux frappes successives, Arythmia Score). Ce test permet d'évaluer la sévérité de l'atteinte et de différencier les sujets atteints de la maladie de Parkinson et ceux qui ne le sont pas. Une version est disponible au téléchargement sur internet (http://www.anaesthetist.com/software/brain.htm).

Batterie de Schoppe (1974)

La batterie de Schoppe (1974, in Kraus *et al.*, 1990) consiste en une série de tests de la motricité manuelle effectués séparément de la main droite et de la main gauche : une épreuve de déplacement de chevilles (plugging), une épreuve d'oscillation digitale (tapping), deux tests de stabilité (steadiness), un test de pointage (aiming) et un test de traçage de ligne.

L'épreuve de placement consiste à déplacer, une par une et le plus rapidement possible, 25 chevilles (ø = 2,5 mm) dans une série de trous (ø = 2,8 mm).

L'épreuve d'oscillation mesure le nombre de frappes réalisées à l'aide d'un stylet sur une plaque durant deux essais de 16 secondes.

Les tests de stabilité nécessite de maintenir un stylet verticalement dans des trous de différents diamètres (ø = 4,8 et 8,5 mm) sans en toucher les bords durant 32 secondes.

Dans le test de pointage, le sujet doit toucher le plus vite possible 20 cibles avec un stylet.

Pour le test de traçage de ligne, il s'agit de suivre un tracé en creux avec le stylet le plus précisément possible.

Une étude réalisée sur 52 sujets sains (moy. = 62 + 12 ans) et 107 sujets atteints d'une maladie de Parkinson (moy. = 62,5 + 8,6 ans) montre que des différences significatives sont retrouvées dans les différents subtests à l'exception du test de pointage (main droite) et de la différence entre les deux essais de l'épreuve d'oscillation (main gauche).

Ces résultats sont en faveur d'une utilisation de différentes mesures de la motricité manuelle dans l'évaluation du sujet âgé et pour permettre la détection des signes précoces de la maladie de Parkinson.

Praxies gestuelles

L'évaluation des praxies gestuelles se fait à partir de différentes situations en référence au modèle de Roy et Square (1985) sur les systèmes conceptuel et de production des praxies et à celui de Rothi *et al.* (1997) sur le traitement de l'information gestuelle.

On trouve ainsi dans la Batterie d'Evaluation des Praxies (Peigneux & Van der Linden, 2000) huit épreuves qui sont :

- exécution sur commande verbale de gestes significatifs (pantomimes) ;
- imitation de gestes significatifs (pantomimes) ;
- imitation de gestes sans signification ;
- reproduction de postures sur un mannequin ;
- pantomime sur présentation de l'objet associé ;
- utilisation concrète d'objets
- dénomination de gestes significatifs (pantomimes) ;
- discrimination entre gestes significatifs (pantomimes) et sans signification.

Les erreurs qualitatives au cours de la production des gestes sont relevées et portent sur le contenu (actions correctes mais inappropriées compte tenu du contexte), l'aspect temporel (perturbations de la dynamique de l'action), l'aspect spatial (concernant l'amplitude du geste, les erreurs de configurations digitales ou manuelles, la perturbation du mouvement, l'utilisation d'une partie du corps en tant qu'objet) ainsi que les hésitations, les substitutions d'objets, l'absence de réponse et les réponses non identifiables. Les données préliminaires portent sur une population de sujets normaux, droitiers, âgés de 54 à 83 ans (7 femmes et 8 hommes).

Une autre évaluation est proposée par Le Gall *et al.* (2000) et distingue les épreuves suivantes :

- la reconnaissance de pantomimes avec appariement pantomime-objet (le patient indique parmi 4 objets celui qui correspond au mime que fait l'examinateur) ;
- la production de pantomimes sur consigne visuelle ou verbale ;
- la réalisation de gestes symboliques intransitifs ;
- la réalisation de gestes sans signification uni ou bimanuels comportant des actions réflexives ou non ;
- les connaissances fonctionnelles sur les objets (reconnaissance de la bonne utilisation d'un objet et dénomination d'objets par leur fonction) ;
- les connaissances sur les actions (choix d'un objet parmi quatre pour réaliser une action) ;
- les connaissances sur les séquences d'action (sériation de 3 à 7 images représentant chacune une étape de l'action complète) ;
- la réalisation de tâches avec des objets distracteurs ;
- la réalisation de tâches séquentielles ;
- la réalisation de deux tâches indépendantes ou en compétition.

Les erreurs sont cotées à partir de neuf types d'erreurs : inventaire des objets et perplexité, substitution entre objets, substitution entre actions, omission simple, erreur de localisation, erreur de manipulation des objets, maladresse, activation automatique de schémas d'action à partir des objets.

PRAXIES CONSTRUCTIVES

La figure de Rey

La figure complexe de Rey (1959) est un ensemble de formes géométriques construit autour d'un rectangle. On note l'exactitude de la copie ainsi que la façon dont le sujet organise sa construction (prise en compte de l'armature, du contour général ou progression de détails en détails). Une reproduction de mémoire a lieu quelques minutes après.

Différentes études montrent qu'il n'y a pas de différences significatives entre les groupes d'âges pour la copie de la figure de Rey et les types de construction utilisés ne diffèrent pas. Dans l'étude de Delbecq-Derouesné et Beauvois (1989), les scores passent en moyenne de 35,3 pts (± 1,8) pour les 26-40 ans à 33,9 pts (± 2,4) pour les 65 ans et plus. Mais le temps de copie s'allonge de façon significative et passe de 233 (± 76) à 351 secondes (± 134). On constate enfin une dégradation du score de mémoire qui passe de 25,5 pts (± 5,2) à 16,9 (± 7,3). Pour Spreen et Strauss (1991), les scores des 50-59 ans sont de 35,5 (± 0,8) en moyenne et ceux des plus de 70 ans de 32,9 (± 2,7). Ces résultats sont confirmés par Chiulli *et al.* (1989) sur des sujets âgés de 65 à 93 ans.

Copie de dessins

La copie de dessin, qu'il s'agisse de formes géométriques ou d'objets, est présente dans la plupart des outils d'investigation du vieillissement pathologique. Les dessins des figures géométriques que sont le rond, le carré, le cube et une étoile à cinq branches ne sont pas différents en précision chez les sujets les plus âgés (60-82 ans) que chez des sujets plus jeunes (20-30 ans et 40-50 ans). Seul le pourcentage de sujets âgés (61%) réussissant correctement la copie de l'étoile est significativement plus faible que celui des sujets les plus jeunes (76,5%). Par contre sur des objets comme une pipe, une maison, un bonhomme ou une bicyclette, les sujets âgés ont des scores moins élevés avec des difficultés d'organisation spatiale des différents détails (Ska *et al.*, 1986) et une tendance à la simplification.

Au test de Bender, le score d'erreurs permet de faire la distinction entre les sujets Alzheimer et les sujets contrôles mais peut également permettre le suivi de l'évolution de la détérioration (Lezak, 1995).

Le dessin du bonhomme (cotation Goodenough-Harris) montre également au cours du vieillissement une détérioration, qui est plus rapide dans les aspects d'organisation (liens entre les parties, articulations, dimensions, symétries) que dans le nombre d'éléments (Ska *et al.*, 1988).

Le Tinkertoy® Test

Ce test, mis au point par Lezak (1991, in Lezak, 1995) permet au patient de créer une construction, sans modèle, à partir d'un ensemble de 50 pièces en plastique comprenant des tiges de différentes longueurs et des disques percés de trous permettant l'assemblage. Le sujet est informé qu'il a au moins cinq minutes pour la réalisation sans limite supérieure. En fin de construction le sujet est invité à dire ce qu'il a fait. Le score de complexité porte, d'une part, sur l'adéquation du nom avec la construction effective et, d'autre part, sur la combinaison de pièces, le nombre de pièces utilisées, la mobilité de l'ensemble et la présence de parties mobiles, le caractère tridimensionnel de l'ensemble, sa stabilité et la présence d'erreurs (assemblage inadapté ou incomplet, pièces tombées et non ramassées). D'autres scores viennent le compléter comme le temps de latence, la nécessité d'incitations, la présence d'un but et son éventuelle révision en cours de construction, les dissociations entre verbalisation et réalisation motrice, les auto-corrections, la présence de persévération et la créativité. Le test mesure essentiellement les fonctions exécutives mais sollicite également les capacités constructives.

Le test permet de différencier des types de démence et indique que les sujets des groupes pathologiques ont des résultats inférieurs à des sujets âgés sains. Les patients suspectés d'une maladie d'Alzheimer ont tendance à réaliser plusieurs combinaisons de quelques pièces alors que les patients atteints d'une démence vasculaire réalise une seule construction avec encore moins de pièces (Mendez & Ashla-Mendez, 1991).

ATTENTION SÉLECTIVE : TEST DE STROOP

L'attention sélective peut être définie comme la capacité à maintenir l'attention sur une cible quand des distracteurs sont présents, ou encore à tenir compte d'une des dimensions d'un stimulus tout en ignorant les autres. Dans le cas présent, il s'agit de mettre les sujets dans une condition d'interférence, où ils doivent inhiber une réponse automatique, la lecture, pour donner une réponse moins évidente qui est la dénomination de couleurs, ce qui met en jeu d'une part l'attention sélective et d'autre part les processus inhibiteurs.

Il existe différentes versions du test de Stroop (Albaret & Migliore, 1999). La procédure originale (Stroop, 1935) consistait en trois types de pages de 100 stimulus chacune que le sujet devait lire ou dont il devait nommer la couleur : noms de couleur écrits en noir, noms de couleurs écrits dans une couleur d'encre incompatible, carrés de couleurs. Les mesures portaient sur le temps mis pour lire l'ensemble de chaque planche, avec la prise en compte des erreurs pour l'une des conditions. La condition d'interférence consiste à demander au sujet de nommer la couleur de l'encre utilisée pour écrire les noms de couleurs.

Les sujets âgés présenteraient une plus grande sensibilité à l'interférence (Salthouse & Meinz, 1995 ; Spieler *et al.*, 1996). Une des explications des déficits cognitifs associés au vieillissement est centrée sur l'altération des processus d'inhibition en lien avec le fonctionnement de la mémoire de travail (Hasher et Zacks, 1988). Deux mécanismes peuvent se produire en mémoire de travail qui en limiteront la capacité : en premier lieu l'intrusion d'une information non pertinente peut provoquer un élément de distraction par rapport à la tâche principale, en second lieu il peut y avoir maintien en mémoire de travail d'un matériel qui n'est plus pertinent. Dans ce contexte, le test de Stroop constitue un élément d'appréciation intéressant. L'hypothèse d'une plus grande sensibilité à l'interférence a été remise en cause par l'étude de Verhaegen et de Meersman (1998) qui réalisent une méta-analyse de vingt travaux comparant l'effet d'interférence entre adultes jeunes (âgés de 30 ans ou moins en moyenne) et adultes âgés (60 ans ou plus en moyenne). La question principale est de savoir si les variations de l'effet d'interférence observées avec l'âge sont supérieures à ce que l'hypothèse d'un ralentissement général lié à l'âge permet de prédire. Les résultats, combinant deux méthodes de calcul, sont en faveur de cette dernière hypothèse, la modification de l'effet d'interférence n'étant qu'un artefact de ce ralentissement. Cependant, les travaux de Lowe et Rabbitt (1997) qui contrôlent cette dimension de vitesse individuelle de traitement de l'information indiquent un ralentissement plus marqué dans la condition d'interférence du test de Stroop ainsi que dans d'autres tâches considérées comme “frontales”.

Les résultats obtenus par des sujets porteurs d'une démence de type Alzheimer indiquent une plus grande sensibilité à la condition d'interférence, et un plus grand nombre d'erreurs que des sujets sains (Fisher *et al.*, 1990 ; Spieler *et al.*, 1996).

Les sujets atteints de maladie de Parkinson sont significativement plus lents que les sujets contrôles pour la condition d'interférence (Portin & Rinne, 1980 ; Heitanen & Teräväinen, 1986).

LES BILANS PSYCHOMOTEURS

Dans la tradition du bilan psychomoteur, plusieurs outils ont vu le jour. Leurs caractéristiques communes sont le regroupement d'épreuves, souvent disparates, dont certaines issues de l'examen de l'enfant et l'absence de toute norme. Jossot et Sebbane (1996) proposent, par exemple, un ensemble d'épreuves regroupées en trois domaines : épreuves motrices, cognitives et appréciation qualitative. Les épreuves motrices portent sur les caractéristiques de la marche (normale, avec ou sans appui, assistée), l'équilibre (position debout yeux ouverts et fermés, station unipodale avec ou sans appui, demi-tour) et l'habileté manuelle (tenue du crayon, pianotage, ouverture et fermeture des mains, épreuves digitales). Les épreuves appelées cognitives sont les suivantes :

- orientation spatiale (connaissance de l'adresse personnelle, du lieu d'hospitalisation),
- orientation temporelle (connaissance de l'âge, de la date et du temps d'hospitalisation),
- dessin d'une personne,
- praxies constructives (reproduction d'une fleur, d'un escalier, d'un cube ; division d'un trait en plusieurs parties égales, dessin du cadran d'une horloge),
- mémoire verbale à court terme (cinq éléments),
- gnosies visuelles (figures entremêlées, connaissance des couleurs),
- schéma corporel (test de Head et de Bergès-Lézine, autotopognosie),
- praxies idéomotrices (pantomimes sur consigne verbale).

Ces deux séries d'épreuves ainsi que la fatigabilité sont notées chacune sur 5 points, soit un total de 60 points.

Les appréciations qualitatives portent sur la présence de troubles des communications non verbales (mimique, regard, attitude et geste), de l'image du corps (sans plus de précision), et du comportement. Les capacités d'expression verbale, corporelle et graphiques sont aussi appréciées au cours du bilan.

La passation est de 35 à 45 minutes.

LES ÉCHELLES D'OBSERVATION

Nous présentons ici quelques-unes des épreuves les plus usitées dans l'évaluation de la personne âgée et dans l'estimation de l'effet d'une prise en charge sur les activités quotidiennes. Pour plus d'informations on pourra se référer à Israël *et al.* (1984) qui décrivent 145 instruments ou outils d'évaluation spécialisés dans l'observation du sujet âgé dont une trentaine répertoriée dans la rubrique autonomie–dépendance, ou encore à Clément (1999).

Le Géronte (Leroux, 1994)

La première publication du modèle Géronte remonte au début des années 80 (Leroux *et al.*, 1981) puis cette version a été améliorée et remaniée en 1994. Elle compte toujours 27 items répartis en 6 grandes parties. Cette échelle a pour but d'apprécier la capacité des sujets à “faire”, ensuite ce qu'elles font réellement, et ce qu'elles font ou feraient avec appui des interventions sanitaires et sociales et donc permet de déterminer le niveau de dépendance du sujet âgé.

Cette épreuve reste fonctionnelle autant en institution qu'à domicile et peut être utilisée comme mesure de l'évolution régulière du sujet.

Les thèmes abordés sont :

- les activités mentales et sensorielles, soit les perceptions et le fonctionnement cognitif ;
- les activités corporelles (toilette, habillage, alimentation, élimination) ;
- les activités de déplacement (locomotion, coordination) ;
- les activités domestiques (activités quotidiennes d'entretien, gestion et télécommunications d'alerte) ;
- les activités sociales (transports, dépenses, activité de loisir).

Les différents items sont cotés selon trois niveaux de production qui correspondent à 3 couleurs qui matérialiseront, sur une silhouette d'un bonhomme découpé en 27 blocs, le niveau de réalisation par item. Ceci permet donc, comme sur un histogramme, de visualiser rapidement le type d'activité déficitaire et responsable d'une baisse de l'adaptation du sujet âgé. La couleur blanche est attribuée si la personne âgée fait seule, totalement, habituellement et correctement l'activité. On grise les blocs si le sujet fait partiellement, non habituellement ou non correctement l'action. Et enfin, on colore en noir les zones pour lesquelles l'individu ne réalise pas la tâche.

Le temps de passation est estimé par l'auteur à 3 mm. Cependant, la durée d'une évaluation en équipe semble ne pas tenir ces délais (Maugourg, 1992) mais n'enlève en rien la spécificité et la précision des appréciations des compétences sur le plan physique et mental du sujet âgé institutionnalisé ou non.

Echelle d'Appréciation Clinique en Gériatrie (EACG)

L'Echelle d'Appréciation Clinique en Gériatrie est la traduction et l’adaptation faite par Georges *et al.* (1977) et Henry *et al.* (1978) de la Sandoz Clinical Assessment - Geriatric (S.C.A.G) de Shader, Harmatz et Salzman (1974).

La grille a donc été développée par le laboratoire pharmaceutique Sandoz, afin, à son origine, d'apprécier cliniquement et rapidement l'état psychopathologique des personnes âgées. Après modification par les auteurs français (Georges *et al.*, 1977), l'intérêt de cette évaluation devient la quantification de l'effet thérapeutique de médicaments à visée cérébrale.

Les items isolés et appréciés dans la version américaine étaient les suivants :

- Confusion
- Baisse de la vigilance
- Altération de la mémoire des faits récents
- Désorientation
- Dépression
- Instabilité émotionnelle
- Manque d'hygiène
- Anxiété
- Perte de l'esprit d'initiative
- Irritabilité
- Hostilité
- Comportement inopportun
- Indifférence au milieu
- Sociabilité
- Absence de coopération
- Fatigue
- Anorexie
- Etourdissements
- Impression globale de la symptomatologie du patient

Après étude, les auteurs français ont légèrement modifié les items ; ainsi les items Confusion et Désorientation ont fusionné en un seul (Orientation-Confusion), cinq ont été retirés (Irritabilité, Hostilité, Indifférence, Comportement inopportun, Impression globale), quatre ont été rajoutés et centrés sur des signes somatiques (Locomotion, Céphalées, Sommeil, Acouphènes). Au total, des individus ayant plus de 65 ans et présentant des troubles psycho-comportementaux liés à l'avancée en âge ont servi de population d'étalonnage pour ces 17 items.

L'évaluation de la personne âgée est donc réalisée sur une échelle de 1 à 7 (de Absent à Important) dans les domaines qui suivent :

- Vivacité d'esprit
- Mémoire des événements récents
- Orientation – Confusion
- Anxiété
- Dépression
- Stabilité émotionnelle
- Motivation – Initiative
- Coopération
- Sociabilité
- Locomotion
- Soins personnels

- Appétit
- Vertiges
- Fatigue
- Céphalées
- Sommeil
- Acouphènes

Comme pour la version précédente, des études de validité concomitante et de fidélité inter-correcteurs (Georges *et al.*, 1977 ; Henry *et al.*, 1978 ; Israël *et al.*, 1979) ont été menées et après analyse factorielle quatre facteurs rendent compte de 56,3% de la variance totale. Il s'agit en premier lieu de la détérioration mentale, ensuite des troubles sensoriels, puis de la baisse du dynamisme et enfin des relations avec autrui.

Activity of Daily Living (A.D.L.) (Activité de la vie quotidienne)

Cette échelle développée par de Katz *et al.* (1963) évalue les activités élémentaires de la vie quotidienne. Elle est uniquement utilisable pour des sujets placés en institution. Elle peut être appliquée tous les 6 mois afin de quantifier les éventuelles modifications de l'autonomie du patient.

Les six domaines d'activités concernés sont : se laver, s'habiller, aller aux toilettes et les utiliser, réaliser de transferts (aller du lit au fauteuil), contrôler ses sphincters, s'alimenter.

La note attribuée varie de 0 point lorsque le sujet est dépendant, puis 0,5 point lorsque le sujet a besoin d'être accompagné ou aidé pour réaliser l'action, et enfin 1 point pour les sujets autonomes. Le maximum est donc de 6 points. Le temps estimé par les auteurs pour remplir la grille est de 20 minutes (Maugourg, 1992).

Instrumental Activities of Daily Living (I.A.D.L.) (Activités instrumentales de la vie quotidienne)

Lawton et Brody (1969) ont réalisé une échelle afin d'étudier les facultés des sujets âgés dans les activités de base de la vie quotidienne ainsi que dans certaines activités instrumentales comme préparer un repas ou bien encore téléphoner.

Les huit activités représentent la somme des actions élémentaires que le sujet doit réaliser lui permettant de poursuivre seul sa vie à domicile (dans un pays industrialisé). Il s'agit de : faire la cuisine, entretenir la maison, laver le linge, se servir du téléphone, faire ses courses, utiliser les moyens de transport, prendre des médicaments, gérer ses finances et utiliser l'argent. Un score de 0 point est donné lorsque le sujet est indépendant et 1 point lorsqu'il est dépendant. Le temps total de l'évaluation est de 5 minutes selon les auteurs (Maugourg, 1992).

Echelle de dépendance de la Société Française de Gérontologie (E.D.S.F.G.)

Mise au point par Kuntzmann (1980), cette grille d'observation est destinée aux personnels des institutions afin de déterminer le niveau de dépendance d'un patient et donc de la charge globale incombant à l'établissement pour le suivi du sujet. Elle évalue 5 domaines : les soins personnels (l'alimentation, la toilette, l'habillage), les déplacements, la continence sphinctérienne, la dépendance psychique, les besoins en soins (la surveillance, les soins médicaux et soins infirmiers, les rééducations). On attribue la note 0 lors d'une autonomie complète des sujets et 10 points pour les sujets qui sont très gravement dépendants. Le temps de l'appréciation est estimé par Kuntzmann à 6 minutes.

Mesure de l'indépendance fonctionnelle (M.I.F.)

Granger *et al.* créent, en 1990, un outil utilisable autant pour des personnes vivant à domicile que pour les sujets en établissements spécialisés. Il est ensuite traduit en français par Minaire (1991) et présentera un intérêt particulier pour des services de rééducation de par la spécificité de ses domaines d'investigation. Il est composé de 18 rubriques, chaque item étant côté sur 7 (de “Totalement dépendant” à “Indépendance totale”), et après une saisie informatisée des données, représente graphiquement les résultats sous forme de rayons d'une roue. On retrouve de l'item A à F une évaluation de l'activité manuelle et des membres supérieurs.

Système de mesure de l'autonomie fonctionnelle (S.M.A.F.)

Hébert *et al.* (1988) ont établi une feuille d'évaluation de l'autonomie applicable à tous les sujets âgés évoluant à l'extérieur ou à l'intérieur d'une institution. Elle se découpe en cinq rubriques : les activités de la vie quotidienne (comme se nourrir et toutes les actions relatives à la propreté, 7 items), la mobilité (déplacement selon différentes modalités, 6 items), la communication (réceptions et émissions d'informations, 3 items), les fonctions mentales (comportements et cognitions, 5 items), tâches domestiques (autonomie au quotidien, 8 items). En fonction de quatre niveaux d'appréciation (“Autonome”, “Aide”, “Surveillance ou stimulation” et “Dépendance”), on associe des ronds de couleur (respectivement vert, jaune, bleu et rouge) afin de visualiser, sur des dessins représentant le thème noté, le niveau de dépendance. Du fait de la passation interdisciplinaire, souhaitée par les auteurs, ces derniers prévoient un temps d'observation et d'évaluation de 40 minutes.

DIVERS

La mise au point d'outils de mesure des troubles psychomoteurs liés à certaines maladies, maladie de Parkinson notamment, se heurtent aux problèmes de consigne et de notation de la production du patient. Ainsi l'étude de la fidélité de l'échelle d'évaluation de l'altération motrice dans la maladie de Parkinson (Henderson *et al.*, 1991) donne des résultats contrastés. L'échelle comporte cinq items tirés, avec quelques modifications, du test de Webster (1968) et de l'échelle unifiée d'évaluation de la maladie de Parkinson (UPDRS). Le premier consiste à se lever d'une chaise droite comportant des accoudoirs sans l'aide de ces derniers. Dans l'item de marche, le sujet doit parcourir en marchant une distance de six mètres, tourner autour d'une boite posée au sol et revenir au point de départ.

Viennent ensuite trois items manuels d'une durée de 10 secondes après un temps de pratique de quelques secondes : oscillation digitale avec l'index, main posée sur la table ; mouvement répété d'opposition du pouce et de l'index, bras tendu vers l'avant ; mouvement de pronation-supination, bras tendu vers l'avant. Les items sont notés sur une échelle en quatre points (0-3) illustrés par des extraits de bande vidéo réalisés avec des patients.

La fidélité inter-observateurs est plus élevée pour les items de coordination générale que pour ceux impliquant la main. Il semble que les troubles posturaux spécifiques à chaque patient rendent difficile la notation, les sujets trouvant différentes manières d'exécuter le mouvement demandé.

Les auteurs trouvent dans une deuxième étude que la validité convergente entre différentes échelles basées soit sur la symptomatologie propre à la maladie de Parkinson, soit sur les activités de la vie quotidienne est élevée (r = .70 à .83) ce qui permet d'envisager la mise au point d'échelles comportant un nombre réduit d'items portant sur les aptitudes psychomotrices pour apprécier et suivre l'évolution de la maladie et des traitements mis en place.

RÉFÉRENCES BIBLIOGRAPHIQUES

AGNEW, J., BOLLA-WILSON, K., KAWAS, C.H., & BLEECKER, M.L. (1988). Purdue Pegboard age and sex norms for people 40 years old and older. *Developmental Neuropsychology,* 4, 29-36.

ALBARET, J.M., & MIGLIORE, L. (1999). *Manuel du test de Stroop (8-15 ans).* Paris : Editions du Centre de Psychologie Appliquée.

ALEXANDER, N.B. (1996). Technology-based measures to assess postural control in older adults. *Facts and Research in Gerontology*, 141-156.

BALOH, R.W., FIFE, T.D, ZWERLING, L., SOCOTCH, T., JACOBSON, K., BELL, T., & BEYKIRCH,K. (1994). Comparison of static and dynamic posturography in young and older normal people. *Journal of American Geriatrics Society*, 42, 405-412.

BALOH, R.W., JACOBSON, K.M., SOCOTCH, T.M., & SPAIN, T.B. (1996). Posturography and concerns about falling in older people. In B. Vellas, M. Allard & J.L Albarède (Eds.), *L'année de Gérontologie* (Supplément, pp. 51-62). Paris : Serdi.

BÉGUET, M., & ALBARET, J.M. (1998). Etalonnage du Purdue Pegboard sur une population d'enfants de 6 à 10 ans. *Approche Neuropsychologique des Apprentissages chez l'Enfant*, 46, 19-25.

BERGÈS, J., & LÉZINE, I. (1972). *Test d'imitation de gestes* (2e ed.). Paris : Masson.

CARRIC, J.-C. (1983). Examen psychomoteur troisième âge. In S. Masson (Ed.), *Généralités sur la rééducation pscyhomotrice et l'examen psychomoteur* (pp. 143-147). Paris : PUF.

CARROLL J.B. (1993). Psychomotor abilities. In Carroll J.B. (Ed.), *Human cognitive abilities : a survey of factor-analytic studies* (pp. 532-541). Cambridge : Cambridge University Press.

CHIULLI, S., YEO, R.A., HAALAND, K.Y., & GARRY, P. (1989). Complex figure copy and recall in the elderly. *Journal of Clinical and Experimental Neuropsychology*, 11, 95.

CHO, C.Y., ALESSI, C.A., & CHO, M. (1998). The association between chronic illness and functional change among participants in a comprehensive geriatric assessment program. *Journal of American Geriatrics Society*, 46, 677-682.

CLÉMENT, J.-P. (1999). Instruments d'évaluation en psychiatrie du sujet âgé. In J.-M. Léger, J.P. Clément & J. Wertheimer (Eds.), *Psychiatrie du sujet âgé.* Paris : Flammarion.

CORRAZE, J. (1992). La rigueur, hélas ! *Evolutions Psychomotrices.* 16, 11-15.

COSTES-SALON, M.C., LAFONT, C., DUPUI, P., STEPHEN, E., ALBARÈDE, J.L., & BESSOU, P. (1995). Modifications des paramètres spatio-temporels de la marche lors du vieillissement. Etude kymographique chez 168 volontaires. In B. Vellas, M. Allard & J.L Albarède (Eds.), *L'année de Gérontologie* (Supplément, pp. 107-127). Paris : Serdi.

CRESS, M.D., BUCHNER, M.D., ESSELMAN, P.C., MARGHERITA, A.J., DE LATEUR, B.J., CAMPBELL, A.J., & WAGNER, E.H. (1996). Factors associated with changes in gait speed in older adults. *Journal of Gerontology,* 51A, 6, M297-302.

DELBECQ-DEROUESNÉ, J., & BEAUVOIS, M.-F. (1989). Memory processes and aging : a defect of automatic rather than controlled processes ? *Archives of Gerontology and Geriatrics,* Suppl. 1, 121-150.

DELL'OMODARME, M. (1999). *Purdue Pegboard : Recherche et étalonnage sur une population âgée de 60 ans à plus de 90 ans.* Mémoire en vue de l'obtention du Diplôme d'Etat de Psychomotricité, Université Paul Sabatier, Toulouse.

FISHER, L.M., FREED, D.M., & CORKIN, S. (1990). Stroop color-word test performance in Alzheimer's disease. *Journal of Clinical and Experimental Neuropsychology,* 12, 745-758.

FLEISHMAN, E.A., & ELLISON, G.D. (1962). A factor analysis of fine manipulative tests. *Journal of Applied Psychology,* 46, 96-105.

GEORGES, D., LALLEMAND, A., COUSTENOBLE, J., & LORIA, Y. (1977). Validation par analyse factorielle d'une échelle d'évaluation clinique des troubles de la sénescence cérébrale : application à l'essai thérapeutique, *Thérapie,* 32, 173-180.

GRANGER, C.V., COTLER, A.C., HAMILTON, B.B., & FIEDLER, R.C. (1990). Functional assessment scales : a study of persons with multiple sclerosis. *Archives of Physical Medicine and Rehabilitation,* 71, 870-875.

HASHER, L., & ZACKS, R.T. (1988). Working memory, comprehension and aging : a review and a new view. In G.H. Bower (Ed.), *The psychology of learning and motivation* (Vol. 22, pp. 193-225). San Francisco, CA : Academic Press.

HÉBERT, R., CARRIER, R., BILODEAU, A. (1988). Le système de mesure de l'autonomie fonctionnelle (SMAF). *Revue de Gériatrie,* 13, 161-167.

HEITANEN, M., & TERÄVÄINEN, H. (1986). Cognitive performance in early Parkinson's disease. *Acta Neurologica Scandinavica,* 73, 151-159.

HENDERSON, L., KENNARD, C., CRAWFORD, T.J., DAY, S., EVERITT, B.S., GOODRICH, S., JONES, F., & PARK, D.M. (1991). Scales for rating motor impairment in Parkinson's disease : studies of reliability and convergent validity. *Journal of Neurology, Neurosurgery and Psychiatry,* 54, 1, 18-24.

HENRY, J.F., LORIA, Y., LALLEMAND, A., GEORGES, D., & BERTHAUX, P. (1978). Etude de la fiabilité inter-juges d'une échelle d'évaluation clinique des troubles de la sénescence cérébrale. *La Revue de Gériatrie,* 3, 1, 20-22.

HERTZOG, C. & SCHEAR, J.M. (1989). Psychometric considerations in testing the older person. In T. Hunt & C.J. Lindley (Eds.), *Testing older adults : a reference guide for geropsychological assessments.* Austin, TX : Pro-ed.

HOELTZEL, S., MAHUZIER, A., & YVONNET, K. (1997). Le bilan géronto-psychomoteur : la situation de test et ses limites. *Evolutions Psychomotrices,* 9, 35, 3-8.

HOMANN, C.N., SUPPAN, K., WENZEL, K., GIOVANNONI, G., IVANIC, G., HORNER, S., OTT, E., & HARTUNG, H.P. (2000). The Bradykinesia Akinesia Inccordination Test (Brain Test©), an objective and user-friendly means to evaluate patient with Parkinsonism. *Movement Disorders*, 15, 4, 641-647.

ISRAËL, L., GEORGES, D., LALLEMAND, A., & LORIA, Y. (1979). Echelle d'appréciation clinique et tests psychométriques en gériatrie : recherche de corrélation. *Thérapie*, 34, 585-590.

ISRAËL, L., KORAZEVIC, D., & SARTORIUS, N. (1984). *Evaluations en gérontologie*. Basel : Karger.

JOSSOT, C., & SEBBANE, G. (1996). Le bilan psychomoteur en gérontologie : analyse des résultats auprès de 180 patients hospitalisés. *Evolutions Psychomotrices*, 8, 32, 94-101.

KATZ, S., FORD, A.B., MOSKOWITZ, R.W., JACKSON, B.A., & JAFFE, M.W. (1963). Studies of illness in the aged : the index of ADL, a standardized measure of biological and psychological function. *Journal of the American Medical Association*, 185, 914-919.

KRAUS, P.H., KLOTZ, P., STEINBERG, R., & PRZUNTEK, H. (1990). Contribution of motor performance tests to the early diagnosis of Parkinson's disease. In P. Dostert, P. Riederer, M. Strolin Benedetti & R. Roncucci (Eds), *Early markers in Parkinson's and Alzheimer's diseases* (pp. 41-48). Vienne : Springer-Verlag.

KUNTZMANN, F. (1980). Objectifs de l'évaluation de la perte d'autonomie des personnes âgées. *Revue de Gériatrie*, 5, 363-365.

LA RUE, A. (1992). *Aging and neuropsychological assessment*. New York : Plenum Press.

LAFONT, C., DUPUI, P., COSTES-SALON, M.C., ALBARÈDE, J.L., & BESSOU, P. (1991). Equilibre et vieillissement. *L'année gérontologique*, Paris : Serdi, 151-191.

LAWTON, M.P., & BRODY, E.M. (1969). Assessment of older people : self-maintening and instrumental activities of daily living. *The Gerontologist*, 9, 179-186.

LE GALL, D., MORINEAU, T., & ETCHARRY-BOUX, F. (2000). Les apraxies : formes cliniques, modèles téhoriques et méthodes d'évaluation. In X. Seron & M. Van der Linden (Eds.), *Traité de neuropsychologie clinique* (t. 1, pp. 225-249). Marseille : Solal.

LEHMANS, J.-M. (1980). La psychomotricité en gérontologie. *La Psychomotricité*, 4, 105-117.

LEROUX, R. (1994). *L'évaluation gérontologique. De la théorie à la pratique : Géronte.* Rennes : Editions Ecole Nationale de la Santé Publique.

LEROUX, R., VIAU, G., FOURNIER, M., BERGEOT, R., & ATTALLI, G. (1981). Visualisation d'une échelle simple d'autonomie : Géronte. *Revue de Gériatrie,* 6, 9, 433-436.

LEZAK, M.D. (1987). Norms for growing older. *Developmental Neuropsychology*, 3, 1-12.

LEZAK, M.D. (1995). *Neuropsychological assessment* (3e ed.). Oxford : Oxford University Press.

LIOTARD, D. (1999). La personne âgée : du comportement à l'acte imaginé. In A. Calza & M. Contant (Eds.), *Psychomotricité* (2e ed., pp. 179-189). Paris : Masson.

LOWE, C., & RABBITT, P. (1997). Cognitive models of ageing and frontal lobe deficits. In P. Rabbitt (Ed.), *Methodology of frontal and executive function* (pp. 39-59). Hove : Psychology Press.

MAKI, B.E., HOLLIDAY, P.J., & FERNIE, G.R. (1990). Aging and postural control : a comparison of spontaneous and induced-sways balance tests. *Journal of American Geriatrics Society,* 38, 1-9.

MAKI, B.E., HOLLIDAY, P.J., & TOPPER, A.K. (1994). A prospective study of postural balance and risk of falling in an ambulatory and indépendant elderly population. *Journal of Gerontology*, 49, 2, M72-84.

MATHIAS, S., NAYAK, U.S., & ISAAK, B. (1986). Balance in elderly patients : the “Get-up and Go” Test. *Archives of Physical Medicine and Rehabilitation*, 67, 387-389.

MAUGOURG, M.F. (1992). *Gérontologie fondamentale, clinique, sociale*. Montpellier : Duportet B. éditeur.

MENDEZ, M.F., & ASHLA-MENDEZ, M. (1991). Differences between multi-infarct dementia and

Alzheimer's disease on unstructured neuropsychological tasks. *Journal of Clinical and Experimental Neuropsychology,* 13, 923-932.

MINAIRE, P. (1991). La mesure de l'indépendance fonctionnelle (M.I.F.). Historique, présentation, perspectives. *Journal de Réadaptation Médicale,* 11, 168-174.

OBUCHI, S., SHIBATA, H., SUZUKI, T., & YASUMURA, S. (1995). Association of subnormal walking ability with falls in the community dwelling elderly. In B. Vellas, M. Allard & J.L. Albarède (Eds.), *L'année de Gérontologie* (Supplément, pp. 97-106). Paris : Serdi.

OKUMIYA, K., MATSUBAYASHI, K., NAKAMURA, T., OSAKI, Y., DOI, Y., & OZAWA, T. (1998). The timed " Up and Go " test is useful predictor of falls in community-dwelling older people. *Journal of American Geriatrics Society,* 46, 928-929.

OKUMIYA, K., MATSUBAYASHI, K., NAKAMURA, T., OSAKI, Y., DOI, Y., & OZAWA, T. (1999). The timed " Up and Go " test and manual button score are useful predictors of functional decline in basic and instrumental ADL in community-dwelling older people. *Journal of American Geriatrics Society,* 47, 497-498.

PERRIN, P., JEANDEL, C., PERRIN, C.A., & COURANT, P. (1993). Contribution de la posturographie statique et dynamique à l'étude du vieillissement physiologique de l'équilibration. *La Revue d'Ono,* 19/20, 223-231.

PEIGNEUX, P., & VAN DER LINDEN, M. (2000). Présentation d'une batterie neuropsychologique et cognitive pour l'évaluation de l'apraxie gestuelle. *Revue de Neuropsychologie,* 10, 2, 311-362.

PITTERI, F. (2000). Psychomotricité et personnes âgées. In C. Potel (Ed.), *Psychomotricité : entre théorie et pratique.* Paris : In Press.

PORTIN, R., & RINNE, U.K. (1980). Neuropsychological responses of parkinsonian patients to long-term levodopa treatment. In U.K. Rinne, M. Klinger & G. Stamm (Eds.), *Parkinson's disease : current progress, problems and management* (pp. 271-304). Amsterdam : Elsevier.

REY, A. (1959). *Manuel du test de copie d'une figure complexe.* Paris : Editions du Centre de Psychologie Appliquée.

ROTHI, L.J.G., OCHIPA, C., & HEILMAN, K.M. (1997). A cognitive neuropsychological model of limb praxis and apraxia. In L.J.G. Rothi & K.M. Heilman (Eds.), *Apraxia : the neuropsychology of action* (pp. 29-49). Hove : Psychology Press.

ROY, E.A., & SQUARE, P.A. (1985). Common considerations in the studies of limb, verbal and oral apraxia. In E.A. Roy (Ed.), *Neuropsychological studies of apraxia and related disorders* (pp. 111-156). Amsterdam : Elsevier.

SALTHOUSE, T., & MEINZ, E. (1995). Aging, inhibition, working memory and speed. *Journal of Gerontology : Psychological Sciences,* 50, 297-306.

SERON, X., & VAN DER LINDEN, M. (Eds.) (2000). *Traité de neuropsychologie clinique* (t. 1). Marseille : Solal.

SHADER, R.I., HARMATZ, J.S., & SALZMAN, C. (1974). A new scale for clinical assessment in geriatric population : Sandoz clinical assessment - geriatric (SCAG). *Journal of the American Geriatrics Society,* 22, 3, 107-113.

SKA, N., DEHAT, F., & NESPOULOUS, J.-L. (1987). Dessin d'une figure complexe par des sujets âgés. *Psychologica Belgica,* 26, 125-145.

SKA, N., DESILETS,H., & NESPOULOUS, J.-L. (1986). Performances visuo-constructives et vieillissement. *Psychologica Belgica,* 27, 25-42.

SKA, N., MARTIN, G., & NESPOULOUS, J.-L. (1988). Image du corps et vieillissement normal : représentation graphique et verbale. *Canadian Journal of Behavioral Science,* 20, 121-132.

Ska, N., & Nespoulous, J.-L. (1987). Pantomimes and aging. *Journal of Clinical and Experimental Neupsychology*, 9, 6, 754-766.

Soubiran, G.B., & Mazo, P. (1965). *La réadaptation scolaire des enfants intelligents par la rééducation psychomotrice*. Paris : Doin.

Spieler, D.H., Balota, D.A., & Faust, M.E. (1996). Stroop performance in healthy younger and older adults and in individuals with dementia of the Alzheimer's type. *Journal of Experimental Psychology : Human Perception and Performance,* 22, 2, 461-479.

Spreen, O., & Strauss, E. (1991). *A compendium of neuropsychological tests*. New York : Oxford University Press.

Stroop, J.R. (1935). Studies of interference in serial verbal reactions. *Journal of Experimental Psychology*, 18, 643-662.

Sudres, J.-L. (1987). Perspectives et outils pour un bilan géronto-psychomoteur. *Thérapie Psychomotrice*, 76, 61-72.

Tiffin, J. (1968). *Purdue Pegboard : Examiner Manual*. Chicago : Science Research Associates.

Tinetti, M.E. (1986). Performed oriented assessment of mobility problems in the elderly. *Journal of American Geriatrics Society*, 36, 613-616.

Vaughan, H.G. Jr., & Costa, L.D. (1962). Performance of patients with lateralized cerebral lesions. II. Sensory and motor tests. *Journal of Nervous and Mental Disease*, 134, 237-243.

Vellas, B., Faisant, C., Lauque, S., Sedeuilh, M., Baumgarterner, R., Andrieux, J.-M., Allard, M., Garry P.J., & Albarède J.L. (1995). Etude I.C.A.R.E. : Investigation sur la chute accidentelle ; Recherche Epidémiologique. In B. Vellas, M. Allard & J.L. Albarède (Eds.), *L'année de Gérontologie* (Supplément, pp. 23-36). Paris : Serdi.

Vellas, B.J., Wayne, S.J., Romero, L., Baumgartner, R.N., Rubenstein, L.Z., & Garry, P.L. (1997). One-leg standing is an important predictor of injurious falls in older persons. *Journal of American Geriatrics Society*, 45, 6, 735-738.

Verhaeghen, P., & de Meersman, L. (1998). Aging and the Stroop effect : a meta-analysis. *Psychology and Aging*, 13, 1, 120-126.

Webster, D.D. (1968). Critical analysis of the disability in Parkinson's disease. *Modern Treatment*, 5, 257-282.

Woo, C.Y., Ho, S.C., & Yu, A.L.M. (1999). Walking speed and stride lenght predicts 36 months dependency, mortality and institutionalization in Chinese aged 70 and older. *Journal of American Geriatrics Society,* 47, 1257-1260.

Zazzo, R. (Ed.) (1969). *Manuel pour l'examen psychologique de l'enfant* (3e ed., t. 1). Neuchâtel : Delachaux et Niestlé.

Eric Aubert & Jean-Michel Albaret (Ed.)
Vieillissement et psychomotricité
collection Psychomotricité

7

Etalonnage du test d'extension fonctionnelle

Isabelle SALLAGOÏTY
et Jean-Michel ALBARET

PRÉSENTATION DU TEST D'EXTENSION FONCTIONNELLE (TEF)

Duncan *et al.* (1990) sont à l'origine de ce test d'équilibre dynamique antéro-postérieur du sujet. Ils constatent, en effet, que les évaluations disponibles actuellement ont diverses limitations :

- certaines comme tenir debout sur un pied, marcher sur une poutre sont souvent difficiles à exécuter pour des personnes âgées saines. Ce sont des épreuves sensibles mais peu adaptées sur le plan clinique.
- d'autres mesures des aptitudes de contrôle postural mettent également en jeu cette capacité à maintenir l'équilibre en réponse à des perturbations extérieures ou auto-initiées mais elles sont peu utilisables en pratique courante car elles exigent un matériel sophistiqué et très coûteux (plate-forme).

Cette étude vient donc pallier les manques importants de mesure de la fonction d'équilibration en réponse à un déséquilibre auto-initié d'avant en arrière.

Définition du test

Le TEF est désigné comme "une mesure de la marge de stabilité du sujet" (Duncan *et al.*, 1990). L'étude originale est effectuée auprès de 45 personnes classées en trois tranches d'âge qui sont testées selon 2 modes d'évaluation différentes pour l'Extension Fonctionnelle (électronique et clinique) et une épreuve sur plate-forme stabilométrique pour mesurer le centre de pression excursion du sujet (ou COPE qui représente les limites de stabilité du sujet à l'intérieur d'un champ restreint pouvant refléter un effort pour compenser les troubles dans les mécanismes de contrôle postural). L'auteur part de l'hypothèse qu'une tâche d'extension simple représente le même genre de mesure que le COPE contrôlé sur un support de type plate-forme statique. Cette tâche d'extension avant des extrémités distales des membres supérieurs pourrait refléter un aspect plus fonctionnel du COPE, elle demande en effet une préservation des mécanismes de contrôle postural. L'analyse de ce type d'activité chez le sujet âgé a montré la détérioration du mouvement efficient et le retard dans la préparation anticipatrice du mouvement ainsi qu'un trouble de la coordination des ajustements posturaux pour des mouvements des extrémités distales par rapport aux sujets plus jeunes (Inglin & Woollacott, 1988).

Dans une première étude, Duncan *et al.* (1990) étudient la liaison qui existe entre le TEF et le COPE en comparant trois groupes de sujet : 20-40 ans (hommes et femmes séparés), 41-69 ans et 70-87 ans. D'autre part, l'étude comprend une comparaison entre la cotation électronique de l'extension (EF électronique) et la cotation clinique de l'observateur (mètre sur le mur ou yardstick) afin d'établir la fidélité d'une mesure clinique. Ils trouvent une forte corrélation entre les performances aux deux épreuves (r = .71). En fonction de l'âge, les différentes mesures indiquent une diminution des performances, l'extension fonctionnelle diminue parallèlement aux marges de stabilité du sujet. On peut noter une influence très significative de l'âge sur l'extension fonctionnelle qui passe de 42,49 cm pour les hommes de 20-40 ans à une moyenne de 33,42 cm pour les personnes de 70-87 ans. Les résultats montrent une forte corrélation entre les mesures cliniques et électroniques. L'extension fonctionnelle pourrait représenter indirectement les limites de stabilité du sujet. Ils étudient également l'influence du facteur âge et des paramètres anthropométriques (taille, souplesse du tronc) sur les aptitudes d'extension. La taille influence l'extension fonctionnelle, la corrélation entre l'extension fonctionnelle clinique et la taille est faible mais significative (r = 0,245). L'analyse des capacités selon le genre indique que les femmes auraient une extension plus faible que les hommes, mais si on contrôle la variable taille, on ne retrouve plus de différence significative sur le plan statistique. Enfin, dans cette première étude, les auteurs trouvent une bonne fidélité test-retest (3 essais répétés).

Par la suite, d'autres recherches ont porté plus spécifiquement sur la population gériatrique. Dans une étude ultérieure, Duncan *et al.* (1992) trouvent une corrélation satisfaisante entre les résultats de l'extension fonctionnelle clinique et différentes mesures de performances physiques et d'autonomie (épreuves d'équilibre statique et dynamique, questionnaires d'autonomie du sujet - PADL et IADL). Sur une population constituée de 45 personnes âgées de 66 à 104 ans, l'ensemble des résultats montre une bonne validité concurrente avec les autres mesures cliniques de l'état de fragilité physique du sujet ainsi qu'une liaison avec son niveau d'autonomie.

Enfin, dans une troisième étude, ils ont cherché à établir le caractère prédictif de la chute du TEF. L'étude a été effectuée auprès de 271 vétérans de 70 à 104 ans ayant fait l'expérience de chutes répétées ou non (groupe de chuteurs récurrents et groupe de chuteurs non récurrents) durant les 6 mois précédents l'expérience. Les résultats ne montrent pas d'association significative entre les performances d'extension fonctionnelle et les sujets n'ayant chuté qu'une seule fois. Par contre, l'extension fonctionnelle est significativement associée aux chutes répétées quand les résultats sont ajustés à l'âge, ainsi qu'avec le score de Folstein et les scores de dépression. Le TEF pourrait donc être un instrument d'évaluation permettant de prédire un risque de chutes répétées.

Tous ces résultats montrent que le TEF possède les qualités de fidélité et de validité permettant son utilisation en tant qu'outil d'évaluation gérontologique standardisé.

Limitations du test

Armadottir *et al.* (1999) signalent quelques faiblesses. Le test ne mesure la stabilité du sujet que dans une direction en l'absence de changement de base de support. Or, beaucoup d'activités, comme la marche, qui peuvent s'avérer problrématiques chez les sujets âgés, comportent un déplacement contrôlé du centre de gravité dans le plan latéral.

Ce test doit être utilisé avec précaution dans le cas de sujets présentant une démence sévère, des déformations importantes de la colonne vertébrale, une motricité réduite des membres thoraciques ainsi que s'ils sont incapables de se tenir debout sans aide.

Description

L'extension fonctionnelle est une tâche d'extension volontaire maximale vers l'avant, couplée avec une activité posturale stable des muscles du tronc et des jambes.

Le sujet est dans une position érigée, placé contre un mur (épaule dominante contre le mur). Il se tient sur une base de support (en bois) de façon à ce que les pieds soient alignés (une ligne de base est tracée) et pour vérifier la stabilité des pieds pendant l'exécution de la tâche et entre chaque essai. On demande alors au sujet de tendre son bras à l'horizontale (environ à 90° de flexion de l'épaule) le long du mur (sur lequel est fixé l'outil de mesure : un mètre) avec le poing serré. Dans cette position (ou position 1), c'est la position du 3ème métacarpien qui donne la mesure lue sur le mètre (D1 en centimètre). Puis, on demande au sujet d'étendre son bras le plus loin possible en avant sans déplacer les pieds, toucher le mètre ou perdre l'équilibre. Quand le sujet est à son extension maximale (c'est-à-dire qu'il y reste quelques secondes sans bouger), on note à nouveau la position du 3ème métacarpien correspondant à D2. La différence entre D1 et D2 correspond à l'extension fonctionnelle du sujet (EF = D2 – D1) exprimée en centimètres (Figure 1).

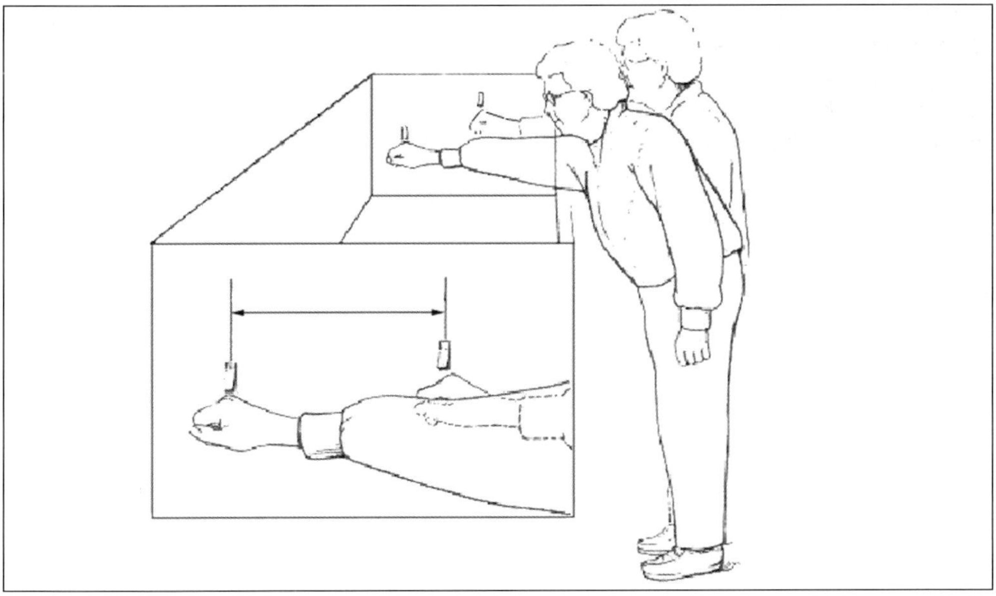

Figure 1 : Test d'extension fonctionnelle (TEF)

Passation

Une démonstration est systématiquement effectuée devant le sujet accompagnée d'explications orales.

Le sujet effectue la tâche deux fois pour s'exercer (essais d'entraînement) ; puis 3 essais répétés sont cotés. Le score final correspond à la moyenne des trois essais (EF = D2-D1 pour chaque essai).

L'examinateur doit veiller à ce que la position de départ soit la même entre chaque essai, et se placer en face du mur supportant le mètre afin de pouvoir lire les mesures.

Un essai est refusé si :

- le sujet déplace ses pieds au cours de l'essai ;
- touche le mètre fixé au mur ;
- est déséquilibré et montre une instabilité importante au cours de l'épreuve (risque de chute).

Matériel

Un mètre (de couturière ou métallique) est fixé au mur, parallèle au sol et à la hauteur de l'acromion du sujet évalué. Il est important de faire attention que le mètre soit bien parallèle au sol afin de ne pas biaiser les résultats. Une plate-forme (en bois) constitue la base de support des pieds où une ligne de base est tracée afin que les pieds soient alignés et pour vérifier la mobilité de ceux-ci.

ETALONNAGE

Population

L'étude a été effectuée auprès de 162 personnes dont 73 hommes et 89 femmes de plus de 60 ans répartis en 3 classes d'âge (Tableau 1). Les volontaires ont été recrutés dans des clubs du 3ème âge et des maisons de retraite de Toulouse et de sa banlieue. Les sujets n'étant pas autonomes dans leur déplacement, dans les activités de la vie quotidienne et ayant des pathologies avérées (troubles neurologiques, démences séniles, maladie de Parkinson) n'ont pas été retenus. Les sujets marchant avec une aide (canne, déambulateur) sont éliminés de l'étude ainsi que ceux ne pouvant répondre au questionnaire de peur de tomber de Baloh *et al.* (1994).

Tranche d'âge	Femmes	Hommes
60-69 ans	27	32
70-79 ans	32	30
> 80 ans	30	11

Tableau 1 : Répartition de la population étudiée par tranche d'âge et par sexe

Méthode

Chaque sujet est vu en passation individuelle. Dans un premier temps, chaque sujet répond au questionnaire de peur de tomber afin de noter l'intensité de l'appréhension d'une chute. Puis, les différentes épreuves sont réalisées : maintien de la station unipodale (Tinetti, 1986), Get Up and Go Test (Mathias *et al.*, 1986), Ten Meter Walk (Cress *et al.*, 1996) et Test d'Extension Fonctionnelle. L'ensemble de ces tests est décrit dans le chapitre précédent.

Un retest est effectué auprès de 10% de la population initialement testé (n = 17) afin de réévaluer les performances d'extension fonctionnelle. Les mêmes conditions de passation sont préservées (2 essais d'exercices et 3 essais répétés). Le retest s'est effectué entre 2 semaines et un mois après la première évaluation. De plus, il est demandé au sujet s'ils ont chuté durant les deux années précédant l'expérience.

Un certain nombre de mesures sont effectuées : la durée de maintien de la station unipodale (en secondes) avec un temps maximum de 30 secondes ; le score qualitatif au GUP (score de 1 à 5) ainsi que le temps d'exécution de l'épreuve ; la vitesse de marche ainsi que la longueur de pas sont calculées (temps en secondes et nombre de pas pour parcourir 10 mètres au TMW). Enfin, le score de peur de tomber est classé en trois catégories en fonction du niveau d'appréhension (peur, pas peur et un peu peur).

Résultats

Des analyses de variance et de covariance, avec comme covariant la taille, sont réalisées à l'aide du logiciel SuperAnova pour évaluer les effets de l'âge, du sexe et de la peur de tomber sur l'Extension Fonctionnelle.

D'autre part, nous avons calculé les coefficients de corrélation entre l'EF et les autres variables dépendantes (SU ; GUP score, temps, TMW) et effectué un t de Student. Enfin, une analyse de variance à un facteur à mesures répétées sur le TEF a été effectuée.

Score d'extension fonctionnelle

L'analyse statistique ne montre aucun effet du sexe sur la variable étudiée ($F < 1$) lorsque la taille est utilisée comme élément covariant. De plus, aucun effet significatif de l'interaction Sexe X Age n'est retrouvé ($F < 1$).

On peut noter une influence du facteur âge sur l'EF ($F(2,156) = 13,462$; $p < 0,0001$), avec une diminution des performances significatives avec l'avancée en âge (cf. Tableau 2).

L'influence de la taille comme élément covariant nous amène à proposer un score pondéré d'extension fonctionnelle qui intègre cette dimension. Il s'agit de faire le rapport du score d'extension fonctionnelle (en cm) sur la taille (en cm) selon la formule ci après : (EF/T) x 100. Une analyse de variance sur ce score pondéré retrouve les mêmes effets que pour le score brut. Le seul effet significatif concerne l'âge ($F(2,159) = 21,879$; $p < 0,0001$), avec une diminution du score suivant l'avancée en âge (cf. Tableau 3).

	N	Moyenne	Écart-type	Erreur standard
G1 (60/69)	59	32,36	6,78	0,88
G2 (70/79)	62	27,50	7,92	1,01
G3 (> 80)	41	21,22	8,37	1,31

Tableau 2 : Moyenne, écart-type standard, erreur standard et effectif de l'EF en fonction de l'âge.

	N	Moyenne	Écart-type	Erreur standard
G1 (60/69)	59	19,47	3,90	0,51
G2 (70/79)	62	16,98	4,60	0,58
G3 (> 80)	41	13,42	5,11	0,80

Tableau 3 : Moyenne, écart-type, erreur standard du score pondéré d'extension fonctionnelle en fonction de l'âge calculé selon la formule [(EF/T) x 100].

Il est préférable d'utiliser ce score pour déterminer le caractère normal ou pathologique des possibilités d'extension fonctionnelle d'un sujet.

Validité concurrente

Les relations entre les performances d'aptitude de mobilité du protocole et l'EF ont été étudiées pour l'ensemble des sujets. On peut noter une corrélation importante entre l'EF et les autres tests mesurant le contrôle postural du sujet, qu'il s'agisse d'épreuves statiques ou dynamiques : station unipodale ($r = 0,61$; $p < 0.001$), score au Get Up and Go ($r = -0.61$; $p < 0.001$), temps au Get Up and Go ($r= -0,65$; $p < 0.001$), nombre de pas ($r = -0,69$; $p < 0.001$), longueur des pas ($r = 0,73$, $p < 0.01$) et vitesse de marche ($r = 0,71$; $p < 0.001$).

Peur de tomber et expérience de chute

Tout d'abord, on peut noter qu'il y a une influence statistiquement significative de l'âge sur la peur de tomber ($F(2,150) = 28,763$; $p < 0,0001$). D'autre part, il y a une corrélation négative entre le score de peur de tomber et l'extension fonctionnelle ($r = -0,59$). Nous avons donc analysé les liaisons entre l'EF et le groupe de peur de tomber (peur, peu peur et pas peur).

Nous retrouvons une influence très significative du score peur de tomber sur l'EF ($F(2,150) = 26,753$; $p < 0,001$) qui passe de 32,3 cm pour les sujets qui n'ont pas peur à 22,0 cm pour les sujets qui ont le plus d'appréhension de la chute.

En ce qui concerne l'expérience de chute, les chuteurs ont des performances moins élevées au TEF (23,0 cm en moyenne) que les sujets n'ayant pas chuté durant les deux dernières années (29,6 cm en moyenne).

Fidélité test-retest

Aucune différence significative sur le plan statistique n'est retrouvée entre les deux passations ($F < 1$). Les performances moyennes sont respectivement de 34,44 cm au test et de 34,43 cm au retest.

DISCUSSION

Nous avons pu établir auprès de la population gériatrique française des normes standardisées des performances moyennes au TEF (Duncan *et al.*, 1990) pour des sujets de plus de 60 ans. Le TEF permet de différencier les aptitudes de contrôle postural avec l'avancée en âge. On peut noter une évolution significative entre chaque tranche d'âge montrant l'importance de quantifier celles-ci afin de mieux connaître les différents niveaux d'altération ; plus le sujet vieillit et moins il peut avancer la partie supérieure de son corps tout en maintenant une position stable et érigée. Cette sensibilité à l'âge concorde avec les études de Duncan *et al.* (1990, 1992) et Weiner *et al.* (1992) qui avaient montré à la fois une différence significative entre des sujets jeunes et âgés ainsi qu'une forte corrélation avec le COPE. Les limites de stabilité d'un sujet diminuent au cours de la sénescence, l'altération de la fonction d'équilibration fait partie intégrante du vaste processus de dégénérescence qui se met en place à partir de 50-60 ans.

Cette instabilité croissante avec l'âge est la traduction du vieillissement de la fonction d'équilibration et l'altération de performances moyennes en fonction de la tranche d'âge considérée paraît illustrer l'involution fonctionnelle du contrôle postural du sujet. Une telle diminution de stabilité au niveau de l'équilibre antéro-postérieur est retrouvée chez Lafont *et al.* (1997).

Les différences sexuelles n'ont pas été retrouvées dès lors que l'on contrôle le facteur taille du sujet.

Enfin, on peut noter une dispersion des résultats assez importante (cf. écart-type) qui augmente du groupe 1 (60-69 ans) au groupe 3 (< 80ans). Ceci montre l'hétérogénéité des capacités d'équilibration quel que soit l'âge et une augmentation des différences interclasses avec l'âge. Ces résultats vont dans le sens d'un vieillissement hétérogène décrit par l'ensemble de la littérature.

Validité concurrente

On peut dire que le TEF est un instrument pratique dont les résultats sont fortement corrélés à l'état de fragilité physique du sujet et ceci quel que soit l'âge. On peut noter que l'extension fonctionnelle est plus fortement associée avec les paramètres spatio-temporels de la marche. Cette corrélation entre TEF et TMW est particulièrement intéressante pour plusieurs raisons : d'une part, la locomotion constitue un des meilleurs indicateurs de l'état de santé physique du sujet (Maki, 1997 ; Wooley *et al.*, 1997) et, d'autre part, ces deux épreuves constituent des actes de la vie quotidienne.

Par ailleurs, les performances d'extension fonctionnelle sont très fortement corrélées avec l'équilibre statique et les tâches d'équilibre dynamique et de locomotion montrant la très bonne validité concurrente du TEF.

Peur de tomber et chutes

Nous avons montré la nécessité de prendre en compte le niveau d'appréhension de la peur de chuter du sujet âgé qui constitue une entrave à l'exécution des tâches de la vie quotidienne. L'influence du facteur "Peur de la chute" sur l'équilibre dynamique est une donnée essentielle et nos résultats confirment ceux de Carcy (1997), Maki *et al.* (1991) et Vellas *et al.* (1997). La peur de tomber et/ou l'expérience de la chute apparaissent comme des facteurs de morbidité conduisant à l'institutionnalisation et à la perte d'autonomie. Il est donc important de prendre en compte, lors de toute intervention en gérontologie, les différentes composantes motrices, affectives, cognitives et sensorielles du sujet.

CONCLUSION

Cette étude vient combler une lacune et propose un instrument valide, fidèle et sensible pouvant être utilisé aisément par les cliniciens. Les normes standardisées par tranche d'âge du score pondéré devraient permettre une évaluation plus fine et objective des aptitudes d'équilibration sur le plan antéro-postérieur en réponse à un déséquilibre avant auto-initié. Le TEF ne demande pas de matériel coûteux, il est simple de passation et rapide. Par contre, il est important de noter qu'à lui tout seul, il ne peut en aucun cas constituer un outil diagnostique de l'état de fragilité physique du sujet. Il est donc impératif de l'intégrer à un ensemble d'épreuves complémentaires afin d'avoir une vision plus complète des aptitudes de mobilité et de motricité du sujet : tâches impliquant les déplacements du corps auto-initiés, une surface d'appui restreinte, un changement de position des extrémités ou un polygone de sustentation réduit.

Enfin, il y a la nécessité de prendre en charge rapidement les difficultés d'équilibration des sujets âgés avant qu'il n'ait expérimenté la chute ; cet outil permet un diagnostic d'altération de la fonction d'équilibration, fournit un élément prédictif de chutes ultérieures et permet de quantifier les progrès d'un sujet au cours d'une prise en charge psychomotrice.

RÉFÉRENCES BIBLIOGRAPHIQUES

ARMADOTTIR, S., PINTE, M., & STEMMONS, V. (1999). Functionnal assessment in physical therapy of gerontology. *Issues on aging, Spring and falls*, 22.

CARCY, J.P. (1997). *Recherche d'indices perceptivo-sensitifs limitant les activités posturocinétiques du sujet âgé.* Mémoire pour l'obtention du DEA STAPS "Performance motrice, Adaptation, Sports", Toulouse.

CRESS, M.D., BUCHNER, M.D., ESSELMAN, P.C., MARGHERITA, A.J., DE LATEUR, B.J., CAMPBELL, A.J., & WAGNER, E.H. (1996). Factors associated with changes in gait speed in older adults. *Journal of Gerontology*, 51A, 6, M297-302.

DUNCAN, P.W., WEINER, D.K., CHANDLER, J., & STUDENSKI, S. (1990). Functional Reach : a new clinical measure of balance. *Journal of Gerontology : Medical Sciences*, 45, M192-197.

DUNCAN, P.W., STUDENSKI, S., CHANDLER, J., & PRESCOTT B. (1992). Functional Reach : predictive validity in a sample of elderly male veterans. *Journal of Gerontology : Medical Sciences*, 47, 3, M93-98.

Inglin, B., & Woollacott, M. (1988). Age-related changes in anticipatory postural ajustements associated with arm movements. *Journal of Gerontology : Medical Sciences*, 43, M105-113.

Lafont, C., Dupui, P., Costes-Salon, M.C., Albarède, J.L., & Bessou, P. (1997). Antero-posterior and lateral sways during dynamic balance : influence of aging. Multisensory control of posture and gait. *13th International Symposium.* Paris.

Maki, B.E. (1997). Gait changes in older adults : predictors of falls or indicators of fears ? *Journal of American Geriatrics Society,* 45, 313-320.

Maki, B.E., Holliday, P.J., & Topper, A.K. (1991). Fear of falling and postural performance in the elderly. *Journal of Gerontology*, 46, M123-131.

Mathias, S., Nayak, U.S., & Isaak, B. (1986). Balance in elderly patients : the "Get-up and Go" Test. *Archives of Physical Medicine and Rehabilitation*, 67, 387-389.

Tinetti, M.E. (1986). Performed oriented assessment of mobility problems in the elderly. *Journal of American Geriatrics Society*, 36, 613-616.

Vellas, B.J., Wayne, S.J., Romero, L., Baumgartner, R.N., Rubenstein, L.Z., & Garry, P.L. (1997). One-leg standing is an important predictor of injurious falls in older persons. *Journal of American Geriatrics Society*, 45, 6, 735-738.

Vellas, B., Faisant, C., Lauque, S., Sedeuilh, M., Baumgarterner, R., Andrieux, J.-M., Allard, M., Garry, P.J., & Albarède, J.L. (1995). Etude I.C.A.R.E. : Investigation sur la chute accidentelle ; Recherche Epidémiologique. In B. Vellas, M. Allard & J.L. Albarède (Eds.), *L'année de Gérontologie* (Supplément, pp. 23-36). Paris : Serdi.

Weiner, D.K., Duncan, P.W., Chandler, J., & Studenski, S. (1992). Functional Reach : a marker of physical frailty. *Journal of American Geriatrics Society*, 40, 203-207.

Woolley, S.M., Czaja, S.J., & Drury C.G. (1997). An assessment of falls in elderly men and women. *Journal of Gerontology*, 52A, 2, M80-M87.

Eric Aubert & Jean-Michel Albaret (Ed.)
Vieillissement et psychomotricité
collection Psychomotricité

8

Intérêts de l'exercice du mouvement lent chez la personne âgée

Olivier GORGY

NEUROPSYCHOLOGIE DU MOUVEMENT LENT

Mouvement lent et régulation du tonus musculaire

L'expérience d'une dynamique corporelle lente est fortement inhabituelle. Dans la vie quotidienne nous exécutons rarement des gestes lentement si ce n'est pour des mouvements d'ajustement précis, délicat où la rétroaction sensorielle est nécessaire à la précision de la tâche motrice. D'autre part, nous ralentissons notre mouvement pour répondre à une expérience nouvelle, ceci permettant souvent de favoriser les conditions de l'apprentissage moteur.

Sur le plan de la commande neuromusculaire nous pouvons dire que l'exécution lente amène à un ajout de contraintes et de difficultés. Les variations du tonus musculaire sont ressenties différemment et sont parfois incommodes à réguler face à une gravité en quelque sorte renouvelée Il suffit d'essayer de marcher lentement pour ressentir le déséquilibre. Un sujet qui bouge lentement une ou plusieurs parties de son corps se heurte à une régulation nouvelle de la commande motrice, différente de celle concernant l'action rapide automatisée ou balistique rapide. La commande neuromusculaire, qui assure le déplacement dans l'espace du centre de gravité (CG) et du centre des pressions exercées au sol (CP), s'effectue selon des paramètres spatio-temporels nouveaux. La régulation du rapport entre CG et CP est en rapport étroit avec le contrôle de l'équilibre et du déplacement. L'apprentissage d'une technique du mouvement lent devrait mener le sujet à stimuler son sens de l'équilibre (rapport de la position et du déplacement), à changer ses perceptions et ses représentations de la dynamique corporelle.

Mouvement lent et contrôle en feed-back

Un mouvement intentionnel lent peut être exécuté avec ou sans but précis. L'étude d'un modèle de mouvement exécuté lentement a peu été décrite dans la littérature, le mouvement exécuté rapidement ou à vitesse moyenne correspondant mieux au modèle d'étude du mouvement normal. Kornhuber (1971) décrit un mouvement lent à vitesse constante effectué sans cible précise. Il apparaît que ce type de mouvement est vraisemblablement sous le contrôle d'afférences proprioceptives (Massion, 1997). Le mouvement lent de poursuite ou en rampe lente est lui aussi décrit comme dépendant des afférences sensorielles pour être exécuté. La dynamique d'un mouvement lent permet de créer les conditions d'un contrôle moteur utilisant majoritairement le système des rétroactions ; ce contrôle en feed-back peut être maintenu tout au long de l'action.

Mouvement lent, seuil de sensibilité au mouvement et à la position

La proprioception a un rôle dans le sens de la position et du mouvement (Massion, 1997). Cette double sensibilité serait dissociée lors de l'exécution d'un mouvement très lent, la lenteur ayant comme conséquence directe de baisser la sensibilité liée au mouvement. Selon ses différents degrés de vitesse, le mouvement lent permettrait d'une part de jouer sur les seuils de sensibilité au mouvement, et d'autre part d'intensifier le sens de la position. De là, le mouvement lent pourrait contribuer à consolider la coordination entre la posture et le mouvement, à stimuler la conscience du corps statico-dynamique. Notons que le seuil de sensibilité proprioceptif et kinesthésique peut varier en fonction de l'ouverture et de la fermeture du canal visuel.

Mouvement lent et imagerie mentale

Afin de répondre à la condition de lenteur le sujet tourne son attention sur son propre corps et non plus forcement sur un objet extérieur à atteindre. La pensée du sujet tente d'observer les conséquences sensorielles kinesthésique et proprioceptive du mouvement. Certaines pratiques du mouvement lent (comme le Tai-Chi-Chuan) évoque la nécessité de développer des conditions mentales particulières afin d'exécuter le geste correctement. Par exemple, la technique du monoïdéisme permet d'augmenter le niveau d'attention du sujet sur l'acte qu'il exécute. Il suffit après une certaine pratique que le sujet pense le mouvement pour que celui-ci se déclenche automatiquement. La neuropsychologie du mouvement parle d'action idéo-motrice dans laquelle on estime que l'actualisation par la conscience des conséquences sensorielles d'un mouvement suffirait à le déclencher (Corraze, 1987). La représentation mentale du mouvement est bien réelle et elle est utilisée pour simuler mentalement certaines actions (Jeannerod, 1995). Jeannerod souligne aussi le fait que l'imagerie motrice nécessite une représentation du corps comme générateur de forces agissantes et pas seulement une représentation guidée par l'effet des forces agissantes sur le monde extérieur. Ralentir le geste c'est se donner la possibilité de mieux l'observer, de mieux le décomposer et donc de mieux l'imaginer.

PRINCIPES FONDAMENTAUX DU QI-QONG : ORGANISATION DE LA POSTURE ET DU MOUVEMENT CENTRÉE SUR LE CORPS

Bien que la pratique du Qi-Qong soit une discipline à part entière reliée à la médecine chinoise, elle est aussi reliée aux arts martiaux chinois. Il existe une description duelle des arts martiaux chinois qui regroupent une quantité de styles ou de sous-styles martiaux (appelés aussi techniques martiales). La partie dite externe est appelée Wei-Ja-Kung-Fu et la partie dite interne est appelée Nei-Ja-Kung-Fu. Nous n'expliciterons pas ici la nature des mots externe (Wei) et interne (Nei) ceci pouvant être abordé de manière polysémique. Nous ferons néanmoins rejoindre l'interne du côté des pratiques martiales chinoises recherchant un travail particulier sur les propriétés statico-dynamiques du corps. Ce travail pourrait permettre de faciliter l'acquisition d'un cadre de référence à l'action motrice.

L'intériorisation du mouvement par la recherche de proprioceptivité

Le Nei-Ja-Kung-Fu regroupe sous sa tutelle les formes dites internes comme le Qi-Qong, le Tai-Chi-Chuan, le Hsing-Hi, le Pa-Koua. Le point commun général de ces techniques de mouvement est de réguler le geste en fonction de l'état interne ressenti, celui-ci étant relié à des contraintes, des lois ou règles de positionnement ou de dynamique particulières (celles-ci n'étant pas ici abordées de manière exhaustive).

Le Qi-Qong permet de fournir un travail d'attention sur le corps. L'apprentissage suppose au début une méthodologie d'observation visuelle des séquences gestuelles (sur cassettes vidéos, sur modèle humain). Puis, lorsque la mémoire visuelle du geste permet de se détacher du modèle externe, l'observation du corps propre devient plus importante (les réafférences sensorielles kinesthésiques et proprioceptives semblent peser plus lourd dans la valence perceptive : il y a en priorité recherche de sensation proprioceptive sur le corps. Même la vision du mouvement est stimulée par plissement et micro-mouvements des paupières, ceci ayant sûrement rapport avec la mémoire liée aux acquisitions spatiales). Il ne s'agit pas de saisir uniquement l'esthétique du geste mais de s'approprier son sens interne. Un des principaux régulateurs d'apprentissage est l'équilibre, puisque en général les mouvements de Qi-Qong sont inhabituels et source de déséquilibre. Un autre régulateur est la douleur au sens large puisque les postures, les références géométriques du corps à adopter sont inhabituelles et contraignantes. Des processus cognitifs de l'apprentissage s'organisent (auto-observation, auto-évaluation, autocorrection, renforcements) autour des rétroactions sensorielles provenant de l'organisation de la posture et des processus de coordinations reliant respiration, rythme cardiaque, tonus musculaire. Le pratiquant doit se familiariser avec l'action contrôlée, et il ressentira de plus en plus les degrés de liberté dans les mouvements qui sont au départ sources de contraintes et de déséquilibres.

Le Qi-Qong tente de donner des bases de souplesse au mouvement par le travail du corps (respiration et mouvement ralenti) et de la pensée (augmentation du niveau attentionnel sur le corps). Le corps ne doit pas freiner le mouvement idéomoteur (repérage, programmation et planification), il doit suivre la même condition de flexibilité que la pensée en vue d'adapter l'action motrice et ou locomotrice (ceci se réfère au lien fondamental entre le corps et l'esprit soutenu dans la philosophie taoïste et bouddhiste se retrouvant dans le fondement des arts martiaux chinois). La "rigidité psychomotrice" peut-être vue comme une adéquation corps-pensée trop approximative. La pratique du Qi-Qong apparaîtrait comme une gymnastique souple qui nécessite de réguler à tous moments (attention sur le corps) des facteurs internes qui sous-tendent l'équilibre et les coordinations (organisation posturale, raideur musculaire, rythme respiratoire). Par projection vers l'externe, la construction d'un cadre postural à l'action permettrait au corps d'être un support plus adaptable aux variations spatio-temporelles du milieu (ex : rapprochement/éloignement d'un objet ; contact/détachement d'avec l'objet). Il faut en Qi-Qong éviter de se laisser absorber uniquement par les informations du milieu qui modifient le niveau d'attention porté sur le corps.

Du cadre postural à la dynamique, de l'intérieur vers l'extérieur, du Nei vers le Wei

Lorsque les systèmes proprioceptif et kinesthésique sont réveillés par la pratique des mouvements intériorisés la conscience de certains phénomènes biomécaniques liés au déplacement devient plus perceptible (déplacement du centre des pressions au sol, rapport à la pesanteur). Le sujet a appris à réguler les points d'ancrages posturaux de la technique (schéma corporel postural ou cadre de référence postural reconstruit) et ceci lui assure de pouvoir aller plus loin dans les règles de fonctionnement de la dynamique.

L'expérience réelle de confrontation ou de jeux moteurs à 2 tente d'aller plus en avant vers les formes externes (Wei) qui rejoignent les notions d'effort et de sa gestion (sans considérer une priorité martiale). Le sens de l'effort est plus présent dans le Wei ainsi que la confrontation à ses émotions réactionnelles. Le corps apprend à se percevoir dans le Nei et à se connaître dans le Wei. Bien que l'apport de l'expérience interne ou Nei n'ait pas été réellement étudié dans le domaine des activités physiques et sportives, le Nei est sur un plan biomécanique relié à la recherche d'équilibre et le Wei à la recherche des vecteurs forces extraits de cet équilibre. Les forces ne peuvent se ressentirent qu'à un certain niveau d'équilibration. Les arts martiaux chinois internes tel que le Qi-Qong permettraient par le travail concernant la perception du mode kinesthésique et proprioceptif (vision périphérique, muscles, tendons, articulations, oreille interne, gravicepteurs) de consolider les processus d'équilibre statico-dynamiques.

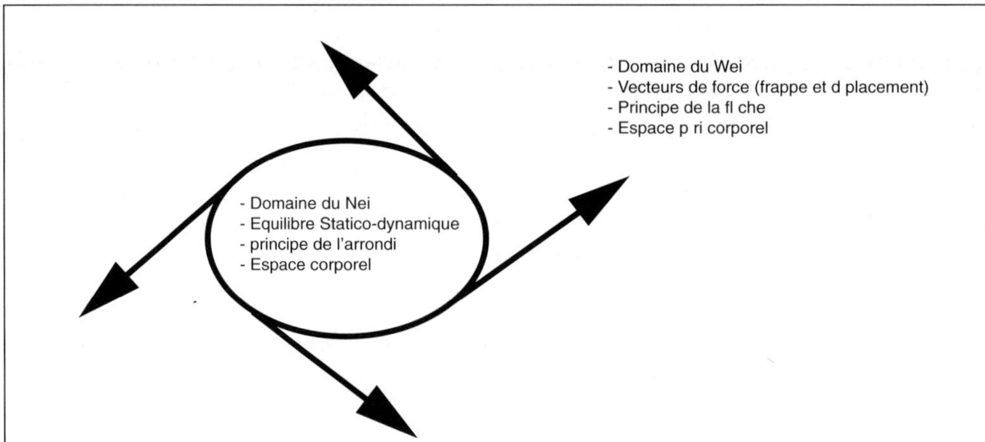

Figure 1 : Représentation schématique des principes du Nei et du Wei.

Donc la démarche du Qi-Qong sur le plan de la motricité serait d'augmenter la vigilance et la conscience proprioceptive du pratiquant. Celles-ci renforceraient le cadre de référence postural (renforcement de l'équilibre), base des propriétés dynamiques du corps.

Un exercice du mouvement lent en Qi-Qong permet de ou est supposé travailler les fondamentaux suivants de l'action motrice :

- La régulation de la respiration pendant l'action (relation à la gestion énergétique et à l'équilibre statico-dynamique)
- La régulation du rythme cardiaque pendant l'effort (relation à la gestion énergétique)
- La régulation posturo-statique et posturo-dynamique (relation à l'équilibre source du déplacement)
- La régulation de la raideur musculaire articulaire (couple tension-relâchement)
- L'attention soutenue sur la représentation géométrique du corps, sur les forces d'appui au sol exercées, sur la position de la verticale gravitaire.
- L'attention sélective sur un module corporel particulier investi comme référence au geste dans un moment précis (ceci suppose le déplacement de la pensée sur le corps)
- La programmation posturale et gestuelle, écartée d'effet sur le milieu extérieur mais centrée sur la posture et la dynamique du corps propre. L'objectif principal étant d'optimiser les réactions de stabilisation et de déplacement du centre de gravité.

Il s'agira donc de viser la régulation des conditions corporelles afin d'optimiser les conditions d'exécution du geste.

NB : Bien que l'association mouvement lent et effort musculaire semble paradoxale, il ne faut pas mettre n'importe quel rapport entre la vitesse d'exécution motrice et la dépense énergétique du geste.

Les fondamentaux de la statique et de la dynamique en Qi-Qong

- Le corps dans son ensemble (Toposomatognosie et stratégie des modules reliés et en bloc autour de l'axe vertébral) : le corps est ici en bloc autour de la colonne vertébrale qui sert de base au déplacement général du corps. Le corps est ici lourd et les stratégies de frappe en Kung-Fu s'inspirent de ce principe. La stratégie de bloc tend à unifier les forces modulaires.
- Le corps dans sa division modulaire (Toposomatognosie et stratégies des modules indépendants et articulés autour de l'axe vertébral) : le corps est ici en modules indépendants autour de la colonne vertébrale qui régule le déplacement général du corps. La stratégie de modules indépendants tend à rendre le corps léger et à faciliter les déplacements.
- Le corps et le mouvement dans leur vision symétrique : ce sont les principes du Yin et du Yang chinois que l'on peut retransposer dans les notions spatiales et de latéralité (haut-bas, devant-derrière, droite-gauche, dessus-dessous). Ces prin-

cipes de dualité organisent ensemble le geste et favorisent ainsi l'équilibre (ex : lorsqu'un bras monte l'autre descend) ; le couple inspire-expire est souvent juxtaposé au couple fondamental flexion-extension, ceci favorisant l'équilibre.

- La trajectoire courbe de la dynamique et le principe de non-rupture du mouvement : tout geste émis doit être relié à celui qui le précède et à celui qui le suit sans rupture. C'est le principe de l'enchaînement et de l'arrondi. Il ne doit pas y avoir d'arrêt mais des changements de rythme. Le corps est sans cesse en mouvement même le plus subtil soit-il. Le principe de non rupture semble essentiel dans le processus de non déperdition d'énergie, de forces.
- La régulation de la respiration abdominale : une respiration thoracique influence les mouvements du tronc, la position des épaules et ainsi freine la performance du geste. Ce principe est relié à l'équilibre, à la dépense énergétique.
- La relation action-relaxation : le déplacement comme les mouvements sont exécutés lentement et sans raideur. Les moments de tension musculaire doivent être écourtés ; la dépense énergétique est influencée par ce principe de l'action relâchée.
- La pensée motrice en milieu aérien versus la pensée motrice en milieu aquatique : il s'agit ici d'augmenter les relations de support du corps en imaginant l'action exécutée dans le milieu aquatique. Ceci tend à renforcer les processus d'équilibration : la représentation mentale du contact palmaire sur l'eau ainsi que la représentation des forces exercées dans l'eau libère la pensée motrice de la gravité et tente d'augmenter les relations d'appui du corps avec le milieu.
- La régulation du schéma corporel postural comme référence au mouvement : la position du centre de gravité n'est pas définie par un point anatomique corporel précis mais comme la résultante de trois éléments maîtrisant l'équilibre : la représentation de la géométrie du corps, celle des forces exercées par le corps comme les forces d'appui, celle de l'orientation du corps par rapport à la verticale gravitaire. Notons le rôle déterminant et essentiel (mais non exclusif) des afférences proprioceptives pour la construction et la régulation des 3 références de la stabilisation de l'équilibre statique et dynamique.

LE RÉFÉRENTIEL POSTURAL COMME CADRE INTERNE AU MOUVEMENT

Facilitation du cadre référentiel postural du tronc et des membres supérieurs

Le Qi-Qong offre des exercices facilitant l'accès à l'exercice statique et statico-dynamique. L'intégration perceptive topo-somato-gnosique résultante du travail sensori-moteur, renforce et consolide le cadre référentiel postural. Ce cadre, qui nous est phylogénétiquement propre, est pris comme base au déplacement et à l'expression des forces ostéo-musculaires. La statique dans son ensemble doit être considérée en priorité sur le schéma postural des 5 points anatomiques suivants (figure 2) en vue de faciliter l'accès aux forces et à l'équilibre.

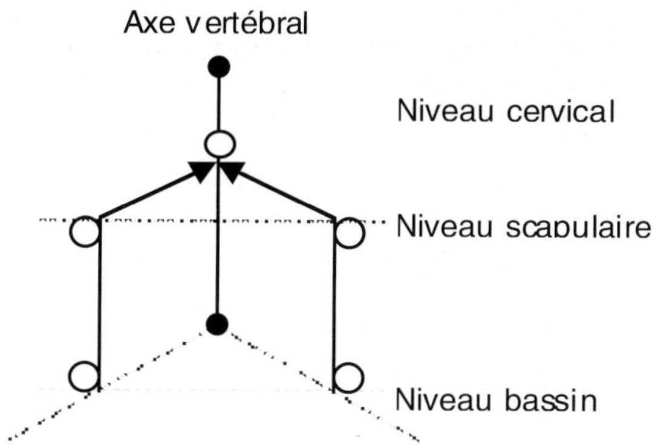

Figure 2 : Organisation posturale interne des 5 régions d'ancrage articulaire supérieures reliées à l'axe vertébral.

Ces 5 régions d'ancrage tendent à fournir un modèle de géométrie statique de la partie supérieure du corps par simplification de l'image interne des repères articulaires. La représentation topo-somato-gnosique nécessite de se familiariser avec ces 5 régions corporelles, ceci afin de favoriser les processus d'équilibration et, par extension, le contrôle d'une dynamique plus rapide. Le référentiel postural est pris comme cadre interne au mouvement afin de situer une architecture humaine dans l'espace de mouvement. La représentation géométrique interne serait suffisamment cohérente à partir de ses régions de références corporelles. Ces régions articulaires représentées dans les figures 2 et 3 sont anatomiquement fixées mais elles nécessitent lors de la dynamique de rejoindre des relations spatiales entre elles (une géométrie cohérente nécessite de mettre des points en relation).

L'exploration motrice de l'espace dépend de principes concernant l'espace corporel propre comme la latéralité, la symétrie, l'orientation modulaire et inter-modulaire. Pour la partie supérieure du corps la simplification des régions de référence peut procurer une aide cognitive en maintenant une référence stable servant la dynamique. Par exemple, la scapulaire et le bassin alimentent une relation de symétrie à distance (inter-symétrie articulaire par l'axe vertébral) qui profitera à la dynamique. Si on considère un seul niveau articulaire, par exemple celui de la scapulaire, nous remarquons la relation de symétrie latérale. Celle-ci représente une relation de symétrie proche (intra-symétrie) qui servira aussi d'appui à la dynamique. L'interrelation des modules corporels servira les lois de la statique et de la dynamique.

D'autre part, la région supérieure du corps tend à s'asseoir sur les membres inférieurs (l'axe vertébral maintien la verticalité et assure un appui sur le bassin) qui assurent le déplacement du corps dans l'espace environnemental et qui contribuent à l'équilibre statique et dynamique. Au travers d'une deuxième partie nous examinerons le rôle des membres inférieurs dans les processus d'équilibre statico-dynamiques et dans l'expression des forces.

Une remarque importante concerne l'articulation du coude qui de par sa propriété monoarticulaire ne dispose que de très peu de degrés de liberté. Cette articulation doit s'aligner sur celle de l'épaule (coude vers la ligne médiane de l'axe corporel) afin que la transmission des forces s'effectue d'une manière optimale lors d'une action de pousser par exemple.

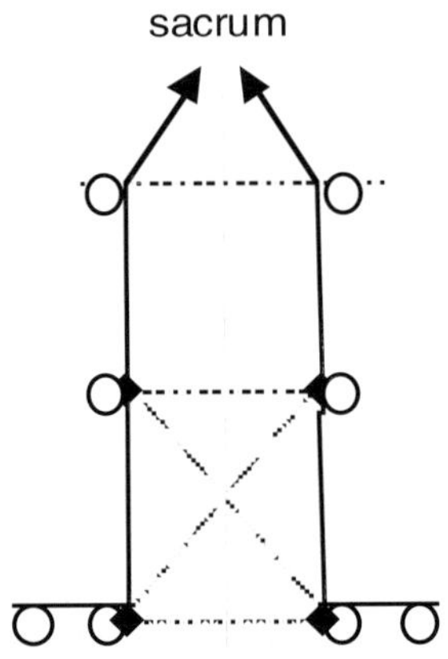

Figure 3 : Organisation posturale interne des régions d'ancrage inférieures.
Relations spatiales entre les articulations.

Rôle des membres inférieurs dans l'équilibre statico-dynamique et l'expression des forces

L'appui plantaire et ses relations avec l'équilibre et l'expression des forces

Relations avec l'équilibre

Affirmer la géométrie du polygone de sustentation par les 4 points d'appui au sol. Ceci renforce les processus de l'équilibre statique et dynamique. Lors de la statique debout, la répartition de la masse corporelle tend à être de 50% sur chaque pied. Lors du déplacement la répartition des masses s'effectue selon la règle du 3/7 (figure 4). La jambe d'appui principale (souvent la jambe positionnée en arrière) devra porter 70% de la masse ressentie, et la jambe d'appui secondaire portera 30% de la masse totale.

Le talon comme la pointe du pied peuvent avoir un double rôle lors du mouvement, un rôle de propulsion et un rôle de frein. Ces repères configurent l'appui au sol, l'ancrage et le décollage, ils ont un lien avec le maintien de l'équilibre vertical et l'expression des forces.

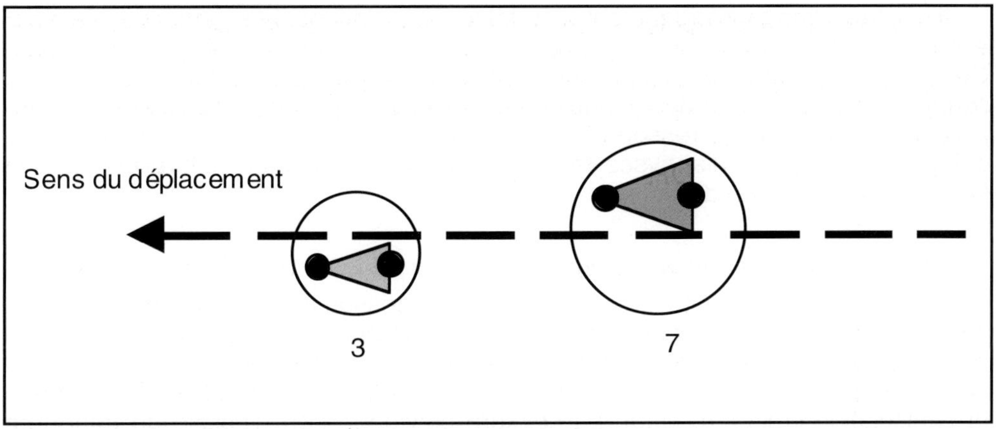

Figure 4 : Représentation schématique des appuis plantaires au sol reliés à la règle du 3/7. Les 2 cercles blancs représentent la proportion des pressions exercées au sol (3/7). Les petits cercles noirs représentent les 4 régions d'appui plantaires principales.

Relations avec l'expression des forces

L'expression des forces peut être considérée comme une résultante de plusieurs facteurs dont celui de l'appui plantaire. Le talon et la pointe du pied expriment des vecteurs directionnels qui vont souvent dans le sens de l'expression d'un frein. Déjà, lors du phénomène de la marche (Gorgy, 1999), le talon exprime un rôle de frein lors du processus d'arrêt. Les forces de frein et de cisaillement au sol seront dépendantes de l'appui plantaire, et l'expression dynamique de ce frein pourra être répercutée vers les modules supérieurs (chaîne de coordination modulaire ascendante de ce frein).

Les genoux dans leur relation de proximité

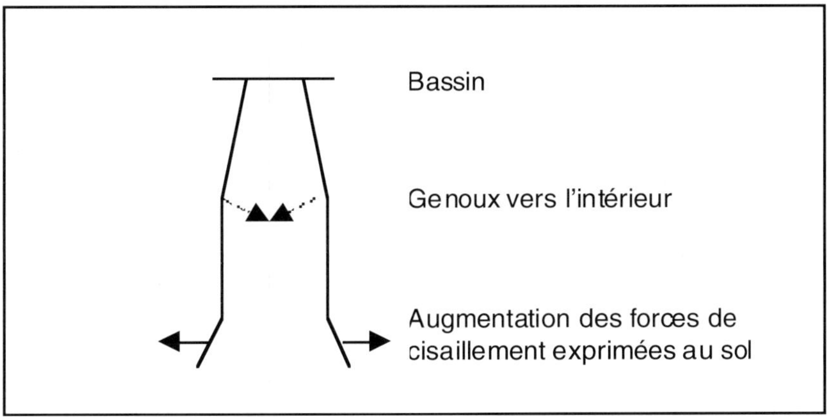

Figure 5 : Relations spatiales entre les genoux, renforcement des forces d'appui au sol et de l'effet de ressort.

Il existe un lien topologique entre certaines articulations. Les genoux doivent par exemple garder un rapport de proximité. Ils sont comme enroulés vers l'intérieur. Ceci renforce l'appui au sol par amplification des vecteurs de cisaillement et donc l'équilibre. Cette attitude des genoux enroulés vers l'intérieur participe aussi à l'amplification des forces de ressort (figure 5). Notons qu'anatomiquement il existe une obliquité interne des diaphyses fémorales, ceci prédisposant naturellement à la flexion des genoux en dedans.

Le bassin comme clef de voûte entre la partie supérieure et inférieure du corps

L'antéversion du bassin interagit dans les processus d'assise (alignement de la colonne vertébrale, pesanteur portée sur le sacrum qui se comporte comme un coin à base dorsale, résistant à l'effet de la pesanteur) et d'appui plantaire (l'articulation sacro-iliaque est un centre mécanique qui sert de lien entre la colonne vertébrale et l'articulation coxo-fémorale). La ceinture pelvienne sert d'assise au tronc tout entier par l'intermédiaire du rachis. La pression corporelle s'exprime sur le sacrum et se répercute de là sur les deux sacro-iliaques en avant. Le sacrum est la clef de voûte de la ceinture pelvienne de par sa position d'encastrement entre les deux os coxo-iliaques. Cet appui se prolonge aux membres inférieurs par l'insertion des fémurs dans les fosses iliaques externes aussi appelées Acétabulum.

Le bassin permet de provoquer le mouvement hélicoïdal de l'axe vertébral dans sa relation d'opposition directionnel, d'anti-phase avec les épaules qui est utilisée comme gain dans l'expression des forces. L'anti-phase crée un enroulement de l'axe vertébral qui est récupéré comme forces de ressort (figure 6).

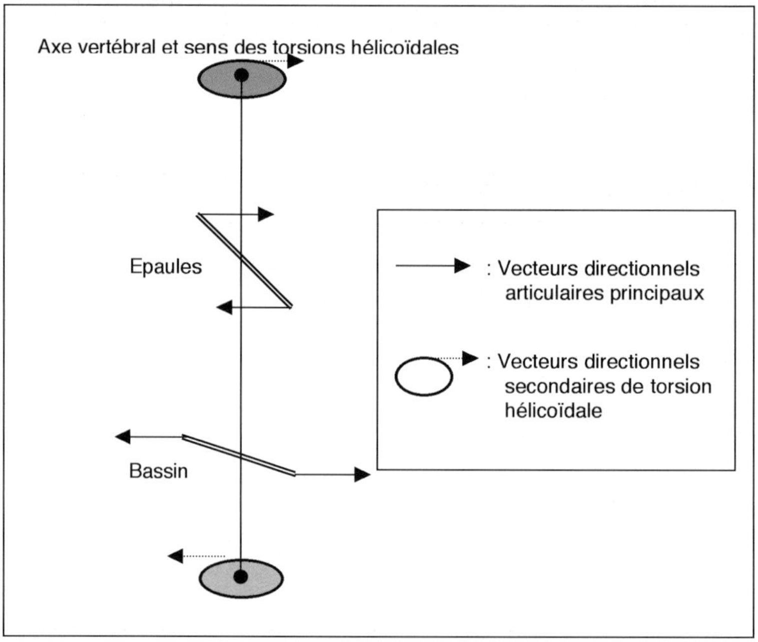

Figure 6 : Exemple d'anti-phase entre le bassin et les épaules. La résultante des torsions est l'expression des forces de ressort.

La relation du bassin avec la colonne vertébrale est aussi à considérer selon la gravité, selon l'axe vertical, qui permet d'exprimer des forces (abaissement – élévation par flexion et extension des membres inférieurs). Notons que l'expression des forces ne doit pas empêcher l'équilibre d'être préservé.

L'axe vertébral en relation avec le crâne et le sacrum (référentiel vertical)

L'axe vertébral s'étend sur 4 étages de vertèbres et s'insère en haut du corps par la charnière crânio-rachidienne et en bas du corps sur la charnière lombo-sacrée. Les vertèbres augmentent de volume du haut vers le bas (lien structure – fonction). Les vertèbres les plus volumineuses reposent sur le bassin (attache sacro-iliaque) auquel il est quasi soudé. L'axe vertébral représente l'assise majeure du mouvement car, si les degrés de liberté articulaires sont perdus ici, le mouvement perdra de son amplitude, de sa force, de sa vitesse, de sa justesse.

Les mouvements hélicoïdaux de la colonne vertébrale se propagent aux membres supérieurs et inférieurs (figure 7). Il faut considérer 2 chaînes ostéo-articulaires : une chaîne ascendante et une descendante. La chaîne ascendante comprend les vertèbres thoraciques cervicales, les côtes, le sternum manubrium, la clavicule, l'humérus, le coude et la main, la chaîne descendante associe la charnière lombo-sacrée, l'os iliaque, le fémur, le genou et le pied.

Les 4 courbures de la colonne vertébrale montrent bien l'aspect vertical courbe et non rectiligne de l'axe vertébral. Les courbures se répartissent de part et d'autre de l'axe vertébral schématisé dans le plan antéro-postérieur. Les caractéristiques

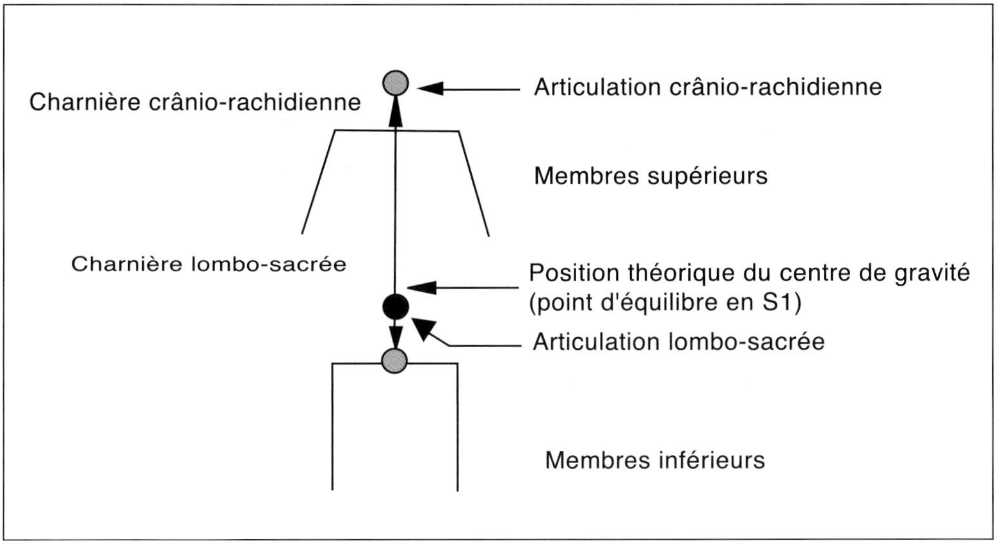

Figure 7 : Représentation des 2 charnières articulaires fondamentales de part et d'autre de la colonne vertébrale

des mouvements en style martial chinois vont utiliser cette dimension de courbure à la fois dans l'expression des forces (arc de propulsion) et dans l'expression de l'équilibre (alignement de l'axe vertébral selon l'axe vertical gravitaire minimisant ainsi l'impact des forces externes).

Conclusion et perspectives

La formation d'une représentation géométrique corporelle semble nécessaire au système nerveux afin de contrôler l'action motrice (Feldman & Levin, 1995 ; Bizzi *et al.*, 1992). Un travail postural particulier et régulier sur certaines régions corporelles permettrait de faciliter l'accès à des techniques de mouvements par la construction d'une topo-somato-gnosie stable. Notre hypothèse est de penser que cette représentation géométrique serait comme un tuteur efficace qui renforcerait les facteurs d'équilibre et de dynamique du mouvement, qui sont tous deux intimement liés.

Les articulations sont des régions à privilégier car elles sont les racines des modules corporels et définissent leurs interrelations dans l'espace et dans le temps de mouvement (la raideur musculaire qui est tributaire du rapport tension/longueur permettra au muscle de se comporter comme un ressort suite à la commande nerveuse). Les propriétés dynamiques semblent par là reliées aux propriétés anatomo-fonctionnelles qui constituent un cadre postural interne à l'organisation du mouvement (Droulez & Berthoz, 1986). D'après le modèle "masse-ressort" proposé par Feldman (1986) et Bizzi (1992), le système nerveux aurait une représentation interne des points d'équilibre articulaires. Les arts martiaux chinois dits internes utilisent cette connaissance afin de faciliter la régulation des forces produites par l'action musculaire. L'organisation du geste dépend ici d'un système de génération d'actions qui tient compte d'une régulation, d'une gestion multiparamétrique du mouvement (force, durée, vitesse, direction). Ce système de régulation complexe utiliserait l'organisation topologique intra et inter-modulaire afin d'assurer une représentation d'un ensemble de parties qui sont aussi indépendantes les unes des autres que le permet la tâche à accomplir. L'aire motrice supplémentaire qui reçoit principalement des informations kinesthésiques de la part du cortex pariétal serait préférentiellement impliquée dans la mise en mémoire de cette représentation topologique corporelle. Les cellules nerveuses prémotrices auraient un rôle au cours de la planification motrice dans la sélection des modules corporels et dans leur stabilisation, cette fonction serait utilisée pour stabiliser un cadre référentiel égocentrique. Pour Feldman, la commande de position résulterait d'une commande centrale sur les motoneurones alpha et d'un réglage central de la boucle réflexe proprioceptive musculaire (Massion, 1997). Ce réglage central influerait sur la raideur articulaire et ainsi les stratégies modulaires de bloc devraient être facilitées. L'expression complète d'une force ne peut être produite sans une co-ordination posturo-motrice où les informations proprioceptives et kinesthésiques ont un rôle majeur. Un système de gestion des coordinations est nécessaire afin de moduler les réponses motrices. Ce système reposerait sur plusieurs tuteurs de référence dont celui de la connaissance somato-topo-gnosique. Les techniques de posture et de mouvement issues des arts martiaux chinois internes seraient efficaces dans le sens où elles fourniraient dans un premier temps d'apprentissage moteur un gain pour la représentation somato-topo-gnosique (codage de positions modulaires stable, statique). Ce gain se projetterait dans un second temps sur la régulation de la dynamique (dépendante de l'équilibre et de l'expression des forces musculaires). Ceci pourrait participer au cours de l'apprentissage moteur à augmenter des facteurs d'efficacité du geste (tels que la vitesse, l'intensité, la force et l'équilibre). L'organisation en modules articulés dépend de la raideur articulaire qui définit une image globale et solidaire des segments corporels entre eux. L'organisation centrale du contrôle de la raideur est peu connue dans la littérature (Massion, 1997) et nous pouvons dire qu'elle fait partie intégrante d'une organisation centrale complexe incluant différents systèmes de régulation nerveuse (cortex moteur, prémoteur, cervelet, noyaux de la base, ...). Il existe donc un système intégrateur de la motricité automatico-volontaire organisé en réseau de traitement parallèle, selon une vision connexionniste. La régulation posturo-motrice dépend de l'intégrité de ce réseau, celle-ci influençant en bout de chaîne co-ordinatrice la raideur musculaire. La raideur articulaire apparaîtrait comme une résultante de cette chaîne et serait dépendante d'un système de représentation topologique du corps. Lorsque l'on parle de régulation posturo-motrice dans une conception modulaire le corps est articulé et c'est de l'articulation que se répercute l'effet biomécanique déclenché par l'action de codage du système nerveux central. La répétition des exercices posturaux et moteurs à vitesse lente tendrait à fournir à plus ou moins long terme une sorte d'image géométrique égocentrée stable, constante qui repérerait l'action idéatoire. Celle-ci accéderait plus aisément au repérage des coordonnées articulaires, ceci aidant à la régulation spatio-temporelle du mouvement. La période d'apprentissage quant à elle, sans discuter de sa durée objective et subjective, semble se référer à la capacité du sujet à réaliser qu'un petit changement sur un module (orientation d'une articulation, écart entre les deux pieds, ...) tend à se répercuter sur l'ensemble du corps, et si on cherche par un petit changement à améliorer une partie celui-ci doit s'accompagner de nombreux changements sur d'autres (Seron, 1993).

La carte de géométrie modulaire représenterait un support d'espace statique (corps propre) et d'espace dynamique lors des déplacements (corps propre en relation avec l'extérieur) ; la représentation temporelle du mouvement quant à elle (reliée à la loi d'organisation musculaire axio-proximo-distale) serait influencée par la régulation de cette carte topo-somatique à caractère statico-dynamique. Selon Alexandrov (1994), l'organisation de mouvements pluri-segmentaires du membre supérieur ou du tronc dépend d'une commande unique, modulable en amplitude et en durée, s'adressant aux différentes articulations en définissant un rapport fixe entre elles. Les techniques d'entraînement aux arts martiaux chinois internes permettent de travailler sur les facteurs internes de représentation du mouvement qui lorsqu'ils seront co-ordonnés joueront sur les facteurs d'efficacité du geste. Ceci rejoint le concept de capacité posturo-cinétique (Bouisset & Maton, 1995) où le système de régulation de la posture assiste le mouvement en terme de vitesse ou de force.

Afin de conclure d'une manière très générale sur les techniques diverses qu'offre le Kung-Fu interne ainsi que sur leur apport dans la régulation posturo-motrice, nous dirons que le Qi-Qong tente de renforcer une image du corps en modules articulés (fixation des points d'équilibre articulaires) tandis que d'autres méthodes (telle que le Hsing-Hi) tentent de renforcer un contrôle de la raideur articulaire et de l'expression des forces sur cette base topologique posturale. Rappelons ici que "la capacité de régler la raideur articulaire indépendamment du point d'équilibre articulaire est une caractéristique très importante de la commande nerveuse qui est à la base de la construction des modules posturaux et de leur résistance aux perturbations externes" (Massion, 1997).

PRATIQUE DU MOUVEMENT LENT EN RÉÉDUCATION DE LA PERSONNE ÂGÉE

Un mouvement exécuté lentement cherche en premier lieu à adapter l'action aux difficultés motrices et psychomotrices des sujets. Dans les arts martiaux comme le Tai-Chi-Chuan ou le Qi-Qong, le mouvement lent est un élément fondamental. Le Tai-Chi-Chuan est une pratique martiale qui s'est développée et répandue en Chine au cours du XIXe siècle. Cette forme de boxe est réputée pour la lenteur et le relâchement musculaire qui accompagnent la réalisation des mouvements enchaînés. Le Qi-Qong, qui s'écrit aussi Chi-Kong ou Ki-Kong, désigne une discipline psycho-physique chinoise (3000 ans avant notre ère) regroupant des exercices statiques et statico-dynamiques qui tentent d'allier la concentration, la respiration et l'exécution lente du mouvement. Cette discipline s'accorde souvent avec d'autres pratiques du mouvement comme celle du Tai-Chi-Chuan, du Hsing-Hi, du Pa-Koua, et elle est intégrée au travail interne de l'énergie dans ces arts martiaux.

Ces techniques de mouvement lent, issus d'arts martiaux chinois adaptés, ont été introduites en rééducation psychomotrice de la personne âgée (Gorgy, 1996). Dans cette étude le groupe test (GT : n = 5 femmes ; moyenne d'âge = 60,2) exécute des exercices de Qi-Qong durant la prise en charge en psychomotricité, et le groupe contrôle (GC : n = 5 dont 2 hommes ; moyenne d'âge = 69,8) ne bénéficie pas lors des séances de ces exercices particuliers qui utilisent le mouvement lent. Les 2 groupes sont testés avant et après la période de pratique, l'évaluation portant sur 4 groupes moteurs (G1 : équilibre ; G2 : coordinations dynamiques générales ; G3 : motricité fine ; G4 : neurologie) issus de l'échelle d'évaluation psychomotrice de Lincoln-Oseretsky (Rogé, 1984) adaptée à la personne âgée. Les tests psychomoteurs montrent que GT a au départ des résultats en moyenne légèrement supérieurs à GC, mais qu'il n'y a pas de différence significative entre les deux groupes ($p < 0.32$). Les deux groupes sont re-testés 8 mois après le début des séances et les résultats montrent une intensification de la différence entre les 2 groupes de sujets ($p < 0.019$), ceci objectivant l'effet différentiel dû au Qi-Qong. Par ailleurs, GC et GT montrent tous les deux un effet de l'entraînement mais celui-ci est plus important chez GT ($p < 0.04$ pour GC et $p < 0.0004$ pour GT). Cette approche expérimentale montre essentiellement les effets positifs de l'intégration de la pratique du mouvement lent associée à une rééducation psychomotrice conventionnelle. Les bénéfices observés chez GT portent préférentiellement sur l'équilibre et les coordinations motrices.

Dans une autre étude, des sujets porteurs d'une atteinte neurologique ont déjà pu bénéficier de rééducation fonctionnelle en kinésithérapie intégrant des techniques de mouvements ralentis, adaptées d'arts martiaux chinois et japonais (Sultana *et al.*, 1998). Cet article souligne les effets psychologiques renforçateurs d'une telle pratique chez des sujets ayant de lourdes difficultés de motilité.

D'autres études font état des effets chez l'adulte et la personne âgée de programmes de rééducation par le mouvement lent (utilisant le Tai-Chi-Chuan). Un entraînement sur 8 semaines montre un bénéfice chez 22 sujets âgés ayant des troubles modérés de l'équilibre (Hain *et al.*, 1999). L'amélioration porte essentiellement sur le contrôle de l'équilibre, mesuré par une plate-forme posturographique. Certains auteurs soulignent que le bénéfice de ce style de pratique est comparable à un entraînement classique de l'équilibre (Kutner *et al.*, 1997), bien que le Tai-Chi-Chuan stimulerait davantage la motivation des sujets. La comparaison de 2 groupes de sujets âgés (un groupe fait du Tai-Chi-Chuan et l'autre suit un entraînement classique de l'équilibre), au travers d'un questionnaire portant sur le sentiment de progrès, montre une différence en faveur des sujets ayant pratiqués le Tai-Chi-Chuan (Wolf *et al.*, 1997). L'auteur souligne que seul le groupe Tai-Chi-Chuan éprouve un sentiment de changement, de mieux-être qui se généralise dans la vie quotidienne.

Une autre équipe de chercheurs américains démontre le bénéfice d'un programme de Tai-Chi-Chuan sur 3 domaines : l'équilibre (surtout concernant la stabilité latérale), la sensibilité kinesthésique au mouvement et la force musculaire (Jacobson *et al.*, 1997). L'auteur compare 2 groupes d'adultes formés chacun de 12 sujets (le groupe test ayant pratiqué le Tai-Chi-Chuan pendant 12 semaines ; le groupe contrôle ne suit pas d'entraînement spécifique concernant l'équilibre et la force musculaire). L'effet de la pratique est montré chez le groupe test sur l'équilibration mesurée par une plate-forme de force, sur la sensibilité kinesthésique testée par une épreuve d'orientation angulaire des membres inférieurs, ainsi que sur la force musculaire mesurée par un tensiomètre.

Même si une méthode du mouvement lent (de type Tai-Chi-Chuan) peut apporter un gain sur l'équilibre et réduire le risque de chute chez la personne âgée, peu d'hypothèses ont été énoncées concernant les mécanismes qui sous tendent ces bénéfices. Même lorsque Tse et Bailey (1992) suggèrent que le Tai-Chi-Chuan pourrait améliorer le répertoire des programmes moteurs stockés dans le cerveau aucun mécanisme ou processus possibles n'est énoncé pour spécifier l'action de ce type de pratique utilisant le mouvement lent. Une hypothèse intéressante est émise par Forrest (1997) qui teste les performances de 8 sujets adultes (âge moyen = 36.5) à une épreuve de délestage manuel, ceci avant et après 16 semaines d'entraînement au Tai-Chi-Chuan. Ce type d'épreuve est largement utilisé afin de tester l'efficacité des ajustements posturaux anticipatoires (APA). Ceux-ci préviennent de l'effet de la perturbation externe et doivent servir au maintien de l'équilibre. Forrest constate que l'entraînement au Tai-Chi-Chuan cause une réduction des APA pour certains muscles qui ont fonction d'équilibration, s'accompagnant d'une augmentation de la stabilité posturale (réduction des déplacements du centre des pressions exercées au sol). Il émet l'hypothèse que l'entraînement par le mouvement lent permettrait une meilleure utilisation de l'élasticité des structures périphériques (muscles, tendons, ligaments) pour l'équilibre postural, et réduirait la participation des structures nerveuses centrales responsables des APA. Ce modèle écologique projette donc des effets directs du mouvement lent sur l'appareil physico-anatomique qui auraient des conséquences indirectes sur l'activité neuro-motrice centrale et périphérique.

CONCLUSION

Le processus qui déclenche le vieillissement reste encore mal connu. Existe-t-il en tant qu'horloge biologique ou résulte-t-il de l'accumulation d'erreurs génétiques causées par les incidents de la vie ? Quoiqu'il en soit, le vieillissement altère progressivement et dans différentes mesures l'être humain dans ses capacités d'adaptation.

La gérontologie préventive tente de fournir une réponse au "bien vieillir". Les activités physiques et sportives ont depuis longtemps confirmé leur impact sur les capacités physiques et psychologiques du sujet âgé en bonne santé : elles améliorent la fonction cardio-vasculaire, augmentent la force musculaire ainsi que la souplesse, diminue la cholestérolémie, améliore la tolérance au glucose, ralentissent la perte osseuse, augmentent la masse maigre et apportent des bénéfices psychologiques (Blumenthal *et al.*, 1989 ; Aniansson *et al.*, 1980) et neuropsychologiques (Molloy *et al.*, 1988), même si les conclusions restent moins évidentes concernant des sujets âgés malades et fragilisés.

Nous avons vu que les techniques de mouvements exécutés lentement (de type Qi-Qong ou Tai-Chi-Chuan) peuvent aisément s'insérer dans un programme de rééducation et de prévention du vieillissement. Outre le fait de s'adapter aux difficultés des sujets vieillissant les techniques du mouvement lent apportent des effets curatifs notamment sur la fonction d'équilibration. Il reste néanmoins à développer ce type d'intervention et à approfondir les bases de recherche d'une pratique du mouvement lent en éducation sportive comme en rééducation psychomotrice.

RÉFÉRENCES BIBLIOGRAPHIQUES

ALEXANDROV, A., FROLOV, A., & MASSION, J. (1994). Voluntary forward bending movement in human : a principal component analysis of axial synergies. In K. Taguchi, M. Igarashi & S. Mori (Eds.), *Vestibular and neural fronts* (pp. 345-348). Amsterdam : Elsevier.

ANIANSSON, A., GRIMBY, G., RUNDGREN, A., SVANBORG, A., & ÖRLANDER, J. (1980). Physical training in old men. *Age and Ageing*, 9, 186-187.

BIRREN, J.E., & SCHAIE WARNER, K. (1990). *Handbook of the psychology of ageing*, 3e éd. New-York : Van Nostrang Reinhold.

BIZZI, E., HOGAN, N., MUSSA-IVALDI, F.A., & GISZTER, S. (1992). Does the nervous system use equilibrium-point control to guide single and multiple joint movements ? *Behav. Brain Sci.*, 15, 603-613.

BLUMENTHAL, J.A., EMERY, C.F., MADDEN, D.J. *et al.* (1989). Cardiovascular and behavioral effects of aerobic exercise training in healthy older men and women. *J. Gerontol.*, 44, 147-157.

BOUISSET, S., & MATON, B. (1995). *Muscles, posture et mouvement.* Paris : Hermann.

CORRAZE, J. (1987). *Neuropsychologie du mouvement,* Paris : PUF.

DROULEZ, J., & BERTHOZ, A. (1988). Topological aspects of sensori-motor control. In V.S. Gurfinkel, M.E. Ioffé, J. Massion & J.P. Roll (Eds.), *Stance and Motion : facts and concepts* (pp. 185-193), New York : Plenum Press.

FELDMAN, A.G., & LEVIN, M.F. (1995). The origin and use of positional frames of reference in motor control. *Behav. Brain Sci.*, 18, 723-806.

FISHER, M.B., & BIRREN, J.E. (1947). Age and strength. *J. Appl. Psychol.*, 31, 490-497.

Forrest, W.R. (1997). Anticipatory postural adjustment and T'ai Chi Chuan. *Biomed. Sci. Instrum.*, 33, 65-70.

GORGY, O. (1996). Introduction du mouvement lent en rééducation psychomotrice de la personne âgée par la pratique du qi-qong. *Evolutions Psychomotrices*, 8, 31, 39-49,.

GORGY, O. (1998). *Analyse multiparamétrique de la coordination posture-mouvement au cours des processus d'initiation et de terminaison de la marche.* Mémoire pour l'obtention du D.E.A. de Neurosciences, Université d'Aix-Marseille I.

GREEN, H.J. (1986). Characteristics of aging human skeletal muscles. In J.R. Sutton & R.M. Brock (Eds.), *Sports Medecine for the mature athlete* (pp. 17-26). Indianapolis : Benchmark Press.

HAIN, T.C., FULLER, L., WEIL, L., & KOTSIAS, J. (1999). Effects of T'ai Chi on balance. *Arch. Otolaryngol. Head Neck Surg.*, 125, 11, 1191-1195.

JACOBSON, B.H., CHEN, H.C., CASHEL, C., & GUERRERO, L. (1997). The effect of Tai Chi Chuan training on balance, kinaesthetic sense, and strengh. *Percepual and Motor Skills*, 84, 27-33.

JEANNEROD M. (1995). Mental imagery in the motor context. *Neuropsychologia,* 33, 11, 1419-1432.

KORNHUBER H.H. (1971). Motor functions of cerebellum and basal ganglia : the cerebello-cortical saccadic (ballistic) clock, the cerebellonuclear hold regulator, and the basal ganglia ramp (voluntary speed mouth movement) generator. *Kybernetik*, 8, 157-162.

KUTNER, N.G., BARNHART, H., WOLF, S.L., MCNEELY, E., & XU, T. (1997). Self reported benefits of Tai Chi practice by older adults. *J. Gerontol. B. Psychol. Sci. Soc. Sci.*, 52, 5, 242-246,.

LARSON, L. (1978). Morphological and functional characteristics of the ageing skeletal muscles in man. *Acta Physiologica Scandinavia* (suppl.), 457, 1-29.

MASSION, J. (1997). *Cerveau et motricité.* Paris : PUF.

MOLLOY, D.W., BEERSCHOTEN, D.A., BORRIE, M.J., CRILLY, R.G., & CAPE, R.D.T. (1988). *Journal of American Geriatrics Society,* 36, 29-33,.

OLIVIER, G., & OLIVIER, C. (1963). *Mécanique articulaire.* Paris : Vigot.

ROGÉ, B. (1984). *Manuel de l'échelle de développement psychomoteur de Lincoln-Oseretsky.* Paris : Les Editions du Centre de Psychologie Appliquée.

SERON, X. (1993). *La neuropsychologie cognitive.* Paris : PUF.

SULTANA, R., CRÉMIEUX, J., GORGY, O., & HEURLEY, G. (1998). *Rééducation de l'équilibre d'ataxiques, de cérébelleux et de personnes âgées à l'aide d'arts martiaux internes et externes adaptés.* STAPS, 46-47, 199-202.

TSE, S.K., & BAILEY, D.M. (1992). T'ai Chi and postural control in the well elderly. *The American Journal of Occupational Therapy,* 46, 295-300,.

WELFORD, A.T. (1985). Changes of performance with age : an overview. In N. Charnes (Ed.), *Aging and Human Performance* (pp. 333-365). New York : John Wiley & Sons.

WERTHEIMER, J. (1992). Le vieillissement des processus cognitifs. *Médecine et Hygiène*, 50, 3130-3136.

WOLF, S.L., BARNHART, H.X., ELLISON, G.L., & COOGLER, C.E. (1997). The effect of Tai Chi Chuan and computerized balance training on postural stability in older subjects. *Physical Therapy*, 77, 4, 371-381.

Eric Aubert & Jean-Michel Albaret (Ed.)
Vieillissement et psychomotricité
collection Psychomotricité
© solal éditeur - Marseille - 2001

9

La maladie de Parkinson : troubles de l'équilibre et rééducation psychomotrice

Élodie BÉDOURET

Depuis les premières observations en 1817, les recherches sur la maladie de Parkinson continuent, tant sur les causes encore mal connues, que sur son traitement, révolutionné par la L-DOPA.

Malgré cela, au bout de plusieurs années les parkinsoniens deviennent moins sensibles au traitement, et l'on voit alors apparaître des signes cliniques comme les troubles de l'équilibre, qui engendrent une perte d'autonomie. C'est ce que nous verrons au travers de Mr M., pris en charge dans un centre de jour.

LA MALADIE DE PARKINSON

La maladie de Parkinson est la plus fréquente des maladies neurologiques dégénératives après la maladie d'Alzheimer, touchant les personnes entre 50 et 69 ans.

La principale lésion neurologique se situe au niveau d'un noyau gris central : le locus niger. On y observe une dégénérescence des neurones dopaminergiques, perturbant ainsi l'ensemble du système extra-pyramidal.

Cela va se traduire par la présence de plusieurs signes cliniques, illustrés principalement par la triade parkinsonienne :

- le tremblement de repos : c'est souvent le premier signe qui apparaît. Ce sont des mouvements oscillatoires, de faible amplitude, régulier, de rythme lent. Il touche surtout les membres supérieurs, principalement la main avec des mouvements d'adduction-abduction du pouce et de pronation-supination du poignet.
- la rigidité extra-pyramidale : c'est l'élément le plus constant de la maladie. C'est une hypertonie de résistance homogène qui cède par à coup. Elle se manifeste par une attitude en flexion de tout le corps.
- l'akinésie : c'est un phénomène à deux composantes. D'une part la bradykinésie qui explique la lenteur des gestes, et d'autre part l'akinésie vraie qui explique la difficulté et parfois l'impossibilité à initier un mouvement.

De cette triade vont découler plusieurs autres manifestations motrices telles que :

- les troubles de l'écriture,
- l'amimie,
- les postures axiales anormales,
- l'instabilité posturale et les troubles de la marche,
- mais aussi des troubles psychiques (dépression) et des troubles du système autonome (déglutition, troubles vésico-sphintériens).

Nous étudierons plus précisément les troubles de l'équilibre au travers de Mr M, 77 ans, malade depuis 22 ans. Sa présentation générale est caractérisée par une posture anormale : la tête et le tronc vers l'avant, les bras tendus vers l'arrière.

Il présente une forme hypertonique associée à des tremblements. Une légère akinésie peut parfois se manifester. Mr M a des troubles du système autonome : difficultés à déglutir et à articuler, ainsi qu'une instabilité posturale associée à des troubles de la marche (marche à pas pressés, perte du ballant) et à des chutes.

LES TROUBLES DE L'ÉQUILIBRE DANS LA MALADIE DE PARKINSON

Les troubles de l'équilibre dans la maladie de Parkinson sont caractérisés par une instabilité posturale, des troubles de la marche et des chutes, tout cela corrélé aux difficultés liées au vieillissement.

L'instabilité posturale

Elle marque le commencement de la sévérité de la maladie. Le phénomène le plus fréquent est celui de la rétropulsion.

Plusieurs mécanismes sont mis en cause :

- la diminution, voire la disparition des réflexes posturaux. (Traub, 1980 ; Dietz *et al.*, 1988)
- l'anomalie des ajustements posturaux préparatoires au mouvement. (Bazalgette, 1986 ; Lee, 1995)
- des troubles du programme postural avec une mauvaise coordination des éléments constituant le programme (Bloem, 1992), et une mauvaise adaptation de ce programme aux conditions de l'environnement (Horak *et al.*, 1992).

Les troubles de la marche

Il s'agit du quatrième symptôme majeur. En fonction du stade de la maladie les troubles sont différents :

- la marche à pas traînants
- la marche à pas plus courts avec perte du déroulement du pied et du ballant des bras.
- la démarche festinante, le patient semble courir après son centre de gravité
- le “freezing” qui est une difficulté à initier la marche.

Les chutes

Ce sont des chutes en statue, apparemment sans retenue, alors qu'en fait les réactions parachutes existent, mais elles apparaissent en retard.

De nombreuses situations de la vie quotidienne vont les provoquer :

- en s'asseyant
- en se levant
- lors de la marche, du “freezing” ou piétinement
- lors de tâches simultanées ou de port d'objets

D'après une étude de Koller *et al.* (1989), les chuteurs sont plus vieux et ont depuis plus longtemps la maladie. Les chutes sont corrélées avec la rigidité et la bradykinésie, mais pas avec les tremblements.

ETUDE DE CAS

Mr M, âgé de 77 ans, fréquente le centre de jour depuis deux ans, à la suite d'épisodes confusionnels qui perdurent et d'une diminution progressive de son autonomie. Il a été directeur d'une PME mais a dû la fermer pour devenir magasinier chez son frère et ce jusqu'à sa retraite. Il est assez amer à l'égard de son passé en général.

La maladie s'est déclarée il y a environ 22 ans. Elle a débuté par des tremblements. Il présente actuellement une forme hypertonique associée à des tremblements qui sont majorés par l'émotion et l'anxiété. Une légère akinésie se manifeste épisodiquement. Il présente une dysarthrie, qui rend parfois difficile la compréhension de ce qu'il dit, et cherche ses mots. Des troubles du système nerveux autonome sont présents et le gênent dans sa vie quotidienne, principalement par rapport à son entourage. Il a des difficultés de déglutition, une salivation abondante.

Des problèmes cardiovasculaires sont à noter avec des variations de la tension artérielle au cours de la journée.

Une malformation congénitale du pied droit est à noter.

L'autonomie commence à être affectée et le bilan d'indépendance dans les activités de la vie quotidienne donne les résultats suivants :

- Transferts et déplacements. Mr M a besoin d'un point d'appui pour l'ensemble des transferts (assis/debout, monter/descendre les escaliers, se lever du lit...).
- Toilette. Un guidage verbal est nécessaire pour enchaîner les différentes étapes de la toilette. L'utilisation des objets est correcte, la réalisation des gestes adaptée. Les mouvements sont ralentis.
- Habillage. Mr M ne présente pas de difficulté pour enfiler les vêtements par la tête mais a besoin d'une aide pour les boutons de petite dimension. Il ne prend pas l'initiative d'utiliser un siège pour enfiler les vêtements par les pieds d'où un risque de chute.
- Repas. L'utilisation des couverts est adaptée, mais quelques difficultés accompagnent l'emploi du couteau. Il fait des “fausses routes” fréquentes lors de la déglutition.
- Contrôle de l'environnement. Il sait utiliser les différents objets présents dans son environnement (interrupteurs, robinets, montre, téléphone...) mais n'en a pas toujours l'initiative et doit être guidé verbalement.
- Activités relationnelles et sociales. Mr M participe aux activités dans un cadre

aménagé mais, gêné par ses difficultés de communication dues à la dysarthrie, il se met facilement en retrait et se sent dévalorisé.

Il bénéficie de plusieurs prises en charge (ergothérapie, psychologue, psychomotricité) ainsi que des activités. Il est suivi en kinésithérapie à l'extérieur.

Le score au Mini Mental Test est de 21 avec des déficits en attention, calcul mental, mémoire et activité motrice. La Batterie d'Evaluation Cognitive de Signoret met en évidence une altération du fonctionnement cognitif qui n'épargne que l'orientation et la concentration.

La mémoire des faits anciens est préservée, mais les faits récents sont rappelés plus difficilement.

Bilan psychomoteur

Souriant, il marche à pas pressés, tête et tronc penchés vers l'avant, les bras en extension vers l'arrière. L'instabilité posturale est associée à des troubles de la marche. Des chutes surviennent lorsqu'il porte quelque chose, quand quelqu'un passe trop près de lui et le surprend, lorsqu'il doit faire un pas vers l'arrière. Lors de la passation de ce bilan, on ressent chez Mr M une anxiété face aux chutes avec l'apparition de tremblements devant certaines épreuves où il se sent mal à l'aise.

Le bilan, base de toute rééducation, s'est établi autour de différents tests évaluant la fonction d'équilibration :

- les épreuves inspirées du test de Romberg
- le test de Tinetti
- le "Get up and go".

Pour les épreuves inspirées de Romberg, l'équilibre est maintenu de manière stable durant 30 secondes dans les conditions suivantes : pieds légèrement écartés yeux ouverts et fermés, pieds joints yeux ouverts. Par contre, une perte d'équilibre entraînant une chute en statue survient après 20 secondes dans la position pieds joints yeux fermés.

Les scores au test de Tinetti sont de 27 points pour l'équilibre statique et de 14 points pour l'équilibre dynamique (détails voir tableau 1).

Test de Tinetti - Equilibre statique		
Items	**Score**	**Observations**
Equilibre assis	3	Glisse sur la chaise
Se lever d'une chaise	3	Pas d'organisation du mouvement
Equilibre immédiat après s'être levé	2	Cherche un appui
Equilibre debout yeux ouverts	1	Stable
Equilibre debout yeux fermés	2	Difficile pieds joints, plus stable pieds écartés
Equilibre après 360°	2	Pas discontinus, prudents
Equilibre avec hyperextension de la tête en arrière	2	Extension limitée
Equilibre avec extension de la colonne vertébrale et élévation des membres supérieurs	1	Bloque sa respiration

Test de Tinetti - Equilibre dynamique		
Items	**Score**	**Observations**
Résistance à une poussée sternale	3	Entraîne des chutes en statue
Equilibre après rotation de la tête	2	Pas de déséquilibre mais capacité de rotation limitée de la tête
Equilibre en station unipodale	2	A besoin d'un appui. Tremblements
Equilibre penché en avant	1	Bonne stratégie
Equilibre en s'asseyant	3	Se laisse tomber sur la chaise
Initiation à la marche	1	Initie la marche sans hésiter
Hauteur du pas	1	Le pied quitte le sol à chaque pas
Longueur du pas	2	
Symétrie du pas	2	Gêné par la malformation du pied droit
Régularité de la marche	1	Pas de pause entre les pas
Déviation du trajet	1	Suit une ligne droite
Stabilité du tronc	2	Léger balancement du tronc, bras en abduction vers l'arrière
Ecartement des pieds pendant la marche	2	Pieds en valgus
Demi-tour pendant la marche	2	Pas discontinus, rythme lent

Tableau 1 : Résultats de Mr M au test de Tinetti.

Au "Get up and go test" le temps de réalisation est supérieur à 30 secondes, Mr M ne peut pas se lever seul et ne sait pas comment organiser son mouvement. Une fois debout avec aide, le reste de l'épreuve se déroule à un rythme assez soutenu. Il marche à pas pressés, sans ballant des bras. Le demi-tour est plus lent avec une longueur de pas réduite. Le tour du siège entraîne des piétinements mais il a le réflexe de se tenir à la chaise. Mr M se laisse ensuite tomber sur le siège.

En conclusion, ces épreuves montrent des difficultés d'équilibre bien spécifiques, en particulier au niveau des réflexes d'équilibration, qui sont perturbés et qui provoquent des chutes en statue. Les transferts assis-debout et debout-assis sont déficitaires : Mr M a des difficultés dans l'organisation du mouvement.

La rééducation

Le projet de rééducation sera donc basé sur un travail au niveau des transferts, des réflexes d'équilibration, mais aussi de l'équilibre statique et dynamique de la marche avec un travail sur la posture. Mr M aura aussi besoin d'être rassuré et encouragé, de façon à le mettre en confiance.

Les réflexes d'équilibration

Ces réflexes dans la maladie de Parkinson sont diminués, d'une part par une lenteur de déplacement de la cheville, qui engendre semble-t-il une réduction de l'activité du muscle soléaire, et d'autre part par la perturbation de la synchronisation des différents éléments du programme moteur (Lee *et al.*, 1995).

Ces exercices vont permettre au sujet de répondre de façon adaptée aux stimulations extérieures pouvant être source de déséquilibre et de chutes. Les exercices vont consister à appliquer des poussées au niveau du sternum, des épaules et du dos. La personne doit réagir en donnant une réponse antagoniste à la poussée si celle-ci n'est pas très puissante. Si la poussée est plus importante la réponse est plus complexe : c'est un rétablissement de l'équilibre par réajustement postural de tout le corps. Il doit développer une hypertension réflexe avec un mouvement du pied du côté de la poussée.

Mr M. ayant perdu ces réflexes, nous avons du passer par la verbalisation et l'explication des mécanismes. Nous avons commencé assis, afin de le rassurer, puis nous avons pu le faire debout. La poussée du sternum semble la plus difficile avec possibilité de chutes en rétropulsion.

Travail en équilibre statique

Il constitue la base de tous les exercices qui seront effectués en équilibre dynamique.

Exercices de transfert du poids du corps

- d'avant en arrière : en se donnant les mains, monter sur la pointe des pieds, redescendre, se mettre sur les talons. Les chutes de Mr M se faisant souvent en statue vers l'arrière, il a éprouvé une angoisse importante, se manifestant par l'apparition de tremblements, lors de cet exercice. Au cours des séances les tremblements se sont fait moins intenses, mais Mr M garde une certaine réticence.
- sur les côtés : il doit fléchir légèrement les genoux et les orienter d'un côté et de l'autre, ce qui entraîne le passage sur les bords des pieds. Nous nous sommes heurtés ici à une difficulté de compréhension et de planification du mouvement, certes gêné aussi par une hypertonie.
- en faisant le tour des appuis : peu exploité avec Mr M, vu les difficultés citées ci-dessus.

Exercices de maintien de l'équilibre

- les jeux de ballons : soit avec des ballons ordinaires par des jeux de rebond, de lancers directs ou en cloche ; soit avec des ballons de baudruche qui laissent le temps d'adopter une stratégie posturale pour la réception. Mr M semble ne présenter que peu de difficultés, mais cela le fatigue et c'est à ce moment là que peuvent apparaître des déséquilibres.
- préparation à l'appui unipodal par un exercice de poussée du ballon. Mr M connaissant ses difficultés ne prend pas de risques et ne lève que très peu le pied.
- exercices repris sur le tapis. Il est peu déséquilibré par le changement de support.

Travail en équilibre dynamique

Il va s'agir de travailler les différents déplacements et l'organisation des séquences de marche.

- marche caricaturale : exagérer chaque étape du pas et le ballant des bras. Des difficultés de coordination se font sentir.

- marche en avant et en arrière dans un tracé de plus en plus étroit. Mr M appréhende beaucoup la marche en arrière car c'est une des causes de ses chutes. Au début nous avons pu remarquer la présence de freezing. Le fait d'enjamber des obstacles l'a fait disparaître. On sent que Mr M. prend confiance en lui.
- exercices de demi-tour : indispensable car entraîne souvent des chutes. Le patient doit apprendre à tourner la tête dans la direction souhaitée afin d'obtenir des informations visuelles et ensuite effectuer le demi-tour en prenant soin de lever les pieds.
- passer par-dessus un obstacle : cela oblige le sujet à lever les genoux et à dérouler correctement la jambe en effectuant de façon adaptée les transferts du poids du corps. Mr M a du mal à orienter la tête et a tendance à regarder ses pieds, ce qui peut être expliqué par sa posture.
- marche latérale : elle permet de mieux sentir le passage du poids du corps d'une jambe sur l'autre.
- les parcours qui demandent une attention importante et qui font intervenir la mémoire tout en travaillant le domaine souhaité. La mémorisation des consignes est difficile. Au bout de quelques séances il a pu mémoriser jusqu'à trois tâches. On retrouve ici ses difficultés d'attention et de mémorisation, mais aussi sûrement des troubles de compréhension, car la consigne orale ne suffit, la démonstration est nécessaire.

Transferts assis-debout

Cela consiste à réapprendre une stratégie que Mr M a perdu. Pour se lever, apprendre à se positionner : plier les jambes sous la chaise, se pencher en avant très loin et pousser avec les pieds. Au départ la répétition des consignes a été indispensable, puis il a été capable de se les approprier pour les mettre en place seul.

Pour s'asseoir, Mr M se laisse tomber sur le siège, Il convient donc de lui réapprendre à se situer par rapport au siège, l'arrière des genoux contre la chaise et seulement à ce moment amorcer un mouvement d'accroupissement en se penchant en avant et en retenant le mouvement.

Stimulation proprioceptive des pieds

Elle est très importante car c'est le pied qui décèle les modifications du relief du sol, qui supporte le poids du corps qui permet le bon déroulement du pas.

- massage des pieds et de la cheville (stimulation des récepteurs tactiles) avec un ballon ou une balle. Mr M présente une bonne mobilité des pieds.
- marche sur des textures variées.
- en position assise appuyer le pied bien à plat, puis vers l'avant, vers l'arrière, sur le bord externe et interne. Mr M présente une mobilité de l'articulation de la cheville limitée.

La posture

Les exercices consistent en une prise de conscience des postures anormales dans le but de les corriger, en leur demandant de fixer un point de se tenir droit. Il semblait intéressant de le travailler avec Mr M vue son attitude courbée vers l'avant.

La relaxation

Elle peut être utilisée dans le but d'essayer de diminuer l'hypertonie et les tremblements. Dans le cas de Mr M, nous avons utilisé en premier lieu des massages à l'aide d'objets, ce qui a permis une prise de conscience des différentes parties du corps. Puis dans un deuxième temps, nous avons introduit quelques consignes de la relaxation progressive de Jacobson. Nous avons pu observer un léger relâchement malgré la persistance de l'hypertonie, ainsi que la disparition momentanée des tremblements pendant les séances.

Difficultés rencontrées

En effet, Mr M a été hospitalisé après la troisième séance. Il a été absent trois semaines et est revenu fatigué, avec un nouveau traitement. Cela a demandé du temps avant de trouver les meilleurs moments pour la prise des médicaments. Les séances de psychomotricité ont été raccourcies, de manière à ne pas trop le fatiguer, et les horaires changés afin qu'il ne soit pas gêné par ses crises durant les prises en charge.

Le retest

Le bilan a été effectué après neuf séances de rééducation.

Nous remarquons quelques progrès malgré le peu de séances effectuées et malgré les changements de traitement que Mr M a subis au cours de la prise en charge.

Ces progrès se situent principalement au niveau des transferts s'asseoir et se lever et des réflexes d'équilibration. Mr M est capable de verbaliser les différentes étapes du mouvement et de les mettre en place. Cela lui demande tout de même beaucoup d'efforts de prise de conscience du mouvement à effectuer qui n'est pas encore automatisé. Les stratégies de mise en place du programme moteur apparaissent donc déficitaires.

En dehors des séances

Le but de la prise en charge était de donner le maximum d'autonomie à Mr M, donc le problème était de savoir s'il arrivait à utiliser seul les stratégies apprises en séances.

En fait, nous nous sommes rendu compte que l'état de Mr M. est tributaire de l'effet des médicaments, ce qui nous amène à remarquer deux phases très spécifiques des parkinsoniens : phases “on” et “off”. En effet pendant la phase “on”, Mr M est capable de mettre en place les stratégies de manière quasi-autonome. Par contre pendant les phases “off” cela devient très difficile. Mr M ne peut mettre en action ses mouvements, le handicap de la maladie prend alors le dessus. Mr M dit ne plus avoir de force dans ses jambes, ne plus pouvoir bouger. C'est là que semblent se situer les limites de la rééducation, car si pendant les phases “on”, on remarque une généralisation de l'apprentissage, pendant les phases "off", seule la thérapie médicamenteuse peut aider Mr M.

CONCLUSION

La prise en charge psychomotrice de Mr M. nous a permis de nous rendre compte qu'il y avait un apprentissage possible au niveau des stratégies d'équilibration. La relation privilégiée des séances a facilité ce travail, car elle a eu un effet important sur son psychisme.

Néanmoins, la rééducation à ce stade de la maladie est difficile. Nous sommes confrontés aux effets secondaires des médicaments, à la diminution de sensibilité au traitement, à des douleurs diverses. Le rôle du psychomotricien est essentiel, mais il serait intéressant d'intervenir plus tôt, ce qui aiderait le patient à conserver plus longtemps une autonomie de mouvements.

A ce travail doit s'associer une équipe pluridisciplinaire (médecin, rééducateurs...) de manière à accompagner le patient de façon globale. Il est indéniable que la thérapie médicamenteuse est la base de toute action sur la maladie, mais la rééducation et le maintien de l'activité physique constituent un complément indispensable au traitement, lui permettant d'atteindre une plus grande efficacité.

RÉFÉRENCES BIBLIOGRAPHIQUES

AITA, J.F. (1982). Why patients with Parkinson's disease fall. *JAMA*, 247, 4, 515-516.

BAZALGETTE, D. (1986). Postural adjustements associated with rapid voluntary arm movements in patients with Parkinson's disease. In M.D.Yahr & K.J. Bergman (Eds.), *Advances in Neurology 45* (pp. 371-374). New York : Raven Press.

BLOEM, B.R. (1992). Postural instability in Parkinson's disease. *Clinical Neurology and Neurosurgery,* 94 (suppl.), 41-42.

DIETZ, V., BERGER, W., & HORSTMANN, G.A. (1988). Posture in Parkinson's disease: impairment of reflexes and programming. *Année Neurologique*, 24, 5, 660-669.

HORAK, F.B., NUTT, J.G., & NASHNER, L.M. (1992). Postural inflexibility in Parkinson subjects. *Journal of the Neurological Sciences*, 111, 46-58.

KOLLER, W.C., GLATT, S., VETERE-OVERFIELD, B., & HASSANEIN, R. (1989). Falls and Parkinson's disease. *Clinical Neuropharmacology*, 12, 2, 98-105.

LEE, R.G., TONOLLI, I., VIALLET, F., AURENTY, R., & MASSION, J. (1995). Prepatory postural adjustments in parkinsonian patients with postural instability. *Canadian Journal of Neurological Sciences*, 22, 126-135.

TRAUB, M.M. (1980). Anticipatory postural reflexes in rigid Parkinson's disease and other akinetic-rigid syndromes and in cerebellar ataxia. *Brain*, 103, 393-412.

Eric Aubert & Jean-Michel Albaret (Ed.)
Vieillissement et psychomotricité
collection Psychomotricité

10

La chute du sujet âgé : approche psychologique et pratique psychomotrice

Laure MODANGE
et Virginie CHAUMONT

La chute n'a pas souvent de graves répercussions physiques mais elle n'est pas à banaliser. L'appréhension au déplacement, une des manifestations visibles, est à prendre en considération. La probabilité de rechute est plus importante également après une première chute.

Nous sommes loin d'un protocole de rééducation car nous nous situons dans une population très âgée. L'aspect fonctionnel est souvent au second plan par rapport à la souffrance existentielle. La chute est un événement parmi une succession d'éléments négatifs dus à l'avancée en âge. La chute devient alors inséparable et elle vient même amplifier les nombreuses modifications psychologiques latentes liées à l'âge (sentiments de solitude, d'angoisse, et d'abandon, désinvestissement, phénomènes de pertes, ébranlement du narcissisme et de l'identité ...).

En dehors de toute chute, le périmètre de marche du sujet âgé est déjà fonction des vieillissements physiologique, psychologique et social qui viennent se placer comme modérateur. Donc en cas de chute, le psychomotricien doit faire preuve des qualités d'écoute, de compréhension et de réflexion sur l'enchevêtrement de ces facteurs.

Le mot "marche" a plusieurs sens. C'est l'activité alternée des membres inférieurs, une succession de déséquilibres contrôlés qui permet de se déplacer (aspect mécanique). C'est aussi un moyen d'être interactif avec l'environnement, d'être en communication avec l'entourage. Au-delà, le déplacement permet une stimulation générale du corps et a fortiori une stimulation cognitive. La marche n'existe que si la personne a un but à atteindre. D'un point de vue symbolique, la marche signifie "bon fonctionnement". Nous disons bien en état de marche.

La chute est une donnée importante en gériatrie. Elle est inévitablement liée à des facteurs de vieillissement des coordinations dynamiques générales, de la locomotion du sujet âgé et des facteurs environnementaux. Ces données sont très largement étudiées.

Face au problème de la chute, mais surtout l'appréhension de celle-ci, nous étudierons plus particulièrement les aspects psychologiques liés à ce phénomène. La chute de l'âgé, "tel un iceberg, ne se réduit pas à sa partie visible" (Betend *et al.*, 1994). Nous exposerons les possibilités qu'offre une pratique psychomotrice.

LES PHÉNOMÈNES PSYCHOLOGIQUES ENGENDRÉS PAR LA CHUTE

La chute est une redoutable expérience. Plus le temps passé au sol est long, plus les difficultés seront importantes sur tous les plans. En ce qui concerne les phénomènes psychologiques, la chute est une source d'angoisse qui va venir réactiver d'autres angoisses déjà vécues à plus ou moins petite échelle. L'impossibilité de se relever entraîne le sentiment d'impuissance et de dépendance. Les appels non-entendus, les questionnements du type : "quand s'apercevra-t-on de mon absence ? qui s'inquiète pour moi ? vais-je mourir ainsi ?" sont le reflet du sentiment de solitude et de l'angoisse d'abandon. L'impact de la chute est à la mesure de l'incertitude et de l'improbabilité des secours.

La conséquence la plus marquante de la chute est la fracture. Elle est très présente dans la pensée des personnes âgées. C'est une crainte réelle. Lorsque la chute n'entraîne pas de fracture, les personnes âgées savent la chance qu'elles ont eue mais aussi le risque qu'elles encourent si elles retombent.

En dehors de la fracture, des études ont montré une probabilité plus importante de récidive chez les chuteurs. En terme général, nous observons une appréhension à la marche par la suite, voire des désadaptations posturales.

Nous observons certaines personnes âgées dites "agrippées". Elles se tiennent à tout pour marcher. Elles demandent un bras et s'y cramponnent. Cet appel au soutien est à mettre en rapport avec la régression psychologique comme l'a écrit Betend *et al.* (1994). La régression serait un moyen de défense. La quête d'étayage, le besoin d'un moi auxiliaire sont des notions psychologiques sous-jacentes à prendre en considération dans la rééducation. Pour compléter, la chute viendrait réactiver l'angoisse de séparation et le conflit de dépendance. Ces personnes ont un besoin d'attachement. Elles ne peuvent marcher seules, donc vivre seules. De plus, nous constatons souvent que cette dépendance s'exprime envers les enfants. Il y a comme une inversion des rapports parent – enfant.

Madame C. lorsqu'elle parle de sa fille, nous dit "ma mère", même si elle garde conscience qu'il s'agit effectivement de sa fille.

La chute survient brutalement. La rapidité de l'enchaînement et la violence de l'épisode introduisent deux notions : la non maîtrise de son corps donc de soi, de l'événement, et aussi le vécu d'inertie ("je suis tombé comme une masse"). La chute vient révéler ou amplifier l'impression que le corps ne répond plus aux attentes. Le corps est souffrant et meurtri. Il semble avoir moins de capacités. C'est un corps différent, inquiétant, voire en naufrage. La personne âgée se dit qu'elle ne peut plus lui faire confiance. Le corps perd alors de sa solidité et de son confort. Certains disent qu'ils ont "honte", d'autres mettent en avant leur grand âge ou une grande fatigue.

L'image du corps en tant que lieu d'investissement psychique subit des dommages. Comment maintenir des attachements positifs avec ce corps qui fait défaut ? Comment conserver une estime de soi ? L'éprouvé corporel négatif occupe donc une place prépondérante lors du vieillissement "au point de déstabiliser à son tour le sentiment d'identité" (Le Gouès, 2000).

La peur de tomber peut inhiber la personne qui panique et n'arrive plus à réfléchir ou à se maîtriser. Comme pour un traumatisme, il se crée une sidération. La personne a des motivations réduites car si elle réussit à remarcher, elle aura plus d'autonomie mais elle risquerait de chuter à nouveau. Alors pourquoi courir ce risque ? Pourquoi renouveler le traumatisme ? Herfray (1989) écrit : "Se sentir confrontées au risque de ne pas pouvoir, éveillent en elles une profonde angoisse. Elles préfèrent renoncer à tenter de faire, plutôt que d'affronter le moindre risque de ne pas y arriver".

Gérer une situation traumatique s'avère d'autant plus difficile que les capacités mentales du sujet âgé sont déjà malmenées. La vitalité mentale se réduit et se caractérise par une diminution des représentations mentales, un appauvrissement du recrutement associatif, un effacement de la mémoire et une mentalisation ou une activité fantasmatique qui décroît (Peruchon, 1999). Le sujet âgé a donc une tendance à réutiliser ses acquis et laisser ses réactions affectives prendre le dessus sur le travail de pensée. Le Moi vieillissant se rétracte : les opérations intrapsychiques s'accomplissent moins bien, l'adaptation et la résolution de situations difficiles sont plus critiques.

La chute peut représenter une rupture dans la vie de la personne et bouleverser son équilibre affectif. Elle serait assimilée à une perte "une de plus, une de trop" (Messy, 1992). Face aux pertes (êtres chers, statut social, logement, capacités physiques et intellectuelles ...), un travail de deuil est nécessaire. C'est un travail mental conçu comme un détachement progressif de l'objet, un désinvestissement des représentations de l'objet perdu. Même si ce travail de deuil est à l'œuvre toute la vie, le vieillissement est un phénomène d'accélération des pertes, d'accumulation des deuils à réaliser dans tous les domaines. Il faut noter aussi que la réorganisation des investissements demande des objets nouveaux à investir et une capacité d'élaboration.

La chute vient révéler une perte d'autonomie souvent déjà existante, mais qui ne préoccupait peut-être pas. Madame S., à la suite d'une chute et d'une fracture, marche en déambulateur. En regardant ses voisines, elles aussi avec leur déambulateur dit : "Quand je nous vois maintenant ! Dire que mon facteur disait, elle court toujours madame S.!".

Les désirs n'ont pas d'âge mais le déclin du corps ne permet plus tout. Le corps devient une épreuve de réalité. Cela entraîne le deuil de l'image idéale du corps.

La perte concerne aussi le Moi. L'avenir se rétracte et la réalité est de plus en plus défavorable pour que la personne âgée obtienne dans un temps proche ce qu'elle a toujours désiré. Le Moi doit gérer sa relation à l'idéal du moi. "Accepter qu'on n'ait jamais été celui que l'on voulait être et accepter que les chances de l'être un jour diminuent" (Le Gouès, 2000).

Cela demande une réduction des prétentions au fil des ans. C'est une forme de deuil de soi qui porte sur l'idéal du Moi.

L'appareil psychique évolue par crises qui stabilisent l'organisation du moi "jusqu'à ce que celui-ci parvienne à se réorganiser, généralement à un niveau inférieur au précédent, au niveau d'un palier lui-même plus ou moins stable, plus ou moins durable" (Le Gouès, 2000).

Le psychomotricien par sa prise en charge doit être attentif à cette réorganisation pour être un élément porteur ou soutenant.

Madame L. passe par des phases de déprime. Elle a besoin d'être entourée et écoutée. Nous en tenons compte et nous comprenons son désinvestissement passager. Lorsqu'elle semble un peu mieux, nous la sollicitons à être un peu plus active.

L'angoisse vient signaler la mise en danger ; elle est bien compréhensible après une chute.

L'autre point important est l'angoisse de mort engendrée par la chute. Messy (1992) a écrit "mais n'y a-t-il pas à repérer derrière la peur de tomber, par exemple la métaphore de l'angoisse de mort inscrite dans l'échelle symbolique qui va de la chute à la tombe ?".

Les personnes âgées ont tendance à évoquer la mort parce que les signes de la vieillesse marquent des limites face au fantasme d'éternité. La chute est une de ces limites. Comme si la chute venait dire "je suis mortel". Cette chute, présage de la mort, est à entendre dans le discours de certains. Il est évident que nous parlons d'écoute et pas d'évocation à tout prix.

LES CONSÉQUENCES POUR L'ENTOURAGE

La dépendance n'est pas seulement physique, elle désigne aussi "une relation" (Charazac, 1998). Elle est "indissociable de la réponse de l'environnement et de l'image qu'il renvoie au sujet" (Ibid.).

Lorsqu'un adulte jeune tombe, cela déclenche un sourire. Ce n'est absolument pas le cas pour une personne âgée. Est-ce qu'on la perçoit plus fragile ? La chute vient-elle signifier la mort à nos yeux ? Nous ne savons pas, mais les émotions sont bien différentes.

Les réactions de l'entourage par rapport à la chute se situent sur un axe qui va de la banalisation, la minimisation de l'événement à l'exagération du danger encouru. A chaque extrême, la personne qui a chuté n'est pas entendue pour elle-même et par rapport à son vécu. L'angoisse de l'entourage se manifeste bien souvent par un bouleversement pour la vie du sujet âgé. Les transformations touchent le cadre de vie, le mode de vie et pourront aller jusqu'à l'entrée en institution. La chute vient même parfois justifier une décision d'institutionnalisation prise auparavant. Dans tous les cas, tout va souvent trop vite pour la personne âgée. Fréquemment, les décisions ne sont plus de son ressort. La tentative de maîtriser les choses est justifiée par un "c'est pour son bien". Mais si l'on n'a plus le contrôle de sa vie, pourquoi ne pas se laisser aller ?

Plus fréquemment, des interdictions de déplacement sont émises, y compris pour les personnes valides (escaliers, jardins, rues...). Une résidente nous a déclaré, un jour, qu'elle n'avait pas le droit de descendre les escaliers. Son fils lui aurait dit qu'après 70 ans on prenait l'ascenseur. Après quelques mois, accompagnée, puis seule, elle les descend et les remonte, et ne se souvient même plus des anciennes restrictions.

Il est intéressant de tenir compte des données apportées par la famille mais nous n'intervenons pas directement sur leurs choix, leurs angoisses, leurs restrictions. La démarche psychomotrice nous semble centrée sur le patient âgé comme individu autonome, désirant et avec un libre arbitre. Seul, le résident peut apporter le changement dans le comportement de ses proches. L'âgé profite cependant parfois de notre présence pour s'exprimer auprès de ses proches.

En ce qui concerne les soignants, nous portons la culpabilité des chutes. Si une personne chute, c'est parce qu'on n'était pas là, qu'on n'avait pas mis la personne en sécurité. On aurait aimé la mettre dans du coton. La notion de soin en gériatrie est différente, il est difficile de rendre la santé. Alors on prend soin en veillant sur la personne. Nous avons donc une tendance à la surprotéger. "L'entrée dans le grand âge et l'état de dépendance favorisent l'émergence de réflexes sécuritaires" (Michel *et al.*, 1998).

Mais nous n'avons pas toujours le temps de prendre le temps alors nous formulons des interdictions supplémentaires. On réduit alors leur espace de vie et leur élan. Nous mettons un frein à leurs désirs. "La quantité de vie se trouve privilégiée par rapport à la qualité de vie" (Michel *et al.*, 1998). L'idée qu'il faut accepter un certain risque pour leur liberté, leur autonomie n'est pas facile. Même si la personne est considérée comme autonome, elle est en institution et âgée. L'interaction avec les soignants est quand même présente. La dépendance est "silencieuse" (Charazac, 1998), elle est psychique.

Notre rôle de psychomotricien, mais avant tout de soignant, est d'être présent, parfois initiateur d'un espace de réflexions d'équipe sur ce thème. Chaque personne est unique et les réponses ne sont pas standardisées.

LE BILAN

Nous faisons passer un bilan classique (équilibre statique et dynamique, schéma corporel, Get up and go, praxies...). Le bilan est la première forme de prise en charge, donc un espace de paroles.

Afin d'éviter le côté médical et les examens successifs, tout au long du bilan, nous portons notre attention sur leurs remarques, leurs ressentis au moment ou après la passation de l'item. Les résultats positifs et négatifs ont la même valeur que le discours tenu sur ces résultats. Par exemple, une personne peut obtenir de bons résultats et faire des commentaires négatifs sur ses capacités.

Notre observation se porte sur les signes non verbaux d'angoisse ou de satisfaction, sur les besoins de soutien et les demandes du résident. Nous tenons aussi compte de l'interaction entre le sujet âgé et le psychomotricien. Est-ce qu'il réagit à notre neutralité ou à nos encouragements ? Est-ce qu'il se préoccupe du regard que nous portons sur lui ?

En gériatrie, il faut prendre infiniment de temps. Lors de la passation, la personne doit avoir le temps d'expérimenter par elle-même. L'aide apportée par le psychomotricien doit être progressive. Le temps est aussi indispensable pour cerner une demande de prise en charge même a minima.

L'interprétation du déséquilibre ou du déplacement difficile vient du patient lui-même. Pour aider une personne qui a chuté, il en est de même. L'écoute de son histoire est primordiale car seule la personne est capable de dire où elle en est. Il faut aussi remarquer les résidents qui ont chuté à la suite d'une trop grande prise de risque en fonction de leurs moyens. Madame D. est tombée voulant ramasser sa bobine de fil qui avait roulé loin sous le lit. Elle n'a pas voulu déranger le personnel pour ne pas gêner.

La plupart du temps la chute est sans gravité, l'incident est alors vite oublié, voire même pas évoqué. Mais elle fait déjà partie du vécu de la personne.

La chute est une cassure dans la trajectoire du sujet âgé. Il faut déjà l'écouter pour la reconnaître, en sachant qu'il est bien souvent difficile pour les personnes de la verbaliser. Le silence et l'oubli ont une valeur de communication aussi. En terme général, le discours permet de donner un sens à l'événement dans son histoire de vie. Peu importe la véracité de la cause et du déroulement évoqués par le sujet lui-même, du moment qu'il mentalise. Lorsque le soignant élabore, rationalise, établit un déroulement de la chute, il n'est plus à l'écoute. C'est à la personne de reconstruire son histoire. Et nous sommes là pour la soutenir dans son effort.

Le discours permet dans un deuxième temps, d'apporter des informations plus médicales, de repérer les causes de la chute pour mener une action préventive (cause iatrogène, médicale, due au vieillissement, la vie quotidienne ou l'état mental.)

La chute vient donc faire du bruit à l'intérieur de l'individu. Il est intéressant pour le psychomotricien de reconnaître les ressources de la personne, sa solidité interne, son estime d'elle-même et sa volonté de changement sur elle-même.

PRATIQUE PSYCHOMOTRICE

Notre première intention est de connaître les possibilités physiques, motrices, sociales et psychologiques du résident et d'établir une relation avec lui.

Nous leur proposons alors de venir voir l'un des groupes de gymnastique adaptés à leurs capacités. Après cette première expérience, la personne a le choix de s'engager. Si le résident décide de revenir, le premier pas est franchi, mais au fil du temps, nous avons toujours besoin de reconquérir sa confiance et de remotiver sa participation.

L'intitulé des groupes est différent d'une maison à l'autre : gymnastique, gym douce, équilibre et motricité. Le but réel est de prévenir la chute, les récidives et surtout les conséquences de la chute. L'important est que chaque résident trouve un investissement dans cette activité. Certains viennent pour s'entretenir, d'autres pour s'amuser et être avec les autres, et les derniers pour continuer leur rééducation. Le thème de la chute n'est donc pas toujours au cœur des séances mais les résidents savent qu'il faudra se mettre debout, marcher, travailler son équilibre, voire faire des relevés du sol. Nous ne pensons pas qu'il faille tout expliquer. Certains n'ont pas été confrontés à la chute, alors pourquoi les alarmer ? Par contre, en cas de chute, le résident l'évoque souvent plus facilement au psychomotricien, car la confiance est instaurée. Le thérapeute peut renvoyer l'information au groupe. Les émotions, le vécu sont partagés et riches d'enseignements pour tous. Il est aussi plus évident de parler de prévention et de l'apprentissage des relevés du sol par un exemple concret. Après une chute, la personne est encouragée à se remettre "dans le bain" au plus vite.

Les groupes de gymnastique sont réguliers sur l'année. Le lieu et l'horaire sont fixes, ce qui donne des repères temporo-spatiaux. La constitution du groupe est fixée ce qui, associé à la périodicité, donne une sécurité ou une identité sociale d'appartenance. Le rendez-vous hebdomadaire est un point de repère pour l'organisation de la semaine.

La gymnastique se déroule en rond ou face à face. Nous sommes tous tournés les uns vers les autres, ce qui nous permet de créer une ambiance de groupe. Ce dernier peut aussi symboliser un contenant sécurisant. Le psychomotricien est assis parmi les personnes âgées. Il s'engage corporellement en montrant les exercices, en se mettant à la hauteur des résidents. Il est important pour ceux-ci d'avoir un repère et de voir les mouvements à pratiquer.

La relation de groupe est une prévention de la désocialisation. Entre les membres du groupe, il se crée des contacts, les personnes sont plus à l'écoute des autres, s'entraident. Pour certains, il se noue des liens plus forts : par exemple, certains résidents vont proposer leur aide pour raccompagner une personne à sa chambre après la gymnastique.

Lors de ces groupes, nous essayons aussi de favoriser la reconnaissance et la reprise d'identité de chacun. Même si nous désignons une résidente en disant "la dame au chemisier rouge" pour aider les autres à la repérer, nous la nommerons afin de mettre un nom sur le visage de la dame en rouge.

Les interactions d'un individu à l'autre peuvent permettre l'émergence d'images multiples de vieillissement. "Elle est bien Madame M, elle arrive à marcher sans canne à 96 ans, elle en a de la chance".

Le groupe peut avoir une valeur positive. Les progrès d'un membre du groupe peuvent encourager et motiver les autres. La réussite revalorise aussi la personne face aux autres.

Par contre, le groupe peut générer pour certains un manque de confiance, lié à la peur du regard de l'autre. C'est au psychomotricien d'être à l'écoute de cette souffrance et d'essayer de la gérer au mieux, en montrant les mouvements et en revalorisant les capacités de la personne. Et s'il parait tout de même trop difficile d'exécuter un mouvement, nous ne l'obligerons pas à faire ce qu'elle ne veut pas exécuter. Nous voulons leur redonner du plaisir dans le mouvement et non l'inverse. Il est important que les personnes âgées retrouvent de la satisfaction à faire pour ensuite se déplacer.

Le groupe permet un travail sur l'orientation (réversibilité, effet de miroir...) et un travail temporel (faire ensemble, s'adapter au rythme de l'autre...). L'imitation est aussi un vecteur pour mobiliser les personnes âgées.

Il est important entre chaque exercice de faire des jeux dérivatifs de repos.

En plus d'un travail sur le plaisir, nous leur faisons retrouver les automatismes dans des exercices de prise de conscience du corps, de poussées, debout, de déplacement, de relever du sol.

La prise de conscience du corps

Les déficiences physiques autour desquelles se sont organisés le corps et son image du corps entravent la mobilité fluide de l'organisme. Nous leur proposons, par ce travail de prise de conscience du corps, de le réinvestir différemment. Le corps n'est pas cassé, il peut être et il peut faire. Nous proposons des exercices pour que la personne retrouve différentes sensations afin de mieux se connaître et de se réapproprier le mouvement :

- sensibilité plantaire (auto-massage, roulé, reconnaître les objets)
- découverte de l'axe corporel (rotation, flexion, enroulement)
- contraction, décontraction, mobilisation des différents segments du corps par assouplissement et par résistance, mouvements dissociés et coordonnés
- travail des appuis (dos, fesses, pieds, bras, mains sur les accoudoirs)
- expérimentation des positions différentes du passage assis debout (avec accoudoir, sans accoudoir, différents écarts des pieds, sur un pied, plus ou moins penché en avant, explication théorique...)
- transfert du poids du corps (assis passage d'une fesse sur l'autre, debout sur une jambe, puis sur l'autre jambe, en équilibre, les yeux fermés en portant).

Le corps est situé "à la fois par les sensations de ses mouvements propres (kynesthèses) et par les sensations globales (cœnesthèses)" (Richir, 1993). Elles sont liées et intriquées.

Le psychomotricien aide le sujet âgé à être à l'écoute de son corps, à en reprendre possession par une meilleure appréhension de son schéma corporel. Les personnes âgées ont leur sensibilité qui diminue. Le psychomotricien doit donc amener le résident à retrouver des sensations disparues. Le travail sur le mouvement complétera les informations qui lui permettront d'accéder à la globalité corporelle.

Ainsi, il sera en possession d'éléments lui offrant les moyens de réaliser des mouvements, de contrôler sa motricité et d'effectuer des déplacements avec plus de confiance.

Le psychomotricien propose ces exercices afin de parcourir toutes les possibilités restantes de la personne âgée. En l'aidant à se réinstaller dans le champ de ses capacités, nous voulons lui redonner confiance. Quoi de plus valorisant que de s'apercevoir que l'on est encore capable de faire !

"En psychomotricité, l'idée essentielle ne sera pas de rééduquer, puisqu'il ne s'agit pas de corriger un mouvement ou des attitudes mais d'aider le sujet à percevoir son corps avec les moyens dont il dispose, puis de le soutenir dans ses essais, pour découvrir s'il peut l'utiliser autrement, tout en se rappelant sans cesse que sa norme est l'état fonctionnel actuel. Bien sûr, ce travail n'a de sens que s'il assume en même temps les éléments émotionnels et cognitifs." (Bovier & Ramseier, 1995). La pratique psychomotrice participe à l'évolution de l'image du corps du sujet âgé.

Le corps sert aussi de référence pour l'organisation spatiale. Il est donc utile de bien le connaître afin de se déplacer le plus aisément possible.

Les poussées

Dans une situation sécurisante, le psychomotricien crée du déséquilibre. Le but est de faire travailler la personne âgée sur le contrôle du mouvement, la stabilité posturale. Pour cela, nous utilisons :

- les poussées assis sur différents supports (chaise, tabouret, tabouret roulant)
- les poussées debout (poussées avec sécurité vers l'avant, l'arrière et sur le côté).

Debout

Nous proposons des exercices debout en alternance avec les exercices assis :

- équilibre les yeux fermés, les yeux ouverts,
- avec différents polygones de sustentation,
- appui unipodal (avec mobilisation de l'autre jambe), équilibre sur les pointes,
- genoux fléchis, penché en avant (équilibre statique),
- sur plan instable,
- équilibre associé à une autre composante (action de membres supérieurs, suivre un mouvement rythmé, occupation de l'attention par une activité mentale),
- ramassage d'objet, poser un objet en hauteur.

En se mettant debout, le résident travaille la stabilité posturale, l'équilibre et le renforcement musculaire. Nous précisons que l'association de l'équilibre avec d'autres exercices est très utile. Pour beaucoup de personnes, l'idée de se mettre debout et d'y rester paraît insurmontable, "le vieux se méfie du déséquilibre" (Messy, 1992). La peur provoque un défaut de contrôle d'équilibre, une mobilisation des mains, souvent par agrippement.

Notre présence, notre réassurance, la répétition lors de cet accès à la verticalité, permettent de prendre confiance. Les activités en séance sont plus difficiles que dans la vie quotidienne. La réussite à une difficulté supérieure rassure et permet une autoévaluation.

La marche

En fin de séance, nous proposons souvent des parcours avec des obstacles ou nous demandons de faire différentes marches :

- en avant, en arrière, sur le côté (pas chassés, en croisés),
- marche en tandem, en aveugle,
- en levant les genoux, grand pas, petits pas, chaloupé, en patinant...
- accélération, décélération,
- trajectoires imposées (parcours d'obstacles, virage, virage à angle droit, demi-tour...)
- escalier,
- déambulation en extérieur.

Bien des réalisations motrices aboutissent à des actions ou à des ensembles d'actions complexes, diversifiés, supposant des adaptations incessantes. La marche demande une adaptation constante en fonction du sol, des obstacles, de l'espace, de la luminosité et de la présence d'autres personnes. Par la marche, l'âgé réinvestit l'espace. Ses déplacements seront d'abord réduits puis au fur et à mesure de ses réussites, de sa motivation et de sa prise de confiance, les espaces abordés seront plus larges et plus risqués. La marche est motivée par un objectif de lieu à atteindre, une action à mener.

Le bénéfice est aussi réel sur l'organisation temporo-spatiale, car le corps en déplacement permet d'accéder à un espace orienté plus important.

La marche est la source la plus sûre d'autonomie et d'insertion sociale. Elle favorise la rencontre, les échanges et les visites.

Les derniers atouts de la marche sont l'entretien physique et l'entraînement à l'endurance.

Relever du sol

"Tout le travail psychomoteur, passant par l'apprentissage du relever, est fondé sur l'idée d'intégrer la chute comme un mouvement à part entière, cela n'est possible que si le sujet peut se relever seul. "Se relever", dans le sens commun, concerne à la fois un mouvement physique mais aussi un processus psychique" (Ponton *et al.*, 1999).

Tout d'abord, les personnes âgées doivent indiquer au psychomotricien comment se relever, en projetant sur lui le projet moteur et en se faisant une représentation mentale de l'enchaînement.

Ces exercices demandent l'intervention de deux personnes, ce qui est plus sécurisant. Ils doivent se faire en différentes étapes :

- poser le genou sur la chaise,
- poser le genou sur de la mousse posée au sol,
- poser le genou sur le tapis,
- s'asseoir au sol en reprenant les étapes précédentes,
- passage à la position allongée,
- apprentissage et mémorisation de l'enchaînement,
- déplacement à quatre pattes,
- recherche d'autres appuis (cf. figure 1).

Les relevés du sol sont amenés progressivement en fonction des difficultés et appréhensions individuelles. La répétition permet d'agir de manière automatique pour se relever. Une résidente qui a chuté dans sa chambre, dit s'être souvenue des gestes à accomplir pour se relever. Mais, ceux-ci lui paraissent plus complexes seule.

Nous abordons les relevés du sol pour prévenir les récidives de la chute. Beaucoup des résidents participant au groupe sont tombés, il est donc important pour eux de partager des vécus, des émotions. De même, le fait d'aborder cet exercice en groupe permet des échanges sur les difficultés de chacun.

Apprendre à se relever dans un contexte de sécurité permet la maîtrise d'une situation de chute traumatisante. La présence du psychomotricien à côté de la personne sur le tapis, ses aides manuelles ou verbales, son écoute, ses touchers d'apaisement, son engagement corporel sont autant de repères pour aider le patient à déposer ses appréhensions. Ces exercices permettent de réinvestir l'espace bas.

L'adaptation à des situations nouvelles sera alors plus facile. Changement d'ap-

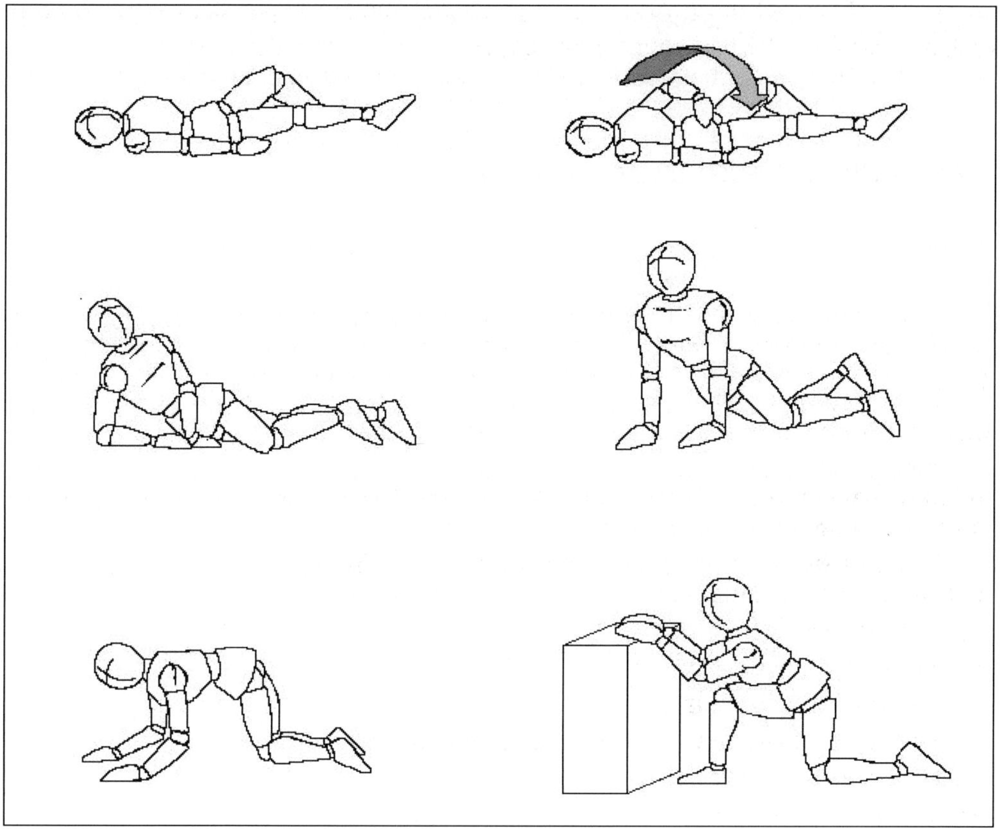

Figure 1 : Apprendre à se relever (d'après B. Vellas (1985). *La chute chez la personne âgée*. IPSEEN).

puis pour se relever, sols et espaces différents, contexte inconnu. Ces situations chercheront à se rapprocher des conditions de chute possibles pour le patient. Tout un travail peut s'établir autour du relever du sol, le but étant la réassurance.

L'apprentissage du relever est “une synthèse dynamique des potentialités psychomotrices” (Ponton *et al.*, 1999). Les relevés du sol demandent une disponibilité du tonus, une gestion du centre de gravité, des praxies, des coordinations visuomotrices, de la mémorisation, et des schèmes posturo-moteurs de déplacement et de verticalité.

En conclusion, nous voulons redonner le goût d'agir dans une progression simple et lente.

Le fait de réussir à surpasser leurs difficultés donne plus de confiance aux personnes âgées, ce qui leur permet d'affronter la vie quotidienne.

De même, parfois, ils utilisent les exercices que nous faisons dans les séances hors de la gymnastique. Ainsi une résidente pour le tournage d'un film, a accepté de se coucher dans un ascenseur pour jouer une personne assommée. Elle a réussi à affronter la situation plus facilement que dans le groupe. Elle était heureuse d'avoir surmonté sa crainte dans un contexte d'investissement extérieur.

RÉFÉRENCES BIBLIOGRAPHIQUES

BETEND, B., EYNARD,C., JOURDAIN, A., ROOS,C. (1994). La chute chez les personnes âgées, réflexions à propos d'un événement ordinaire, *Gérontologie*, 89, 12-18.

BOVIER, P., & RAMSEIER, E. (1995). Champs d'application de la thérapie psychomotrice. In J. Richard & L. Rubio (Eds.), *La thérapie psychomotrice* (pp. 151-166). Paris : Masson.

CHAUMONT, V. (1997). Le sujet âgé et la chute : approche psychomotrice. *Evolutions Psychomotrices*, 9, 35, 9-15.

CHARAZAC, P.M. (1998). Psychopathologie de la dépendance du sujet âgé. *La Revue de Gériatrie*, 23, 8, 717-722.

HERFRAY, C. (1989). *La vieillesse.* Paris : Epi / Desclée de Brouwer.

LE GOUÈS, G. (2000). *L'âge et le principe de plaisir.* Paris : Dunod.

MESSY, J. (1992). *La personne âgée n'existe pas.* Paris : Rivage.

MICHEL, M., SIPOS, I., MALO, P.Y., DONNIO, I., & LEROUX,C. (1998). Du droit au risque chez les personnes âgées potentiellement chuteuses. *La Revue de Gériatrie*, 23,10, 913-916.

PERUCHON, M. (1999). Clinique de la vieillesse. In E. Séchaud (Ed.), *Psychologie clinique – approche psychanalytique* (pp. 165-181). Paris : Dunod.

PONTON, G. ET AL. (1999). Apprendre à se relever du sol après une chute. In J.M. Jacquot et al. (Eds.), *La chute de la personne âgée* (pp. 346-350). Paris : Masson.

RICHIR, M. (1993). *Le corps.* Paris : Hatier.

Remerciements à Patrice Atchy-Dalama pour les dessins.

Eric Aubert & Jean-Michel Albaret (Ed.)
Vieillissement et psychomotricité
collection Psychomotricité

11

Des personnes âgées et des pratiques

Nicolas TESSIER

Il existe de nombreuses approches permettant d'obtenir une détente et, pour certaines, d'aboutir à un état de relaxation avec des champs d'action bien déterminés.

Les besoins de la personne âgée sont très différents suivant son âge, sa personnalité et son environnement. C'est en considération de ces derniers qu'il me parait important d'explorer plusieurs méthodes de manière à rester dans une adaptabilité constante et donc éviter la reproduction stricte et protocolaire d'une méthode donnée.

La plupart de ces techniques s'organisent de manière relativement similaire : phase de prise de contact, phase de relaxation avec méthode spécifique, phase d'immobilité, reprise.

Comme tout un chacun, la personne âgée vieillissante éprouve des besoins essentiels qui sont en rapport avec son âge, sa situation et sa maladie : elle peut avoir besoin de comprendre ce qu'elle vit (psychothérapie), elle peut avoir besoin d'aide pour gérer et contrôler une situation donnée (douleurs physiques, anxiété, deuil, ...), elle peut avoir besoin d'accepter une situation ou un événement (maladie, institutionnalisation, ...) ou encore elle peut avoir besoin tout simplement de se sentir vivre, exister.

Les deux premières techniques décrites ici utilisent principalement le toucher dans sa fonction de langage corporel. Les gestes pouvant avoir une portée au moins aussi importante que les mots, ils sont d'une grande aide lorsque les relaxations utilisant des capacités cognitives d'analyse ou simplement l'utilisation du langage verbal ne sont pas exploitables.

LE TOUCHER QUI RASSEMBLE

Cette première technique, simple dans sa gestualité et subtile dans son intériorité, est beaucoup utilisée en longs séjours, en soins palliatifs et fin de vie.

Elle répond à un besoin des plus essentiel : "J'existe, je vis, je me ressens vivre".

Indications et contre-indications

Cette méthode est à utiliser avec précaution chez les sujets atteints de troubles psychiatriques profonds comme la schizophrénie ou l'autisme, où le trouble n'est pas la déstructuration du Moi corporel, mais sa mauvaise élaboration, voire son absence totale. Aussi le contact, aussi léger soit-il, peut être vécu comme très intrusif, générant de fortes angoisses liées à une situation précise (ici le toucher).

Les indications sont les suivantes :

- fins de vie, avec ou non des rétractions plus ou moins douloureuses des membres,
- démences en phase avancée,
- douleurs chroniques,
- besoin de se sentir exister à travers le ressenti de son corps,
- pallier la disparition de communication et de compréhension verbale.

Description de la technique

Chaque geste est porteur d'une idée qui va guider la qualité du toucher. Il s'agit d'être attentif à ce que l'on fait au moment où on le fait, d'être présent, centré.

Prise de contact

Le but de cette première phase est de mettre la personne en confiance.

Que ce soient au niveau des gestes, de la respiration, des déplacements dans la pièce, du regard ou du premier contact, il faut privilégier le calme et la douceur. Plus la personne âgée est "retirée" du monde extérieur, plus l'approche devra être progressive. Il faut lui laisser le temps de ressentir notre approche bienveillante et inoffensive dans une relation non verbale qui s'installe.

La prise de contact commence par le regard en entrant dans le champ visuel du patient. Il doit être paisible et inspirer la confiance entre soignant et soigné. Le premier contact est important car il définit la base sur laquelle se déroulera le reste de la séance. Vérifier que vos mains soient chaudes et douces. Puis entrer en contact physique par la partie la plus socialisée du corps humain - la main - ou par une zone réconfortante et amicale, l'épaule.

Le toucher qui rassemble

La technique gestuelle est assez simple : appliquer des pressions légères et régulières sur le corps de manière à lui redonner limites, volume et densité.

L'efficacité de notre geste sera dans l'intention qu'il porte. Il doit exprimer la reconnaissance de l'autre et de son corps, comme un être humain ayant le droit de vivre et d'exprimer ce qu'il ressent à sa manière. Accepter la personne telle qu'elle est avec ses émotions, ses peurs, ses joies passées et sa personnalité.

Cas clinique

Mme T est une dame de 89 ans institutionnalisée en long séjour depuis 3 ans suite à 2 chutes ayant entraîné un traumatisme crânien temporal. Mme T présente un syndrome démentiel avec une aphaso-apraxo-agnosie majeure, des stéréotypies vocales, un comportement d'agrippement et des troubles de la déglutition.

A l'observation, Mme T est souvent assise au bord d'un fauteuil gériatrique au dossier inclinable, le buste penché en avant, comme endormie. Ses mains sont toujours en mouvement dans un grasping incessant, tordant sa robe des deux mains ou grattant ses jambes vigoureusement. Lorsqu'elle ouvre ses yeux, ceux-ci restent dans le vague ne semblant pas prêter attention ni à son environnement, ni à ma présence.

Une prise en charge en psychomotricité a été demandée afin d'améliorer son confort, sa raideur musculaire, son grasping et ses cris lors des soins quotidiens.

Mme T est corporellement et psychiquement désorganisée. Elle n'a plus conscience de sa verticalité et donc de son axe. La marche est raide et à petits pas. Les transferts sont associés à de l'angoisse, des cris et de l'agrippement liés à une position défensive comme si la situation devenait incompréhensible et ingérable pour elle. Son activité spontanée reste réflexe, ses mouvements sont saccadés avec peu d'amplitude, n'accompagnant pas ceux induits, et restant dans une passivité ou l'opposition. Mme T n'a plus aucune autonomie au quotidien (ne mange pas seule, ...). Son tonus au repos est marqué par la prédominance d'une hypertonie localisée aux membres supérieurs et à la nuque qui a tendance à se généraliser au cours de la marche. Mme T est dans l'incapacité de se détendre d'elle-même. Sa respiration est courte et rapide, avec des expirations sonores.

Dès que je touche Mme T, son attention est rapidement attirée vers moi. Elle attrape mes mains ou le bras pour les amener contre elle. Après un rapide inventaire de ses réactions face au toucher, je me rends compte qu'elle craint les contacts un peu directs et francs, surtout en ce qui concerne le visage.

Je décide d'utiliser le toucher pour aider Mme T à reprendre contact avec son corps par le plaisir et apaiser ses angoisses grâce au sentiment d'unification de son corps.

Lors des séances, le comportement de Mme T s'est progressivement modifié. Elle se laisse aller peu à peu. Ses polypnées se font moins bruyantes pour enfin disparaître. La respiration s'apaise. Son dos puis sa tête se reposent sur le dossier. Ses yeux ne quittant pas les miens, je continue à exercer lissage et pressions régulières sur son corps.

Puis Mme T se laisse aller dans le relâchement et accepte sans résistance d'être allongée progressivement, les jambes posées sur un tabouret et le dossier incliné, presque à l'horizontale. Ses yeux se ferment pour quelques minutes, les mains cessent de s'agripper. Son corps entier semble détendu. Mme T somnole, enfin apaisée. Je romps alors le contact tactile la laissant un moment profiter de cet état de détente.

Puis au bout de 20 minutes, il est temps de préparer la reprise, le retour à l'état d'éveil. D'abord par la voix puis, une fois les yeux entrouverts, par le contact. Je ramène Mme T à la sensation de son corps. Il s'agit de l'aider à sortir de sa somnolence tranquille et sereine, à la rendre plus présente, tout en conservant au maximum cet état de détente. Conserver les bénéfices de la séance, mettre à distance le plus longtemps possible l'angoisse déstructurante du psychisme qui se vide est l'objectif premier de cette reprise.

Les pieds redescendent au sol, le dossier reprend sa verticale et son corps quelques-unes de ses attitudes de crispations (essentiellement les mains).

Cependant, les polypnées ne reprennent pas, le dos et la tête restent en appui comme abandonnés à ce dossier confortable.

Je quitterai ainsi Mme T, désormais véritablement installée dans son fauteuil, et non plus assise au bord comme sur le qui vive, avec les mêmes précautions que pendant la prise de contact : contenue, soutenue, Mme T accepte de ressentir.

Cette technique, qui apaise et réunifie, a la particularité d'être utilisable avec les personnes âgées les plus diminuées, sans support verbal ni consigne.

LA TECHNIQUE QUI AIDE AU LÂCHER-PRISE

Ce deuxième degré peut être la suite du toucher qui rassemble. Il est applicable dans la même séance ou indépendamment. Cette méthode est utilisée pour aider la personne âgée à faire céder ses tensions physiques et psychiques plus ou moins permanentes.

Les qualités développées dans cette technique sont : "Je lâche prise, je m'accepte et j'accepte les changements de ma vie et de mon corps".

Indications et contre-indications

Pour pouvoir se relâcher, une tension doit être associée à et dans un cadre (les limites du corps pour les tensions physiques et le sentiment apaisant de sécurité pour les tensions psychiques). Si la conscience globale du corps, au sens existentiel, n'est pas présente, les tensions physiques deviennent le moyen pour la personne âgée de se sentir. Ainsi ces tensions sont très difficiles à faire céder, le patient, résistant parfois de toutes leurs forces, car elles sont souvent le seul pont qui les relient avec la réalité de leur matière, de leur existence, de leur corps. Il serait donc préjudiciable d'essayer de les faire disparaître.

Cette méthode est très efficace chez les personnes âgées anxieuses ou phobiques, dont le lien entre les affects et le tonus musculaire est net. Il peut s'agir des personnes qui ont des moments d'agitation sans en connaître la raison.

Son champ d'application se situe principalement en long et moyen séjours et en maison de retraite.

Les indications sont les suivantes :

- les fins de vie,
- les hypertonies légères et modérées,
- dans les différents niveaux d'évolution de la démence, si la conscience des limites du corps est présente,
- la relation d'aide pour dépasser ou se détacher d'une situation, d'une émotion, d'un ressenti qui gène son adaptabilité aux situations.

Description de la technique

Cette méthode comprend deux outils principaux : les mobilisations passives et les vibrations. Les gestes sont inspirés de la relaxation activo-passive de Michaux *et al.* (1964) et de la relaxation coréenne.

Wintrebert a remarqué que l'immaturité du tonus musculaire et l'insuffisance des capacités d'analyse des sensations rendaient les relaxations basées sur le mouvement volontaire et son ressenti difficilement utilisables. En effet, ces mouvements volontaires étaient perturbés par un tonus musculaire plus ou moins rigide qui ne cédait pas aux exercices habituels de contraction-détente. En revanche, la mobilisation passive des différents segments de membres de façon lente et rythmée permettait un relâchement musculaire global. C'est à partir de ces observations que Wintrebert a développé sa méthode dont les résultats sont intéressants chez l'enfant, l'adulte déficient intellectuel et la personne âgée diminuée. Elle a aussi donné de bons résultats chez l'I.M.C et lors de troubles extrapyramidaux. Le but de cette méthode est d'obtenir différents états de relaxation en faisant disparaître toute résistance musculaire inopportune.

La relaxation coréenne est une technique qui utilise la mobilisation et la vibration des articulations. Elle permet d'atteindre un état de détente nerveuse beaucoup plus profond que le massage par son action sur les tissus conjonctifs. En effet, les terminaisons nerveuses du tissu conjonctif sont à la base de la proprioceptivité et donc du schéma corporel. Cette méthode est très utile avec les personnes qui ont du mal à se détendre avec le seul support verbal.

Les vibrations sont toutefois à utiliser avec précaution car elles peuvent être vécues comme une agression. C'est pour cette raison que je préfère ne les utiliser que dans un second temps, au bout de quelques séances.

Je vais lister les différents gestes utilisables lors de cette relaxation. Ils ne sont pas tous à reproduire dans la même séance qui deviendrait interminable.

- Elévation et chute de la main

  On tient le poignet du sujet d'une main, et de l'autre on soulève sa main jusqu'à la verticale en prenant appui sous l'articulation métacarpo-phalangienne, dans la paume de la main. Faire des séries de 10 à 20 mouvements à raison d'un toutes les 2 secondes.

- Balancement horizontal de la main

  L'avant-bras du sujet est placé à 75 degrés, main en flexion et doigts relâchés. Décrire à cette main un arc de cercle de 70° à 100° dans un plan horizontal, suivant un mouvement de va-et-vient d'un cycle toutes les 0,5 secondes. Puis ralentir ce cycle jusqu'à la seconde.

- Mouvement alternatif de prono-supination

  Soutenir d'une main le coude du sujet, le bras reste allongé, et de l'autre tenir la main (comme pour la serrer). Faire à l'avant-bras des mouvements alternatifs de pronation et de supination, séparés par un intervalle d'une seconde. Le mouvement complet dure 3 secondes. Effectuer toujours des séries de 10 à 20 mouvements.

- Flexion-extension de l'avant-bras

  Maintenir d'une main l'avant-bras du sujet au-dessus de l'articulation du coude. Saisir de l'autre le poignet et dans un mouvement de va-et-vient laisser redescendre l'avant-bras en le fléchissant d'un angle de 45° par rapport au sol, à raison d'un mouvement toutes les 3 secondes.

- Elévation et chute du bras

  En prenant appui sous le coude et le poignet, soulever le membre supérieur en légère flexion jusqu'à ce qu'il fasse un angle de 30° avec le sol. Un mouvement toutes les 4 secondes.

- Déplacement horizontal du bras

  Le bras allongé, toujours soutenu au coude et au poignet, subit dans un plan presque horizontal des mouvements successifs d'abduction-adduction au rythme d'un toutes les 2 secondes.

- Mouvement de l'épaule

  Maintenir le membre supérieur au coude et au poignet avec le bras horizontal et l'avant-bras fléchi vertical. Imprimer au coude un mouvement de balancement qui met en jeu l'articulation de l'épaule, à raison de 3 mouvements toutes les 5 secondes.

- Balancement du bras

  Avant-bras vertical et bras horizontal décollés de quelques centimètres de la table de relaxation à 90° du buste, tenir l'avant-bras par le poignet avec les deux mains en anneau pour ne pas le serrer. Imprimer un balancement d'abduction-adduction du bras. Le mouvement doit se faire sans retenue, en toute liberté.

- Vibration du bras

  Etirer légèrement le bras en le tenant par le poignet des deux mains. Imprimer de petites secousses rapides afin que la vibration remonte jusqu'à l'épaule. Tout le bras doit vibrer s'il est bien détendu.

- Rotation de la tête

  Tout en restant dans l'axe du corps, rouler alternativement la tête de gauche à droite et inversement, en plaçant d'abord les mains de chaque côté de la tête du sujet, puis sous la nuque du sujet. Les mouvements sont à effectuer très lentement avec régularité et souplesse.

- Décontraction du front

  Lisser avec les pouces les sourcils de l'intérieur vers l'extérieur, puis le front en formant un jet d'eau en partant de la racine du nez en remontant progressivement vers la ligne d'implantation des cheveux tout en chassant vers les tempes.

- Décontraction du cuir chevelu

  Lisser de la pulpe des doigts le cuir chevelu d'un coté puis de l'autre de la tête, en partant des tempes vers la nuque. Au moins 15 mouvements de chaque côté.

- Décontraction de la mâchoire

  Masser avec la pulpe des pouces en formant un V de façon symétrique la base du nez et les muscles de la mâchoire afin que le sujet laisse tomber sa mâchoire inférieure.

- Torsion du pied

  Appliquer au pied du sujet une torsion du pied vers la gauche pour le pied droit et vers la droite pour le pied gauche, le pied revenant dans sa position de départ seul. Faire des séries de 10 à 20 mouvements à raison d'un mouvement toutes les 2 secondes.

- Mobilisation du genou

  Fléchir d'une main le genou en le soulevant au niveau du creux poplité, puis le laisser retomber lentement à raison d'un mouvement toutes les 3 secondes avec un temps d'arrêt d'une seconde entre chaque mouvement.

- Mobilisation verticale de la hanche

  Soutenir le membre inférieur par la cheville et le genou, et imprimer lentement plusieurs fois une flexion de la cuisse, la jambe restant toujours dans un plan horizontal, à raison d'un mouvement toutes les 2 secondes avec un temps d'arrêt de 2 secondes entre chaque mouvement.

- Mobilisation horizontale de la hanche

  Soutenir le membre inférieur par la cheville et le genou, et imprimer lentement des mouvements successifs d'abduction-adduction dans un plan horizontal plusieurs fois à raison d'un mouvement toutes les 2 secondes avec un temps d'arrêt de 2 secondes entre chaque mouvement.

- Rotation de la hanche

  Placer une main au niveau de la crête tibiale et l'autre au niveau de la cuisse. Imprimer des mouvements de rotation à la jambe.

- Vibration de la hanche

  Etirer légèrement la jambe en la tenant par la cheville des deux mains. Imprimer de petites secousses rapides afin que la vibration remonte jusqu'à la hanche. Toute la jambe doit vibrer si elle est bien détendue.

- Le poisson d'argent (manœuvre finale)

  Se placer aux pieds du sujet. Soulever les jambes en les tenant sous les chevilles. Prendre appui avec vos coudes sur vos cuisses, le poids du corps en arrière pour tirer légèrement les jambes. Balancer les jambes de gauche à droite. Le balancement doit remonter dans les jambes jusqu'à la tête. Cette manœuvre n'est utilisable uniquement que si la personne est installée au sol ou sur une table de relaxation basse.

Il existe plusieurs manières d'enchaîner les gestes de cette technique. Vous pouvez commencer par les membres supérieurs puis les membres inférieurs, ou alors fonctionner par hémicorps. Dans tous les cas, faites tous les gestes correspondant au membre concerné avant de passer au suivant, la manœuvre du poisson d'argent est une manœuvre finale.

Cette méthode apporte de bons résultats pour redonner des informations kinesthésiques et proprioceptives au système nerveux central. Toutefois, si le patient n'a pas conscience de ses limites corporelles, cette méthode peut être vécue comme une agression (surtout les vibrations). Il serait alors indispensable de sélectionner des gestes plus adaptés au patient.

Dans les cas où les membres sont hypertoniques et rétractés, il est possible d'utiliser les mobilisations passives à condition que les limites du corps soient en place. Dans tous les cas, commencer toujours la séance par un rassemblement de la structure du corps du patient (méthode 1).

Dans les cas où le muscle est hypertonique et rétracté, veiller à utiliser un rythme toujours très lent dans les mobilisations passives pour ne pas entraîner de réaction de défense par une augmentation du tonus. Il existe une méthode spécifique aux membres rétractés : l'idée est qu'en augmentant légèrement le tonus de base, le muscle va se relâcher un peu pour retrouver son tonus initial. Si cette légère augmentation du tonus est conservée, l'articulation se mouvra pour se déplier. Il est possible d'accroître l'amplitude articulaire jusqu'à un premier niveau de blocage qu'il ne faut surtout pas essayer de dépasser, la personne ne pouvant aller au-delà pour le moment. La forcer entraînerait douleurs et réactions de défense par contraction volontaire. Au fur et à mesure des séances, ce blocage peut se déplacer et le degré d'ouverture ainsi augmenter.

Il est impératif que le geste soit souple et régulier. Cette manœuvre pleine de finesse demande sensibilité et concentration de la part du soignant. L'exécution du mouvement doit être fluide et linéaire, sans saccade ni à-coups.

Afin de garder un mouvement régulier et souple, utiliser tout votre corps et plus particulièrement votre centre de gravité et le poids de votre corps, vos bras ne bougent pas indépendamment du reste de votre corps.

Les massages des pieds, des mains, de la tête ou du cou entrent dans le cadre des techniques qui permettent de lâcher-prise.

Cas clinique

Mme S, 65 ans, vit à domicile avec son mari. Suite à des plaintes mnésiques en 1996, elle entreprend un bilan dans un centre d'évaluation gériatrique avec un diagnostic final de démence type Alzheimer. Mme S se présente comme une personne anxieuse et dépressive. L'examen a révélé des troubles mnésiques (mémoire à court terme et antérograde), des difficultés praxiques majeures (praxies graphomotrices, réflexives et constructives), un manque du mot discret avec des paraphasies sémantiques et des capacités intellectuelles altérées (calcul, conceptualisation, interprétation des proverbes...). Si Mme S est consciente de certaines de ses difficultés, elle ne semble pas se rendre compte de leur ampleur, notamment de ses troubles praxiques. Il est proposé à Mme S un traitement médicamenteux d'aide pour la maladie d'Alzheimer, un suivi dans un groupe mémoire en hôpital de jour et, en parallèle, des explications sont apportées à son mari qui supporte mal la maladie de sa femme et refuse les aides à domicile.

En janvier 2000, un bilan ergothérapeutique est réalisé afin de réévaluer les capacités et difficultés de Mme S. Tous les troubles ont été majorés, les praxies sont très altérées associées à des troubles somatognosiques. Une anxiété importante, un oubli à mesure et un apragmatisme sont apparus. Mme S a besoin d'être guidée dans tous les actes de la vie quotidienne. Un avis en psychomotricité est demandé. Une altération du schéma corporel peut être remarquée par une asomatognosie, une impossibilité d'organiser un geste cohérent dans l'espace et des troubles proprioceptifs plus accentués sur l'hémicorps gauche. Je décide d'utiliser une méthode thérapeutique qui ne sollicite pas ses fonctions cognitives afin d'aider

Mme S à mieux gérer son anxiété. J'utilise en début de séance les pressions pour l'aider à ressentir les limites et le volume de son corps. Puis, je poursuis avec les mobilisations passives, stimulant la proprioceptivité et la kinesthésie, pour l'aider à être moins en prise aux tensions très significatives liées à son angoisse.

Très rapidement, Mme S entre dans une profonde détente grâce à des pressions sur tout le corps. Les mobilisations passives sur l'hémicorps droit se réalisent sans difficulté majeure. Par contre, sur l'hémicorps gauche, Mme S montre une grande incapacité à se détendre avec des paratonies, des mouvements et des positions aberrantes des bras et des mains. Pour donner un exemple, en position bras à l'horizontale, elle n'a pas conscience de la contraction musculaire et ne perçoit qu'une sensation d'inconfort qu'elle ne peut localiser et qu'elle n'exprime que par une légère grimace du visage. Mme S peut relâcher son bras uniquement lorsqu'il touche une autre partie de son corps sur l'hémicorps droit, comme par exemple le buste. Ne pouvant ressentir son hémicorps gauche de l'intérieur, elle utilise la vue ou la sensibilité de son hémicorps droit pour le percevoir, pour le sentir exister et être présent.

Maintenant deux questions se posent : au niveau neurologique, est-ce que Mme S peut fixer de nouvelles informations proprioceptives et kinesthésiques qui l'aideraient à restructurer son schéma corporel et donc les praxies de la vie quotidienne ? Quelles vont être les répercutions de ce travail sur sa manière d'appréhender la vie au quotidien ?

Au bout de dix séances, un premier constat peut être fait : l'environnement difficile dans lequel vit Mme S n'a pas changé, pourtant elle semble moins en prise à son angoisse, comme si elle prenait du recul sur sa situation. Cette séance "c'est ma bouffée d'oxygène" dit-elle.

En revanche, la proprioceptivité de son hémicorps gauche ne semble pas s'améliorer, les mouvements et positions aberrants lors des mobilisations passives restent les mêmes. Il semblerait que sa maladie ait altéré la fonction d'engrammation du schéma corporel, un scanner est demandé afin d'examiner plus particulièrement d'éventuelles altérations du thalamus et de l'hémisphère droit. Il est décidé de continuer les séances afin de limiter l'angoisse de Mme S qui majore ses difficultés.

LES RELAXATIONS CLASSIQUES

Cette troisième partie concerne les relaxations permettant de sentir ses tensions pour mieux les réguler, les contrôler. Les qualités développées dans cette technique sont donc "je gère, je contrôle".

Indications et contre-indications

Ces techniques sont applicables avec des patients dont les fonctions cognitives sont encore bien conservées car elles utilisent la communication verbale. La non-compréhension des consignes mettrait en échec ces méthodes.

Les résultats sont probants dans les cas suivants :

- aider une personne à passer un moment difficile de sa vie, à prendre du recul sur ce qu'elle vit, faire le point ;
- la gestion et l'amélioration des douleurs chroniques ;
- les troubles de la régulation tonique ou émotionnelle (troubles caractériel ou névrotiques légers) ;
- es instabilités motrices, posturales, neurovégétatives ou psychomotrices ;
- certaines perturbations d'ordre psychoaffectif.

Ces relaxations peuvent être contre-indiquées dans les cas de névroses ou psychoses graves, la relaxation pouvant induire des états de dépersonnalisation avec anxiété et sentiments d'étrangeté.

Du fait de l'étendue de leurs champs d'application, ces méthodes s'utilisent de manière non exhaustive en hôpital de jour, moyen séjour, maison de retraite et en libéral.

Description des techniques

N'ayant pas expérimenté suffisamment par moi-même toutes ces méthodes, je me contenterais d'en présenter trois, d'approche très différente.

Méthode Schultz

Le training autogène est probablement l'une des plus anciennes (Schultz, 1977). Il utilise la pesanteur et la chaleur pour permettre une connexion hypnotique. La pesanteur est l'expression de la décontraction musculaire et la chaleur de la vasodilatation périphérique. Cette méthode a pour but de parvenir à une déconnexion psychique, à un état hypnoïde appelé état autogène.

Méthode Jacobson

La méthode Jacobson vise à réduire le tonus musculaire et donc l'excitabilité cérébrale pour mettre le cortex au repos (Jacobson, 1980). "Elle vise essentiellement le plan physiologique de la relaxation et s'appuie sur le chaînon périphérique du complexe neuromusculaire, c'est-à-dire qu'elle réclame le relâchement de la musculature périphérique" (Durand de Boussingen, 1973). Elle utilise des exercices alternant des états de tension et de détente à des degrés de plus en plus faibles pour en percevoir la graduation.

Méthode Soubiran

La relaxation psychosomatique de Soubiran (Soubiran & Coste, 1975) permet au patient d'apprendre à détendre les différents segments de son corps, de manière qu'il soit capable de contrôler le relâchement neuromusculaire en dehors de la présence du thérapeute. Elle a le grand avantage d'utiliser le principe de la non-directivité. L'écoute et l'observation du patient, le respect de ses demandes, l'adaptation constante de la méthode et du thérapeute au patient permettent un déconditionnement et donnent au sujet la possibilité de tolérer les situations anxiogènes par un apprentissage de la maîtrise de son tonus et de ses émotions.

Cas clinique

Mme P. est âgée de 83 ans, veuve et vit à domicile. Elle est suivie en consultation douleur par un médecin spécialiste en soins palliatifs. Mme P. souffre de douleurs vulvaires chroniques depuis 3 ans résistantes aux antalgiques. Elle se déplace toujours avec une bouteille d'eau fraîche qu'elle glisse entre ses cuisses pour apaiser sa douleur lorsqu'elle s'assoit.

Elle qualifie ses douleurs de brûlantes, oppressantes, angoissantes, insupportables et exaspérantes. Des douleurs aiguës apparaissent subitement à n'importe quel moment de la journée ou de la nuit, se superposant à une douleur de fond constante. Le médecin prescrit un traitement de fond et un antalgique puissant à la demande, qu'elle prend systématiquement tellement les douleurs sont intenses.

Après un mois, une amélioration partielle des douleurs est notée. Mme P. demande alors des séances de relaxation, ayant entendu parler de son impact sur la douleur dans une émission télévisée. Il est donc prescrit 10 séances que Mme P. fera dans le secteur libéral.

Le bénéfice se fait sentir dès les premières séances, avec une diminution substantielle du traitement à la demande. Au bout de 6 séances, Mme P. estime son amélioration de la douleur de 80%. Elle conserve uniquement le traitement de fond qui sera progressivement diminué, le traitement à la demande n'étant plus utilisé et la bouteille d'eau reste au réfrigérateur.

Mme P. est une dame âgée qui se fait facilement du “mauvais sang”. L'impact de la relaxation sur son état de tension intérieure fut très net, et son retentissement sur la perception de la douleur aussi. Il suffit souvent de peu de chose : une considération par l'écoute associée à une relaxation simple sont parfois les meilleurs remèdes.

LA PSYCHOTHÉRAPIE CORPORELLE

Après une psychothérapie personnelle, j'ai approfondi les notions de liens entre le corps et l'esprit avec des techniques de la psychologie humaniste. C'est avec le concept de somatisation que de nouvelles méthodes apparaissent dans les années 70 telles que la gestalthérapie, le rebirth, la bioénergie, ainsi que bon nombre de techniques de développement personnel. La dimension corporelle des troubles psychiques se pose comme un nouvel élan vers un soin holistique : certaines de nos difficultés psychiques ont une trace palpable dans notre corps.

J'insisterai sur le fait qu'être psychothérapeute corporel nécessite une formation supplémentaire à l'enseignement universitaire de psychomotricité, une psychothérapie personnelle ainsi qu'un travail de supervision. C'est pour ces raisons que je me limiterai à la présentation d'un cas clinique.

Cas clinique

M. J, âgé de 70 ans, vit à domicile et vient en Hôpital de jour une fois par semaine pour névrose d'angoisse sévère. M. J présente des difficultés relationnelles. En groupe, il est désinhibé et recherche à tout prix à attirer l'attention sur lui. Orphelin, il a été élevé et souvent maltraité par différentes familles d'accueil. A force d'entendre qu'il était un bon à rien et que c'était pour cela qu'il a été rejeté par sa mère, M. J a développé un grand sentiment d'infériorité, surtout intellectuel, par rapports aux autres. Il ne s'est jamais senti aimé et reconnu par les autres et par la société. Ainsi M. J est très volubile, parlant tout le temps, coupant la parole, se perdant parfois dans son propre raisonnement et tentant sans cesse de montrer qu'il sait plus de choses que les autres tout en essayant de s'attirer une forme de pitié en disant qu'il est un mal-aimé.

En ce qui concerne les antécédents, il a eu une opération cardiaque avec remplacement des valves mitrale et aortique, une broncho-pneumopathie chronique et un tassement vertébral (L1). Un suivi psychologique est proposé pour lui permettre de parler de ses difficultés. Au bout d'un an, le suivi est arrêté par manque de personnel. Je propose alors de le suivre en thérapie psychomotrice au sein de l'hôpital de jour. Après quelques séances, un parallèle entre ses mots et ses maux pouvait être fait : ses difficultés relationnelles avec les autres et ses problèmes de cœur ("j'ai de la douleur dans mon cœur"), ses problèmes respiratoires ("je manque d'air dans ma vie, je ne sais pas ma place parmi les autres") et ses problèmes locomoteurs du rachis inférieur ("j'ai du mal à aller vers les autres")... . Il est bien évident que ces liens ne sont pas à prendre comme des vérités absolues. Si un rapprochement est possible du vécu vers une symptomatologie, il me paraît hâtif et très réducteur d'aller dans le sens inverse, c'est-à-dire de conclure précipitamment que tout ceux qui ont un symptôme commun ont une même problématique psychique. Toutefois, il est très intéressant de noter qu'à chaque fois que M. J. allait mal une recrudescence de ses symptômes apparaissait en rapport direct avec ce qu'il vivait. De plus, depuis que M. J. est "malade", il s'est trouvé une place dans l'hôpital ; il est connu dans presque tous les services de la cardiologie aux urgences, en passant par la pneumologie, la neurologie et bien sûr la gériatrie. C'est le seul moyen que M. J a trouvé pour exprimer son mal-être et se faire reconnaître socialement.

Le projet thérapeutique s'articule en deux points essentiels. Dans un premier temps nous avons utilisé des relaxations classiques pour que M. J. se recentre sur son ressenti corporel afin qu'il fasse le lien entre son vécu et ses maux du corps, qu'il soit plus conscient de sa responsabilité, de son présent et de son action sur son futur. Dans un second temps, nous avons utilisé le massage californien, afin que M. J ressente dans son corps une forme de reconnaissance. Le résultat fut assez net. M. J. est plus posé, moins bavard ou, du moins, respecte plus le temps de parole des autres. Il écoute et considère davantage les autres pour ce qu'ils sont et non plus pour ce qu'ils peuvent lui apporter. Il se sent plus sûr de lui et sait parler de ce qu'il ressent intérieurement et physiquement sans détour. Mais ce nouvel élan reste très instable. Il a permis à M. J de sentir que la vie n'était pas uniquement souffrance et qu'il n'est jamais trop tard pour changer. Il va s'en dire que 5 mois de psychothérapie corporelle ne suffisent pas à transformer en profondeur un homme qui a souffert toute sa vie.

CONCLUSION

Dans notre société, la personne âgée n'est plus considérée comme l'aïeul sage de la famille. Il devient même gênant pour le bon déroulement de notre carrière, voire encombrant dans notre vie quotidienne. Ce que nous renvoie leur apparence physique nous pousse à nous en éloigner physiquement. Nous ne les touchons plus et nous oublions peu à peu la tendresse qu'ils nous ont donnés avant qu'ils ne deviennent "des personnes âgées", quand ils étaient nos parents.

En gériatrie, le toucher tient une place importante autant dans les relations de tous les jours que dans les techniques thérapeutiques. Il correspond à la fois à un besoin profond de la part de la personne âgée et à l'un des seuls moyens de communication qui résiste au temps.

Cet exposé représente le fruit d'une expérience. Son objectif premier est de tenter d'apporter une base de travail et de proposer une ouverture vers d'autres techniques.

RÉFÉRENCES BIBLIOGRAPHIQUES

ABRASSART J.-L. (1990). *Le massage californien.* Paris : Ed Guy Trédaniel.

ABRASSART J.-L. (1996). *Les techniques du toucher* : Shiatsu. Paris : Ed Ellebore.

DURAND DE BOUSINGEN, R. (1973). *La relaxation* (4e éd.). Paris : PUF.

JACOBSON, E. (1980). *Savoir relaxer pour combattre le stress.* Montréal : Les éditions de l'Homme.

MICHAUX, L., LELORD, G., WINTREBERT, H., & LAUZEL, J.-P.(1964). La relaxation chez l'enfant par la méthode du mouvement passif. Etude clinique et électroencéphalographique. *Revue de Neuro-Psychiatrie Infantile*, 12, 7-8, 435-450.

SCHULTZ, J.H. (1977). *Le training autogène* (7e éd.). Paris : PUF.

SOUBIRAN, G.B., & COSTE, J.C. (1975). *Psychomotricité et relaxation psychosomatique.* Paris : Doin.

Eric Aubert & Jean-Michel Albaret (Ed.)
Vieillissement et psychomotricité
collection Psychomotricité

12

Psychomotricité et fin de vie

Frédéric LE ROUX

Au delà de pointer quelques repères de travail pour le psychomotricien en Unité de Soins Palliatifs (USP), il s'agit de dégager plusieurs axes de réflexion autour de la pratique psychomotrice avec des patients en fin de vie.

Avant tout, il semble nécessaire de sortir du schéma réducteur d'intervention du psychomotricien en USP qui est "Anxiété → Relaxation → Détente". Un éclairage sur la spécificité psychomotrice en USP et la complémentarité avec le reste de l'équipe va de soi. Cette spécificité psychomotrice est à entrevoir à travers l'observation (lecture psychomotrice), la médiation corporelle envisagée et la réflexion sur l'implication corporelle. Cette approche prend sens dans une démarche d'équipe autour d'un projet, d'une stratégie et d'un positionnement éthique où l'objectif tel que le décrit la Société Française d'Accompagnement et de soins Palliatifs (S.F.A.P., 1996) est de préserver la meilleure qualité de vie possible du patient en le soulageant et l'accompagnant jusqu'au bout de la vie.

Dans cette approche globale du soin palliatif, l'attention du psychomotricien se porte évidemment sur cette articulation du somatique avec le psychique à travers les capacités, les ressources, les difficultés et les limites du patient. La singularité de l'approche psychomotrice en USP se conçoit d'autant plus que l'on prendra en compte le vécu du patient, son histoire (affective et corporelle) et son contexte (vieillissement, maladie grave, fin de vie).

LA LECTURE PSYCHOMOTRICE

La lecture psychomotrice est une observation à 2 niveaux. Dans le premier niveau d'observation, il s'agit de tenter de comprendre comment le patient habite son corps. Trois questions peuvent guider notre réflexion.

- Comment le patient utilise son corps ?

Le psychomotricien se situe alors dans l'observation de la fonctionnalité du corps (référence au corps réel) à travers les mouvements, gestes, postures (régulation tonique). Dans cette perspective instrumentale, quelle connaissance a-t-il de ses capacités, difficultés et limites ? ; avec quelle adaptation du corps (statique et dynamique) au regard de ce schéma corporel modifié ? ; quels repères corporels a-t-il ? ; dans quel espace d'action évolue-t-il (avec quelle liberté d'action) ? ; a-t-il des initiatives motrices ? Comment utilise-t-il sa respiration ?

- Comment le patient perçoit son corps ?

Le psychomotricien observe ce qui émane de l'image du corps du patient (référence au corps imaginaire) par ce qu'il dit (ou tente de ne pas dire) sur son propre corps à travers son désir, la demande et la plainte.

• Comment le patient investit son corps ?

Le psychomotricien se réfère au corps vécu à travers l'observation de l'attitude dans le soin (corps actif/passif, corps tendu/serein). Est-ce que le patient désinvestit ou surinvestit son corps ou une partie de son corps ? Son corps est-il vécu comme un tout (notion d'intégrité corporelle) ?

Dans le second niveau d'observation, plus subtil, il s'agit de tenter de comprendre ce qui fait rencontre dans la relation. Qu'est ce qui nous fait rencontrer l'autre ?

Plusieurs pistes de réflexion sont à envisager : le toucher, la voix, le regard, la parole (notamment sur le corps), les mobilisations, le partage de la respiration, l'attitude corporelle (distance dans le corps à corps) ou le silence.

La synthèse de ces deux niveaux d'observation constitue les bases d'une intervention psychomotrice en USP

UNE APPROCHE PSYCHOMOTRICE DE LA DOULEUR

La douleur est le symptôme le plus fréquemment rencontré en USP. C'est "une expérience émotionnelle et sensorielle désagréable, associée à une lésion tissulaire réelle ou potentielle, ou décrite dans des termes évoquant une telle lésion" (Association Internationale d'Etude sur la Douleur). Cette définition fait ressortir le caractère éminemment psychomoteur du phénomène douloureux.

Le psychomotricien évalue les répercussions de la douleur sur la manière d'être et de faire du patient. Ainsi, au delà du symptôme douloureux, on peut s'interroger sur le vécu corporel du patient au regard de cette expérience singulière et subjective. Ce vécu corporel qui est au croisement du corps dans sa dimension instrumentale et dans sa dimension psychique, émotionnelle, relationnelle.

La douleur fait trace dans la fonctionnalité du corps. Le patient douloureux se trouve dans la nécessité d'adapter son corps à la douleur, en adoptant des positions et attitudes antalgiques. Sa liberté de mouvement et son espace d'action se réduisent. Ses repères corporels tendent à se modifier de part la confrontation à ses nouvelles limites. L'initiative motrice s'en trouve diminuée.

Parallèlement dans la relation, l'accessibilité corporelle se modifie. Le patient se replie sur lui-même ou au contraire se tourne vers la plainte. L'attitude dans le soin représente un indicateur de l'investissement corporel de la zone douloureuse et du corps en entier. Souvent le malade mobilise toute son énergie sur la zone douloureuse tout en désinvestissant le reste de son corps. Emotionnellement le patient va exprimer son mal-être de différentes manières par la colère, l'agressivité, la peur, l'angoisse, l'indifférence ou encore le repli. De l'observation des rapports que le patient douloureux entretient avec son propre corps dans la relation à l'autre, on peut affirmer que le vécu corporel douloureux crée un véritable bouleversement de la psychomotricité du patient.

Mr A, 78 ans, entre dans l'USP pour évaluation et traitement de la douleur. Il est atteint d'un cancer de l'œsophage et de la prostate avec des métastases pulmonaires et osseuses. Il souffre de douleurs rachidiennes, du membre supérieur gauche et du membre inférieur droit liées au métastases osseuses.

Mr A semble figé dans son corps de peur de déclencher une douleur. Il appréhende la position debout et la marche. Il ne semble pas avoir confiance en son corps.

Un travail au déambulateur est proposé en kinésithérapie.

Le travail en psychomotricité consiste à aider Mr A à repérer et prendre conscience des positions et attitudes antalgiques prises spontanément tout en l'aidant à s'ouvrir à d'autres positions et attitudes (stratégie de contournement de la douleur). De ce fait ce travail va l'aider à mieux connaître son corps, mettre des mots sur son ressenti et trouver ses limites corporelles. En d'autres termes, il s'agit d'aider Mr A à réapprivoiser son corps. Les séances se déroulent en présence de son épouse souvent à ses côtés.

J'accompagne Mr A dans sa recherche de positions et attitudes antalgiques sur son lit, au fauteuil ou debout en équilibre statique. Dans ce contexte, je l'amène à décomposer le mouvement, à être à l'écoute de son corps et de ses sensations, à les verbaliser. La participation de la respiration permet de mieux préparer le mouvement. C'est dans cette interaction autour de son ressenti corporel que le travail en psychomotricité s'articule en veillant à rester à l'écoute des capacités et limites de Mr A et de son désir. Ce désir présent dans l'action comme dans ses paroles laisse penser que l'activité motrice prend un sens important pour Mr A. Avec cet éclairage, la douleur semble avoir valeur de langage. Dans ce sens, il dit lors d'une séance alors que son épouse n'est pas présente dans la chambre que la douleur est "un sentiment d'incertitude. Quand vous êtes en montagne, vous faites un parcours dangereux, un parcours branlant, vous ne savez pas si ça va tenir". L'angoisse de mort trouve une voie d'expression à travers son vécu corporel douloureux.

La médiation corporelle permet à Mr A d'évoquer ses difficultés tant par l'expression corporelle que par ses paroles sur son corps. Entendre et accompagner par notre attitude gestuelle, par notre parole (ou notre silence) ses difficultés favorise son cheminement personnel. La douleur mieux contrôlée, Mr A retourne à son domicile avec le suivi d'une équipe de soins palliatifs à domicile. Il reviendra dans l'unité quelques semaines plus tard le maintien à domicile devenu impossible. Il décédera 8 jours plus tard dans l'unité.

UNE APPROCHE PSYCHOMOTRICE DES TROUBLES RESPIRATOIRES EN USP

La surveillance de la respiration occupe une place importante en USP. L'apparition ou l'aggravation de troubles respiratoires tels que la dyspnée, la polypnée ou les pauses respiratoires sont les signes d'une aggravation de la maladie, ou d'un surdosage médicamenteux, d'un état d'angoisse, ou de la phase terminale. Parallèlement il arrive que le patient prenne conscience de ses difficultés respiratoires. La peur d'étouffer, de mourir est omniprésente. Pour les soignants la dyspnée peut être angoissante (Odier, 1995).

En psychomotricité, la respiration est utilisée comme support de travail et de rencontre ou encore comme indicateur (évaluation du mieux-être). Par l'accompagnement de la respiration on peut parvenir à un meilleur confort, soulager et rassurer (dédramatiser l'expire). Par ailleurs, détourner l'attention du patient sur sa respiration permet parfois de quitter d'autres perceptions corporelles désagréables. Une respiration calme, profonde et régulière induit la détente de même que le partage calmement de respirations.

Mme B, 73 ans, est atteinte d'un cancer pulmonaire avec des métastases osseuses. Elle entre en urgence à l'USP pour ses difficultés à assumer une dyspnée progressive après une consultation d'évaluation et de traitement de la douleur. Elle souffre de douleurs du dos et doit porter des lunettes à oxygène face à ses difficultés respiratoires.

Une prise en charge psychomotrice est demandée, associée à la kinésithérapie respiratoire, au regard de la composante anxieuse de ses plaintes.

A la première rencontre elle parle de son dos : "j'ai le dos massacré, sans plaie extérieure mais épuisé par la toux". Je lui propose un travail par le dos à partir du toucher au rythme de sa respiration en essayant de trouver avec elle une respiration efficace et confortable. Durant la séance elle décrit un mieux-être et quitte d'elle-même ses lunettes à oxygène en les posant sous son oreiller comme pour me prouver (et par là même se prouver) qu'elle peut respirer sans. Par la suite, elle demande que j'intervienne avant la kinésithérapie respiratoire pour être davantage détendue.

Quelques jours plus tard je lui propose un bain thérapeutique pour associer les bienfaits de l'eau (Le Roux, 1996) au travail par le toucher. Sur le trajet pour se rendre à la salle de bain Mme B est dyspnéique. Au contact de l'eau associé au toucher, Mme B retrouve une respiration plus calme. Je qualifie cette relation par le toucher de douce et enveloppante lui permettant d'accéder à un sentiment de sécurité. Il suffit en effet que je rompe ce contact pour prendre de l'huile de massage pour que Mme B se crispe puis se redresse dans la baignoire et reprenne une respiration rapide et superficielle. Le reste de la séance se déroule dans le calme. Le bain terminé, le retour en marchant jusqu'à sa chambre se fait sans difficulté respiratoire. Dans sa chambre elle demande à s'installer dans son fauteuil et ne réclame pas ses lunettes à oxygène.

Mme B décédera 2 jours plus tard.

PSYCHOMOTRICITÉ ET TROUBLES DIGESTIFS EN USP

Les troubles digestifs sont souvent évoqués en USP parmi les symptômes gênants. Certains de ces troubles peuvent être dus à la maladie grave, aux effets secondaires des traitements médicamenteux ou en lien avec la composante émotionnelle tant on sait la place des facteurs neurovégétatifs dans ce système.

De façon complémentaire des traitements médicamenteux et des soins infirmiers, le psychomotricien apporte un mieux-être aux patients souffrant de troubles digestifs. Par la médiation corporelle, il contribue à améliorer le confort du patient et du même coup à le soulager.

Mme L, 58 ans, est atteinte d'un cancer des ovaires métastasé au foie, intestins, péritoine, plèvre et poumons. Elle entre à l'USP pour le contrôle de ses douleurs et le traitement d'une occlusion.

Mme L est une femme coquette qui attache une grande importance à son apparence corporelle (maquillage, bijoux...). On apprend dans ce sens qu'elle a utilisé au long cours des laxatifs pour garder le ventre plat. Plusieurs traits de personnalité de Mme L font penser à une personnalité narcissique. Au niveau médical, un traitement antispasmodique intestinal est mis en place au regard de l'évolution du tableau clinique. Ce traitement contre-indique par là-même la stimulation de l'abdomen notamment par le massage. La relaxation est envisagée dans la mesure où cette approche favorise une décontraction intestinale.

Au premier contact, Mme L me fait part de son corps amaigri et de son ventre dur et ballonné. Dans ses paroles et ses gestes se mêlent l'inconfort intestinal et le refus de son image corporelle. Je lui présente la relaxation susceptible d'induire un relâchement musculaire global et en particulier de son abdomen. D'une part ce travail de relaxation conduit Mme L dans un plus grand confort intestinal par le relâchement musculaire en favorisant l'expulsion de gaz. D'autre part l'éprouvé corporel abdominal au cours de la relaxation donne les moyens à Mme L d'investir différemment cette partie du corps.

Trois jours avant son décès elle pourra encore verbaliser son mieux-être lors d'une séance en me demandant de poursuivre la séance malgré sa position de fermeture corporelle à mon arrivée dans sa chambre (yeux fermés, bras croisés et mains sur ses épaules) et malgré son épuisement.

APPROCHE PSYCHOMOTRICE DES TROUBLES ANXIEUX EN USP

Dans certains contextes de fin de vie, il est courant qu'apparaissent des troubles anxieux repérables dans le discours du patient (logorrhée, repli...) et dans son comportement.

Devant ce mal-être le malade peut avoir recours à certains mécanismes de défense (Ruszniewski, 1995) tels que la maîtrise au regard de son histoire mais également par peur de perdre le contrôle de son corps, par peur de voir la douleur réapparaître, par peur de perdre la marche, la mémoire, la vie. La recherche de maîtrise prend l'aspect d'une lutte épuisante pour le patient.

En psychomotricité, on tentera d'amener le patient à faire l'expérience du lâcher prise dans son corps à travers l'éprouvé corporel. Cette approche corporelle se veut douce et contenante afin de préserver une organisation psychique fragile. Dans la mesure où le patient est accessible corporellement, s'autoriser à percevoir et ressentir son corps autrement peut le conduire à faire l'expérience d'un mieux-être (même quelques instants dans une séance).

L'accompagnement du malade dans un sentiment de sécurité et vers cette prise de conscience du lâcher prise permettra peut-être une ouverture, une fenêtre dans la lutte épuisante entreprise par le patient. Par cette ouverture il pourra exprimer ses sentiments et sans doute cheminer personnellement.

Mme C 72 ans est atteinte d'un cancer du rectum métastasé au médiastin et au péritoine.

Dans la relation Mme C est dans le surinvestissement de son abdomen. Son discours comme son attitude d'automassage incessant de cette partie du corps marquent son fort niveau de préoccupation. Son attention et ses plaintes sont centrées sur son ventre et sa digestion où éructation et gaz sont recherchés comme preuve de fonctionnement du corps. Sa façon d'habiter son corps témoigne d'un désir de maîtrise face à la maladie. Dans cette même dynamique, Mme C tricote un pull qu'elle détricote au fur et à mesure.

En séance de psychomotricité, ses paroles confirme ce sentiment : "je sais qu'il faut que je marche pour aider les hommes du ventre à faire leur usine car le principal moteur de l'usine c'est moi. Il n'y a que Mme C qui peut diriger l'usine mais pas en 35 heures mais en 80 heures nuit et jour s'il le faut".

La médiation corporelle permet d'introduire le lâcher prise. Je l'invite à poser ses mains avec les miennes sur son abdomen sans consigne d'automassage, simplement pour ressentir sa respiration spontanée. La chaleur des mains et du ventre et les mouvements de son abdomen avec sa respiration deviennent conscience de son corps vivant au repos (par opposition à la représentation d'un corps-machine). Par moments, Mme C accepte le silence sans pour autant ressentir de mal-être. La lutte se fait moins nette dans son corps. Elle s'autorise à reposer sa tête sur son oreiller et accepte plus aisément le non-mouvement.

UNE APPROCHE PSYCHOMOTRICE AVEC LA FAMILLE EN USP

Dans la relation aux proches du patient en fin de vie, le psychomotricien explique, voire montre, la démarche psychomotrice en pointant la place du corps dans la relation. Le partage de cette forme d'accompagnement et de son sens permet, dans un second temps, aux proches de s'autoriser à s'approcher du patient lorsque cela est appréhendé.

APPROCHE PSYCHOMOTRICE ET TRAVAIL D'ÉQUIPE EN USP

En USP, l'intervention psychomotrice est à considérer dans sa spécificité et sa complémentarité avec l'équipe. La spécificité psychomotrice réside dans la médiation corporelle dont les concepts théoriques, l'observation clinique et l'implication corporelle en font les bases. La démarche psychomotrice est à partager en équipe dans la pluridisciplinarité du soin palliatif dans le but de soulager et d'accompagner le patient en fin de vie.

Le psychomotricien peut ainsi participer avec d'autres soignants (infirmiers, aides soignants) à des soins tels que la toilette ou le bain thérapeutique pour confronter les regards et réfléchir ensemble sur la manière d'entrer en relation par le corps avec le patient lorsque cela semble difficile au premier abord.

Le psychomotricien peut également intervenir avant un soin pour mettre le patient dans de meilleures conditions ou encore après un soin si celui-ci est susceptible de perturber le patient.

Le psychomotricien peut aussi intervenir après une médication (notamment antalgique) en attendant sa complète efficacité.

A un autre niveau, les transmissions écrites et orales permettent d'articuler le travail en psychomotricité avec le projet d'équipe et de faire partager le sens de cette intervention médiatisée par le corps. Le partage de la démarche psychomotrice conduit à reconsidérer le corps dans une réflexion d'équipe.

RÉFÉRENCES BIBLIOGRAPHIQUES

LE ROUX, F. (1996). A quel corps s'adressent les soins palliatifs chez les malades âgés. In *Entretiens de Psychomotricité 1996* (pp. 19-23). Paris : Expansion Scientifique Française.

ODIER, C. (1995). Du premier cri au dernier souffle. *Infokara*, 38, 5-11.

RUSZNIEWSKI, M. (1995). *Face à la maladie grave. Patients, familles, soignants.* Paris : Dunod/Privat.

CONCLUSION

Jean-Michel ALBARET
et Eric AUBERT

Les pratiques psychomotrices auprès des personnes âgées se diversifient et intéressent désormais les aspects préventifs et thérapeutiques ainsi que l'accompagnement du sujet en fin de vie. Cette diversification a contraint et contraint toujours les intervenants à innover pour s'adapter aux caractéristiques des populations concernées. Il est, en effet, impensable de transposer purement et simplement à la personne vieillissante les outils d'évaluation et les techniques utilisées chez l'enfant. Cette façon de procéder qui s'appuie sur l'idée d'un développement en U inversé des fonctions psychomotrices est à ranger au rayon des curiosités historiques.

L'approche psychomotrice du sujet âgé porte en elle une exigence : celle de la mise au point de moyens d'intervention spécifiques, orientés vers des objectifs précis et réalistes. On assiste, aujourd'hui, à une véritable explosion des recherches et des publications dédiées à cette tranche de la population, à tel point qu'il est particulièrement difficile de faire une synthèse de celles-ci pour fournir les informations essentielles à l'amélioration des conditions de vie de nos aînés. Un tel abord nécessite, d'une part, que les professionnels soient formés aux particularités de cette population et aux approches existantes et, d'autre part, qu'ils disposent d'une connaissance étendue des différentes disciplines qui s'y intéressent et de leurs outils. L'enjeu est important aussi bien pour les psychomotriciens que pour l'ensemble des personnels impliqués dans ce domaine.

La patience et l'établissement de liens de confiance sont des préalables nécessaires à la mise en place de tout projet. Si l'on veut que le travail, préventif ou thérapeutique, soit dirigé vers le sujet, il faut pouvoir apprécier la complexité du vieillissement dans ses différentes dimensions. Une compréhension holistique de la personne âgée et des conséquences des divers désordres et atteintes qui peuvent la toucher ne peut se concevoir sans une connaissance des aspects neuroanatomiques, neurophysiologiques et cognitifs, des dimensions psychosociales et de la personnalité du sujet âgé normal. Les méconnaître pourrait être dommageable à une approche centrée sur la préservation des capacités du sujet âgé et le maintien d'une autonomie et conduirait à une institutionnalisation systématique qui n'est souhaitable qu'en dernier recours.

Nous espérons que les exemples fournis dans cet ouvrage constitueront, à cet égard, une aide précieuse et que l'ensemble permettra d'apporter à des populations spécifiques des réponses toujours plus adéquates, de développer de nouvelles approches et de favoriser une meilleure intégration de nos aînés. Alors pourront s'éloigner de notre mémoire les mots terribles de Jacques Brel : "Mourir cela n'est rien, mourir la belle affaire, mais vieillir... ô vieillir !"